Berufskundelehrpersonen und ihr professionelles Selbstverständnis

Eine Analyse im Rahmen der Ausbildung von Automatik-, Elektroinstallations- und Informatiklernenden in der Schweiz

Daniel Degen

Die Reihe **Berufsbildung, Arbeit und Innovation** bietet ein Forum für die grundlagen- und anwendungsorientierte Forschung zu den Entwicklungen der beruflichen Bildungspraxis. Adressiert werden insbesondere berufliche Bildungs- und Arbeitsprozesse, Übergänge zwischen dem Schul- und Beschäftigungssystem sowie die Qualifizierung des beruflichen Bildungspersonals in schulischen, außerschulischen und betrieblichen Handlungsfeldern.

Hiermit leistet die Reihe einen Beitrag für den wissenschaftlichen und bildungspolitischen Diskurs über aktuelle Entwicklungen und Innovationen. Angesprochen wird ein Fachpublikum aus Hochschulen und Forschungseinrichtungen sowie aus schulischen und betrieblichen Politik- und Praxisfeldern.

Die Reihe ist gegliedert in die **Hauptreihe** und in die Unterreihe **Dissertationen/Habilitationen**.

Weitere Informationen finden Sie auf **wbv.de/bai**

Daniel Degen

Berufskundelehrpersonen und ihr professionelles Selbstverständnis

Eine Analyse im Rahmen der Ausbildung von Automatik-, Elektroinstallations- und Informatiklernenden in der Schweiz

wbv

Die Verantwortung für den Inhalt dieser Veröffentlichung liegt bei dem Autor.

Die Druckvorstufe dieser Publikation wurde vom Schweizerischen Nationalfonds zur Förderung der wissenschaftlichen Forschung unterstützt.

Dissertation zur Erlangung des akademischen Grades eines Doktors der Philosophischen Fakultät der Universität Zürich
Titel der Dissertation: „Berufskundelehrpersonen und ihr professionelles Selbstverständnis – Eine Analyse zur Wahrnehmung, Interpretation und Bewältigung ihrer Anforderungen im Rahmen der Ausbildung von Automatik-, Elektroinstallations- und Informatiklernenden"

Disputationsdatum: 27.06.2023
Gutachter: Prof. em. Dr. Philipp Gonon
Gutachterin: Prof. Dr. Katrin Kraus, IfE, Universität Zürich

Berufsbildung, Arbeit und Innovation –
Dissertationen/Habilitationen, Band 77

2023 wbv Publikation
ein Geschäftsbereich der
wbv Media GmbH & Co. KG, Bielefeld

Gesamtherstellung:
wbv Media GmbH & Co. KG, Bielefeld
wbv.de

Umschlagmotiv: 1expert, 123rf

Bestellnummer: I75761
ISBN (Print): 978-3-7639-7576-1
ISBN (E-Book): 978-3-7639-7577-8
DOI: 10.3278/9783763975778

Printed in Germany

Bibliografische Information der Deutschen Nationalbibliothek
Die Deutsche Nationalbibliothek verzeichnet diese Publikation in der Deutschen Nationalbibliografie; detaillierte bibliografische Daten sind im Internet über http://dnb.d-nb.de abrufbar.

Die freie Verfügbarkeit der E-Book-Ausgabe dieser Publikation wurde ermöglicht durch ein Netzwerk wissenschaftlicher Bibliotheken und Institutionen zur Förderung von Open Access in den Sozial- und Geisteswissenschaften im Rahmen der *wbv Open-Library 2023*.

Die Publikation beachtet unsere Qualitätsstandards für Open-Access-Publikationen, die an folgender Stelle nachzulesen sind:
https://www.wbv.de/fileadmin/importiert/wbv/PDF_Website/Qualitaetsstandards_wbvOpenAccess.pdf

Großer Dank gebührt den Förderern der OpenLibrary 2023 im Fachbereich Berufs- und Wirtschaftspädagogik:

Otto-Friedrich-Universität **Bamberg** | Humboldt-Universität zu **Berlin** | Universitätsbibliothek **Bielefeld** | Bundesinstitut für Berufsbildung (BIBB, **Bonn**) | Rheinische Friedrich-Wilhelms-Universität **Bonn** | Technische Universität **Braunschweig** | Vorarlberger Landesbibliothek (**Bregenz**) | Staats- und Universitätsbibliothek **Bremen** | Universitäts- und Landesbibliothek **Darmstadt** | Universitäts- und Landesbibliothek **Düsseldorf** | Sächsische Landesbibliothek – Staats- und Universitätsbibliothek (SLUB, **Dresden**) | Goethe-Universität **Frankfurt am Main** | Pädagogische Hochschule **Freiburg** | Justus-Liebig-Universität **Gießen** | Fernuniversität **Hagen** | Staats- und Universitätsbibliothek **Hamburg** | TIB **Hannover** | Universitätsbibliothek **Kassel** | Karlsruhe Institute of Technology (KIT, **Karlsruhe**) | Pädagogische Hochschule **Karlsruhe** | Universitätsbibliothek **Kiel** | Universitäts- und Stadtbibliothek **Köln** | Universitätsbibliothek **Leipzig** | Zentral- und Hochschulbibliothek (ZHB, **Luzern**) | Hochschule der Bundesagentur für Arbeit (**Mannheim**) | Fachhochschule **Münster** | Universitäts- und Landesbibliothek **Münster** | Landesbibliothek **Oldenburg** | Pädagogische Hochschule **Schwäbisch Gmünd** | Universitätsbibliothek **St. Gallen** | Zürcher Hochschule für Angewandte Wissenschaften (ZAHW, **Winterthur**)

Danksagung

Auf meine Frage, was denn der Unterschied zwischen einer Promotion und dem Verfassen einer anderen wissenschaftlichen Arbeit sei, antwortete mir einst Prof. Dr. Jürg Arpagaus: „Der Anspruch an sich selbst“. Ihm und Dr. Andrea Hungerbühler verdanke ich es, dass ich mich überhaupt in die akademische Welt hineingewagt habe und eine spannende und bereichernde Reise antrat, auf der ich viele inspirierende Menschen kennenlernen durfte – angefangen bei meiner Mentorin Prof. Dr. Janine Gut, die es durch ihre beneidenswerte Auffassungsgabe und logische Denkweise immer schaffte, Ordnung und Struktur in chaotisch anmutende Inhalte zu bringen. Danke vielmals für die bedingungslose und wertschätzende Unterstützung im gesamten Dissertationsprozess! Das Stichwort „wertschätzend“ bringt mich zur Hauptperson im Prozess meines Promotionsverfahrens: Mit Prof. em. Dr. Philipp Gonon betreute mich einer der ganz Grossen der Schweizer Berufsbildungsszene, der mir immer das Gefühl gab, meine Arbeit mit Interesse und Freude zu begleiten. Ihm sei herzlich gedankt. Auch seiner Nachfolgerin an der Universität Zürich, Prof. Dr. Katrin Kraus, spreche ich ein grosses Dankeschön aus. Nach der Emeritierung von Philipp Gonon war sie es, die mir den Zugang zu den wissenschaftlichen Debatten im Rahmen der Kolloquien an der Universität Zürich offenhielt. Gleich mehrere Kolleginnen und Kollegen standen mir während des Forschungsprozesses mit Rat und Tat zur Seite. Der kritische, professionelle Blick von Dr. Sabrina Gallner unterstützte mich im methodischen Vorankommen sehr. Dr. Denis Hänzi schaffte es, mich innert kürzester Zeit aus meiner Verzweiflung bei der Auswertung der Daten zu lotsen und durch seine motivierende Art und fachliche Expertise wieder auf Kurs zu bringen. Dr. Kerstin Duemmler, Dr. Silja Rohr-Mentele, Dr. Silke Fischer und Dr. Cornelia Dinsleder waren für mich wichtige Ansprechpersonen und unterstützten mit ihrer wissenschaftlichen Expertise in unterschiedlichen Stadien des Forschungsprozesses. Auch bei meinem Sparringspartner Dr. Pavel Novak möchte ich mich herzlich bedanken. Viele weitere Personen boten mir eine wichtige Stütze, wenn ich den Glauben an den Projektabschluss verloren hatte. Namentlich erwähnen möchte ich Rolf Helbling, der sich immer wieder nach mir und meinem Befinden erkundigte. Besonders am Herzen liegt mir der Dank an meinen Freundeskreis und meine Familie. Geduldig ertrugen sie Klagen und Launen. Danke vielmals für die unermüdliche Unterstützung und den Glauben an mich und das Projekt! Ein besonders grosses Dankeschön gilt meiner Ehefrau Nadine Degen. Sie hat es verstanden, mir den nötigen Freiraum zu lassen und, wann immer ich es brauchte, zur Stelle zu sein. Sie hat mich in unzähligen Gesprächen zum Weitermachen motiviert, mich und meine Ideen durch kritisches Hinterfragen auf den Prüfstand gestellt und mich durch Scharfsinn und Klarheit jederzeit unterstützt.

Inhalt

Abstract

Berufskundelehrpersonen haben ihren beruflichen Auftrag innerhalb eines überkomplexen Systems aus externalen Rahmenbedingungen zu erfüllen. Ob und wie die Lehrpersonen die daraus hervorgehenden normativen Anforderungen wahrnehmen, interpretieren und bewältigen, hängt von ihrem professionellen Selbstverständnis ab. Dieses gibt Auskunft über die subjektive Konstruktion der Wissensbestände, Einstellungen und Überzeugungen einer Person (Drewes, 1993). Aufgrund des Zusammenspiels dieser Faktoren ist dem professionellen Selbstverständnis von Lehrpersonen eine handlungsleitende Funktion zuzuschreiben (Zimpelmann, 2020a). In der vorliegenden Studie wurde untersucht, welches professionelle Selbstverständnis Berufskundelehrpersonen in den beruflichen Grundbildungen von Automatik-, Elektroinstallations- und Informatiklernenden im Verlauf ihrer Karriere ausbilden und welche Implikationen sich daraus für ihr professionelles Denken und Handeln ergeben. Um dieser Fragestellung nachzugehen, wurden auf Basis einer Dokumentenanalyse externale Rahmenbedingungen identifiziert, die sich an Berufskundelehrpersonen richten. Mit der Erhebung von Interview- und Beobachtungsdaten wurde des Weiteren eine empirische Grundlage zur Erfassung der subjektiven Wissensbestände, Einstellungen und Überzeugungen der Studienteilnehmer geschaffen. Aus den mit qualitativen Verfahrensweisen der Grounded-Theory-Methodologie erarbeiteten Ergebnissen konnten sechs sich wechselwirkend beeinflussende konstituierende Elemente des professionellen Selbstverständnisses rekonstruiert werden: *Ziele (1), persönliches Leitbild (2), didaktisches Unterrichtsverständnis (3), Haltung gegenüber Anspruchsgruppen (4), Einstellung zur eigenen Professionalitätsentwicklung (5)* und *berufs- und bildungsbiografische Ausprägungen und Erfahrungen (6)*. Die heterogenen Ausprägungen dieser Elemente wurden durch ein fallvergleichendes und fallkontrastierendes Verfahren sortiert und den drei Typen des *Instruktors*, des *Entfalters* und des *Brückenbauers* zugeordnet. Die Ergebnisse zeigen, dass sich das professionelle Denken und Handeln der Studienteilnehmer je nach Typus respektive professionellem Selbstverständnis auf der Sinn-, Struktur- und Handlungsebene unterscheidet. Sie nehmen die externalen Rahmenbedingungen und die an sie gerichteten Anforderungen unterschiedlich wahr und nutzen spezifische Handlungsstrategien im Umgang mit Spannungsverhältnissen und Antinomien. Neben den professionellen Handlungskompetenzen nach Baumert und Kunter (2006) spielen Reflexionsfähigkeiten, der Selbstwert und die Handlungserfahrungen aus ihrer hybriden Berufs- und Bildungsbiografie eine wesentliche Rolle für die Bewältigung ihres Berufsauftrags. Auf dieser Grundlage gestalten die Studienteilnehmer ihren Unterricht und setzen dabei auf differente berufs-(fach-)didaktische Prinzipien.

Vocational education teachers have to fulfil their professional tasks within an overly complex system of external conditions. Whether and how teachers perceive, interpret and cope with the resulting normative requirements depends on their professional self-concept. This provides information about the subjective construction of a person's knowledge, attitudes and beliefs (Drewes, 1993). Due to the interaction between these factors, teachers' professional self-concept can be attributed an action-guiding function (Zimpelmann, 2020a). The present study investigated the professional self-concept that vocational education teachers in the basic vocational training of automation, electrical installation and IT apprentices develop in the context of their careers and what implications this has for their professional thinking and activities. In order to investigate this, external conditions aimed at vocational education teachers were identified on the basis of a document analysis. With the acquisition of interview and observation data, an empirical basis was created to identify the subjective knowledge, attitudes and beliefs of the participants in the study. From the results obtained with the qualitative procedures of grounded theory methodology, six interacting constituent elements of professional self-concept could be reconstructed: *Goals (1), personal guiding principles (2), didactic understanding of teaching (3), attitude towards stakeholders (4), attitude towards one's own professional development (5)* and *professional and educational biographical characteristics and experiences (6)*. The heterogeneous profiling of these elements were sorted by a case-comparative and case-contrasting procedure and categorised into the three types: the instructor, the *Entfalter* and the bridge-builder. The results show that the professional thinking and actions of the participants of the study differ depending on their type, respectively their professional self-concept regarding the level of sense, structure and action. They perceive the external framework conditions and the requirements directed at them differently and use specific action strategies in dealing with tensions and antinomies. In addition to the professional action competences according to Baumert and Kunter (2006), reflection skills, self-esteem and action experiences from their hybrid professional and educational biographies play an essential role in coping with their professional tasks. The study participants design their lessons on this basis and use different vocational (subject) didactic principles.

Geschlechtergerechte Sprache

Geschlechtergerechte Formulierungen leisten einen nicht unwesentlichen Beitrag zur tatsächlichen Gleichstellung von Frau und Mann, weil die gesellschaftliche Wirklichkeit und die verwendete Sprache nicht voneinander zu trennen sind (Schweizer Bundeskanzlei, 2009). Im Rahmen dieser Studie wird deshalb eine geschlechtergerechte Schreibweise umgesetzt. Wo möglich, werden geschlechtsabstrakte Terminologien wie *Lehrpersonen* oder *Lernende* verwendet. Wo dies nicht möglich ist, werden die Geschlechter ausgeschrieben (bspw. Expertinnen und Experten). Sollte dies der Lesbarkeit des Textes schaden, finden, falls vorhanden, neutrale Wortalternativen Gebrauch (bspw. Grundkurs statt Anfängerkurs). In manchen Fällen wird zudem der Gender-Star (bspw. Einzelkämpfer*innen) genutzt. Wie aus der Beschreibung des Samplings in Kapitel 3.2.5 dieser Arbeit hervorgehen wird, konnten innerhalb der geschlechtssegregierten Domäne des technischen Berufskundelehrberufs nur Männer als Studienteilnehmer gewonnen werden. Stehen die Ausführungen in dieser Arbeit deshalb in direktem Bezug zu der Stichprobe, werden ausschliesslich männliche Formulierungen genutzt.

Abkürzungsverzeichnis

BBG	Berufsbildungsgesetz
BBT	Bundesamt für Berufsbildung und Technologie
BDS	Bildung Detailhandel Schweiz
BKU	Berufskundeunterricht
EBA	eidgenössisches Berufsattest
ECTS	European Credit Transfer System
EFZ	Eidgenössisches Fähigkeitszeugnis
HK	Handlungskompetenz
ICT	Information and Communication Technology
KMK	Kultusministerkonferenz
KoRe	Kompetenzen-Ressourcen
KV	berufliche Grundbildung zum Kaufmann/zur Kauffrau
OdA	Organisation der Arbeitswelt
PISA	Programme for International Student Assessment
QV	Qualifikationsverfahren
SBFI	Staatssekretariat für Berufsbildung, Forschung und Innovation
SKBF	Schweizerische Koordinationsstelle für Bildungsforschung
SKKAB	Schweizerische Konferenz der kaufmännischen Ausbildungs- und Prüfungsbranchen
üK	Überbetrieblicher Kurs

Abbildungsverzeichnis

Tabellenverzeichnis

1 Einleitung

Teachers make the difference.
(Hattie, 2009, S. 34)

In seiner vielbeachteten Studie „visible learning" untersuchte Hattie in mehreren Metaanalysen unterschiedliche Determinanten des Lernerfolgs von Lernenden. Obwohl die Leistungen von Lernenden multikausal bedingt sind, kommt der Lehrperson eine besondere Bedeutung für die schulische Entwicklung eines Individuums zu. Dabei können persönliche Merkmale der Lehrperson wie Klarheit oder lernendenzentrierte Haltung ebenso einen positiven Effekt auf den Lernerfolg der Lernenden haben wie die Art und Weise ihres Unterrichtens (Hattie, 2013).

Wie die Lehrperson unterrichtet, hängt von vielen Faktoren ab, zum Beispiel von Persönlichkeit, Biografie, Sozialisation und den damit entstandenen Einstellungen (Terhart, 2011). Die Unterrichtspraxis der Lehrperson wird zudem durch die Qualität und Quantität besuchter Aus- und Weiterbildungen, die entwickelten Kompetenzen und Erfahrungen oder das Umfeld beeinflusst (Lipowsky, 2006). Weiter wirken externale Rahmenbedingungen und normative Anforderungen auf die Lehrpersonen ein. Aus damit verbundenen, teils divergierenden Erwartungen seitens Politik, Wirtschaft und Gesellschaft sehen sie sich mit ständigen Spannungsfeldern konfrontiert (Helsper, 2016). Weil die genannten und weitere Faktoren das Potenzial haben, die Unterrichtspraxis und damit den Lernerfolg der Lernenden zu beeinflussen, haben Forschungsprojekte Konjunktur, die sich mit der pädagogischen Professionalität von Lehrpersonen auseinandersetzen (Rothland, 2021).

In der Berufsbildung ist empirische Unterrichtsforschung im Vergleich zu anderen Schulstufen noch wenig ausgereift. Obwohl manche Erkenntnisse zur Unterrichtspraxis stufenübergreifend Gültigkeit aufweisen, können die Forschungsergebnisse nicht in jedem Fall auf die Berufsbildung übertragen werden. Die Berufsbildung zeichnet sich durch viele Besonderheiten aus, die eine differenzierte Betrachtungsweise von empirischen Erkenntnissen aus anderen Schulstufen erforderlich machen. Lernende im schweizerischen Berufsbildungssystem absolvieren ihre Ausbildung, anders als in anderen Schulstufen, typischerweise in einem dualen System mit drei unterschiedlichen Lernorten. Im Ausbildungsbetrieb eignen sie sich im Rahmen ihrer produktiven Arbeitstätigkeit die berufspraktischen Kenntnisse, Fähigkeiten und Fertigkeiten an. In den überbetrieblichen Kursen bauen die Lernenden die grundlegenden praktischen Fertigkeiten und betriebsübergreifende, branchenspezifische Kompetenzen auf. In der Berufsfachschule als drittem Lernort besuchen die Lernenden den beruflichen und allgemeinbildenden Unterricht sowie Sport. Die Berufsfachschullehrpersonen haben die Aufgabe, die Lernenden durch die Vermittlung von theoretischen Grundlagen und die Förderung von fachlichen und überfachlichen Kompetenzen auf die Berufsausübung vorzubereiten (SBFI, 2022).

Einer Berufskundelehrperson kommt in diesem Zusammenhang eine besondere Rolle zu. Das SBFI (2015, S.7) fordert von den Berufskundelehrpersonen, dass deren *„Unterricht [...] Theorie und Praxis [verknüpft]. Anders können die Lernenden die im jeweiligen Bildungsplan festgelegten Kompetenzen gar nicht entwickeln“*. Das Profil einer Berufskundelehrperson hat deshalb spezifische Anforderungen zu erfüllen. Es zeichnet sich durch Kompetenzen aus, die aus dem Ausbildungsberuf der Lernenden, aus den Fach- beziehungsweise Bezugswissenschaften des Berufs sowie aus der Pädagogik und Didaktik stammen (Arpagaus, 2020). Auf diese Weise soll sichergestellt werden, dass die Lernenden von einem Unterricht profitieren, der eine Nähe zu ihrer Berufspraxis aufweist und gleichzeitig zugunsten des Verständnisses und der Durchlässigkeit den fachlichen Hintergrund abdeckt. Diese komplexen Anforderungen spiegeln sich auch im Qualifikationsprofil von Berufskundelehrpersonen wider. Sie haben formale Abschlüsse und praktische Erfahrungen im zu unterrichtenden Beruf, fachliche Qualifikationen auf Tertiärstufe sowie eine pädagogisch-didaktische Ausbildung an einer Hochschule vorzuweisen (SBFI, 2015).

Darüber hinaus sehen sich Berufskundelehrpersonen mit zahlreichen weiteren externalen Rahmenbedingungen und daraus abgeleiteten normativen Anforderungen aus der Politik, Wirtschaft und Gesellschaft konfrontiert, die sich von jenen in anderen Schulstufen unterscheiden. Berufskundelehrpersonen unterstehen einer nationalen Gesetzgebung und haben Bildungsverordnungen und Bildungspläne umzusetzen, die an allen drei Lernorten und für die ganze Schweiz gelten. Weiter stehen sie in einer mehrfachen Abhängigkeit zur Arbeitswelt. Zum einen definieren die Ausbildungsbetriebe über ihre Organisation der Arbeitswelt (OdA) die von den Lernenden zu erreichenden Kompetenzziele und damit auch die Lerninhalte des Berufskundeunterrichts. Zum anderen sind die Ausbildungsbetriebe Vertragspartner der Lernenden. Sie bestimmen daher über das Mengengerüst von Lernenden, die in den berufsschulischen Unterricht eintreten, und stellen gegebenenfalls Ansprüche an die Ausbildung ihrer Angestellten. Als Berufseinstieg für Jugendliche ist die Berufsbildung zudem von öffentlichem Interesse, womit auch regelmässige gesellschaftspolitische Debatten über sich zu verändernde Rahmenbedingungen einhergehen.

Trotz dieser Komplexität aus externalen Rahmenbedingungen und normativen Anforderungen begleiten Berufskundelehrpersonen jährlich Tausende Lernende erfolgreich zum Lehrabschluss beziehungsweise Qualifikationsverfahren (SKBF, 2018). Wie sich die Unterrichtspraxis der Berufskundelehrpersonen angesichts dieser Vielzahl an Anforderungen gestaltet, bleibt mangels empirischer Forschung aber weitgehend unbekannt. Das Ziel der vorliegenden Studie liegt deshalb darin, innerhalb dieser Forschungslücke empirische Daten zu erheben und zu analysieren und damit einen Beitrag für einen wissenschaftlich elaborierten und fundierten Berufskundeunterricht zu leisten.

1.1 Problemstellung und Relevanz

Empirische Bildungsforschung war im deutschsprachigen Raum bis in die 2000er-Jahre unterberücksichtigt. Während allen voran die Niederlande in den 1960er-Jahren, etwas später Kanada und die skandinavischen Länder die empirische Wende in den Erziehungswissenschaften sowohl in der Politik als auch in der Wissenschaft einläuteten, verharrte die Bildungsforschung und damit auch die Bildungspolitik im deutschsprachigen Raum in einer Art „*Dornröschenschlaf*" (Buchhaas-Birkholz, 2009, S. 27). Erst die grossen ländervergleichenden Bildungsanalysen wie die PISA-Studien ab dem Jahr 2000 rüttelten die Bildungspolitik und -forschung zuerst in Deutschland, später auch in der Schweiz wach. In der Schweizer Berufsbildung setzte das damalige Bundesamt für Berufsbildung und Technologie (BBT) im Jahr 2000 eine Projektgruppe ein, um einen Bericht zur Berufsbildungsforschung in der Schweiz zu erarbeiten. Die Mitglieder kamen zum Schluss, dass insbesondere die empirische Berufsbildungsforschung in der Schweiz bis zu jenem Zeitpunkt unterentwickelt und der Beitrag zur Steuerung der Berufsbildung ungenügend war. Obwohl neue bildungspolitische Strukturen sowie Forschungs- und Nachwuchsförderprogramme geschaffen wurden, rügte die OECD die Schweiz noch im Jahr 2009 aufgrund von mangelnder empirischer Forschungsaktivität in der Berufsbildung (Hoeckel, Field, Norton Grubb, 2009). Gerade im heterogenen Bereich des Berufskundeunterrichts, der die rund 230 beruflichen Grundbildungen abdeckt, dauert die Schliessung von Forschungslücken weiter an. Es ist deshalb kaum etwas darüber bekannt, wie Berufskundelehrpersonen unterrichten und wie sie den an sie gerichteten Berufsauftrag wahrnehmen, interpretieren und bewältigen.

Dieser Mangel an empirischen Grundlagen im Bereich des Berufskundeunterrichts stellt aus mehreren Gründen ein Problem dar. Unterschiedliche Anspruchsgruppen richten an eine Berufskundelehrperson eine Vielzahl oft normativer Anforderungen. Ob und wie sich diese auf den Unterricht auswirken, kann mangels empirischer Daten nicht eingeschätzt werden. Gleichzeitig passen sowohl die Bildungspolitik als auch die OdA die übergeordneten Rahmenbedingungen in regelmässigen Abständen an. Ob sich die damit versprochenen Effekte in der Unterrichtsebene widerspiegeln, lässt sich ebenfalls nicht abschliessend feststellen. Darüber hinaus besteht das Qualifikationsprofil einer Berufskundelehrperson derzeit aus mindestens sechs Monaten betrieblicher Erfahrung, einer abgeschlossenen Fachausbildung auf Tertiärstufe A oder B sowie aus dem zu absolvierenden Diplomstudiengang an einer Pädagogischen Hochschule (SBFI, 2015). Inwiefern dieses Profil und die Gewichtung der einzelnen Disziplinen für die Zielerreichung in Bezug auf den Berufsauftrag einer Berufskundelehrperson adäquat sind, kann ohne Datengrundlage nicht beurteilt werden. Weiter müssen sich die Pädagogischen Hochschulen in der Entwicklung ihrer Curricula der Diplomstudiengänge für Berufskundelehrpersonen auf das Praxiswissen ihrer Dozierenden verlassen, wenn diese die Bildungsziele aus den Rahmenlehrplänen für die Lehre aufbereiten. Für diese Aufgabe sind aktuelle empirische Daten über das professionelle Handeln von Berufskundelehrpersonen sehr wichtig, um darauf gestützt angemessene Ausrichtungen zu wählen. Gleiches gilt für den Weiterbildungssektor, der auf Basis einer empirischen Datengrundlage gezieltere Angebote bereitstellen kann, die für die Unterrichtsqualität und den Lernerfolg der Lernenden den grössten Nutzen aufweisen. Darüber hinaus werden beispielsweise mit der Initiative Berufsbildung 2030F[1] neue Vorstösse zur Weiterentwicklung des schweizerischen Berufsbildungssystems lanciert, die für den Lernort Berufsfachschule und für den Berufskundeunterricht grössere Veränderungen nach sich ziehen könnten. Den damit verbundenen Projekten dürfte es aufgrund der mangelnden empirischen Forschungsaktivität ebenfalls an Grundlagen fehlen.

Mit den Daten und Erkenntnissen aus der vorliegenden explorativen Studie werden zwar nicht all diese Problemstellungen geklärt. Sie sollen aber ein Fundament für weitere Forschungsaktivitäten im Bereich des Berufskundeunterrichts legen. Das Ziel der vorliegenden Studie besteht also darin, mit aktuellen Daten aus dem Berufskundeunterricht einen ersten Beitrag zu einer empirischen Forschungsgrundlage zu leisten und auf Grundlage der Erkenntnisse Postulate für die Weiterentwicklung der Berufsbildung sowie Perspektiven für künftige Forschungsaktivitäten zu erschliessen.

1.2 Erkenntnisinteresse und Forschungsfragen

Angesichts der oben benannten unzureichenden Datengrundlage im Bereich des Berufskundeunterrichts widmet sich die vorliegende Studie in erster Linie diesem Forschungsdesiderat, das heisst empirischen Erkenntnissen über das professionelle Handeln von Berufskundelehrpersonen. Dabei interessiert zum einen, wie diese ihren Unterricht pädagogisch-didaktisch umsetzen. Zum anderen wird untersucht, welche persönlichen Beweggründe vor dem Hintergrund der gegebenen Anforderungen, potenziell auftretenden Spannungsverhältnisse und Antinomien zur spezifischen Unterrichtsgestaltung führen. Diese Erweiterung erfolgt deshalb, weil die Lehrpersonen im berufskundlichen Unterricht durch die national geltenden Vorgaben in der Berufsbildung vergleichbaren Rahmenbedingungen unterworfen sind. Gleichzeitig legen die subjektiven Erfahrungen des Autors aus seiner Tätigkeit als Dozent und Prüfungsexperte für Berufskundelehrpersonen nahe, dass die Unterrichtsgestaltung heterogen ausfällt, was zum Teil auf die Persönlichkeit der Berufskundelehrpersonen zurückgeführt werden kann.

Aus diesem Grund werden in der vorliegenden Forschungsarbeit mit Verfahrensweisen aus der qualitativen Sozialforschung empirische Daten zur Unterrichtspraxis und zu den subjektiven Sichtweisen von Berufskundelehrpersonen aus den beruflichen Grundbildungen von Automatik-, Elektroinstallations- und Informatiklernenden erhoben. Auf Basis von Beobachtungs- und Interviewdaten wird zum einen die pädagogisch-didaktische Unterrichtsumsetzung der Berufskundelehrpersonen analysiert sowie die zugeschriebene Heterogenität in der Unterrichtsgestaltung überprüft.

1 https://berufsbildung2030.ch/de/projekte

Zum anderen wird das professionelle Selbstverständnis der Berufskundelehrpersonen erforscht. Nach Schiersmann (1990) repräsentiert es die Innensicht einer Person, aus der heraus sie handelt. Aus diesem Grund wird dem professionellen Selbstverständnis für die Lehre einer Lehrperson eine handlungsleitende Funktion attestiert (Zimpelmann, 2020a); es beeinflusst potenziell die Wahrnehmung, Interpretation und Bewältigung der Anforderungen sowie die Unterrichtspraxis. Im Zuge der Datenanalyse wird deshalb ermittelt, aus welchen Elementen sich das professionelle Selbstverständnis von Berufskundelehrpersonen zusammensetzt und wie sich diese Elemente auf die persönliche Auseinandersetzung mit Rahmenbedingungen und Anforderungen, auf die Anwendung von Handlungsstrategien sowie auf ihre eigentliche Unterrichtspraxis auswirken. In Anlehnung an diese Ziele führen folgende Forschungsfragen durch die vorliegende Studie:

Welche professionellen Selbstverständnisse haben Berufskundelehrpersonen von Automatik-, Elektroinstallations- und Informatiklernenden auf Grundlage ihrer Berufs- und Bildungsbiografie ausgebildet?

a. Welche Rahmenbedingungen und Anforderungen nehmen die Berufskundelehrpersonen in Bezug auf ihr professionelles Handeln wahr?
b. Welche konstituierenden Elemente des professionellen Selbstverständnisses der Berufskundelehrpersonen wirken auf die Wahrnehmung, Interpretation und Bewältigung ihres Berufsauftrags ein?
c. Welche Unterschiede lassen sich in den rekonstruierten professionellen Selbstverständnissen, in den Handlungsstrategien und in der Unterrichtsgestaltung der Berufskundelehrpersonen feststellen?

Ohne auf den Entwicklungsprozess der professionellen Selbstverständnisse der Studienteilnehmer einzugehen, wird auf Basis der individuellen Berufs- und Bildungsbiografie illustriert, welche Hintergründe und Erfahrungswerte in einem potenziellen Zusammenhang mit ihrem professionellen Denken und Handeln stehen. Die Herstellung dieser Verknüpfung ist deshalb interessant, weil Berufskundelehrpersonen vor ihrem Wechsel in den Lehrberuf typischerweise einer anderen Tätigkeit nachgingen, aus welcher ebenfalls ein professionelles Selbstverständnis hervorgegangen sein dürfte. Diese Hybridität macht das Profil einer Berufskundelehrperson besonders und könnte sich auf das (neu) ausgebildete professionelle Selbstverständnis auswirken.

Die Studie analysiert demzufolge die im berufs- und bildungsbiografischen Prozess ausgebildeten professionellen Selbstverständnisse von Berufskundelehrpersonen in der Schweiz und dringt damit in ein Gebiet vor, das bisher kaum Bestandteil empirischer Forschung war. Durch das durchgehend theoriegenerierende Vorgehen entstehen neue Erkenntnisse, die eine allfällige Erweiterung von theoretischen Modellen in Bezug auf die pädagogische Professionalität von Lehrpersonen aus Perspektive der Berufsbildung ermöglichen. Darüber hinaus bildet die Studie eine bisher fehlende empirische Grundlage im wissenschaftlichen Diskurs zur (Fach-)Didaktik in der berufskundlichen Bildung. In diesem Zusammenhang dienen die Ergebnisse auch der

Elaboration und Reflexion bestehender Unterrichtsansätze in der Berufskunde. Nicht zuletzt werden aus den Studienergebnissen Rückschlüsse auf die Ausbildungsstudiengänge von Berufskundelehrpersonen an den Hochschulen ermittelt, was wiederum der Professionalisierung des Lehrpersonals dient.

1.3 Aufbau der Studie

Der Aufbau dieser Studie bildet den explorativen Forschungsprozess detailliert nach. Kapitel 2 nimmt die theoretische Perspektive der Untersuchung in den Fokus und stellt den konzeptuellen Rahmen vor, in welchem die Datenerhebung und -analyse eingebettet sind. Der erarbeitete Rahmen besteht aus sensibilisierenden Konzepten, die in Anlehnung an Kelle und Kluge (2010) die Funktion haben, als eine Art Navigationskarte die Fragestellung zu schärfen und die Untersuchung zu strukturieren. Darüber hinaus legt er das Kontextwissen des Forschenden rund um das Erkenntnisinteresse offen und sorgt damit für Transparenz. Das Kapitel 2.1 bietet einen systemischen Zugang und führt in die Spezifika des Berufsbildungssystems Schweiz mit Fokus auf den Berufskundeunterricht und die Berufskundelehrpersonen ein. Aus dieser systemischen Perspektive werden die geltenden externalen Rahmenbedingungen und Besonderheiten des berufskundlichen Lehrberufs sowie die normativ geprägten Anforderungen an die Berufskundelehrpersonen erarbeitet. In Kapitel 2.2 folgt ein pädagogisch-didaktischer Zugang, der sich mit dem allgemein- und fachdidaktischen Lehren und Lernen und dem pädagogischen Handeln von Lehrpersonen auseinandersetzt. Das Kapitel 2.3 schliesst mit einem personenbezogenen Zugang an, der sich der Entwicklung und den Elementen der pädagogischen Professionalität von Lehrpersonen widmet, um anhand dessen in Kapitel 2.4 in das Konzept des professionellen Selbstverständnisses von Lehrpersonen einzuführen. Das Kapitel 2.5 fasst die Erkenntnisse aus den verschiedenen Zugängen innerhalb des konzeptuellen Rahmens aus dieser Perspektive nochmals zusammen. Der einschlägige Forschungsstand wird erst im Rahmen der Ergebnispräsentation und -diskussion aufgearbeitet und direkt mit den Erkenntnissen in Verbindung gebracht. Zuvor wird in Kapitel 3 in Anlehnung an das Forschungsdesign das methodische Vorgehen zur Beantwortung der Fragestellung erläutert. Innerhalb des Methodenkapitels wird mit der Datenerhebung aufgezeigt, welche Quellen mit welchen Verfahrensweisen in diese qualitative Studie einflossen, wie die entsprechenden Daten aufbereitet und anschliessend ausgewertet wurden. Das Kapitel 4 präsentiert die Ergebnisse der vorliegenden Studie. Zunächst werden die Resultate aus der Dokumentenanalyse vorgestellt, um danach die Erkenntnisse aus den empirischen Daten damit in Verbindung zu bringen. Die Resultate münden in einer Typologie der Studienteilnehmer, welche die Ergebnisse neu strukturiert und einen verständlichen und übersichtlichen Überblick ermöglicht. In Kapitel 0 werden die Erkenntnisse dieser empirischen Arbeit in den einschlägigen Forschungsdiskurs eingeordnet. Darüber hinaus werden die in Kapitel 2 eingeführten theoretischen Konzepte neu aufgegriffen, um sie mit den Ergebnissen der vorliegenden Untersuchung in Verbindung zu bringen und zu erweitern. Im abschliessenden Kapitel 6 werden sowohl das Vorgehen als auch die wichtigsten Ergebnisse dieser Studie nochmals rekapituliert und reflektiert, um auf dieser Basis Postulate zu präsentieren, die sich an die Verbundpartner der Berufsbildung sowie an die Aus- und Weiterbildungsinstitutionen von Berufskundelehrpersonen richten. Den Abschluss der Arbeit bilden eine methodenkritische Reflexion und die Benennung von Limitationen der Studienerkenntnisse sowie ein Ausblick auf Perspektiven für künftige Forschungsaktivitäten im Bereich der Berufskunde.

2 Konzeptueller Rahmen

Bei der vorliegenden Studie handelt es sich um eine empirische Forschungsarbeit, die mithilfe von qualitativen und interpretativen Verfahrensweisen neue Erkenntnisse über die Unterrichtspraxis von Berufskundelehrpersonen generiert. Anhand eines konzeptuellen Rahmens werden das Kontextwissen des Forschenden offengelegt und die massgeblichen theoretischen Konzepte vorgestellt. Kelle und Kluge (2010) bezeichnen diesen Rahmen als Navigationskarte oder Linse, die hilft die Untersuchung zu strukturieren und die Aufmerksamkeit zu schärfen. Diese Herangehensweise geht zurück auf das Konzept der theoretischen Sensibilität und damit auf *„die Fähigkeit, Einsichten zu haben, den Daten Bedeutung zu verleihen, die Fähigkeit zu verstehen und das Wichtige vom Unwichtigen zu trennen“* (Strauss & Corbin, 1998, S. 25). Der damit verbundene Prozess läuft im Bewusstsein ab, dass sich Forschende nie ganz von ihrem Vorwissen, ihrem Forschungshintergrund oder von bereits gefestigten Perspektiven lösen können; Theorien werden also nicht umstandslos gebildet. Aus epistemologischer Sichtweise ist davon auszugehen, dass der Hintergrund der untersuchenden Person im gesamten Forschungsprozess mitwirkt. Geertz (1987) bezeichnet die theoretischen Kenntnisse der Forschenden als eine unverzichtbare Voraussetzung für einen gelingenden Forschungsprozess. Zentral ist nur, dass das empirische Material die Richtung des Auswertungs- und Interpretationsprozesses vorgibt und nicht bereits bekannte Theorien und Ursache-Wirkungs-Gefüge. Qualitative Verfahrensweisen sollen auch auf theoretischem Vorwissen aufbauen, dieses infrage stellen oder erweitern (Charmaz, 2014). Das persönliche Kontextwissen des Forschenden wird deshalb transparent gemacht und bewusst in den Auswertungs- und Interpretationsprozess eingebunden.

Da in der vorliegenden Studie das professionelle Handeln von Berufskundelehrpersonen aus Perspektive eines wechselwirkenden Systems von Interesse ist, werden mit Informationen zum Berufsbildungssystem Schweiz und den damit verbundenen gesetzlichen Bestimmungen zunächst die allgemeinen Rahmenbedingungen vorgestellt. In Verbindung mit weiteren Spezifika zum System, in dem sich eine Berufskundelehrperson bewegt, werden normativ geprägte Anforderungen an den berufskundlichen Lehrberuf herausgearbeitet. Im Anschluss daran werden im Rahmen eines pädagogisch-didaktischen Zugangs mögliche berufs- und kontextgebundene Einflussfaktoren für das professionelle Handeln von Lehrpersonen vorgestellt. Dabei werden zunächst allgemeine pädagogisch-didaktische Konzepte eingeführt, um diese anschliessend anhand von jüngeren Forschungsarbeiten in Bezug zu didaktischen Ansätzen der beruflichen Bildung zu setzen. Danach wird der Schwerpunkt auf die Lehrperson als Individuum mit ihren persönlichen Ressourcen und Kompetenzen gelegt. Im Wissen, dass es sich im Aufbau professioneller Kompetenzen um einen nie abgeschlossenen Prozess handelt, werden die Ansätze und Elemente beschrieben, die in der strukturellen und individuellen Professionalisierung einer Berufskundelehrperson tangiert werden. Aus dieser Perspektive lassen sich weitere Anforderungen und Herausforderungen identifizieren, die sich im Rahmen dieses laufenden Entwicklungsprozesses an die Lehrpersonen richten.

Die systemischen, pädagogisch-didaktischen und personenbezogenen Zugänge weisen eine Vielzahl von Interdependenzen auf. Eine trennscharfe Abgrenzung der darin inhärenten Konzepte ist deshalb weder aus theoretischer noch praktischer Perspektive möglich. Obwohl innerhalb der drei Zugänge deshalb auch regelmässige Bezüge zu anderen Bereichen geschaffen werden, erlaubt die gewählte Darstellungsform eine modellhafte Vereinfachung des überkomplexen Systems, in dem sich eine Berufskundelehrperson bewegt. Aus den einzelnen Elementen innerhalb dieser Zugänge und den damit verbundenen Rahmenbedingungen und Anforderungen resultieren potenzielle Einflussfaktoren, die sich auf das professionelle Handeln von Berufskundelehrpersonen auswirken können. Wie eine Lehrperson mit diesen Einflussfaktoren umgeht, wie sie diese produktiv nutzt, entscheidet sich aus subjektiver Perspektive durch das professionelle Selbstverständnis (Zimpelmann, 2020a). Mit der Einführung des professionellen Selbstverständnisses einer Lehrperson fliessen daher die Elemente aus den drei Zugängen in ein Gesamtkonzept zusammen, dem eine handlungsleitende Funktion für die Unterrichtspraxis und somit eine hohe Relevanz für das Erkenntnisinteresse dieser Studie attestiert wird.

2.1 Systemischer Zugang

Das Berufsbildungssystem der Schweiz und die darin verankerten Gesetzgebungen und Vorgaben weisen Spezifika auf, die eine steuernde Wirkung auf das professionelle Handeln von Berufskundelehrpersonen ausüben sollen. Im Folgenden werden deshalb die systemischen Bestandteile aufgezeigt, die potenziell in Verbindung mit dem Berufskundeunterricht und den sich darin bewegenden Lehrpersonen stehen.[2]

2.1.1 Berufsbildungssystem Schweiz

Die Berufsbildung in der Schweiz weist eine lange Tradition auf. Ihre Wurzeln reichen bis ins Mittelalter zurück, als noch die Zünfte für die Ausbildung von Nachwuchskräften zuständig waren. Die Abschaffung des Zunftwesens im 19. Jahrhundert und der gleichzeitige Aufschwung der Fabrikproduktion führte die Schweizer Berufsbildung und damit die Ausbildung von qualifizierten Nachwuchskräften in eine tiefe Krise. Auf Anregung des Bildungsbürgertums und durch die Einsicht des Gewerbes, dass die Arbeitsqualität in der Schweiz im Vergleich zu anderen europäischen Ländern nachliess, entstanden Ende des 18. Jahrhunderts und insbesondere im 19. Jahrhundert erste Zeichen- und Handwerksschulen (Lustenberger, 2010). Doch erst, als der Bund im Jahr 1884 die Subventionierung beruflicher Bildungsanstalten beschloss, war der Startschuss des dualen Berufsbildungssystems mit einer Institutionalisierung von Gewerbeschulen gefallen (Wettstein, 2005). Nichtsdestotrotz dauerte es noch Jahrzehnte, bis

2 Der systemische Zugang bezieht sich auf das Berufsbildungssystem und steht nicht in Verbindung mit der Systemtheorie.

das erste Berufsbildungsgesetz 1930 erlassen wurde und 1933 in Kraft trat. Die Schweizer Berufsbildung entwickelte sich in der Folge nach dem dual-korporatistischen Ausbildungsmodell weiter (Ebner, 2013). Neben der praktischen Ausbildung in den Betrieben bedeutete dies eine Institutionalisierung von theoretischen Lerninhalten in Berufsschulen und eine Steuerung durch Staat und Wirtschaft. So gilt das Inkrafttreten des Berufsbildungsgesetzes im Jahr 1933 zugleich als Geburtsstunde einer verbundpartnerschaftlichen Zusammenarbeit innerhalb des Berufsbildungssystems Schweiz (ebd.). Obwohl diese Partnerschaft im weiteren geschichtlichen Verlauf mehrmals unter Druck geraten ist, hat sie sich bis in die Gegenwart bewährt. Grund dafür dürfte die Gleichberechtigung der Partner sowie das gemeinsame Ziel einer qualitativ hochstehenden Berufsbildung sein (SDBB, 2013).

Noch heute liegt die Schweizer Berufsbildung in Verantwortung der Verbundpartnerschaft, die sich aus Bund, Kantonen und den Organisationen der Arbeitswelt zusammensetzt. Die drei Verbundpartner arbeiten im Rahmen ihrer verantworteten Bereiche gleichberechtigt und kooperativ an der Ausgestaltung der Berufsbildung. Die Rechtsetzungskompetenz liegt beim Bund, vertreten durch das Staatssekretariat für Bildung, Forschung und Innovation (SBFI), und bezieht sich auf alle schulischen und dualen Formen der beruflichen Bildung (Rauner, 2009). Das SBFI ist unter anderem zuständig für die Qualitätssicherung und Weiterentwicklung des Berufsbildungssystems sowie für die Förderung von Innovationen. Mit finanziellen Beiträgen an die Kantone, OdA und weiteren Akteure, die sich für die Entwicklung der Berufsbildung einsetzen, leistet der Bund zudem einen wichtigen Teil der Finanzierung des Gesamtsystems (SBFI, 2021). Den Kantonen als ausführendem Organ obliegt die Umsetzungshoheit sowie die Aufsicht über die Berufsbildung. Sie erteilen den ausbildenden Betrieben die Bildungsbewilligung und finanzieren die Berufsfachschulen, wenngleich mit Unterstützung von Pauschalbeiträgen des Bundes (BBG, Art. 53). Die OdA sorgen für die Bereitstellung von ausreichend Ausbildungsplätzen und definieren die Bildungsziele sowie die Inhalte der Qualifikationsverfahren der Lernenden. Auf diese Weise wird sichergestellt, dass die Lerninhalte den aktuellen Anforderungen des jeweiligen Berufs möglichst nahekommen und national einheitliche Standards gewährleistet sind.

Die Aufgaben der Verbundpartner und von weiteren involvierten Akteuren sind in einem mehrmals (zuletzt im Jahr 2002) aktualisierten Berufsbildungsgesetz (BBG) festgehalten. Das BBG regelt sämtliche Berufsbildungsbereiche ausserhalb der Hochschulen und gilt somit nicht nur der beruflichen Grundbildung, sondern auch der höheren Berufsbildung (HBB) und berufsorientierten Weiterbildungen. Dem BBG untergeordnet stehen die zirka 230 Verordnungen über die berufliche Grundbildung (BiVo). Sie werden auf Antrag der jeweiligen OdA durch das SBFI für jeden Ausbildungsberuf einzeln erlassen. Gemäss Art. 19, Abs. 2 des BBG (2002) regeln sie unter anderem:

„a. den Gegenstand und die Dauer der Grundbildung;
b. die Ziele und Anforderungen der Bildung in beruflicher Praxis;
c. die Ziele und Anforderungen der Bildung in beruflicher die Ziele und Anforderungen der schulischen Bildung;

d. die Ziele und Anforderungen der Bildung in beruflicher den Umfang der Bildungsinhalte und die Anteile der Lernorte;
e. die Ziele und Anforderungen der Bildung in beruflicher die Qualifikationsverfahren, Ausweise und Titel."

Die unter den Zielen und Anforderungen (Ziff. b und c) definierten Inhalte zeigen auf, über welche Kompetenzen die Lernenden am Ende ihrer Ausbildung verfügen müssen, damit sie ein eidgenössisches Fähigkeitszeugnis (EFZ) oder ein eidgenössisches Berufsattest (EBA) erhalten. Die Bildungsinhalte werden in berufsspezifischen Bildungsplänen weiter konkretisiert und je nach Bildungsplanmodell in Leit-, Richt- und Leistungsziele (Triplex-Modell) oder in beispielhafte Berufssituationen übersetzt (Kompetenzen-Ressourcen-Modell und Handlungskompetenzen-Modell). Die in den Bildungsplänen definierten Kompetenzen sind innerhalb der Ausbildung als Mindeststandards zu verstehen und definieren zugleich, was in den Qualifikationsverfahren maximal geprüft werden darf (ICT, 2013). Die Bildungspläne entstehen unter der Regie der jeweiligen OdA und werden vom SBFI genehmigt (SBFI, 2023a). Sowohl die Bildungsverordnungen als auch die Bildungspläne müssen mindestens alle fünf Jahre auf wirtschaftliche, technologische, ökologische und didaktische Entwicklungen überprüft und bei Bedarf revidiert werden (Art. 10, BiVo). Damit wird sichergestellt, dass die neuesten Entwicklungen und Trends im jeweiligen Berufsfeld und in der Pädagogik an allen drei Lernorten in die Ausbildung der Lernenden einfliessen.

Die geltenden Rahmenbedingungen und die damit verbundenen Anforderungen an die Berufskundelehrpersonen verändern sich somit in regelmässigen Abständen. Es gehört deshalb zum Berufsauftrag einer Berufskundelehrperson, ihren Unterricht immer wieder aufs Neue sowohl inhaltlich als auch methodisch-didaktisch an die aktuellen Vorgaben anzupassen. Die Berufsbildungsverantwortlichen der anderen Lernorte greifen auf die gleichen Vorgaben zurück. Im folgenden Kapitel wird daher in die Aufgaben der Berufsbildungsverantwortlichen aller drei Lernorte eingeführt, um anschliessend vertiefter auf den Lernort Berufsfachschule einzugehen.

2.1.2 Die drei Lernorte

Neben der Verbundpartnerschaft führte das in den 1930ern entstandene Berufsbildungsgesetz dazu, dass sich eine Dualität zwischen Theorie und Praxis institutionalisierte, die sich durch eine theoretisch-abstrakte Wissensvermittlung in den Berufsfachschulen und eine praktische Ausbildung in den Betrieben auszeichnete. Bis heute teilen sich im dualen Berufsbildungssystem verschiedene Lernorte die Verantwortung für die Ausbildung der Lernenden, wobei eine isolierte Wissensvermittlung in den Schulen mit dem Handlungskompetenzansatz immer mehr an Relevanz verloren hat (Busian & Pätzold, 2002). Mit der Intention, Theorie und Praxis zu verbinden, wurden die Lernorte im aktuell geltenden Berufsbildungsgesetz aus dem Jahr 2002 in allen Branchen gesetzlich verpflichtend um überbetriebliche Kurse erweitert.

Im Verständnis des Staatssekretariats für Bildung, Forschung und Innovation (SBFI) decken die Lernorte heute folgende Verantwortungsbereiche ab (2022[a], S. 10):

- **Betrieb**: Die Lernenden erwerben die berufspraktischen Fähigkeiten, Kenntnisse und Fertigkeiten, die für die Ausübung ihres Berufs erforderlich sind. Durch ihren produktiven Arbeitseinsatz finanzieren sie einen Grossteil der entstehenden Ausbildungskosten mit.
- **üK**: Die Lernenden erwerben in brancheneigenen Zentren die grundlegenden praktischen Fertigkeiten ihres Ausbildungsberufs.
- **Berufsfachschule**: Sie vermittelt den beruflichen und allgemeinbildenden Unterricht und verantwortet insbesondere die theoretischen Grundlagen für die Berufsausübung.

Die beschriebenen Lernorte erfüllen mit ihren spezifischen Verantwortungsbereichen gemeinsam den Zweck, die Lernenden zu qualifizierten Nachwuchskräften zu bilden. Nichtsdestotrotz verfolgen sie auch eigene Motive beziehungsweise werden von unterschiedlichen Treibern mitgesteuert, die sich wiederum auf die Art und Weise, wie die Lernenden inhaltlich und methodisch-didaktisch ausgebildet werden, auswirken können (Degen, 2018). Der Lernort Betrieb ist typischerweise marktwirtschaftlich aufgestellt. Damit sich das Kosten-Nutzen-Verhältnis für den Ausbildungsbetrieb als ausgeglichen darstellt, ist er daran interessiert, die Lernenden möglichst schnell produktiv einzusetzen. Die überbetrieblichen Kurse werden vorwiegend von der jeweiligen Branche finanziert, die sich wiederum durch die angehörenden Betriebe zusammensetzt. Ihr Interesse liegt insbesondere darin, die Betriebe in der Ausbildung von betriebsübergreifenden Bildungszielen zu entlasten und damit für eine Durchlässigkeit innerhalb der Branche zu sorgen. Die Berufsfachschulen werden dagegen von den Kantonen finanziert. Ihr primäres Ziel besteht darin, den ihr erteilten Bildungsauftrag zur Zufriedenheit des Geberkantons zu erfüllen. Daneben schicken die Ausbildungsbetriebe die Lernenden an die Berufsfachschulen und definieren die Lerninhalte in den Bildungsplänen, sodass die Schulen in einem gewissen Abhängigkeitsverhältnis zur Wirtschaft stehen. Sowohl die Berufsfachschule als auch die überbetrieblichen Kurse haben deshalb die Funktion eines Zulieferers von berufsrelevanten Kompetenzen für die Lernenden und die Betriebe. Aus dieser Perspektive ergibt es Sinn, dass die Lerninhalte der drei Lernorte gut aufeinander abgestimmt sind und die Berufsbildungsverantwortlichen zu diesem Zweck eng zusammenarbeiten. Daher gelten der Lernortkooperation gleich mehrere Artikel des Berufsbildungsgesetzes. Die Formulierungen in den Gesetzesartikeln gleichen eher einem Postulat denn einem verpflichtenden Konzept.

Im folgenden Kapitel werden weitere für das Erkenntnisinteresse der vorliegenden Studie wichtige Aufgaben und gesetzliche Bestimmungen des Lernorts Berufsfachschule erläutert.

2.1.3 Gesetzliche Bestimmungen zum Berufskundeunterricht

Seit dem Erlass des Berufsbildungsgesetzes im Jahr 1930 ist die Existenz des Lernorts Berufsfachschule verpflichtend geregelt. Während die Schulen im ersten Gesetz noch ausschliesslich für die Bildung beruflicher Fähigkeiten und Kenntnisse zuständig waren, wurde im revidierten Gesetz von 1963 das Angebot allgemeinbildender Fächer neu aufgenommen. Auch in den folgenden Revisionen von 1980 und 2002 erfuhr der Lernort Berufsfachschule tendenziell eine Stärkung, indem beispielsweise die Berufsmaturität, die Anlehre für schwächere Lernende oder die Durchlässigkeit gesetzlich verankert wurden.

Heute bieten die Berufsfachschulen in der Regel allgemeinbildenden und berufskundlichen Unterricht sowie Sport an (BBG, 2002, Art. 15 ff.). Die Ziele und Anforderungen der schulischen Bildung sind in den berufsspezifischen Bildungsverordnungen und Bildungsplänen definiert. Sie bestimmen über die von den Lernenden zu erreichenden Lernergebnisse im Berufskundeunterricht. Für den Allgemeinbildungs- und Sportunterricht gelten nationale Rahmenlehrpläne, die berufsübergreifende einheitliche Ziele vorgeben. Innerhalb des Angebots an Berufskunde-, Allgemeinbildungs- und Sportunterricht hat die Berufsfachschule gemäss Artikel 21, Absatz 2 des Berufsbildungsgesetzes folgende Aufgaben zu erfüllen:

> „Sie
> a. fördert die Entfaltung der Persönlichkeit und die Sozialkompetenz der Lernenden durch die Vermittlung der theoretischen Grundlagen zur Berufsausübung und durch Allgemeinbildung;
> b. berücksichtigt die unterschiedlichen Begabungen und trägt mit speziellen Angeboten den Bedürfnissen besonders befähigter Personen und von Personen mit Lernschwierigkeiten Rechnung;
> c. fördert die tatsächliche Gleichstellung von Frau und Mann sowie die Beseitigung von Benachteiligungen von Menschen mit Behinderungen durch entsprechende Bildungsangebote und -formen."

Die Absätze 2b und 2c lassen erkennen, dass eine wichtige Schwerpunktsetzung innerhalb der gesetzlich verankerten Aufgaben auch gesellschaftspolitischen Anforderungen gilt. Die Lehrpersonen beziehungsweise die Institutionen haben Rahmenbedingungen zu schaffen, die diesen Ansprüchen Rechnung tragen. Ansonsten orientieren sich die Ausrichtungen der Gesetzesartikel aber vorwiegend an den Anforderungen der Arbeitswelt. Dies zeigt sich in Absatz 2a, der von den Berufsfachschulen verlangt, die Lernenden durch die Umsetzung fachlicher und überfachlicher Ziele ganzheitlich auf ihre berufliche Tätigkeit vorzubereiten. Die Fokussierung auf diesen Auftrag wird durch Art. 15, Abs. 1 des Berufsbildungsgesetzes weiter verstärkt, indem die Lernenden in der Berufsbildung *„Fähigkeiten, Kenntnisse und Fertigkeiten aufbauen [sollen], die zur Ausübung einer Tätigkeit in einem Beruf oder in einem Berufs- oder Tätigkeitsfeld erforderlich sind"*. Weiter umfasst die Berufsbildung nach Artikel 15, Absatz 2 des BBG (2002) „die Vermittlung und den Erwerb:

> a. der berufsspezifischen Qualifikationen, welche die Lernenden dazu befähigen, eine Berufstätigkeit kompetent und sicher auszuüben;
> b. der grundlegenden Allgemeinbildung, welche die Lernenden dazu befähigt, den Zugang zur Arbeitswelt zu finden, darin zu bestehen und sich in die Gesellschaft zu integrieren;

c. der wirtschaftlichen, ökologischen, sozialen und kulturellen Kenntnisse und Fähigkeiten, welche die Lernenden dazu befähigen, zu einer nachhaltigen Entwicklung beizutragen;
d. der Fähigkeit und der Bereitschaft zum lebenslangen Lernen sowie zum selbstständigen Urteilen und Entscheiden."

Die Entwicklung von Kompetenz zugunsten einer sicheren und weitsichtigen Arbeitsfähigkeit nimmt somit eine zentrale Position in der beruflichen Grundbildung ein. Nach Weinerts (2001) Definition hat eine Person Kompetenz dann erreicht, wenn sie über die notwendigen kognitiven Fähigkeiten und Fertigkeiten verfügt, um bestimmte Probleme zu lösen, und die Problemlösungen durch motivationale, volitionale und soziale Bereitschaften und Fähigkeiten in variablen Situationen erfolgreich und verantwortungsvoll nutzt. Aus dieser Perspektive verlangt der Kompetenzansatz von allen drei Lernorten spezifische Anforderungen in der Ausbildung der Lernenden. Die Ausbildungsbetriebe sollten gemäss Renkl und Nückles (2006) genügend Übungs- und Anwendungsmöglichkeiten bereitstellen, damit die Lernenden unterschiedliche berufstypische Situationen kompetent und verantwortungsvoll bewältigen können. Die Berufsfachschulen und überbetrieblichen Kurse sollten gemäss Tippelt und Reich-Classen (2010) Bezüge in die Arbeits- und Lebenswelt der Lernenden und somit zu authentischen Berufssituationen in die Curricula einbauen, damit die Lernenden aus ihren kognitiven Fähigkeiten und Kenntnissen berufsrelevante Fertigkeiten und Kompetenzen entwickeln.

Unter dem Gesichtspunkt, dass die drei Lernorte auf das gleiche Ziel hinarbeiten, dürfte sich eine enge Kooperation lohnen. So misst auch das Berufsbildungsgesetz (2002) der Lernortkooperation eine gewisse Bedeutung bei. Es hält unter Artikel 16, Absatz 5 fest, dass *„zur Erreichung der Ziele der beruflichen Grundbildung [...] die Anbieter der Bildung in beruflicher Praxis und der schulischen Bildung sowie der überbetrieblichen Kurse zusammen[arbeiten]"*. Das Gesetz schreibt dem Lernort Berufsfachschule und damit auch der Berufskundelehrperson eine besondere Verantwortung zu. So regelt Artikel 21, Abs. 6, dass die Berufsfachschule *„Koordinationsaufgaben im Hinblick auf die Zusammenarbeit der an der Berufsbildung Beteiligten übernehmen [kann]"*. Es fehlt jedoch ein verpflichtender Charakter, was sich in vielen Fällen in einer mangelnden Lernortkooperation äussert. Aprea und Sappa (2014) stellen fest, dass die Zusammenarbeit der Lernorte in der Schweiz sehr unterschiedlich ausgeprägt ist. In der Mehrheit der Fälle werden die Lernorte als komplementär wahrgenommen, die sich bestenfalls inhaltlich abstimmen und damit eher koordinieren denn kooperieren.

Dabei müsste es im Interesse der Berufsfachschulen liegen, die theoretischen Grundlagen aus den Bezugs- oder Fachwissenschaften des jeweiligen Berufs mit Praxisanforderungen zu verbinden und die Lernenden so darin zu unterstützen, sich die zentralen Kenntnisse, Fertigkeiten, Zusammenhänge und Haltungen für die kompetente Berufsausübung zu erarbeiten. Verbindungen in die berufliche Praxis der Lernenden bieten sich am Lernort Berufsfachschule im Berufskundeunterricht an. So zeigen sich schulische Bildungsziele, insbesondere jene des Berufskundeunterrichts, oftmals mit berufspraktischen Kompetenzzielen verflochten. Der Berufskundeunterricht bietet diesbezüglich eine grosse Chance, weil die Lehrpersonen aufgrund ihrer Laufbahn sowohl die praktischen als auch die theoretischen Grundlagen kennen. Gleichzeitig muss angemerkt werden, dass sich die Lehr- und Lerninhalte aufgrund der wirtschaftlichen Entwicklungen und damit verbundenen Überarbeitungen der Bildungsziele in den Bildungsverordnungen und Bildungsplänen in regelmässigen Abständen verändern. Es besteht das Risiko, dass Berufskundelehrpersonen, die den Lehrberuf vollamtlich ausüben, den Bezug zur beruflichen Realität ihrer Lernenden im Verlauf der Zeit verlieren. Eine funktionierende Kooperation zwischen den Lernorten könnte diesem Distanzierungsprozess von Berufskundelehrpersonen entgegenwirken. Darüber hinaus hat die Lernortkooperation das Potenzial, die Ausbildungsqualität insgesamt zu erhöhen, wenn nämlich die Lernenden durch regelmässige Abstimmungen, Absprachen und übergreifende Projekte das an den drei Lernorten aufgebaute Wissen zu einem Ganzen zusammenführen können (Aprea & Sappa, 2014).

In Anlehnung an die gesetzlichen Bestimmungen hat sich eine Berufskundelehrperson mit unterschiedlichen Welten auseinanderzusetzen. So richten sich zum einen Anforderungen aus der Berufspraxis der Lernenden an die Lehrperson, welchen diese als Praktikerin oder Praktiker begegnen sollte. Zum anderen wird erwartet, dass sie eine Expertinnen- beziehungsweise Expertenrolle in Bezug auf die beruflichen Bezugs- oder Fachwissenschaften einnimmt. Darüber hinaus hat sie pädagogisch-didaktische Kompetenzen und Erfahrungen im lehrenden Beruf als Lehrperson mitzubringen. Es stellen sich deshalb Anforderungen aus unterschiedlichen Berufswirklichkeiten an eine Berufskundelehrperson. Deren Bestandteile werden im folgenden Kapitel eingehend beleuchtet.

2.1.4 Doppelte Berufswirklichkeit von Berufskundelehrpersonen

Gemäss Opel (2015) dient es dem ganzheitlichen Kompetenzaufbau der Lernenden, wenn berufliche Handlungssituationen und damit kontextualisierte Lerninhalte in den berufskundlichen Unterricht einfliessen und in Anwendung adäquater methodisch-didaktischer Instrumente mit fach- beziehungsweise bezugswissenschaftlichen Inhalten verbunden werden. Dies ist mitunter ein Grund, weshalb neuere Bildungspläne, beispielsweise in der Informatik, konkrete berufstypische und qualifikationsrelevante Situationen aufführen und mit Kompetenzzielen verknüpfen. Die Berufskundelehrpersonen können sich an diesen Situationen orientieren und ihren Unterricht entsprechend planen. Aufgrund dieses Ansatzes ergibt sich ein breites Bündel an Qualifikationsanforderungen an die Berufskundelehrpersonen. Ihr Profil verlangt nach systemischen, berufspraktischen, fachlichen und pädagogisch-didaktischen Kompetenzen.

Arpagaus (2020) entwickelte für Dozierende von Pädagogischen Hochschulen im Bereich der Berufsbildung ein Referenzmodell, das von zwei Berufswirklichkeiten ausgeht und sich bezogen auf das Profil von Berufskundelehrpersonen als nützlich erweist (vgl. Abbildung 1).

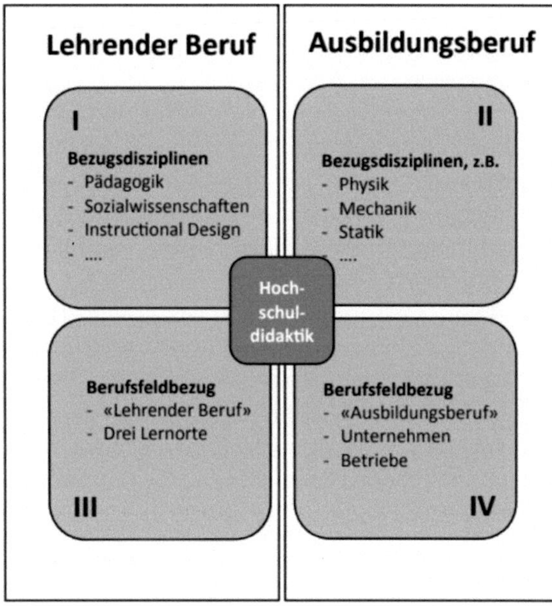

Abbildung 1: Referenzmodell für PH-Dozierende im Bereich der Berufsbildung (Arpagaus, 2020)

Innerhalb des lehrenden Berufs beziehen sich die Berufskundelehrpersonen zum einen auf das Professionswissen, das sich aus den Disziplinen Pädagogik, Andragogik, Didaktik etc. zusammensetzt (Quadrant I). Weiter nutzen sie ihre Kenntnisse und Erfahrungen aus dem Berufsfeld einer Lehrperson, indem sie die Rahmenbedingungen und Spezifika ihres kantonalen Berufsauftrags und der Berufsfachschule umsetzen und mit den anderen Lernorten zusammenarbeiten (Quadrant III). In Bezug auf den angestammten Ausbildungsberuf setzen die Berufskundelehrpersonen das für die Lernenden relevante Fachwissen ein, welches sich auf einzelne Fachwissenschaften oder Bezugsdisziplinen des Berufs bezieht (Quadrant II). Ihre fachliche Überhöhung rechtfertigt sich durch die Qualifikation in der höheren Berufsbildung (Tertiär B) oder durch eine Spezialisierung an einer Hochschule (Tertiär A). Damit die Berufskundelehrpersonen ihre Lernenden in der Bildung von berufsbezogenen Handlungskompetenzen unterstützen können, sind sie zudem auf Berufsfeldbezüge zum angestammten Ausbildungsberuf angewiesen (Quadrant IV). Sie profitieren dabei von ihrer eigenen Sozialisation im zu unterrichtenden Beruf, wodurch berufliche Bezüge authentisch hergeleitet werden können (vgl. Arpagaus, 2020).

Obwohl im Vergleich zu Lehrkräften in anderen Bildungsstufen Berufskundelehrpersonen im Vollamt mit 60 ECTS und insbesondere jene im Nebenamt mit 10 ECTS doch eher eine marginale pädagogisch-didaktische Ausbildung erhalten, zeigt das eingeführte Modell die Referenzpunkte des lehrenden und des auszubildenden Berufs in gleichberechtigter Relevanz auf. Anders als in der Volksschulstufe bringen angehende Berufskundelehrpersonen die fachwissenschaftlichen Ressourcen (aus dem Ausbildungsberuf) bereits mit, weshalb der Fokus in der Ausbildung an den Hochschulen auf die pädagogisch-didaktische Qualifizierung gelegt wird. Trotz dieses Schwerpunktes konstatiert auch Meyer (2018), dass für Lehrpersonen an berufsbildenden Schulen auf der Ebene des pädagogischen Handelns weiterer Professionalisierungsbedarf besteht. Aktuell legitimiere sich der Expertinnen- und Expertenstatus von Lehrpersonen in der Berufsbildung durch einen dominanten Fachbezug, wodurch die (berufs)pädagogische Professionalität verdrängt beziehungsweise untergeordnet werde. Obwohl sich Meyer auf die Situation in Deutschland bezieht, muss für die Schweiz angesichts der knappen pädagogisch-didaktischen Ausbildung von einer ähnlichen, wenn nicht gravierenderen Lage ausgegangen werden.

Aus dieser Perspektive erstaunt es wenig, dass Lehrpersonen nach Abschluss ihrer Ausbildung häufig die Kritik äussern, sie fühlten sich nicht gut auf die Praxis vorbereitet (Heinzer, Oser & Salzmann, 2009). Gleichzeitig richten sich an Lehrpersonen umfassende pädagogisch-didaktische Kompetenzanforderungen. Im folgenden Kapitel gilt es deshalb, sowohl die Zulassungsbedingungen als auch die Bildungsziele des Diplomstudiengangs für Berufskundelehrpersonen zu diskutieren und weitere Anforderungen abzuleiten.

2.1.5 Ausbildung zur Berufskundelehrperson

Die Berufsfachschullehrperson für Berufskundeunterricht (BKU) nimmt einen zentralen Stellenwert in der Ausbildung von Lernenden im Rahmen der beruflichen Grundbildung ein. Um die Lernenden in ihrer beruflichen Entwicklung zu unterstützen, implementiert sie eine Berufs-(fach-)Didaktik, indem sie berufliche und fachliche Anforderungen verbindet und sich somit an unterschiedlichen Bezugsdisziplinen zu orientieren hat. Darüber hinaus sehen sich die Berufskundelehrpersonen mit einer komplexen Ausgangslage konfrontiert. Sie haben unter anderem die Vorgaben des Berufsbildungsgesetzes und der Bildungsverordnung, die Lerninhalte der Bildungspläne und die institutionellen Regelungen der Kantone und Berufsfachschulen umzusetzen. Weiter sollen sie innerhalb ihrer Institution mit den anderen Lehrpersonen sowie mit den Berufsbildungsverantwortlichen der anderen Lernorte kooperieren und die Unterrichtsinhalte zugunsten einer ganzheitlichen Ausbildung miteinander abstimmen. Der Rahmenlehrplan von Berufsbildungsverantwortlichen regelt die pädagogisch-fachlichen Bildungsziele, die eine Berufskundelehrperson zur Erfüllung dieser Anforderungen aufbauen soll. Das „pädagogische Berufsprofil" beschreibt die Berufsfachschullehrpersonen BKU als Fachspezialistinnen und Fachspezialisten mit einer hohen Fach- und Praxiskompetenz. Sie sollen in der Lage sein, die Inhalte der Berufskunde methodisch-didaktisch aufzubereiten, Theorie und Berufspraxis zu verknüpfen, Lernprozesse anzuregen und zu unterstützen sowie Gelerntes zu überprüfen (SBFI, 2015).

Das Berufsbildungsgesetz regelt unter Artikel 46 die Minimalanforderungen für Berufsbildungsverantwortliche (BBG, 2002). Lehrpersonen, die in der Berufskunde unterrichten, haben eine fachliche und eine pädagogisch-didaktische Ausbildung vorzuweisen. Als formale Zulassungsbedingungen für die Ausbildung zur Berufskundelehrperson an einer Pädagogischen Hochschule wird dementsprechend eine abgeschlossene Fachausbildung auf Tertiärstufe im Bereich des zu unterrichtenden Ausbildungsberufs (bspw. Systemtechnik Automation) verlangt. Darüber hinaus weisen die Studierenden betriebliche Erfahrung von mindestens sechs Monaten und eine bestätigte Unterrichtstätigkeit spätestens ab Beginn des Studiums auf. Während die betrieblichen Erfahrungen sicherstellen sollen, dass die Berufskundelehrpersonen die Berufspraxis ihrer Lernenden kennen, soll eine aktuelle Anstellung an einer Berufsfachschule eine möglichst direkte Umsetzung des Gelernten ermöglichen (vgl. BBV Art. 46, Abs. 1; SBFI, 2015). Der Diplomstudiengang an einer Pädagogischen Hochschule umfasst für Berufskundelehrpersonen im Hauptamt 60 ECTS, für jene im Nebenamt 10 ECTS. Der Studiengang orientiert sich am nationalen Rahmenlehrplan für Berufsbildungsverantwortliche, welcher für Berufskundelehrpersonen derzeit die folgenden sieben Bildungsziele vorgibt (SBFI, 2015, S. 26 ff.):

1. „Den Umgang mit Lernenden als Interaktionsprozess gestalten.
2. Unterrichtseinheiten situationsgerecht und mit Bezug auf die Berufspraxis der Lernenden planen, durchführen und überprüfen.
3. Beurteilung und Förderung der Lernenden.
4. Das rechtliche, beraterische und betriebliche Umfeld erfassen, mit ihm und mit den gesetzlichen Vertretungen umgehen.
5. Die eigene Arbeit reflektieren und sich im Kollegium kooperativ einbringen.
6. Den Transfer von der Praxis in die Theorie und von der Theorie in die Praxis beherrschen.
7. Die Inhalte des Lehrfaches theoretisch durchdringen und fachdidaktisch aufbereiten."

Die Bildungsziele umfassen damit neben berufsspezifischen Normen und Kompetenzen in Transferleistungen vorwiegend allgemeindidaktische und fachdidaktische Anforderungen (SBFI, 2015). Dieser Umstand ignoriert, dass in der Berufsbildung bisher nicht geklärt ist, woraus sich berufsfachspezifische Didaktiken zusammensetzen beziehungsweise welche Rolle dabei die Berufspraxis oder allfällige Bezugswissenschaften spielen (Degen et al., 2019b). Die ausbildenden Pädagogischen Hochschulen haben in diesem Zusammenhang ihre eigenen Ausrichtungen etabliert. So setzt die Eidgenössische Hochschule für Berufsbildung (EHB) in der Ausbildung von Berufskundelehrpersonen beispielsweise auf das Modell der Situationsdidaktik und verfolgt damit eine eher berufspraktische Ausrichtung (EHB, 2023). Die Pädagogische Hochschule Zürich orientiert sich am 4-K-Modell, das auf die überfachlichen Kompetenzen Kommunikation, Kollaboration, Kreativität und kritisches Denken fokussiert. Seit dem Jahr 2022 wurden die 4-K um digitale Kompetenzen erweitert (PHZH, 2022). Der Ausbildungsfokus liegt damit stärker auf einer überfachlichen als auf einer fachlichen Kompetenzausrichtung. Die Pädagogischen Hochschulen Luzern und St. Gallen führen im Rahmen des Diplomstudiengangs in berufsfelddidaktische Modelle ein und überlassen es den Studierenden, welche dieser Modelle sie für ihr pädagogisch-didaktisches Denken und Handeln nutzen (aeb, 2023; PHSG, 2023).

In Anbetracht der unterschiedlichen Ausrichtungen ist davon auszugehen, dass die Berufskundelehrpersonen in Bezug auf ihre pädagogisch-didaktischen Orientierungen heterogen aufgestellt sind. Auch die sonstigen bereits erläuterten Anforderungen aus den Aufgaben, Gesetzgebungen und disziplinären Verortungen der Berufskundelehrpersonen lassen ein hohes Mass an Eigeninterpretationen zu. Nichtsdestotrotz sind sie als Anforderungen festgeschrieben und haben daher Gültigkeit. Im folgenden Kapitel werden aus den Besonderheiten, die mit dem (Berufskunde-)Lehrberuf verbunden sind, latente Anforderungen abgeleitet, die sich ebenfalls an die Berufskundelehrpersonen richten und potenziell beeinflussend auf ihr professionelles Handeln einwirken.

2.1.6 Besonderheiten und Anforderungen von Berufskundelehrpersonen

Aus den bisherigen Erläuterungen des systemischen Zugangs lässt sich eine Vielzahl an direkten und indirekten Anforderungen an die Berufskundelehrpersonen ableiten. Sie sind auf unterschiedlichen Ebenen anzusiedeln. Ein Schwerpunkt gilt den pädagogisch-didaktischen Aufgaben, welche die Berufskundelehrpersonen im Rahmen ihres Kernauftrags zu erfüllen haben. Sowohl das Berufsbildungsgesetz als auch die Bildungsverordnungen und Bildungspläne setzen diesbezüglich zahlreiche Rahmenbedingungen. Auch können aus den Ausbildungsinhalten des Diplomstudiengangs für Berufskundelehrpersonen weitere pädagogisch-didaktische Aufgaben abgeleitet werden, um den normativen Anforderungen aus der Berufsfachdidaktik oder der doppelten Berufswirklichkeit Rechnung zu tragen. Darüber hinaus lassen sich aus dem systemischen Zugang Anforderungen auf einer Metaebene erkennen. Das Berufsbildungsgesetz fordert beispielsweise eine lernortübergreifende Zusammenarbeit der Berufsbildungsverantwortlichen. Des Weiteren sehen die Bildungsziele des Diplomstudiengangs vor, dass die Berufskundelehrpersonen ihr Umfeld rechtlich, beraterisch und betrieblich erfassen können und kooperativ mit dem Kollegium zusammenarbeiten (SBFI, 2015). Es ergeben sich somit zusätzliche Ansprüche, die ausserhalb des pädagogisch-didaktischen Kernauftrags anzusiedeln sind. Verschiedene Arbeiten tragen die an Berufsfachschullehrpersonen gerichteten Anforderungen und Aufgaben aus der Empirie und Theorie zusammen (bspw. Frommberger & Lange, 2018). Die meisten widmen sich den Lehrpersonen an berufsbildenden Schulen und vernachlässigen damit die Tatsache, dass dieses Profil nicht nur in der Schweiz heterogen ausfällt. Mit dem Ziel, das Anforderungsprofil von Berufskundelehrpersonen weiter zu schärfen, wird im Folgenden ein Zusammenzug aus verschiedenen Arbeiten vollzogen.

Novak (2018) sammelt im Rahmen einer Untersuchung zur beruflichen Mobilität von Lehrpersonen spezifische Besonderheiten des Lehrberufs, die nach seinem Ermessen den allgemeinbildenden Lehrkräften in der Schweiz gelten. Er orientiert sich an Studien, die sich vorwiegend den Lehrpersonen aus den obligatorischen Schulstufen widmen, weil Daten für sein Zielpublikum (ebenso wie in der vorliegenden Studie) nicht erhältlich sind. Die in Tabelle 1 zusammengefassten zehn Besonderheiten des Lehrberufs sind zum einen auf die pädagogischen Aufgaben der Lehrperson, zum anderen auf strukturelle Rahmenbedingungen und Voraussetzungen ausgerichtet. Aus vielen dieser Besonderheiten gehen latente Anforderungen an die Lehrpersonen hervor.

Tabelle 1: Besonderheiten des Lehrberufs (Novak, 2018)

B1	**Spezifisches Konglomerat hoher Anforderungen** • bezieht sich auf die komplexen, simultanen und teilweise widersprüchlichen Anforderungen an eine Lehrperson
B2	**Fehlender „Werkcharakter" und Erfolgsunsicherheit** • bezieht sich auf die Prozessorientierung des Lehrberufs, die wegen teils von der Lehrperson nicht zu beeinflussenden Faktoren zu Unsicherheiten bezüglich des Lernerfolgs der Lernenden führt
B3	**Bedeutung der Person des Berufsträgers** • bezieht sich auf Anforderungen, die mit den Spezifika eines sozialen Berufs zusammenhängen (bspw. gerecht, menschlich, verständnisvoll und grossherzig mit Lernenden umgehen)
B4	**Besondere Form der Professionalität** • bezieht sich auf die uneindeutige Profession von Lehrpersonen und Fragen nach Qualitätsverbesserung, Kompetenzentwicklung und Reflexivität
B5	**Berufsarbeit in einer „intermediären Zwischenwelt"** • bezieht sich auf die Vermittlungsarbeit zwischen unterschiedlichen Sphären bestehend aus Familie und Gesellschaft, Erwachsenen und Jugendlichen oder dem Öffentlichen und Privaten
B6	**Schule als Organisation besonderer Art** • bezieht sich auf die antinomische Struktur und Kultur der Organisation Schule auf der Makroebene und die Selbstdefinition als pädagogische „Einzelkünstler*innen" in dieser Grossmaschinerie
B7	**Im Fokus der öffentlichen Wahrnehmung** • bezieht sich auf die exponierte Stellung einer Lehrperson in der Gesellschaft und das oft kritische Fremdbild, das Vulnerabilität auslösen und das Selbstbild beeinflussen kann
B8	**Starker Einfluss von gesellschaftlichem, technologischem und politischem Wandel** • bezieht sich auf die ständig neuen Anforderungen, die sich aufgrund des gesellschaftlichen, technologischen und politischen Wandels ergeben
B9	**Spezielle Professionalisierung des Lehrerberufs in der Schweiz** • bezieht sich auf den „halbakademischen" Charakter des Lehrberufs und die Selbst- und Fremdwahrnehmung als Semi-Professionelle
B10	**Spezielle Karriere- resp. Aufstiegs- und Entwicklungsmöglichkeiten** • bezieht sich auf die eingeschränkten beruflichen Perspektiven einer Lehrperson für intraprofessionelle Berufswechsel oder ein Job-Enrichment

Die aufgeführten Besonderheiten gelten nicht nur, aber auch für Berufskundelehrpersonen, die in einigen Bereichen den Eigenheiten und damit in Verbindung stehenden Anforderungen sogar stärker zu unterliegen scheinen als Lehrkräfte anderer Schulstufen. Der unter B8 vorgestellte Einfluss aus dem technologischen und politischen Wandel wirkt zum Beispiel sehr direkt und unmittelbar auf Berufskundelehrpersonen ein. Die Lerninhalte des Berufskundeunterrichts haben den Anspruch, eine aktuelle Berufspraxis abzubilden, die sich gerade in den technischen Berufen als hochdynamisch erweist. Die Bildungsziele werden nicht von pädagogischen Fachpersonen, sondern von den OdA definiert, was den direkten externalen Einfluss weiter untermauert. Daher muss B8 um den Einfluss aus der Wirtschaft erweitert werden. In Bezug auf B1 vergrössert sich das Konglomerat hoher Anforderungen im Falle von Berufskundelehrpersonen insofern, als diese nicht nur fachlich und pädagogisch-didaktisch, sondern auch in Bezug auf berufspraktische Entwicklungen auf dem Laufenden bleiben müssen. Neben diesen inhaltlichen Anforderungen werden die Berufskundelehrpersonen auch aufgrund von strukturellen Veränderungen der Wirtschaft beeinflusst. Sie stehen in einer gewissen Abhängigkeit zu den Ausbildungsbetrieben. Schwindet beispielsweise deren Ausbildungsbereitschaft, gefährdet dies die Anstellungssicherheit der Lehrpersonen. Dieses Abhängigkeitsverhältnis kann folglich als eine weitere Besonderheit des berufskundlichen Lehrberufs betrachtet werden. Darüber hinaus unterliegt die Berufsbildung einer nationalen Gesetzgebung, während andere Schulstufen kantonal geregelt sind. Politische Vorstösse und Reformen erreichen die Berufsbildung deshalb sehr schnell. Aus all diesen Gründen fallen die Anforderungen der Flexibilität, Anpassungsfähigkeit, Kooperation und Weiterbildungsbereitschaft bei Berufskundelehrpersonen stark ins Gewicht.

Die mit B9 beschriebene spezielle Professionalisierung erfährt im Falle von Berufskundelehrpersonen ebenfalls eine charakteristische Ausprägung. Viele angehende Berufskundelehrpersonen verfolgen keine akademische Laufbahn, sondern spezialisieren sich nach einer beruflichen Grundbildung im Ausbildungsberuf der Lernenden in der höheren Berufsbildung auf Tertiärstufe B und erarbeiten sich im Berufsfeld praktische Erfahrungen. Der Diplomstudiengang für Berufskundelehrpersonen führt nicht zu einem akademischen Abschluss. Die wenigsten dürften deshalb das Selbstbild einer professionellen Lehrperson aufweisen, sondern sich vielmehr als spezialisierte Fach- oder Berufsperson sehen. Somit steht diese Besonderheit mit jener der speziellen Karriere- und Entwicklungsmöglichkeiten (B10) in Verbindung. Eine Weiterentwicklung im Bereich der Pädagogik ist für Berufskundelehrpersonen mit einem Tertiär-B-Hintergrund sehr eingeschränkt möglich, weil ihnen der Zugang zu den Hochschulen ohne Bachelor- oder Masterabschluss verwehrt bleibt. Intraprofessionelle Berufswechsel oder Job-Enrichments gehören aber auch deshalb eher der Seltenheit an, weil das Berufsfeld von Berufskundelehrpersonen sehr begrenzt ausfällt. Mit zunehmender Distanz zur Berufspraxis wird zudem eine Karriere in der Industrie immer unwahrscheinlicher. Nichtsdestotrotz sind auch Berufskundelehrpersonen mit einer akademischen Ausbildung im Amt. Andere machten im Rahmen ihrer berufspraktischen Laufbahn Karriere und sammelten Erfahrungen in der strategischen Führung eines Unternehmens, während wieder andere nur auf eine kurze Zeit in der Industrie zurückblicken können. Dies wiederum führt innerhalb des Kollegiums zu einer im Vergleich zu anderen Bildungsstufen stärker ausgeprägten Heterogenität.

Frommberger und Lange (2018) berufen sich in ihrem Artikel im Handbuch Berufsbildung auf berufsfachliche und pädagogisch-didaktische Anforderungen und Aufgaben von Lehrpersonen an berufsbildenden Schulen in Deutschland. Sie nehmen Bezug auf die permanenten Veränderungen in Arbeit und Beschäftigung und messen deren Aufnahme in den Unterricht eine besondere Bedeutung für berufsbildende Lehrkräfte bei. Sie betonen weiter, dass sich das Spektrum an fachlichen Anforderungen dadurch deutlich umfangreicher als in anderen Schulstufen darstelle. Der Fachkompetenz einer Lehrperson an berufsbildenden Schulen ordnen sie neben der fachlichen Durchdringung der Bezugswissenschaften des Berufs auch betriebs- und berufspraktische Anwendungsgebiete zu, die in den Unterricht zu integrieren seien. Neben den Eigenheiten hinsichtlich der inhaltlichen Planungsorientierung verweisen sie darüber hinaus auf pädagogisch-didaktische Anforderungen, die sich in einem höheren Masse an berufsbildende Lehrpersonen richten. Frommberger und Lange (2018) beziehen sich vor allem auf die grosse Heterogenität der Lernenden in der Berufsbildung. Die Jugendlichen absolvierten die Sekundarstufe I auf unterschiedlichen Niveaus; einige haben bereits eine andere berufliche Grundbildung oder das Gymnasium abgeschlossen oder angefangen und stossen in den Klassen hinzu.

Frommbergers und Langes (2018) Ausführungen ist hinzuzufügen, dass sich die Heterogenität der Lernenden auch durch den Umstand vergrössert, dass nicht die Schule, sondern die Ausbildungsbetriebe die Selektion vornehmen. Manche Jugendliche erhalten aufgrund ihrer persönlichen Merkmale oder aufgrund ihres Netzwerks eine Lehrstelle, die ihre kognitiven Fähigkeiten übersteigt. Dazu kommt, dass gerade die technischen beruflichen Grundbildungen aufgrund ihres hohen Anforderungsniveaus in Konkurrenz mit den Gymnasien stehen, sodass die Ausbildungsbetriebe teilweise Lernende anstellen, die den Voraussetzungen nicht gewachsen sind. Die Berufskundelehrpersonen sind folglich mit einer immensen Heterogenität der Lerngruppe konfrontiert. Gleichzeitig ergibt sich gegenüber den Ausbildungsbetrieben als Vertragspartner der Lernenden ein gewisser Dienstleistungscharakter. Die Lehrpersonen haben ihren Beitrag zu leisten, damit insbesondere die berufspraktisch erfolgreichen Lernenden auch den schulischen Teil ihrer Grundbildung meistern. Dabei steht ihnen mit maximal einem Schultag in der Woche eine sehr begrenzte Anzahl Lektionen zur Verfügung. Im dualen Berufsbildungssystem besuchen die Lernenden die Berufsfachschule je nach Beruf an ein bis zwei Tagen die Woche. Der Berufskundeunterricht besteht in der Regel aus fünf Wochenlektionen. Die Abstände zwischen den Schulbesuchen erschweren nicht nur die kontinuierliche Stimulierung und Weiterentwicklung von Ressourcen, sondern auch den Aufbau einer vertrauensvollen Beziehung zu den Lernenden.

Aus der Perspektive der Berufskunde lassen sich die von Novak (2018) für den Lehrberuf postulierten Besonderheiten somit in manchen Bereichen präzisieren, in anderen auch erweitern. Ein deutlicher Unterschied ergibt sich sicherlich im Bereich der Einflussgrössen. Neben den Faktoren aus dem gesellschaftlichen, technologischen und politischen Wandel unterliegen die Berufskundelehrpersonen einer inhaltlichen und strukturellen Abhängigkeit gegenüber der Wirtschaft. Weiter ist die Akademisierung des Lehrberufs im Bereich der Berufsbildung weniger weit fortgeschritten als in den obligatorischen Schultypen. Vorstösse, die mehr Wissenschaftlichkeit in der Berufsbildung fordern, bleiben bisher in den politischen Diskussionen stecken. Aus diesem Grund sind die Durchlässigkeit und die Weiterentwicklungsmöglichkeiten für Berufskundelehrpersonen mit einem Tertiär-B-Hintergrund im pädagogischen Bereich derzeit sehr begrenzt. Dies wiederum macht die Frage nach der Ausrichtung des professionellen Selbstverständnisses von Berufskundelehrpersonen dringlicher. Daneben zeigt sich die Heterogenität im Bereich des Berufskundeunterrichts nicht nur bei den Lernenden als besonders ausgeprägt, sondern auch innerhalb des Kollegiums, was zu Spannungsverhältnissen führen, jedoch auch als fruchtbare Bereicherung angesehen werden kann.

Die vielfältigen Besonderheiten an den berufskundlichen Lehrberuf zeigen, dass Lehrpersonen ihr professionelles Selbstverständnis in einem hochkomplexen System entwickeln müssen. Dies äussert sich auch darin, dass gerade junge Berufseinsteigende Mühe bekunden, ein pädagogisches Selbstverständnis aufzubauen (Bastian & Helsper, 2000, S. 169). Die Vermutung liegt nahe, dass die Lehrpersonen im Bereich der Berufskunde ihr professionelles Selbstverständnis aus ihrer bisherigen beruflichen Laufbahn mitbringen und an der Stelle an die neue Situation anpassen, wo sich beispielsweise Spannungsverhältnisse ergeben. Im Folgenden sollen mittels eines pädagogisch-didaktischen Zugangs in Anlehnung an theoretische Konzepte Anforderungen beziehungsweise Strategien aus einer handelnden, methodisch-didaktischen Perspektive von Lehrpersonen erschlossen werden. Mit diesem Vorgehen werden die Ansprüche und die Voraussetzungen, denen Berufskundelehrpersonen genügen sollen, weiter erläutert, um die empirischen Daten im Anschluss einordnen zu können.

2.2 Pädagogischer und berufs-(fach-)didaktischer Zugang

Die Unterrichtstätigkeit stellt die Kernaufgabe einer Lehrperson dar. Die Forschung beschäftigt sich in zunehmendem Masse mit der Unterrichtspraxis und den ihnen inhärenten Lehr- und Lernprozessen. In diesem Zusammenhang muss zwischen quantitativer und qualitativer Unterrichtsforschung unterschieden werden. Während die quantitative Unterrichtsforschung versucht die Wirksamkeit des Unterrichts zu messen und anhand verschiedener Erfolgskriterien zu bestimmen, fokussiert die qualitative Unterrichtsforschung unter anderem auf die sozial-interaktive Konstitution und Ordnung des Unterrichts sowie auf das Beobachten, Beschreiben und Rekonstruieren von Praktiken und Phänomenen in den Lehr- und Lerntätigkeiten (Helsper & Klieme, 2013, S. 284; Proske & Rabenstein, 2018; Rothland, 2021). Innerhalb der Bildungsforschung haben sich verschiedene, teils konkurrierende Bezugsdisziplinen mit unterschiedlichen Forschungstraditionen verankert. Neben der Pädagogik und Didaktik gilt die Psychologie heute als eine unverzichtbare Grösse für die wissenschaftliche Auseinandersetzung mit dem Lehren und Lernen. Im Folgenden werden diejenigen pädagogisch-didaktischen Theorien und Perspektiven vorgestellt, auf die das unterrichtliche Handeln von Berufskundelehrpersonen potenziell zurückgeführt werden kann. Die Bezugnahme zu aktuellen Konzepten der berufsfachlichen Methodik und Didaktik soll darüber hinaus die Heterogenität im Feld veranschaulichen und damit aufzeigen, welche Leitbilder und Paradigmen sich auf das professionelle Selbstverständnis und damit auf das pädagogisch-didaktische Handeln von Berufskundelehrpersonen auswirken können.

2.2.1 Pädagogisch-didaktische Perspektive

Die Pädagogik beziehungsweise die häufig als Synonym bezeichnete Erziehungswissenschaft beobachtet, interpretiert und erklärt gemäss Stein (2013) die Prozesse der Erziehung, der Bildung, des Lernens und der Sozialisation. Sie unterstützt die Lehrperson daher mit Handlungswissen in der Bildung von Lernenden. Als integrierende Teildisziplin der Erziehungswissenschaften definiert Peterssen (2001) die Didaktik als eine handlungsorientierte Wissenschaft vom Lehren und Lernen. Coriand (2015, S. 14) betont die Wechselseitigkeit der Didaktik, indem sie sie als *„Theorie über das Verhältnis von lehren und lernen definiert"*. Die Definition beruht auf der Einsicht, dass dem Lehren immer ein Lernen gegenüberstehen muss, soll die Übertragung der Bildungsinhalte erfolgreich vonstattengehen. Hier setzt die schulbezogene Lehr-/Lernforschung an, die ihre theoretischen Grundlagen vornehmlich aus der Psychologie bezieht (Gräsel & Gniewosz, 2015). Im Gegensatz zu der allgemeinen Didaktik hat die Lehr-/Lernforschung spätestens mit der sogenannten kognitiv-konstruktivistischen Wende die Lernprozesse und Lernergebnisse in den Fokus genommen und untersucht seitdem neben der Beschreibung und Erklärung auch die Verbesserung und Wirkung schulischer Prozesse (Gräsel, 2006; Willems, 2016).

Die Allgemeindidaktik verzichtet auf diesen wertenden Charakter und befasst sich hauptsächlich mit dem Planen, Gestalten und Auswerten von Unterricht. Sie ist daher eine zentrale Bezugsdisziplin für das professionelle Handeln von Lehrpersonen aller Schulstufen (Grunder et al., 2012). Laut Terhart (2005, S. 8) ist für die Allgemeindidaktik die Ausgangsfrage kennzeichnend, *„was warum von wem wie zu welchem Zweck gelernt werden soll"*. Sie greift damit sowohl auf bildungstheoretische als auch auf lehr-/lerntheoretische Ansätze zurück. Die bildungstheoretische Disziplin wurde von Wolfgang Klafki stark mitgeprägt und konzentriert sich auf die bildende Begegnung zwischen Lehrperson, Lernenden und Bildungsgütern. Die lehr-/lerntheoretische Didaktik erweitert diese bildende Begegnung um eine von der Lehrperson vorgenommene zweckrationale und erfolgskontrollierte Organisation der Lehr- und Lernprozesse (Rothland, 2021). Sie geht vom Lernen statt von der Bildung aus und umfasst die begründende Perspektive einer planenden und analysierenden Lehrperson. Gemäss Heimann, Otto und Schulz (1965) besteht der Leitgedanke darin, den Unterrichtsprozess gestützt auf Ergebnisse aus der Unterrichtsforschung und der Evaluation aus dem eigenen Unterricht zielgenau zu planen, adäquate Inhalte, Methoden und Medien einzusetzen und so das Lernen möglichst zu optimieren. Unter diesen Gesichtspunkten lässt der synthetisierte Einbezug des bildungstheoretischen und lehr-/lerntheoretischen Ansatzes eine umfassende Analyse des Unterrichts einer Lehrperson zu.

Das didaktische Dreieck gibt das Verhältnis der bildungstheoretischen Perspektive grafisch wieder, indem es neben der vermittelnden Rolle der Lehrenden die Funktion der Aneignung seitens der Lernenden und jene des Unterrichtsgegenstands in drei Polen vereint (Kansanen & Meri 1999). Es eignet sich daher gut, um die Unterrichtspraxis neutral und ohne Wertung zu erfassen. Das didaktische Dreieck wurde im Verlauf seines Bestehens mehrfach überarbeitet und neu strukturiert. Wildt (2001) hat es im Sinne des lehr-/lerntheoretischen Ansatzes mit Einflussfaktoren wie der Methoden- und Medienwahl, den Sozialformen oder den Lernsituationen verknüpft, die das Unterrichtsgeschehen potenziell beeinflussen. Unterricht finde nie voraussetzungsfrei statt, sondern sei eingebettet in einen Rahmen aus normativ und subjektiv geprägten Anforderungen bestehend aus wissenschaftlichen Einflussgrössen, institutionellen Bedingungen, gesellschaftlichen Ansprüchen oder individuellen Dispositionen, die sich aus der persönlichen Sozialisation ergeben (vgl. Abbildung 2).

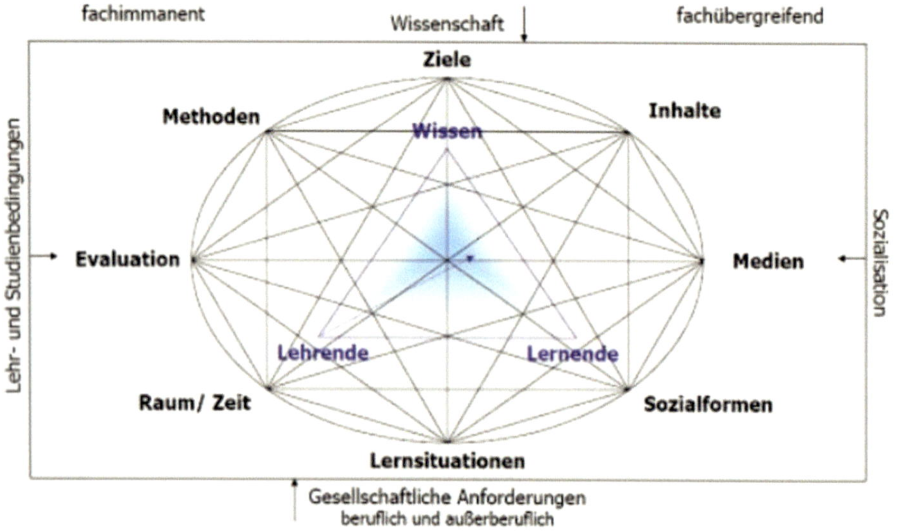

Abbildung 2: Didaktischer Rahmen (Wildt, 2001)

Die Anzahl solcher Einflussgrössen dürfte sich im Falle der Berufsbildung noch erhöhen. So geht aus den Besonderheiten des berufskundlichen Lehrberufs hervor, dass die Berufskundelehrpersonen nicht nur dem gesellschaftlichen, sondern sehr direkt auch dem politischen, technologischen und ökonomischen Wandel ausgesetzt sind. Innerhalb dieses überkomplexen Systems aus Anforderungen, Ansprüchen und Einflussfaktoren bleibt es unter Berücksichtigung der Abhängigkeiten zwischen den drei Polen des didaktischen Dreiecks Aufgabe der Lehrperson, die Inhalte des Unterrichts in Abstimmung mit den Voraussetzungen der Lernenden auszuwählen und zu strukturieren sowie sich für die Art und Weise der Unterrichtsumsetzung zu entscheiden.

Das didaktische Dreieck birgt jedoch auch die Gefahr, die tatsächliche Komplexität des Unterrichts unberücksichtigt zu lassen. So bezeichnet es Grammes (2012, S. 346) als *„schlichte schematische Darstellung, die der Kompliziertheit der Vorgänge nicht gerecht"* werde. Terhart (2009) kritisiert das didaktische Dreieck als nicht mehr zeitgemäss, weil neue technologische Möglichkeiten die Bedeutung des Lehrens zunehmend infrage stellen. Wird jedoch das unterrichtliche Handeln einer Lehrperson in den Blick genommen, kann das didaktische Dreieck gemäss Reusser (2008) dazu beitragen, eine gemeinsame Grundlage der allgemeinen Didaktik und der Fachdidaktik zu schaffen. Reinmann (2012) sieht im didaktischen Dreieck trotz der wissenschaftsspezifischen Berührungsängste der Allgemein- und Fachdidaktik ebenfalls einen gemeinsamen Kern. So spielt sich das soziale Lernen bei Anwesenheit einer Lehrperson immer in einem Spannungsverhältnis zwischen den Lernenden und dem Lerngegenstand ab (Bönsch, 2006).

Während die Allgemeindidaktik über Jahrzehnte an Bedeutung verlor, befanden sich die spezialisierenden Fachdidaktiken sowie Disziplinen aus der Lern- und Unterrichtspsychologie oder den Neurowissenschaften im Aufwind (Terhart, 2009). In manchen Fachgebieten stiess die disziplinspezifische Forschung jedoch an Grenzen. So lässt sich in der jüngeren Unterrichtsforschung eine wachsende Bereitschaft feststellen, die Stärken der unterschiedlichen Disziplinen komplementär zu nutzen. Reusser und Pauli (2021) betonen, dass es in der Bildung eine Vielzahl an Forschungs- und Entwicklungsaufgaben gibt, die nur in transdisziplinärer Zusammenarbeit zwischen der Allgemeindidaktik, den Fachdidaktiken und der empirischen Lehr-/Lernforschung gelöst werden können. Gerade in der Berufsbildung erscheint die Fokussierung auf „nur" eine Disziplin als wenig sinnvoll. So versucht die Fachdidaktik die Inhalte und Methoden des Lehrens und Lernens domänenspezifisch zu begründen und zu verankern (Reinmann, 2012). In der Berufsbildung kommen jedoch sowohl fachwissenschaftliche als auch berufspraktische Bezugspunkte als domänenspezifische Quellen infrage. Unterricht, der sich ausschliesslich an den beruflich ausgerichteten Fachdisziplinen orientiert, schätzen Becker, Spöttl und Windelband (2019, S. 1) als wenig fruchtbar ein, weil diese die *„berufsbezogenen Inhalte nicht untersuchen und noch weniger aufarbeiten"*. Gleichzeitig werden fachwissenschaftliche Bezüge als ein wichtiger Orientierungsrahmen betrachtet, damit die Lernenden berufspraktische Handlungen und Situationen auf Basis von handlungsleitendem Wissen für sich einordnen und verstehen können (Degen et al., 2019b). Eine isolierte Fokussierung auf berufspraktische Lerninhalte erscheint für die beabsichtigte Kompetenzentwicklung daher ebenfalls ungeeignet. Auch das alleinige Heranziehen einer allgemeinen Berufspädagogik ist keine Lösung, weil sie nicht in der Lage ist, die Lerninhalte für die Kompetenzentwicklung der Lernenden festzulegen (Becker, Spöttl & Windelband, 2019). Laut Becker et al. (2019) müssen sich Lehrpersonen von berufsbildenden Schulen deshalb im Rahmen ihrer Professionalisierung mit fach- und berufswissenschaftlichen Inhalten auseinandersetzen und eine Berufsdidaktik entwickeln, welche unter Einbezug allgemeindidaktischer Überlegungen die Nahtstelle zwischen beiden Disziplinen bildet. Erst die Verschmelzung aller Perspektiven stattet die Lernenden mit den Kompetenzen aus, die sie für eine erfolgreiche Berufsausübung und eine nachhaltige persönliche Entwicklung brauchen.

Vor diesem Hintergrund wird im Bereich der berufsschulischen Bildung seit mehreren Jahrzehnten über geeignete wissenschaftstheoretische Ansätze, Gegenstandsbereiche und Bezugssysteme debattiert. Ein abschliessender Konsens konnte bis heute nicht gefunden werden. Das folgende Kapitel gibt einen Überblick.

2.2.2 Gegenstand und Bezugssysteme einer Berufs-(fach-)Didaktik

Die an das HK- und KoRe-Modell angelehnten Bildungspläne bieten den Berufskundelehrpersonen mit Ausführungen zu berufsrelevanten Situationen und der Definition von theoretischen Grundlagen zwar inhaltliche Orientierung. Doch bleiben der Auftrag und insbesondere dessen Ausführung absichtlich vage formuliert, um die Kompetenzen der Schulen und Lehrpersonen nicht einzuschränken. So sollen die Berufskundelehrpersonen bei den Lernenden in Anlehnung an das geltende Berufsbildungsgesetz die Aneignung von beruflichen Handlungskompetenzen unterstützen, damit die Lernenden die Anforderungen in Beruf und Alltag meistern können (BBT, 2007). Anders als in den obligatorischen oder gymnasialen Schulstufen können die Lehrpersonen in der Berufsbildung hierfür aber kaum auf elaborierte Grundlagen zurückgreifen, weil sich berufs- oder fachspezifische Didaktiken bisher formal nicht etablieren konnten, was im Wesentlichen an der Vielzahl von beruflichen Grundbildungen und der teilweise geringen Anzahl an Lernenden respektive Studierenden pro Beruf liegt. Nur in wenigen grösseren Berufsfeldern wie in den Gesundheitsberufen (bspw. Ertl-Schmuck & Fichtmüller, 2009), in der Metalltechnik (bspw. Schütte, 2006) oder in der Wirtschaft und Verwaltung (bspw. Euler & Hahn, 2007) lassen sich längere berufs-(fach-)didaktische Traditionen feststellen. Oft müssen die Berufe in Berufsgruppen zusammengefasst werden, die in sich sehr heterogen sind (bspw. umfasst die Didaktik der Gesundheitsberufe Augenoptik, Fachfrau/Fachmann Gesundheit, Pharmaassistenz und andere). So konnte sich bisher keine allgemeine berufliche Didaktik durchsetzen, welche die Anforderungen aller Berufe gleichermassen abdeckt. Diese Ausgangslage bedeutet für die Berufskundelehrpersonen, dass sie sich wenig an einer fachdidaktischen Tradition orientieren können.

Zurück bleibt die Frage, wie sich eine Berufs-(fach-)Didaktik im Berufskundeunterricht gestaltet beziehungsweise woraus sie sich zusammensetzt und welchen Stellenwert die Berufspraxis oder die Bezugswissenschaften spielen. In den vergangenen Jahrzehnten beschäftigten sich mehrere Forschungsgruppen mit Fragestellungen rund um die Didaktik der beruflichen Bildung. Die Einsicht, dass eine Etablierung von rund 230 Berufsdidaktiken in der Schweiz utopisch wäre, führte zumindest auf konzeptueller Ebene zur Entstehung des Konstrukts einer Berufsfelddidaktik. In Bezug auf die Systematisierung von Berufen in ein Berufsfeld bestehen jedoch unterschiedliche Ansätze, die beispielsweise auf Überschneidungen in den Berufstätigkeiten, in der Didaktik oder auf Verknüpfungen innerhalb von Branchen zurückgeführt werden können (Degen et al., 2019b). Im Jahr 2000 untersuchte eine Gruppe von Fachpersonen im Auftrag des damaligen Schweizerischen Instituts für Berufspädagogik (SIBP) das Verhältnis zwischen der Fachsystematik und der Handlungsorientierung innerhalb einer Berufsfelddidaktik. Es blieb die hauptsächliche Erkenntnis, dass eine Fachdidaktik im Kontext von Berufsfeldern ihre epistemologische Verankerung verliert und sowohl mehrere Bezugswissenschaften als auch konkrete Arbeitsprozesse des jeweiligen Berufes beigezogen werden müssten (Hägele, 2001; Pahl, 2001; Schürch, 2001). Pahl (2019) beschäftigte sich weiter mit der Didaktisierung von Berufsfeldern und betonte insbesondere die Chancen einer Berufsgruppierung, um die aus seiner Optik nicht mehr zeitgemässe enge fachliche Qualifizierung auf einzelne Berufe zu überwinden und die Flexibilität der Nachwuchskräfte zu erhöhen. In Deutschland hat sich in Anlehnung daran das Lernfeldkonzept durchgesetzt, welches sich explizit an berufsübergreifenden Handlungsfeldern orientiert (Riedl 2015, S. 129). Auch diese Ausrichtung klärt die Frage nach der Konstitution und dem Zusammenspiel von berufspraktischen und fachwissenschaftlichen Bezügen jedoch nicht.

Schubiger und Rosen (2013) fokussieren in ihrer Studie auf die Frage nach der Bezugsquelle der Berufsfelddidaktik. Sie sehen die berufliche und schulische Praxis, Fach- und Bezugswissenschaften sowie die Bildungstheorie als Kernkomponenten einer Berufsfelddidaktik in der höheren Berufsbildung. Auch Degen et al. (2019b) befassten sich mit den Komponenten einer Berufsfelddidaktik. Das Forschungsteam, zu dem auch der Autor der vorliegenden Studie gehörte, entwickelten auf Grundlage von Interviewdaten mit Studiengangleitenden und Dozierenden von Berufskundelehrpersonen ein Modell, das aufzeigt, welche konstituierenden Elemente die Befragten einer Berufsfelddidaktik zuschreiben (vgl. Abbildung 3). Je nach Rahmenbedingungen des jeweiligen Berufes und den Organisationsformen der Schule erkennen die Befragten die Fachwissenschaften, das Situationsprinzip und die Allgemeindidaktik als mögliche Komponenten einer Berufsfelddidaktik.

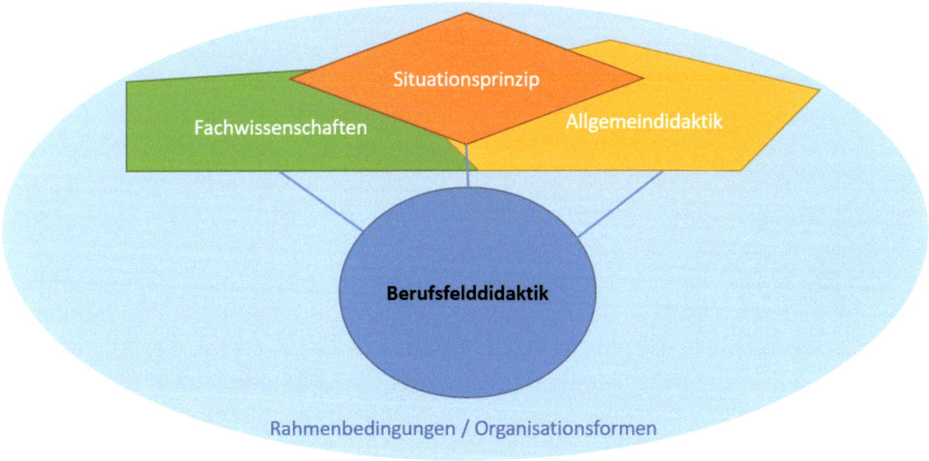

Abbildung 3: Konstituierende Elemente der Berufsfelddidaktik laut Befragung mit Studiengangleitenden und Dozierenden von Berufskundelehrpersonen (Degen et al., 2019b)

Das Ergebnis der Befragung erstaunt wenig, fordern doch vor allem die neueren Bildungspläne die Verbindung zwischen den Bezugswissenschaften und der beruflichen Realität immer stärker ein. Allgemeindidaktische Methoden können helfen, diese Verzahnung sinnvoll in den Unterricht zu integrieren. Interessanterweise zeigen die Studienergebnisse aber eine ausgeprägte Heterogenität hinsichtlich des Zusammenspiels der einzelnen Komponenten. Während die Berufsfelddidaktik für manche aus einer

Synthese aller oder mehrerer Elemente besteht, leistet für andere eine Komponente allein den berufsfelddidaktischen Zugang.

Das Modell liefert keine Antwort in Bezug auf die konkrete Ausgestaltung der einzelnen Elemente im Unterricht der Berufskundelehrpersonen. Die fachwissenschaftliche Perspektive dürfte der Orientierung hinsichtlich derjenigen Kenntnisse dienen, die mit dem Beruf korrespondieren. Mit der steigenden Komplexität und der zunehmenden Überlappung der Berufe muss jedoch kritisch angemerkt werden, dass sich die Bestimmung der relevantesten Bezugswissenschaften nicht unbedingt als trivial darstellt. In Bezug auf das Situationsprinzip wird die Ausgangslage noch undurchsichtiger. Auf einer übergeordneten Ebene geht es gemäss Fischer (2018, S. 2) um die Frage, *„was jemand wissen und können muss, um die Arbeitsaufgaben in seinem Beruf bewältigen zu können"*. Die damit implizierte Verbindung zwischen dem Wissen und Können lässt auf die Anforderung einer Verschränkung der Elemente der Fachwissenschaften und des Situationsprinzips schliessen. Aus diesem Zusammenspiel resultiert ein heterogenes Bündel an Kompetenzen, das Lehberger (2013) als Arbeitsprozesswissen bezeichnet. Es gibt Aufschluss darüber, in welche produktbezogenen, technischen, arbeitsorganisatorischen, sozialen, ökonomischen und ökologischen Zusammenhänge die Arbeit eingebunden ist. Für die Erfassung der damit verbundenen Anforderungssituationen kommen empirische Verfahren zur Anwendung, was der üblichen Herangehensweise der OdA im Rahmen ihrer Berufsfeldanalysen entspricht. Zur Realisierung der mit diesen Inhalten verbundenen Bildungsziele bieten sich allgemeindidaktische Unterrichtsmethoden an, die durch aktives Handeln in Kombination mit Reflexionsprozessen Arbeitsprozesswissen aufbauen und so eine gestalterische berufliche Entwicklung der Lernenden herausfordern sollen (Howe et al., 2002). Brater (2016, S. 209) bezeichnet das Erlernen der entsprechenden Kompetenzen daher nicht nur als *„Aufnehmen und Behalten"*; vielmehr müsse man die Kompetenzen *„für sich auswählen und neu bilden"*.

Die in diesem Kapitel vorgestellten Gegenstandsbereiche und Bezugssysteme einer Berufs-(fach-)Didaktik weisen eine stark normative Prägung auf. So monieren zahlreiche Forschende, dass bisher kaum empirische Ergebnisse vorliegen, die über das professionelle Handeln oder die Einstellungen von Lehrkräften in berufsbildenden Schulen Auskunft geben (bspw. Bauer, 2006, S. 185; Zimpelmann, 2020b, S. 20). Inwiefern sich die Erkenntnisse in der tatsächlichen Unterrichtspraxis der Berufskundelehrpersonen widerspiegeln und wie deren professionelles Handeln in diesem anforderungsreichen und wechselwirkenden System begründet werden kann, ist bislang ungeklärt und daher Gegenstand der vorliegenden Studie.

2.2.3 Methodik und Didaktik der berufskundlichen Bildung

Das Ziel der Berufsbildung besteht darin, die Lernenden zu einem kompetenten beruflichen Handeln zu befähigen. Die Handlungsorientierung ist der beruflichen Bildung somit quasi immanent. Nichtdestotrotz ging die lernortspezifische Aufspaltung von Wissen und Tun beziehungsweise Denken und Handeln lange mit dem dualen Berufsbildungssystem Hand in Hand (Czycholl, 2009): Das Handeln blieb dem betrieblichen Lernen vorbehalten, ohne dabei auf abgesicherte didaktische Konzepte zurückgreifen zu können (Herkner & Pahl, 2018). Im schulischen Lernen dominierten behavioristische Ideen, die mit didaktischen Modellen einhergingen, welche sich *„der Bestimmung und Vermittlung eng gefasster Wissensbestände und Fertigkeiten widmeten“* (Becker, 2018, S. 2). Spätestens seit dem Inkrafttreten des aktuellen Berufsbildungsgesetzes 2004 nimmt die Bedeutung der Handlungsorientierung aber auch am Lernort Berufsfachschule deutlich zu. Mit der Konzentration auf die Arbeitswelt als Lebenswelt der Lernenden rücken berufliche Aufgaben, Handlungen, Prozesse und Anforderungen sowie die damit einhergehende Persönlichkeitsentwicklung in den Fokus des Lehrens und Lernens der berufskundlichen Bildung (Becker, 2018). Durch eine didaktisch überlegte Verknüpfung von beruflichen Handlungssituationen mit den entsprechenden theoretischen Grundlagen verspricht man sich im Rahmen des Berufskundeunterrichts eine optimale Vorbereitung der Lernenden auf die Anforderungen der Berufspraxis (Straka & Macke, 2003). Diese Entwicklung liegt ganz im Sinne der konstruktivistischen Lehr-/Lerntheorie, die davon ausgeht, dass jedes Individuum sein eigenes Abbild der Realität erschafft und den Lernenden im Unterricht deshalb eine aktive Rolle zugesprochen werden muss.

Aufgrund der schlechten Ergebnisse aus ländervergleichenden Vergleichsstudien kam man in den Nullerjahren zur Einsicht, dass eine Abkehr von der reinen Wissensvermittlung an Schulen notwendig sei (Gruber, Mandl, & Renkl, 2000). Weil sich reale Praxissituationen in den wenigsten Fällen an die Grenzen eines isolierten Einzelfaches halten, wurden zu der Zeit Stimmen laut, die den fachorientierten Unterricht an den Berufsfachschulen als nicht mehr zeitgemäss einschätzten. Ausgangs- und Bezugspunkt der schulischen Berufsbildung sollten demnach nicht mehr einzelne Fächer, sondern die Berufspraxis selbst sein. In der Folge wichen die Fächerstrukturen und -systematiken an den Berufsfachschulen in fast allen Berufen einem generischen Berufskundeunterricht, der sich an den fachlichen und praktischen Anforderungen des zu unterrichtenden Berufs orientieren soll. Das BBG fordert mit Artikel 21, dass die Berufskundelehrpersonen die Lernenden durch die Vermittlung der theoretischen Grundlagen auf die Berufsausübung vorbereiten. Darüber hinaus haben alle Lernorte gemäss Artikel 15 (BBG, 2002) darauf hinzuarbeiten, dass die Lernenden ihre Berufstätigkeit durch den Erwerb von Fähigkeiten, Kenntnissen und Fertigkeiten kompetent und sicher ausüben. Die geforderten Qualifikationsziele verlangen nach dem Aufbau von fachlichen und überfachlichen Kompetenzdimensionen. Die Kompetenzentwicklung gelingt gemäss Widulle (2009) dann, wenn Wissen in Verbindung mit typischen Problemsituationen und Problemlösungen aufgebaut und gespeichert wird, damit es anschliessend als Handlungsstrategie zur Verfügung steht. Laut Hortsch, Persson und Schmidt (2012) zeichnet sich eine handlungsorientierte Ausbildung dadurch aus, dass sie die Verknüpfung von Wissen mit kontextgebundenen vollständigen Handlungen ermöglicht und den Fokus unter Begleitung einer lernberatenden Person auf eine möglichst individuelle Entwicklung der Lernenden legt.

Die handlungsorientierte Ausrichtung im Gesamtsystem der Berufsbildung führte zu einer Debatte über Abgrenzungsfragen hinsichtlich des Bildungsauftrags der einzelnen Lernorte. Im wissenschaftlichen Diskurs wird diesbezüglich zwischen dem „comparative" und dem „relational approach" unterschieden. Im „comparative approach" sind Curricula und Lernumgebungen zugunsten einer erfolgreichen Transition ähnlich gestaltet. Im „relational approach" dagegen werden gerade die Besonderheiten und Unterschiede der Lernorte als wichtige Lerngelegenheit und integraler Bestandteil beruflicher Lern- und Entwicklungsprozesse betrachtet (Akkerman & Bakker, 2011; Aprea & Sappa, 2014). Im aktuellen Forschungsdiskurs wird die einseitige Fixierung auf Ähnlichkeiten des „comparative approach" kritisiert. Marton (2006) vertritt beispielsweise die Auffassung, dass die Unterschiede zwischen den Lernkontexten eine wichtige Quelle für das Lernen sein können. Im schulischen Kontext bieten sich ausserhalb des produktiven Drucks in den Ausbildungsbetrieben ganz andere Lehr- und Lernmöglichkeiten. Die Ablehnung des „comparative approach" bedeutet deshalb nicht, dass die Lernorte die Lernenden isoliert ausbilden sollen. Vielmehr sollten gemäss Schwendimann et al. (2015) unverarbeitete Erfahrungen der Lernenden im Berufskundeunterricht aus dem betrieblichen Setting gelöst und mit handlungsleitendem Wissen verschmolzen werden, um die damit neu erschlossenen Strategien anschliessend in praxisorientierten Aufträgen und Simulationen wiederum an die berufliche Realität anzuknüpfen. Für eine gelingende Kompetenzentwicklung sei es zudem wichtig, dass die Lernenden diesen Prozess dokumentieren und ihre Erkenntnisse regelmässig reflektieren.

Dieses Vorgehen kommt der Forderung von Schütte (2018) nahe. Er schliesst seinen Artikel „Konzepte und Probleme der (Fach-)Didaktiken beruflicher Bildung" mit dem Plädoyer, die Didaktik vor die Lehr- und Lerninhalte zu stellen.

> „Bildung im ‚Medium des Berufs' wird nur dann ihrem berufspädagogischen Anspruch gerecht, wenn sie sich didaktisch von der Vorstellung verabschiedet, Wissenschaft resp. verwissenschaftlichte Technologien und/oder Arbeits- und Geschäftsprozesse lieferten dem Unterricht den thematischen ‚Rohstoff' sowie dem Lehr- und Lernprozess die notwendige Struktur zur individuellen Vorbereitung auf die (Arbeits-)Welt von morgen." (Ebd., S. 10)

Die Didaktik soll im Sinne der lehr-/lerntheoretischen Perspektive auf das Subjekt ausgerichtet sein, was eine erhöhte Flexibilität und Variabilität der Unterrichtskonzepte und Lehr- und Lernarrangements voraussetzt. Neuere Schweizer Bildungspläne wie jener der Informatik nehmen sowohl fachliche als auch berufspraktische Anforderungen als Kompetenzziele des Lernorts Berufsfachschule auf und legen mit der Wahl des Modells didaktische Ausrichtungen fest (vgl. ICT, 2013). In Anlehnung an Schütte (2018) bedarf es, ausgehend von der Zielebene, einer (didaktischen) Diagnose der Lernenden und einer darauf ausgerichteten Bereitstellung von Lern- und Arbeitsaufgaben durch die Berufskundelehrperson. Die damit einhergehenden komplexen Aufgaben setzen professionelle Handlungen der Lehrperson voraus. Im folgenden Kapitel werden die Kernaufgaben einer Lehrperson mit dem unterrichtlichen Handeln und dem sich darin abzeichnenden pädagogischen Menschenbild in Verbindung gebracht.

2.2.4 Unterrichtliches Handeln und pädagogische Menschenbilder

In Hinblick auf die Kernaufgabe von Lehrpersonen – die Planung, Durchführung, Überprüfung und Reflexion von Unterricht anhand von Lehr- und Lerninhalten – ergeben sich grundlegende Anforderungen an das unterrichtliche Handeln. Bromme (2014) unterscheidet aus Sicht der Lehr-/Lernforschung folgende drei Anforderungsbereiche:

- die Organisation und Aufrechterhaltung einer Struktur der Aktivitäten von Lehrperson und Lernenden (Klassenführung),
- die Entwicklung des fachbezogenen Wissens,
- die Aufteilung von Unterrichtszeit und die Steuerung des Unterrichtstempos.

Im Falle von Berufskundelehrpersonen erweitern sich diese Anforderungen weiter, da die Frage der Bezugsdisziplin ungelöst bleibt und die Entwicklung des fachbezogenen Wissens besonderes Augenmerk verlangt.

Die breit angelegte Metastudie „visible learning" von Hattie (2009) zeigt zudem, dass neben der Organisation, Steuerung und Strukturierung von Lerninhalten insbesondere auch das Verhalten der Lehrperson als eine zentrale Komponente des Lehrberufs angesehen werden sollte. Der Lernerfolg bei den Lernenden werde stark durch die Lehrperson und die zwischenmenschlichen Begegnungen beziehungsweise die positive Beziehungsgestaltung beeinflusst. Wie der Umgang mit den Lernenden in der tatsächlichen Unterrichtspraxis aussieht, hängt von der Lehrperson als Individuum und ihrem pädagogischen Menschenbild ab. Generell wird dem Menschenbild eines Individuums zugeschrieben, dass es das Verhalten und darauf aufbauend konkrete beobachtbare Handlungsstrategien beeinflussen kann (König, 2005). Die Identifizierung der Menschenbilder einer Lehrperson könnte folglich dabei helfen, deren spezifische Unterrichtspraxis nachzuvollziehen. Allerdings wirken Menschenbilder nur indirekt und sind nicht unmittelbar beobachtbar. Vielmehr liegen sie als subjektive Theorien einzelner Personen vor, die durch persönliche Erläuterungen identifiziert werden können (Zichy, 2017). Je nach Situation greift ein Individuum in seinem Handeln auf mehrere Menschenbilder zurück; aus der Geistesgeschichte sind beispielsweise der Homo Oeconomicus, der Homo Sociologicus oder der Homo Educandus bekannt (Henke & Herrgen, 2012).

In kognitivistischen, behavioristischen und konstruktivistischen Ansätzen finden ebenfalls bestimmte Menschenbilder ihren Ausdruck, die sich auf die entsprechenden Lern- und Lehrtheorien auswirken. In aller Kürze: Der Kognitivismus ist dadurch gekennzeichnet, dass neues Wissen auf Basis des individuellen Erfahrungs- und Entwicklungsstands vom Individuum in selektiver Weise durch Informationsverarbeitung abgespeichert wird (Raithel, Dollinger & Hörmann, 2005). Im auf Pawlow und Skinner zurückgehenden Behaviorismus dagegen wird davon ausgegangen, dass Verhaltensänderungen durch Reize und Verstärkungen gesteuert und begünstigt werden können (Lefrancois, 2013). Die konstruktivistische Lehr-/Lerntheorie besagt, dass jedes Individuum die eigene Wirklichkeit auf Grundlage seiner subjektiven Erfahrungsstrukturen durch aktive Lern- und Denkprozesse konstruiert (Maturana & Varela, 1987). Im Gegensatz zum Kognitivismus ist Wissen im Konstruktivismus *„kein Abbild der externen Realität, sondern eine Funktion von Erkenntnisprozessen"* (Raithel, Dollinger & Hörmann, 2005, S. 72). Im Zentrum des Konstruktivismus stehen demnach das Individuum und seine Lernprozesse, was ganz im Sinne des in der Berufsbildung geltenden Kompetenzansatzes liegt. Der Konstruktivismus und die daraus abgeleiteten kompetenzorientierten Lehr- und Lernformen folgen einem humanistischen Menschenbild. Der Humanismus betrachtet den Menschen in seiner ihm selbst bewussten sozialen Wirklichkeit, die von zwischenmenschlichen Beziehungen geprägt ist und als sinnorientierte Ganzheit mit dem Ziel der Selbstverwirklichung und Autonomie gelebt wird (Kriz, 2014). Das Ziel eines humanistisch geprägten und konstruktivistisch gestalteten Unterrichts liegt also darin, dass sich das Individuum innerhalb eines gewissen Rahmens selbst entfaltet. Für die Rolle als Lehrperson ergeben sich daraus in Bezug auf die Begleitung der Lernenden und die Kommunikation weitere Anforderungen.

Die Intentionen des Unterrichtshandelns einer Lehrperson setzen sich somit zum einen aus den an sie gerichteten Anforderungen und aus dem (pädagogischen) Menschenbild zusammen, das eine Lehrperson im Verlauf ihrer Berufsbiografie aufgebaut hat. Zum anderen wird auch den individuellen Überzeugungen, Werthaltungen, motivationalen Orientierungen und selbstregulativen Fähigkeiten einer Lehrperson eine handlungsleitende Funktion attestiert (Baumert & Kunter, 2006). Gerade mit Blick auf die Autonomie von Lehrpersonen und die unterschiedlichen Idealvorstellungen über das, was guten Unterricht ausmacht, dürfte das professionelle Handeln in der Unterrichtspraxis heterogen ausfallen. Ein allgemeingültiges Konzept des pädagogisch professionellen Handelns ist nicht zu erwarten. Auf Grundlage unterschiedlicher Ansätze soll deshalb im Rahmen des personenbezogenen Zugangs dargestellt werden, wie Lehrpersonen über lebenslang andauernde strukturelle und individuelle Professionalisierungsprozesse zu (Semi-)Professionellen werden und wie sich die damit verbundene Professionalität konstituiert.

2.3 Personenbezogener Zugang

Im Rahmen des personenbezogenen Zugangs werden konstituierende Elemente vorgestellt, die auf den Professionalisierungsprozess von Lehrpersonen einwirken und folglich das professionelle Handeln prägen. Der Blick richtet sich zunächst auf den Lehrberuf als (Semi-)Profession, um die daraus hervorgehenden strukturellen Elemente und Anforderungen in der Professionalisierung einer Lehrperson zu identifizieren. Im Anschluss gilt der Fokus den individuellen Elementen, welche in Verbindung mit der pädagogischen Professionalität einer Lehrperson stehen. In Anlehnung an unterschiedliche Ansätze wird aufgezeigt, auf Basis welcher Elemente sich Professionalität im Lehrberuf herausbildet und laufend weiterentwickelt. Dabei wird auch auf Herausforderungen eingegangen, mit welchen sich die Lehrpersonen im Rahmen dieses Prozesses potenziell konfrontiert sehen. Die Ansätze werden letztlich um Konzepte ergänzt, welche die aufgegriffenen Aspekte vertiefen oder um Spezifika des berufskundlichen Lehrberufs erweitern. Die Vielzahl an Elementen, die mit dem Professionalisierungsprozess einer Lehrperson verknüpft sind, deutet schon die hohe Komplexität des mit dem Lehrberuf verbundenen Gesamtsystems an. Durch die Identifikation dieser Elemente werden ergänzend zum systemischen und pädagogisch-didaktischen Zugang weitere Einflussfaktoren eruiert, die potenziell in einem wechselwirkenden Verhältnis zum professionellen Selbstverständnis einer Lehrperson stehen und sich damit auf deren professionelles Handeln auswirken.

2.3.1 Entwicklung von pädagogischer Professionalität im Lehrberuf

Gemäss der angloamerikanischen Forschung können Berufsgruppen, die sich durch eine besondere Stellung auf dem Arbeitsmarkt auszeichnen, als „Professionen" bezeichnet werden. Die Frage ist, was eine solche besondere Stellung auf dem Arbeitsmarkt auszeichnet. Das ursprüngliche berufssoziologische Professionenmodell rekurriert dabei auf den Status, den eine Profession auf kollektiver Ebene einnimmt und der durch den Aufstieg eines gesamten Berufsstandes erreicht werden kann (Dietrich, 2014). In diesem Verständnis bezieht das Professionenmodell ausschliesslich auf die klassischen akademischen Berufe in den Bereichen Medizin, Rechtswissenschaften oder Architektur ein (Terhart, 2011). Doch richten sich die Professionen immer stärker an der zunehmend funktional differenzierten Gesellschaft aus und zur Abgrenzung der Professionen von anderen Berufen werden beispielsweise vermehrt merkmalsorientierte Ansätze herangezogen. Demnach zeichnet sich eine Profession Lundgreen (2011, S. 9) zufolge durch folgende Bestimmungsmerkmale aus:

- „Fachwissen (Bildungspatente), um exklusive Kompetenz glaubhaft zu behaupten.
- Professionelle Identität durch eigene Berufsverbände, berufsständische Selbstkontrolle u. ä.
- Öffentliches Image als am Gemeinwohl orientierte unabdingbare Dienstleistung.
- Rechtliche Privilegierungen, z. B. durch Berechtigungsmonopole für die Bildungspatente auf dem Arbeitsmarkt (Lizensierung, Titelschutz u. ä.)."

Andere Definitionen erweitern diese Merkmale um Autonomie in der Berufsausübung, Kontrolle über die Standards der Berufsausübung, über die Ausbildung sowie den Zugang zur Berufstätigkeit oder um hohes Ansehen, Prestige und Einkommen (vgl. Demszky von der Hagen & Voss, 2010). Anders als in der Medizin oder in der Rechtswissenschaft erfüllen pädagogische Berufe diese Kriterien nicht zwangsläufig. Es wird deshalb im Bereich der Pädagogik auch häufig von Semi-Professionen gesprochen. Etzioni (1969, S. 5) äusserte schon vor gut 50 Jahren Zweifel daran, dass der Lehrberuf eine Profession sei, denn *„(t)heir training is shorter, their status is less legitimated, their right to privileged communication less established, there is less of a specialised body of knowledge, and they have less autonomy from supervision or societal control than ‚the' professions".*

Im Falle von Lehrpersonen, gerade in der Berufs- und Erwachsenenbildung, ist die Frage ungeklärt, welche Bezugswissenschaft beim Aufbau von spezifischem Professionswissen herangezogen wird. Angesichts solcher Unsicherheiten findet in den Bildungswissenschaften der Begriff der Professionalität immer häufiger Verwendung. Anders als der Professionsbegriff verweist er nicht auf einen Status oder Zustand, sondern auf die beruflichen Tätigkeiten mit einem Fokus auf analytisch-reflexiven Handlungsprozessen und entsprechenden Anforderungen (Zorn, 2020). Laut Horn (2016, S. 156) ist Professionalität *„an Praxis gebunden und beschreibt eine spezifische Qualität des beruflichen Handelns"*. Evans (2008, S. 8 f.) unterscheidet in dem Zusammenhang das *„restricted model"*, das auf Erfahrung und Intuition beruhe, und das *„extended model"*, welches auf Theorie und einen intellektuellen, rationalen Ansatz des professionellen Handelns zurückgreife. Evans sieht diese beiden „models" als Pole, zwischen denen sich die Lehrperson an einer Stelle selbst platziert. In der beruflichen Realität einer Lehrperson ist davon auszugehen, dass diese Pole je nach Situation ständig in Interaktion stehen und das professionelle Handeln durch eine situative Einordnung und Reflexion der Gegebenheiten geschieht.

2.3.2 Professionstheoretische Ansätze im Lehrberuf

Im deutschsprachigen wissenschaftlichen Diskurs unterscheidet die Literatur zur Entwicklung von pädagogischer Professionalität unter anderem den kompetenztheoretischen (Baumert & Kunter, 2006), strukturtheoretischen (Oevermann, 1996) und berufsbiografischen Ansatz (Terhart, 2011). Diese drei decken bis zu einem gewissen Grad auch weitere Ansätze ab (bspw. systemtheoretisch, interaktionistisch, machttheoretisch), die im professionstheoretischen Diskurs diskutiert werden, und fokussieren auf unterschiedliche Aspekte, die in der individuellen Kompetenzentwicklung einer Lehrperson als wichtig erscheinen. Umgekehrt kann das professionelle Handeln einer Lehrperson in Abhängigkeit von der jeweiligen Praxissituation diesen Ansätzen zugeordnet werden, was für die Dateninterpretation in der vorliegenden empirischen Studie hilfreich sein könnte.

Kompetenztheoretischer Ansatz

Kompetenzmodelle eröffnen eine zentrale Betrachtungsweise der pädagogischen Professionalität. Vertreterinnen und Vertreter des kompetenztheoretischen Ansatzes gehen davon aus, dass das professionelle Handeln einer Lehrperson aufgrund ihrer Kompetenzen erfolgt, die für die Erfüllung ihrer Aufgaben notwendig sind. Es gehört zum Professionalisierungsprozess, die berufspraktischen Aufgaben sowohl theoretisch als auch empirisch zu analysieren und daraus Wissen und Kompetenzen zu entwickeln. Die Diskussion über die Konstitution der professionellen Kompetenzen einer Lehrperson erweist sich als sehr ergiebig. Weiter *„unterliegt (sie) historischen Veränderungen, Prägungen und unterschiedlichen Wissenschaftsparadigmen"* (Steinmann, 2022, S. 20). Bromme (1992) schlägt zur Topologie des Professionswissens von Lehrpersonen das fachliche Wissen, das curriculare Wissen, das Wissen um die Philosophie des Schulfaches sowie das pädagogische und fachspezifisch-pädagogische Wissen vor.

Baumert und Kunter (2006) fassen Brommes Konstitution in Fachwissen, fachdidaktisches Wissen und pädagogisch-psychologisches Wissen zusammen. Aufgrund der Erkenntnis, dass sich die Aufgaben des Lehrberufs nicht in der Unterrichtstätigkeit erschöpfen, erweitern sie die Wissensbereiche einer professionellen Lehrperson um die Komponenten Organisationswissen und Beratungswissen. Terhart (2011) pflichtet dieser Feststellung bei und konstituiert neben dem Unterrichten und Erziehen in einer (nicht abschliessenden) Aufzählung die Anforderungsbereiche Diagnostizieren, Beurteilen und Beraten, individuelle Weiterbildung, kollegiale Schulentwicklung sowie die Selbststeuerungsfähigkeit im Umgang mit beruflichen Belastungen.

Oser und Oelkers (2001) erweitern diese Konstitution des Professionswissens von Lehrpersonen auf Basis einer breit abgestützten Delphi-Untersuchung um ein Vielfaches. Sie entwickeln insgesamt 88 Standards für die Ausbildung von Lehrpersonen, die in einem pädagogisch-psychologischen Kompetenzprofil münden. Heinzer, Oser und Salzmann (2009) übertragen das Modell auf die Berufsbildung. Aus konkreten Lehr- und Lernsituationen im allgemeinbildenden und berufskundlichen Unterricht und den dabei festgestellten Verhaltensweisen und Handlungen der Lehrpersonen entwerfen sie Kompetenzprofile, die Anhaltspunkte über das professionelle, situativ eingebettete Handeln von Berufsfachschullehrpersonen ermöglichen (Oser et al., 2013). Die resultierenden 45 Kompetenzprofile geben Einblick in die situativen Bedingungen des professionellen Handelns von Lehrpersonen in der Berufsbildung. Sie lassen sich in die folgenden Hauptgruppen unterteilen (Heinzer, Oser & Salzmann, 2009):

- **Kompetenzprofile der Lehre**: Sie beziehen sich auf methodisch-didaktische Kompetenzen in den Bereichen Unterrichtsvorbereitung und Vermittlungsformen.
- **Kompetenzprofile der Lernbedingungen**: Sie sind unterteilt in Bedingungen für das Lernen sowie Wert- und Konfliktmanagement.
- **Kompetenzprofile der Lernprozesse**: Sie umfassen die Diagnose von Lernvoraussetzungen und Lernschwierigkeiten, die Begleitung von Lernprozessen, die Evaluation von Leistungen sowie die Erarbeitung von Lernstrategien zusammen mit den Lernenden.
- **Kompetenzprofile des Berufscopings und der Zusammenarbeit**: Sie beinhalten die Interaktion und Zusammenarbeit zwischen den Lehrpersonen sowie den Blick zum eigenen Berufs-ICH und zu Berufscopingstrategien.

Die erarbeiteten Kompetenzprofile wurden im Rahmen der Studie von 115 Spezialistinnen und Spezialisten der Berufsbildung und 674 Berufsfachschullehrpersonen in Bezug auf Wichtigkeit, Auftretenshäufigkeit, Umsetzungsschwierigkeit und Stellenwert in der Ausbildung bewertet (Heinzer, Oser & Salzmann, 2009). Obwohl trotz dieses umfangreichen Vorgehens kein Anspruch auf Vollständigkeit besteht, sind die Profile für die vorliegende Studie von Interesse, vor allem, weil sie eine breite Palette an Voraussetzungen für eine erfolgreiche Bewältigung von spezifischen situationalen Anforderungen respektive Unterrichtssituationen aufzeigen. Es können somit Anforderungen abgeleitet werden, die explizit auch den Berufskundelehrpersonen gelten.

Die Identifizierung der Anforderungen allein zeigt aber noch nicht auf, ob und wie die Lehrpersonen diese wahrnehmen und bewältigen. Den Kompetenzprofilen fehlt die Perspektive der Person als aktiv denkendes, lernendes und handelndes Wesen (Baumert & Kunter, 2006). Auch in Anlehnung an Weinerts (2001) Kompetenzdefinition begründet sich die Unterrichtspraxis einer Lehrperson nicht nur durch ihr Professionswissen innerhalb unterschiedlicher Anforderungs- und Aufgabenbereiche, sondern zusätzlich durch personenbezogene Aspekte. Eine Lehrperson kann sowohl fachlich als auch pädagogisch-didaktisch qualifiziert sein und trotzdem einen Unterricht betreiben, der die normativen Anforderungen nicht erfüllt, was unter anderem auf fehlende motivationale Orientierungen, eine ungenügende Selbstregulation oder abweichende persönliche Überzeugungen, Werthaltungen und Ziele zurückgeführt werden kann. Baumert und Kunter (2006) ergänzen ihr Rahmenmodell im Rahmen des Projekts COACTIV deshalb um diese Aspekte (vgl. Abbildung 4). Allesamt sind sie *„für die psychische Dynamik des Handelns, die Aufrechterhaltung der Intention und die Überwachung und Regulation des beruflichen Handelns über einen langen Zeitraum verantwortlich“* (Baumert & Kunter, 2006, S. 501). Sie wirken dynamisch zusammen und fliessen mit den Kompetenzbereichen und Kompetenzfacetten in die professionelle Handlungskompetenz einer Lehrperson ein.

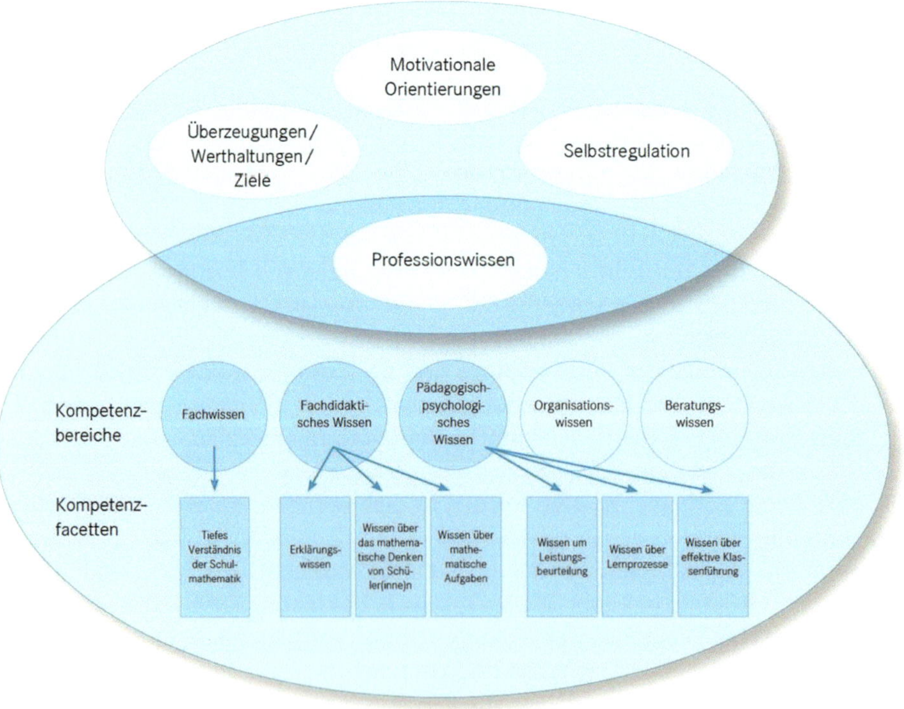

Abbildung 4: Modell professioneller Handlungskompetenz (Baumert & Kunter, 2006, S. 482)

Der Aspekt der Überzeugungen, Werthaltungen und Ziele setzt sich aus individuell wirksamen Orientierungsmustern zu epistemologischen Überzeugungen, aus subjektiven Theorien über das Lehren und Lernen und aus selbstbezogenen Fähigkeitskognitionen zusammen (Baumert & Kunter, 2006). Die – nicht zwangsläufig widerspruchsfreien – Überzeugungen und Werthaltungen werden von der Lehrperson subjektiv als wahr empfunden und beeinflussen deren Wahrnehmung der Umwelt und das professionelle Handeln. In der Literatur ist in diesem Zusammenhang auch oft von „Teachers' Beliefs" die Rede (Steinmann, 2022).

Ausgehend vom Rahmenmodell betonen Heinzer und Baumgartner (2013) in Anlehnung an Weinerts (2001) Kompetenzdefinition, dass Kompetenzen immer an einen Kontext gebunden seien und deshalb das professionelle Handeln einer Lehrperson nicht losgelöst von der jeweiligen Situation erfasst werden könne. Oser et al. (2013) geben zu bedenken, dass das Zusammenspiel der personenbezogenen Aspekte noch keine Kompetenz garantiere. Sie fügen deshalb die Handlungserfahrung als eine weitere zentrale Komponente des professionellen Handelns hinzu. Infolge der wachsenden Anzahl durchlebter Handlungserfahrungen wächst das professionelle Handlungsrepertoire der Lehrperson und ermöglicht ihr in zunehmendem Masse situationsgerechte Entscheidungen zu treffen. Diese Fertigkeit wiederum erscheint in einer beruflichen Realität, die sich durch teils widersprüchliche Anforderungen auszeichnet, als besonders relevant. Der strukturtheoretische Ansatz greift solche Antinomien aus der Praxis auf und fokussiert auf deren Bedeutung für das professionelle Handeln einer Lehrperson.

Strukturtheoretischer Ansatz

Die grundlegenden Aufgaben einer Lehrperson weisen gemäss dem strukturtheoretischen Ansatz nicht nur eine hohe Komplexität auf, sie sind aufgrund von teils unüberwindbaren Systemantinomien streng genommen zum Scheitern verurteilt und lösen in den Handlungssituationen Unsicherheiten aus (Helsper, 2014). Von Berufskundelehrpersonen wird gemäss Rahmenlehrplan (SBFI, 2015) beispielsweise verlangt, dass sie die Spannungsfelder *„Theorie und Praxis"*, *„Pädagogik und Andragogik"*, *„Arbeiten und Lernen"*, *„Erwartungen der Wirtschaft und persönliche Entwicklung"* sowie *„Kompetenzlernen und Bildungskanon"* aushalten und ausbalancieren können (SBFI, 2015, S. 5). In Bezug auf den strukturtheoretischen Ansatz zeigt sich Professionalität laut Terhart (2011, S. 206)

> „in der Fähigkeit, die vielfachen Spannungen und [...] Antinomien sachgerecht handhaben zu können. Kompetenter, reflektierender Umgang mit unabstellbarer, aber gleichwohl täglich zu bewältigender und faktisch auch irgendwie bewältigter Unsicherheit und Undeterminiertheit werden im strukturtheoretischen Ansatz zum Kernstück pädagogischer Professionalität".

Helsper (2014) unterscheidet dabei zwischen Antinomien erster und zweiter Ordnung. Die Antinomien erster Ordnung sind naturgegeben und gelten für jede Lebenspraxis. Sie besitzen für das professionelle Handeln jedoch *„aufgrund der hohen Verantwortlich-*

keit eine gesteigerte Bedeutung" (Helsper, 2016, S. 111). Die Praxisantinomie beschreibt beispielsweise den Widerspruch bezüglich Entscheidungen, die theoretisch reflektiert ober zumindest überdacht werden sollten, aufgrund des Handlungs- und Zeitdrucks aber oft situativ gefällt werden. Antinomien zweiter Ordnung beziehen sich hauptsächlich auf die Spannungen, die aufgrund *„der unpersönlichen und der emotional-diffusen Beziehungslogik"* (Helsper, 2016, S. 115) zustande kommen. Er nennt fünf Ausprägungen von Antinomien:

- Die **Differenzierungsantinomie** beschreibt das Spannungsverhältnis zwischen der geforderten Gleichbehandlung aller Lernenden und der Differenzierung, die sich durch die Heterogenität derselben ergibt.
- Die **Organisationsantinomie** stellt die einzuhaltenden organisatorischen Regeln und Routinen der in Bildungsprozessen wichtigen kommunikativen Offenheit gegenüber.
- Die **Autonomieantinomie** zeigt den Widerspruch auf, der sich zwischen der Förderung von Selbstständigkeit der Lernenden und der gleichzeitig vorhandenen Hilfsbedürftigkeit derselben ergibt.
- Die **Näheantinomie** beschreibt die Paradoxie zwischen Anerkennungswünschen Einzelner und der Distanz zu der vermittelnden Sache.
- Die **Sachantinomie** meint die Schwierigkeit, einerseits allgemeingültige Inhalte lehren zu müssen, sich andererseits aber möglichst nahe an der Lebenswelt der Lernenden zu bewegen.

Schütze et al. (1996) beschreiben auf der Praxisebene weitere Kernprobleme im Rahmen des pädagogischen Handelns einer Lehrperson. Sie identifizieren Paradoxien, mit denen eine Lehrperson in ihrem professionellen Handeln konfrontiert ist, wobei hier die Begriffe Paradoxie und Antinomie als Synonyme zu verstehen sind[3]. Die von Schütze (2015) identifizierten Paradoxien beziehen sich in der Regel auf Problemkonstellationen, die in direkter Verbindung zum professionellen Handeln der Lehrpersonen stehen. Beispielsweise hat eine Lehrperson oft zu entscheiden, ob sie eine Problemstellung und den Lösungsweg der Effizienz wegen selbst aufzeigt oder die Lernenden eigenständig erkunden lässt. Letzteres kommt dem Lernprozess zugute, nimmt jedoch mehr Zeit in Anspruch. Falls die Lernenden die Problemstellung selbst er- und bearbeiten, stellt sich die Frage, ob der Prozess nach einem fertigen Muster ablaufen soll oder offene, kreative Lösungswege erlaubt sind. Die Lehrperson kann den Unterricht darüber hinaus nach einer festen Zeitstruktur vorbereiten oder den individuellen Entwicklungen und Fortschritten der Lernenden freien Lauf lassen, was die fristgerechte Zielerreichung nach Lehrplan gefährdet. Diesen und weiteren Paradoxien im professionellen Handeln von Lehrpersonen ist gemein, dass sie weder aufhebbar noch zu umgehen sind. Darüber hinaus geschieht die Bearbeitung der Paradoxien durch die Lehrkräfte laut Schütze (2015) häufig fehlerhaft und nicht umsichtig, weil sie

3 Helsper et al. (2001) präferieren die Terminologie der Antinomie, weil sich ihrer Ansicht nach Paradoxien „nur" auf konkrete aktuell-performative Orientierungsdilemmata im Hier und Jetzt beziehen, wodurch systemisch verursachte Widersprüche ausgeschlossen seien.

nicht reflektiert, sondern sich selbst und den Lernenden gegenüber verschleiert werden.

Solche und weitere Antinomien und Paradoxien können zu Dilemmata und Herausforderungen führen, die für die Lehrenden grosse Belastungen mit sich bringen. Laut Helsper (2016) ist es deshalb zentral, dass sich Lehrpersonen mit diesen Antinomien reflexiv auseinandersetzen und Handlungsroutinen im Umgang mit den sich ergebenden Spannungen ausbilden. Das Mittel zur Bewältigung von Antinomien sieht er somit in der Reflexionsfähigkeit der Lehrperson und im Aufbau von Handlungs- beziehungsweise Unterrichtsroutinen, die helfen die verschiedenen Spannungen in ein produktives Verhältnis zueinander zu bringen. Den Unterrichtsroutinen sind spezifische Lösungsstrategien zur Bewältigung von pädagogischen Aufgaben inhärent (Bauer, 2000). Aufgrund ihrer relativ hohen Resistenz gegenüber Umstrukturierungen tragen sie zur Stabilisierung des Systems bei, das die Lehrpersonen umgibt. Stossen die Lehrpersonen an neue Entwicklungsaufgaben, können sich sowohl die Lösungsstrategien als auch die Unterrichtsroutinen verändern (Wysujack, 2021). Bauer (2005) erkennt Unterrichtsroutinen oder auch Unterrichts- beziehungsweise Handlungsmuster vorwiegend in der sozialen Strukturbildung, Kommunikation, Interaktion, Gestaltung und Hintergrundarbeit. Ein reflektierter Umgang mit den im Lehrberuf vorhandenen Herausforderungen und Antinomien unterstützt demnach den Aufbau von adäquaten Handlungsroutinen für eine kompetente Unterrichtspraxis, was aus strukturtheoretischer Perspektive den Hauptbestandteil der pädagogischen Professionalität ausmacht. Die Lösungs- respektive Handlungsstrategien und -routinen bauen die Lehrpersonen gemäss Bauer und Kanders (2000) im Laufe ihrer Berufsbiografie auf. Der im Folgenden vorgestellte berufsbiografische Ansatz befasst sich explizit mit der dynamischen Entwicklungsperspektive im Rahmen des Professionalisierungsprozesses von Lehrpersonen.

Berufsbiografischer Ansatz

Anstatt die pädagogische Professionalität unter Einbezug einzelner Perspektiven zu verstehen, wird im einschlägigen Diskurs in zunehmendem Masse eine Kombination der Ansätze verfolgt (Helsper & Tippelt, 2011). Dies gilt insbesondere für die hier vorgestellten Perspektiven. So fordert Nittel (2011) beispielsweise eine Kombination des kompetenz- und strukturtheoretischen Ansatzes, statt diese einander gegenüberzustellen. Damit pädagogisches Handeln zu professionellem Handeln wird, braucht es sowohl theoretisches Wissen und Ergebnisse aus empirischer Forschung als auch situatives, kontextsensibles und angemessenes Handeln, das sich aus praktischen Erfahrungen in teils widersprüchlichen Situationen speist (Lorenz & Schwarz, 2014). Professionelles Handeln verlangt demnach auch nach einer berufsbiografischen Entwicklung, die sich aus gelerntem Wissen und gesammelten Erfahrungen zusammensetzt. Terhart (2011) benennt zur Strukturierung unterschiedlicher Perspektiven auf den Professionalitätsbegriff mit dem berufsbiografischen Ansatz einen dritten Strang, der häufig als Konglomerat zwischen den bereits genannten diskutiert wird. Sowohl im kompetenz- als auch im strukturtheoretischen Ansatz spielen die Handlungserfahrungen der Lehrpersonen nämlich eine wesentliche Rolle in der Entwicklung pädagogischer Professionalität. Es handelt sich daher um einen lebenslangen Prozess, der auch den privaten Lebenslauf einschliesst (Wysujack, 2021). Terhart (2011) versteht Professionalität in erster Linie als eine berufsbiografische Angelegenheit und misst der Bereitschaft zur Weiterentwicklung der eigenen Kompetenzen deshalb eine hohe Bedeutung im Professionalisierungsprozess bei. Insgesamt zeichnet sich für Terhart (2011, S. 208) der berufsbiografische Ansatz durch folgende Bestandteile aus:

> „Prozesse des allmählichen Kompetenzaufbaus und der Kompetenzentwicklung, die Übernahme eines beruflichen Habitus durch Berufsneulinge, die Kontinuität und Brüchigkeit der beruflichen Entwicklung über die gesamte Spanne der beruflichen Lebenszeit, die Verknüpfung von privatem Lebenslauf und beruflicher Karriere und ähnliche Themen stehen im Mittelpunkt."

Er verknüpft die pädagogische Professionalität mit einem kontinuierlichen Entwicklungsprozess, der unter anderem auf den Aufbau eines mit dem Lehrberuf verbundenen Habitus abzielt. Bauer (2005, S. 81) erachtet es in diesem Zusammenhang als zentral, dass die Lehrperson *„gezielt ein berufliches Selbst aufbaut, das sich an berufstypischen Werten orientiert"*. Bauer et al. (2010, S. 134) stellen zudem fest, dass

> „das Selbst in der Interaktion mit anderen und in der praktischen Bewältigung von Aufgaben und Herausforderungen [entsteht] und weiter das professionelle Selbst von aussen betrachtet der im Beruf sichtbar werdende Teil der Persönlichkeit" ist.

Die Entwicklung eines professionellen Selbst oder Selbstverständnisses stellt aus Perspektive des berufsbiografischen Ansatzes einen Meilenstein in der Professionalisierung einer Lehrperson dar. Aus strukturtheoretischer Perspektive scheinen die mit den Antinomien verbundenen Entwicklungsaufgaben zentrale Lerngelegenheiten für die Ausbildung des professionellen Selbstverständnisses zu bieten. Aus kompetenztheoretischem Blickwinkel beinhaltet das professionelle Selbstverständnis der Lehrperson personenbezogene Aspekte, die für die Handlungskompetenz im Lehrberuf entscheidend sind. Die Herausbildung eines professionellen Selbstverständnisses gehört somit unabdingbar zum Professionalisierungsprozess einer Lehrperson. Woraus es sich konstituiert und welche Wirkung es auf die Unterrichtspraxis entfalten kann, wird im folgenden Kapitel näher dargestellt.

2.4 Professionelles Selbstverständnis

Die komplexe Arbeitssituation einer Berufskundelehrperson ist zum einen geprägt von Spannungsverhältnissen und Antinomien in den an sie gerichteten Anforderungen. Zum anderen unterliegen die gegebenen Rahmenbedingungen sowie die zu behandelnden Lerninhalte einem stetigen Wandel, was *„eine fortwährende Auseinandersetzung und Reflektion professioneller Kompetenz, des Handelns und der Identität"* erfordert

(Kanitz, Bürger & Wissinger, 2014, S. 727). Der Umgang mit den Anforderungen und insbesondere die bewusste professionelle Balance zwischen den Rahmenbedingungen, Anforderungen und Erwartungen einerseits sowie den Selbstansprüchen andererseits gehören zur beruflichen Sozialisation einer Lehrperson (Tillmann, 2010). Aus den damit verbundenen berufsbiografisch erworbenen Einstellungen und Verhaltensweisen erwächst ein professionelles Selbstverständnis, das für die Lehrperson ungeachtet aller dynamischen Faktoren eine orientierende und handlungsleitende Funktion in ihrer Berufspraxis erfüllt (Esslinger, 2002). Die Suche nach einem genuin wissenschaftlichen Konzept des professionellen Selbstverständnisses bleibt ergebnislos. Von Bargen (2014, S. 97) gibt entsprechend zu bedenken, dass *„das berufliche Selbstverständnis als solches bisher nicht durch bestimmte Forschungstraditionen geprägt [wurde], es ist keine eindeutige Definition vorhanden"*. Tatsächlich findet sich das Konzept in einer Vielzahl an Studien aus unterschiedlichen Disziplinen wieder. Innerhalb der Erziehungswissenschaft wird es häufig auch als pädagogisches Selbstverständnis bezeichnet; daneben werden die Bezeichnungen berufliches, professionsbezogenes oder professionelles Selbstverständnis beziehungsweise Selbstkonzept zumeist synonym verwendet (bspw. Bauer, 2006; Buchert, 2012; Pätzold, 2010; Tutschner & Haasler, 2012). Es kann sich sowohl auf Personen als auch auf Organisationen beziehen (Collins & Porras, 1996). In der vorliegenden Studie wird mit der Terminologie eines personenbezogenen professionellen Selbstverständnisses gearbeitet, um keine disziplinäre Einschränkung einzugehen, mithin im Forschungsprozess eine grösstmögliche Offenheit beizubehalten.

In der Auseinandersetzung mit den verschiedenen Begriffsdefinitionen des professionellen Selbstverständnisses wurden jene berücksichtigt, die explizit auch die handelnde Ebene der Akteurin oder des Akteurs in den Blick nehmen. Nach Schmidt (2012) entscheidet das professionelle Selbstverständnis einer Lehrperson, wie sie sich selbst und ihr professionelles Handeln begreift. Auch Novak (2018) bezieht sich auf die Wahrnehmung der eigenen Person und der mit dem Beruf verbundenen Aufgaben. Seiner Auffassung zufolge zeigt das professionelle Selbstverständnis, *„wie eine Lehrperson ihren Beruf resp. ihre pädagogische Berufsarbeit versteht resp. interpretiert"* (ebd., S. 75). Bauer et al. (2010, S. 134) verweisen vorwiegend auf die persönlichen Aspekte des professionellen Selbstverständnisses, indem sie es definieren als ein *„dem Bewusstsein teilweise zugänglicher stabiler Kern der Person, von dem aus diese ihre eigene Sicht der Dinge und ihre Entwicklungen organisiert"*. Sie betonen die Stabilität des professionellen Selbstverständnisses, welches prägend für persönliche Ausrichtungen und Entwicklungen sei. Zudem erweitern sie die von Novak (2018) erläuterte subjektive Wahrnehmung und Interpretation des Berufsauftrags um eine planende Komponente. Auch Drewes (1993) stützt sich in seinem Definitionsversuch auf die Eigenwahrnehmung der Person und bezieht sich darüber hinaus auf das damit begründete Handeln. Er erweitert das mit dem professionellen Selbstverständnis verknüpfte Handeln insofern, als er auf Denkprozesse verweist, welche die Performanz eines Individuums steuern. Für das Erkenntnisinteresse der vorliegenden Studie erscheint diese Definition deshalb besonders adäquat:

> „Es handelt sich um eine subjektive Konstruktion von Wissen, Einstellungen, Gefühlen etc. über die eigene Person, die in einer kohärenten kognitiven Struktur organisiert ist und für die Handlungsorientierung, -planung und -ausführung des Individuums relevant ist." (Drewes, S. 71 f.).

In Anlehnung an diese Definitionen ist das professionelle Selbstverständnis demnach an der subjektiven Wahrnehmung, Interpretation sowie an der planenden und handelnden Bewältigung der mit dem Berufsauftrag verbundenen Anforderungen beteiligt. Maltritz (2016, S. 186) beschreibt den damit einhergehenden Prozess wie folgt: *„Durch den Filter des Lehrerselbstverständnisses hindurch gehen die Lehrerinnen und Lehrer mit den Anforderungen auf eine bestimmte Art und Weise um und entwickeln unterschiedliche Umgangsstrategien."* Vor dem Hintergrund, dass Lehrpersonen im Vergleich zu anderen Berufsständen recht autonom arbeiten und individuelle Idealvorstellungen von „gutem Unterricht" haben, erfüllt das professionelle Selbstverständnis im besten Fall die Anforderungen der pädagogischen Professionalität und unterstützt daher nicht nur die Lehrperson, sondern auch die Lernenden in ihrem Lernprozess. Im schlechtesten Fall kann das professionelle Selbstverständnis der Lehrperson jedoch auch mehr oder minder stark vom pädagogisch-didaktischen „state of the art" abweichen und eine Unterrichtspraxis hervorrufen, die den Lernenden und ihrer Entwicklung nicht genügend Rechnung trägt.

Der Aufbau des professionellen Selbstverständnisses der Lehrpersonen findet im Rahmen ihrer beruflichen Tätigkeit unter Rückgriff auf bisherige Erfahrungen statt (Esslinger, 2002). Es handelt sich um einen laufenden Prozess, geprägt von wechselwirkenden Beziehungen zur umgebenden Praxis. Das Selbstverständnis festigt sich über die Zeit und ist im weiteren Verlauf relativ beständig, selbst wenn sich Rahmenbedingungen und Anforderungen verändern (Schmidt, 2012). Gleichzeitig kann es sich auch situationsadäquat anpassen. Zimpelmann (2020a) führt hier als Beispiel eine Lehrperson auf, die sich in der Unterrichtspraxis von formalen Vorgaben distanziert, vor einem Disziplinarausschuss aber genau auf solchen beharrt. Dabei ist weniger von einer grundsätzlichen Veränderung des professionellen Selbstverständnisses auszugehen, sondern von einer vorübergehenden Fokussierung auf einzelne, im Selbstverständnis bereits angelegte Aspekte. Eine gehäufte Konfrontation mit bestimmten Situationen kann aber dazu führen, dass sich das professionelle Selbstverständnis über die Zeit verändert und ein entsprechender Aspekt höher gewichtet wird (Zimpelmann, 2020a). Insgesamt führt die Zusammenfassung von vielen einzelnen situativen Selbsteinschätzungen gemäss Filipp (2000) zu einem einigermassen stabilen Gesamtselbstkonzept. Trotz des Risikos, dass die Anpassungsbereitschaft einer Lehrperson durch die Festigung des Selbstkonzepts eingeschränkt wird, bildet der Aufbau eines professionellen Selbstverständnisses aufgrund seiner orientierenden und handlungsleitenden Funktion eine wichtige Entwicklungsaufgabe für Lehrpersonen. So beschreiben Leineweber, Billich-Knapp und Košinár (2021) im Rahmen der berufspraktischen Studien von angehenden Primarlehrpersonen folgende Anforderungsbereiche, an welchen die Studierenden im Rahmen der Entwicklung ihres professionellen Selbstverständnisses zu arbeiten haben:

- die eigene Professionalität weiterentwickeln,
- nach berufsethischen Überzeugungen handeln,
- mit Ungewissheit und Unvorhergesehenem umgehen,
- die Berufsrolle als Lehrperson wahrnehmen.

Demnach wären die Professionalitätsentwicklung, der Aufbau eigener Überzeugungen, Flexibilität und das persönliche Selbstbild die von der Ausbildungsinstitution als wichtig erachteten und intendierten Komponenten des professionellen Selbstverständnisses.

Im Rahmen des Berufskundeunterrichts stellt sich im Hinblick auf das persönliche Selbstbild wieder die Frage nach der Bezugsdisziplin. In Anlehnung an das Konzept einer Berufsfelddidaktik nach Degen et al. (2019b) kann sich die Lehrperson auf allgemeindidaktische Prinzipien, auf die berufliche Praxis oder auf die Inhalte einer korrespondierenden Fachwissenschaft stützen. Bromme und Strässer (1991) sehen es als Aufgabe der Berufskundelehrperson, die Wissensbestände dieser drei genannten Bezugsdisziplinen im Rahmen ihrer Ausbildung und beruflichen Entwicklung zueinander in Beziehung zu setzen. Sie erkennen darin eine grosse Herausforderung für die Berufskundelehrpersonen, *„weil das Wissen der verschiedenen Bereiche ganz eigene Traditionen, Werte und Argumentationsweisen enthält“* (ebd., S. 770). Auch die Lehrpersonen selbst haben die verschiedenen Wissensbereiche im Verlauf ihrer Ausbildung in voneinander abgegrenzten Lerngelegenheiten erlernt, was das erforderliche Zusammenbringen im Berufskundeunterricht erschwert. Mangels berufs-(fach-)didaktischer Orientierungsmöglichkeiten gehen Bromme und Strässer (1991, S. 772) weiter davon aus, dass die Berufskundelehrpersonen *„individuelle Lösungen für diese Aufgabe herausbilden, die sich dann auch im professionellen Wissen niederschlagen“*.

Die Entwicklung des professionellen Selbstverständnisses einer Berufskundelehrperson ist somit ebenso herausfordernd wie individuell. Aus den Ausführungen von Bromme und Strässer (1991) geht hervor, dass berufskundliche Lehrpersonen die Leitbilder aus der Pädagogik, dem Berufsfeld und den Fachwissenschaften berücksichtigen und in Einklang bringen sollten. Neben diesen drei orientierenden Disziplinen sind subjektive Sichtweisen an dem Entwicklungsprozess beteiligt. Diese werden in der vorliegenden Arbeit als konstituierende Elemente herausgearbeitet, um die Wahrnehmung, Interpretation und Bewältigung der an die Berufskundelehrpersonen gerichteten Anforderungen besser zu verstehen.

2.5 Zusammenfassung des konzeptuellen Rahmens

Anhand eines systemischen, pädagogisch-didaktischen und personenbezogenen Zugangs wurden zwecks einer sensibilisierenden Heranführung an das Erkenntnisinteresse die für diese Studie als relevant betrachteten Konzepte herausgearbeitet. Im Rahmen der vorliegenden Untersuchung interessiert, welches professionelle Selbstverständnis die Studienteilnehmer im Verlauf ihrer schulischen und beruflichen Karriere ausgebildet haben und welche Implikationen sich daraus für ihr professionelles Denken und Handeln ergeben. Die Entwicklung eines professionellen Selbstverständnisses unterliegt zahlreichen Einflussfaktoren, die sich in einem wechselwirkenden System auf die Berufskundelehrperson und ihre pädagogische Professionalität auswirken.

Ausgehend von systemisch verankerten, externalen Rahmenbedingungen konnten erste Anforderungen identifiziert werden, die in einem wechselwirkenden Verhältnis mit der Herausbildung des professionellen Selbstverständnisses einer Berufskundelehrperson und deren Unterrichtsplanung und -umsetzung stehen. Sowohl die Gesetzgebung als auch die lerninhaltbestimmenden OdA üben damit Einfluss auf die Berufskundelehrpersonen aus. Letztlich wird damit eine gezielte Internalisierung der Bestimmungen angestrebt. So bestimmen die gesetzlichen Regelungen und die darin verankerten Bildungsverordnungen die mit dem Bildungsauftrag verbundenen Aufgaben. Demnach sollen Berufskundelehrpersonen theoretische Grundlagen des Ausbildungsberufs mit berufstypischen Situationen verknüpfen, um die Lernenden, ausgehend von deren individuellen Ressourcen, auf eine kompetente Berufsausübung vorzubereiten (SBFI, 2015). Eine Berufskundelehrperson bewegt sich demzufolge in einer doppelten Berufswirklichkeit und hat in ihrem Unterricht fachliche und berufspraktische Elemente aus dem Ausbildungsberuf sowie pädagogisch-didaktische Dimensionen aus dem lehrenden Beruf zu vereinen. Dies spiegelt sich auch im Profil einer Berufskundelehrperson wider, das sich aus Berufserfahrung in der Industrie, aus einer bezugswissenschaftlichen Spezialisierung und einer pädagogisch-didaktischen Ausbildung an einer Pädagogischen Hochschule zusammensetzt. Wie eine Berufskundelehrperson die daraus resultierenden Anforderungen wahrnimmt und welche Bedeutung sie ihnen zuschreibt, lässt sich aus dieser Perspektive allein jedoch nicht beantworten.

Auch ein Blick aus der Perspektive des pädagogischen und berufs-(fach-)didaktischen Zugangs liefert diesbezüglich wenig Anhaltspunkte. Vielmehr ergeben sich daraus weitere normative Anforderungen, die eine Berufskundelehrperson zu internalisieren hat. So wird mit dem Paradigma des Handlungskompetenzansatzes aus pädagogischer Sicht eine weitere Wirkung auf die Wahrnehmung und Interpretation der Berufskundelehrpersonen in Bezug auf die damit zusammenhängenden Anforderungen angestrebt. Eine Berufskundelehrperson soll mit handlungsorientierten Aufgaben den Kompetenzaufbau der Lernenden unterstützen (SBFI, 2015). Die berufs-(fach-)didaktische Perspektive zielt darauf ab, den Berufskundelehrpersonen eine Orientierung für den Aufbau und die Gestaltung des Unterrichts zu bieten. Mehrere Studien verweisen auch hier auf normative Ansprüche, denen die Berufskundelehrpersonen aus Sicht von Expertinnen und Experten gerecht werden müssen (Degen et al., 2019b). Dabei steht die Frage nach den Bezugsdisziplinen im Zentrum des Diskurses. Möglich sind mehrere Ausrichtungen, die sich in einem ausschliesslich fachwissenschaftlichen oder berufspraktischen Fachverständnis oder in einer Mischform offenbaren. Während der systemische und pädagogisch-didaktische Zugang letztere Variante propagiert, entscheidet sich die tatsächliche Umsetzungsform im Unterricht auch hier auf Basis der individuellen Wahrnehmung und Interpretation der verschiedenen Ansätze durch die Berufskundelehrperson. Angesichts mangelnder berufs-(fach-)didaktischer Traditionen liegt die Vermutung nahe, dass die Lehrpersonen für den Aufbau und die Gestaltung ihres Unterrichts weitgehend auf sich allein gestellt sind.

Wie die Berufskundelehrperson mit den an sie gerichteten Anforderungen umgeht und welches pädagogisch-didaktische Verständnis sie dabei leitet, hängt von personenbezogenen Faktoren ab, die sich im professionellen Selbstverständnis manifestieren. Dieses zeigt, wie sich die Berufskundelehrperson selbst sieht und wo sie ihr professionelles Handeln verortet. Es bestimmt damit über die subjektive Wahrnehmung und Interpretation externaler Rahmenbedingungen und normativer Anforderungen (Schmidt, 2012). Die Lehrpersonen sammeln im Rahmen ihrer schulischen und beruflichen Karriere Erfahrungen, die für die Ausbildung und Weiterentwicklung eines professionellen Selbstverständnisses massgeblich sind. So baut die Lehrperson im Verlauf ihres Werdegangs sowohl fachliche und überfachliche Kompetenzen als auch persönliche Überzeugungen, Werthaltungen und Ziele auf (Baumert und Kunter, 2006). Im Rahmen ihrer beruflichen Erfahrungen stösst sie im Lehrberuf zwangsweise auf Antinomien und Spannungsfelder, die eine reflexive Auseinandersetzung erfordern (Helsper, 2016). Aus solchen Entwicklungsaufgaben erarbeitet sie sich mit zunehmender Erfahrung ein Handlungsrepertoire, das ihr im Einklang mit dem professionellen Selbstverständnis zu einer routinierten und kompetenten Unterrichtsumsetzung verhilft oder zumindest verhelfen soll.

Im Folgenden steht hauptsächlich die implizite Ebene des professionellen Selbstverständnisses einer Berufskundelehrperson im Fokus. Diese Ebene lässt sich unter Berücksichtigung der externalen Rahmenbedingungen und normativen Anforderungen aus dem professionellen Handeln und den geäusserten Sichtweisen der Studienteilnehmer rekonstruieren. Aus diesem Grund bedient sich die vorliegende Untersuchung unterschiedlicher Datenquellen. Im anschliessenden Methodenkapitel wird vertieft auf das Forschungsdesign eingegangen. Die gewählten Verfahrensweisen der qualitativen Sozialforschung werden anhand des tatsächlichen Vorgehens erläutert, um dem Anspruch der intersubjektiven Nachvollziehbarkeit Rechnung zu tragen.

3 Methode

Im Folgenden werden der Forschungszugang und das methodische Vorgehen dieser Studie dargelegt. Zunächst wird auf die Wahl und die Begründung der Forschungsmethodik eingegangen, um vor diesem Hintergrund in Kapitel 3.2 ausführlich auf die Datenerhebung einzugehen. Dabei wird ersichtlich, dass sich die Studie auf drei unterschiedliche Datentypen – Dokumente, Interviews und Beobachtungen – stützt. Daneben werden das Sampling und die Stichprobe umrissen und das Vorgehen bei der Erhebung der empirischen Daten wird beschrieben. In Kapitel 3.3 wird aufgezeigt, wie die drei Datentypen aufbereitet wurden, um in der Auswertung möglichst ergiebige Erkenntnisse zu erzielen. Das Kapitel 3.4 beschreibt zum einen den Prozess der Auswertung der Dokumente und empirischen Daten. Zum anderen wird veranschaulicht, wie aus den Auswertungsergebnissen durch ein fallkontrastierendes und fallvergleichendes Vorgehen Typologien gebildet wurden.

3.1 Forschungszugang und Forschungsdesign

Der Ausgangspunkt dieser explorativen Studie bildete das Erkenntnisinteresse, wie Berufskundelehrpersonen in technischen beruflichen Grundbildungen den Unterricht pädagogisch-didaktisch umsetzen und welche Beweggründe zu ihrer Unterrichtsgestaltung führen. Aus der Ermittlung dieser Beweggründe kristallisierte sich im Verlauf des Forschungsprozesses heraus, wie sich ein professionelles Selbstverständnis konstituiert. Aufgrund dieser Präzisierung interessierten neben dem deskriptiven Teil der Unterrichtsumsetzung vor allem die aus dem professionellen Selbstverständnis der Studienteilnehmer hervorgehenden subjektiven Sichtweisen in der Wahrnehmung, Interpretation und Bewältigung der an sie gerichteten Anforderungen, um damit auf deren Unterrichtspraxis schliessen zu können. Daten zu den subjektiven Sichtweisen von Berufskundelehrpersonen in der Schweiz liegen bisher nicht vor, daher bietet sich ein exploratives, qualitatives Vorgehen an. Im Gegensatz zu quantitativen, experimentellen Designs, bei denen Hypothesen aufgestellt und Variablen definiert und untersucht werden, zeichnet sich die qualitative Sozialforschung gemäss Lamnek & Krell (2016) dadurch aus, dass die „natürliche Welt“ als Untersuchungsfeld betrachtet wird und ohne Manipulation oder Vorhersagen über das Forschungsergebnis erfasst und beschrieben werden kann. In der vorliegenden Studie besteht diese „natürliche Welt“ aus der Unterrichtspraxis von Berufskundelehrpersonen, die sich innerhalb eines Systems aus Rahmenbedingungen und Anforderungen abspielt. Gemäss Flick, von Kardorff und Steinke (2013, S. 14) ermöglicht die qualitative Sozialforschung ein deutendes und verstehendes Vorgehen als Zugang zu einer durch Interaktionsgeschehen konstruierten sozialen Wirklichkeit:

> „Qualitative Forschung hat den Anspruch, Lebenswelten von innen heraus aus der Sicht der handelnden Menschen zu beschreiben. Damit will sie zu einem besseren Verständnis sozialer Wirklichkeit(en) beitragen und auf Abläufe, Deutungsmuster und Strukturmerkmale aufmerksam machen."

Qualitative Methoden machen die Komplexität individueller Handlungen und Erfahrungen erfassbar, was dem hier verfolgten Erkenntnisinteresse entspricht.

Damit sich die subjektiven Sichtweisen der Berufskundelehrpersonen rekonstruieren und der Fragestellung dieser Studie entsprechend aufbereiten lassen, wurden Verfahrensweisen aus der qualitativen Sozialforschung herangezogen, die einen interpretativen Charakter aufweisen. So spielten die persönliche Wahrnehmung, Interpretation und Bewältigung von an die Berufskundelehrpersonen gerichteten, normativ und subjektiv geprägten Anforderungen für diese Studie eine wichtige Rolle. Der Fokus lag so unter anderem auf Prozessen, die im Verborgenen ablaufen und durch Interpretation rekonstruiert werden mussten. Die Verfahrensweisen aus dem Forschungsstil der Grounded Theory (Strauss & Corbin, 1996) tragen diesem interpretativen Anspruch Rechnung. Mit einem induktiven Auswertungsverfahren kann der Interpretationsgehalt der Daten um ein Vielfaches erhöht werden, indem die persönliche Einschätzung der Befragten und der Kontext ihres Aussage- und Sinnsystems in die Analyse aufgenommen werden (Strübing, 2013). Die Kombination mit den Prinzipien der Abduktion lässt es zu, durch Hypothesenbildung neue Zusammenhänge zu erschliessen und Aussagen besser einzuordnen.

Der handelnde Mensch wird im interpretativen Paradigma so verstanden, dass er durch die Interaktion mit anderen Individuen soziale Wirklichkeiten erzeugt (Rosenthal, 2014). Für die Erhebung und Erfassung dieses handelnden und interaktiven Moments der Unterrichtspraxis eignet sich die Hospitation mit dem parallelen Führen eines Beobachtungsprotokolls. Damit darüber hinaus die externalen Rahmenbedingungen und normativen Anforderungen sowie die subjektiven Sichtweisen für das professionelle Handeln der Berufskundelehrpersonen in die Untersuchung einbezogen werden konnten, gingen den Unterrichtsbeobachtungen einerseits eine Dokumentenanalyse und andererseits die Erhebung von Interviewdaten voraus. Die als Vorstudie deklarierte Dokumentenanalyse umfasste die formalen, allgemeingültigen Vorgaben, die an alle Berufskundelehrpersonen gleichermassen gerichtet sind. Sie wurden aus den Bestimmungen im Berufsbildungsgesetz sowie aus den jeweiligen Bildungsverordnungen und Bildungsplänen inhaltsanalytisch nach Mayring (2015) identifiziert. Für die Hauptstudie wurden empirische Daten aus Leitfadeninterviews und Unterrichtsbeobachtungen genutzt. Beide empirischen Datengrundlagen wurden in Anlehnung an die Verfahrensweisen des Forschungsstils der Grounded Theory nach Strauss & Corbin (1998) erhoben und ausgewertet. Die folgende Abbildung 5 fasst das gesamte Forschungsdesign der Studie zusammen.

Abbildung 5: Forschungsdesign (eigene Darstellung)

Dieses Forschungsdesign stellte sicher, dass dem Erkenntnisinteresse der vorliegenden Studie entsprochen und die Fragestellung beantwortet werden konnte. Die Untersuchung schafft damit einen Überblick über den gewählten Untersuchungsgegenstand und leistet einen wichtigen Beitrag für die Erschliessung dieses noch unerforschten Gebiets. Als explorative Studie erhebt sie keinen Anspruch auf Repräsentativität, Vollständigkeit oder Generalisierbarkeit.

Das Vorgehen der Datenerhebung und die Datenauswertung werden getrennt voneinander erläutert, obwohl es sich gemäss des Grounded-Theory-Ansatzes um einen iterativ-zyklischen Prozess mit fliessenden Grenzen handelt (Breuer, 2010). Datengewinnung, Datenanalyse und Theoriebildung wurden auch in der vorliegenden Studie von Beginn an parallel betrieben. Nach der Erhebung eines ersten Falls konnten in der Analyse durch Induktion erste Kategorien erschlossen werden. Innerhalb der Daten zeigten sich darüber hinaus potenzielle Zusammenhänge, die im Sinne der Abduktion erklärende Hypothesenbildungen mit sich zogen. Durch dieses Vorgehen offenbarten sich schon bei der Analyse des ersten Falls vage Konturen von theoretischen Konzepten, die wiederum in die Erhebung weiterer Fälle einflossen. Dieser Zyklus aus Datengewinnung, Datenanalyse und Theoriebildung wiederholte sich so lange, bis die gleichzeitig präzisierte Forschungsfrage beantwortet werden konnte (vgl. Strübing, 2018).

Zugunsten einer strukturierten und nachvollziehbaren Illustration des Vorgehens erfolgt zunächst eine differenzierte Beschreibung der Datenerhebung.

3.2 Datenerhebung

Wie aus dem Forschungsdesign hervorgeht, setzen sich die Daten der vorliegenden Studie aus drei unterschiedlichen Quellen zusammen. Um die externalen Rahmenbedingungen und Anforderungen zu identifizieren, mit denen sich die Berufskundelehrpersonen konfrontiert sehen, wurden die an sie gerichteten formalen, allgemeingültigen Gesetzgebungen und Vorgaben herangezogen. Für eine Systematisierung der Unterrichtsumsetzung von Berufskundelehrpersonen bot sich die Beobachtung ihres

Unterrichts an. Die Erschliessung der subjektiven Sichtweisen der Studienteilnehmer verlangte darüber hinaus nach einer Tiefenstruktur, die sich aus Interviewgesprächen ermitteln liess. Im Folgenden wird die Erhebung der Daten aus den drei Quellen ausführlich erläutert.

3.2.1 Dokumente

Sowohl die Berufsbildung als Ganzes als auch der Berufskundeunterricht unterliegen, wie in Kapitel 2.1 ausführlich dargestellt, spezifischen Gesetzgebungen und Vorgaben. Das vom SBFI erlassene Berufsbildungsgesetz regelt unter anderem Gegenstand und Ziele der Berufsbildung sowie die Aufgaben des Lernorts Berufsfachschule. Die dem Berufsbildungsgesetz untergeordneten Bildungsverordnungen enthalten unter anderem die Ziele und Anforderungen der schulischen Bildung. Die Bildungspläne präzisieren die von den Lernenden zu erreichenden Mindeststandards, indem sie diese in lernortspezifische Kompetenzdimensionen unterteilen oder als betriebliche Prozessabläufe beschreiben. Durch die gewählte Struktur und Unterteilung der zu erreichenden Ziele haben sie das Potenzial, methodisch-didaktische Ausrichtungen zu beeinflussen.

Die Dokumente stehen unter den in Tabelle 2 aufgeführten Webpfaden online und öffentlich zur Verfügung, weshalb keine zusätzliche Erhebung erforderlich war:

Tabelle 2: Unterlagen für Dokumentenanalyse

Dokument	Webseite (Stand 20.12.2022)
Berufsbildungsgesetz	https://www.fedlex.admin.ch/eli/cc/2003/674/de
Bildungsverordnung Automatik EFZ	https://www.swissmechanic.ch/DesktopModules/EasyDNNNews/DocumentDownload.ashx?portalid=0&moduleid=2685&articleid=994&documentid=288
Bildungsverordnung Elektroinstallation EFZ	https://www.eit.swiss/fileadmin/user_upload/documents/Berufsbildung/Grundbildung/Elektroinstallateurin_EFZ/_de/2015_EI_BiVo_47418_DE.pdf
Bildungsverordnung Informatik EFZ	https://www.ict-berufsbildung.ch/resources/Bildungsverordnung_Informatik-EFZ_BiVo-2014_DE.pdf
Bildungsplan Automatik EFZ	https://www.swissmechanic.ch/DesktopModules/EasyDNNNews/DocumentDownload.ashx?portalid=0&moduleid=2685&articleid=994&documentid=234
Bildungsplan Elektroinstallation EFZ	https://www.eit.swiss/fileadmin/user_upload/documents/Berufsbildung/Grundbildung/Elektroinstallateurin_EFZ/_de/2015_EI_Bildungsplan.pdf
Bildungsplan Informatik EFZ	https://www.ict-berufsbildung.ch/resources/Bildungsplan_Informatik-EFZ_Applikationsentwicklung_BiVo-2014_DE1.pdf

Dem Berufsbildungsgesetz, den Bildungsverordnungen und Bildungsplänen ist gemein, dass sie auf nationaler Ebene für alle Berufsbildungsverantwortlichen und somit auch alle Berufskundelehrpersonen gleichermassen gelten. Aus diesem Grund eignen sich diese Dokumente, um Rahmenbedingungen und normative Anforderungen, die sich an die Berufskundelehrpersonen richten, zu identifizieren. Das bedeutet weder, dass die Lehrpersonen diese Anforderungen einheitlich, noch dass sie diese überhaupt subjektiv als solche wahrnehmen. Nichtsdestotrotz eröffnet sich aus der Analyse dieser Dokumente das Potenzial für zusätzliche Forschungszugänge. Sie fliessen deshalb als Vorstudie in die Studie ein und werden inhaltsanalytisch mit denjenigen deduktiven Kategorien ausgewertet, die für die Fragestellung relevant erscheinen.

3.2.2 Empirische Daten

In der qualitativen Sozialforschung kommen unterschiedliche Erhebungsverfahren infrage. So sind beispielsweise Gruppendiskussionen, (teilnehmende) Beobachtungen oder unterschiedliche Interviewformen als Datenquelle denkbar (Marotzki, 2006). Welches Erhebungsverfahren gewählt wird, hängt vom Erkenntnisinteresse, der Fragestellung und der Zielgruppe ab, die das Forschungsprojekt adressieren möchte. In der vorliegenden Studie interessierte, wie Berufskundelehrpersonen in technischen beruflichen Grundbildungen den Unterricht pädagogisch-didaktisch umsetzen und welche Beweggründe zu ihrer Unterrichtsgestaltung führen. Im fortlaufenden Forschungsprozess wurde deutlich, dass das professionelle Selbstverständnis der Studienteilnehmer insofern wesentlich an der Unterrichtsgestaltung beteiligt ist, als es sich auf deren Wahrnehmung, Interpretation und Bewältigung von an sie gerichteten Anforderungen auswirkt. Das Forschungsinteresse richtete sich deshalb auf die Analyse von subjektiven Theorien, die allein mit Beobachtungen nicht genügend hätten erfasst werden können. Das interviewbasierte Erhebungsverfahren hingegen bot sich in diesem Zusammenhang an, weil es den Forschenden erlaubt, *„sprachlich explizierbare Wissensbestände“* zu rekonstruieren (Honer, 2011, S. 98). Zugleich ging es darum, die pädagogisch-didaktischen Unterrichtsumsetzungen der Berufskundelehrpersonen zu beschreiben; es bestand also ein deskriptives Anliegen. Daher wurden in der vorliegenden Studie mit dem Interview und der Unterrichtsbeobachtung zwei unterschiedliche Quellen in Kombination als empirische Datengrundlage herangezogen. Im Zeitraum zwischen März und Juni 2021 wurden zum einen circa einstündige Leitfadeninterviews mit Berufskundelehrpersonen von Automatik-, Elektroinstallations- und Informatiklernenden geführt. Zum anderen konnte der Autor im Anschluss oder zu einem späteren Zeitpunkt über mindestens zwei Lektionen im Unterricht dieser Lehrpersonen hospitieren. Die mit der Verflechtung der beiden Datenquellen ermöglichte Datentriangulation erlaubte die Betrachtung des Forschungsgegenstandes aus verschiedenen Perspektiven, was dem Erkenntnisgewinn diente (Flick, 2004).

3.2.3 Leitfadeninterview

In der qualitativen Forschung spielt der verbale Zugang eine wichtige Rolle, da sich subjektive Bedeutungen nur schwer aus Beobachtungen ableiten lassen (Mayring, 2016). Vor diesem Hintergrund haben sich diverse Interviewtechniken etabliert (Kruse, 2015). In der Methodenliteratur finden die einzelnen Bezeichnungen für die Interviews keine einheitliche Verwendung, sodass sich eine eindeutige Zuordnung der Techniken schwierig gestaltet. Helfferich (2011) stellt in einer Übersichtstabelle insgesamt 14 Interviewformen mit dazugehöriger Definition zusammen (vgl. Anhang 1).

Die Qualität der Daten hängt massgeblich von der Qualität des Gesprächs ab. Helfferich (2011, S. 24) definiert diesbezüglich vier Grundprinzipien der qualitativen

Sozialforschung, die es bei der Vorbereitung, Durchführung und Auswertung von Interviews einzuhalten gilt:

- **„Prinzip der Kommunikation"**
  Eine Befragung stellt eine Kommunikationssituation dar und folgt den Kommunikationsregeln der Studienteilnehmenden, und nicht jenen der wissenschaftlichen Forschung.
- **„Prinzip der Offenheit"**
  Das Denksystem der Befragten kann sich von jenem der Forschenden unterscheiden. Es braucht daher einen möglichst offenen Äusserungsraum für die Befragten, damit sie ihre eigenen Gedanken und Worte äussern können.
- **„Prinzip des Umgangs mit Vertrautheit und Fremdheit"**
  Die Differenz der Denksysteme zwischen Interviewenden und Befragten muss anerkennt werden. Die als selbstverständlich angenommene „Normalität" im Denken der Interviewenden gilt für die Befragten nicht automatisch genauso.
- **„Prinzip der Reflexivität"**
  Die Interviewenden müssen sowohl während der Befragung als auch in der Interpretation des rekonstruierenden Verstehensprozesses kritisch über ihre Rolle nachdenken.

Die Grundprinzipien verlangen während und nach dem Interview entsprechende Kompetenzen der Forschenden. Sie gelten für alle Interviewformen der qualitativen Sozialforschung. Die Umsetzung des Prinzips der Offenheit sorgt gerade beim Leitfadeninterview immer wieder für kontroverse Debatten unter Forschenden. Gemäss Strübing (2013) kann es aber als *die* typische Interviewform der qualitativen Forschung betrachtet werden und fand auch in der vorliegenden Studie für die Befragung der Berufskundelehrpersonen Anwendung. Unter den Begriff des Leitfadeninterviews fallen zahlreiche Interviewtypen, denen die Art und Weise der Interviewführung gemeinsam ist. Die Ausgestaltung einzelner Faktoren kann jedoch variieren. Mayring (2016) unterscheidet neben der Interviewmethode den Grad der Offenheit und der Strukturierung. Abbildung 6 führt die jeweiligen Charakteristika auf.

Offenes (vs. geschlossenes) Interview	bezieht sich auf die Freiheitsgrade des **Befragten**	Er kann frei antworten, ohne Antwortvorgaben, kann das formulieren, was ihm in Bezug auf das Thema bedeutsam ist.
Unstrukturiertes (vs. strukturiertes) bzw. **unstandardisiertes** (vs. standardisiertes) Interview	bezieht sich auf die Freiheitsgrade des **Interviewers**	Er hat keinen starren Fragenkatalog, er kann Fragen und Themen je nach Interviewsituation frei formulieren.
Qualitatives (vs. quantitatives) Interview	bezieht sich auf die **Auswertung** des Interviewmaterials	Die Auswertung geschieht mit qualitativ-interpretativen Techniken.

Abbildung 6: Begriffsbestimmung qualitativ orientierter Interviewformen (Mayring, 2016, S. 66)

Bohnsack (2000) moniert in diesem Zusammenhang, dass die Strukturierung der Kommunikation das kommunikative Regelwerk der Befragten einschränkt und daher kaum ein eigenes Relevanzsystem entfaltet wird. Zudem widerspricht die Strukturierung nach Helfferich (2011) dem Prinzip der Offenheit der qualitativen Forschung. Bei möglichst schwach strukturierten Leitfadeninterviews besteht dagegen die Gefahr, dass das Gespräch in eine nicht beabsichtigte Richtung geht und die zentralen Gegenstände der Untersuchung nicht zur Sprache kommen. Darüber hinaus kann die Vergleichbarkeit mehrerer Interviews stark eingeschränkt werden. Der Interviewleitfaden lässt bei angemessener Anwendung einen Kompromiss zu, indem zwar relevante Themen und Fragen bereits vorbereitet sind, ohne aber in der konkreten Formulierung und Fragerichtung restriktiv zu sein. Auch besteht immer die Möglichkeit, je nach Gesprächsverlauf Ergänzungsfragen zu stellen oder auf bestimmte Aspekte zu verzichten (Strübing, 2013).

In der vorliegenden Studie wurde ein halbstandardisiertes Leitfadeninterview geführt, um dem Prinzip der Offenheit Rechnung zu tragen. Der Leitfaden eines halbstandardisierten Interviews folgt zwar einem vordefinierten Strukturprinzip, enthält jedoch vor allem offene Erzählstimuli (Kruse, 2015). Im Vergleich zu natürlichen Interaktionsarten ist einem Interview eine extreme Asymmetrie hinsichtlich der Gesprächsbeteiligung inhärent. Es lohnt sich daher, die Befragten auf diese unnatürliche Situation aktiv hinzuweisen und sie zum Redefluss zu ermuntern. Aus diesem Grund wurde ein narrativer Einstieg in das Interviewgespräch gewählt (vgl. Tabelle 3). Im Sinne des Prinzips der Kommunikation nach Helfferich (2011) eignen sich narrativ geprägte Einstiegsfragen, um das Gespräch in Gang zu bringen und eine Erzählung anzuregen.

Aus epistemologischer Perspektive folgte das Interview zudem einem konstruktionistischen Ansatz, bei dem das Gespräch als Interaktionsereignis verstanden wird.

> „Interviews werden als Interaktionsereignisse verstanden, in welchen InterviewerInnen und Interviewte gemeinsam Sinn und Bedeutung aushandeln. Der hergestellte Sinn wird als situiertes Interaktionsprodukt analysiert, welches massgeblich von Prozess und Zweck der Interaktion und den in ihr hergestellten pragmatischen Strukturen geprägt ist." (Deppermann, 2013, S. 5)

Deppermann (2013) reagiert mit diesem Ansatz auf die häufige Kritik, dass Interviewtranskripte im Forschungsprozess als eindimensionales Abbild der Welt, der Psyche oder sozialer Sinnstrukturen verwendet werden. Er empfiehlt deshalb, *„Interviews als interaktiv konstruiertes, soziales Handeln zu verstehen"* (ebd., S. 5). Gemäss Potter und Hepburn (2012) konstruieren die Interviewenden den im Interview entstehenden Sinn somit zwangsläufig mit.

Schon bei der Erstellung des Leitfadens treffen die Forschenden eine Vorauswahl an Themenbereichen und implizieren durch die Art und Reihenfolge der Fragen einen potenziellen Sinngehalt. Im Fall der vorliegenden Studie orientierte sich der Leitfaden am Kontextwissen des Forschers und am konzeptuellen Rahmen. Die Fragen bezogen sich deshalb hauptsächlich auf folgende Themenbereiche:

- (berufs-)biografische Aspekte (bisherige Laufbahn, Berufswahlmotive, allfällige Schlüsselpersonen oder Schlüsselerlebnisse)
- subjektiver Einblick in die eigene Unterrichtspraxis (Beschreibung eines typischen Unterrichts)
- begründete Unterrichtsausrichtung mit Fokus, Vorgaben, Orientierungsrahmen und eigenen Zielsetzungen
- Unterrichtsgestaltung (Methoden und didaktische Prinzipien)
- Einstellung zum Berufskundeunterricht, pädagogisch-didaktische Haltungen und Überzeugungen, individuelle Ansprüche.

Das professionelle Handeln der Berufskundelehrpersonen unterliegt einer Reihe an Einflussfaktoren, die potenziell steuernd auf sie einwirken. Einige davon nehmen sie bewusst wahr und können benannt werden, andere lassen sich aus dem Datenmaterial rekonstruieren. Es wurde deshalb versucht, das begründende Moment in die Leitfragen aufzunehmen, indem die Lehrpersonen beispielsweise erzählen sollten, woran sie sich bei der Planung und Umsetzung ihres Unterrichts orientieren. Darüber hinaus spielen Erfahrungen aus der eigenen Biografie eine wesentliche Rolle bei der Bildung und Weiterentwicklung des professionellen Selbstverständnisses. Die Lehrpersonen wurden deshalb aufgefordert, ihre Laufbahn und Motivation für die Wahl des Lehrberufs zu erläutern. Folgendes Beispiel der ersten vier Kapitel des Interviews geben einen Einblick in die Struktur und Inhalte des Leitfadens (Anhang 2: vollständiger Interviewleitfaden):

Tabelle 3: Ausschnitt aus dem Interviewleitfaden

Kapitel	Frage	Notizen und Zusatzfragen
Biografie	Erzählen Sie einmal, wie sind Sie dazu gekommen, Berufskundelehrperson zu werden?	bspw. Motivation, besonderes Ereignis, Einfluss Dritter
Unterricht	Wenn Sie an einen typischen Unterrichtstag von Ihnen denken, wie würden Sie diesen beschreiben?	allgemeiner Einstieg
Ziel des Unterrichts	Was möchten Sie mit Ihrem Unterricht erreichen?	
	• Was sollen die Lernenden aus Ihrem Unterricht mitnehmen? • Wie stellen Sie sicher, dass die Lernenden das mitnehmen können?	bspw. Aufbau vorgesehener Kompetenzen, Fachlichkeit oder eigene Ansprüche, Haltungen, Überzeugungen, Werte
Planung des Unterrichts	Woran orientieren Sie sich bei der Planung des Unterrichts? Woher entnehmen Sie die Unterrichtsinhalte?	
	• Warum sind die genannte/n Quelle/n für Sie besonders relevant? • Was ist Ihnen bei der Planung des Unterrichts besonders wichtig?	Einengung durch Vorgaben? Wichtig wegen Vorgabe oder persönlich wichtig?

(Fortsetzung Tabelle 3)

Kapitel	Frage	Notizen und Zusatzfragen
Umsetzung des Unterrichts	Was ist Ihnen bei der Umsetzung des Unterrichts besonders wichtig?	
	• Welche Methoden verwenden Sie, um die Ziele zu erreichen? Können Sie Beispiele nennen? • Wie unterstützen Sie die Lernenden im Theorie-Praxis-Transfer?	Wie gehen Sie vor, um die Ziele zu erreichen? Was geniesst dabei besonders grosse Relevanz?

Der Leitfaden wurde in einem Probeinterview mit einer Berufskundelehrperson getestet und das entstandene Datenmaterial ausgewertet. Dabei zeigte sich, dass einige Fragen noch einer Schärfung bedurften, damit gehaltvolle Aussagen erwartet werden konnten. Andere Fragen wurden gestrichen, weil sie sich zu wenig mit dem Erkenntnisinteresse der Untersuchung deckten. Daneben bot das Probeinterview ein wichtiges Training in Bezug auf die Fragen, sodass der Redefluss auch vonseiten des Interviewenden aufrechterhalten werden konnte. Spätestens bei der Transkription wurde zudem erkannt, dass insbesondere bei narrativen Fragen eine stärkere Zurückhaltung des Interviewenden vonnöten war. Auch nach der Transkription und Auswertung des Probeinterviews blieb die Erkenntnis, dass nicht alle auf die Berufskundelehrpersonen einwirkenden Anforderungen mit den Interview- und Beobachtungsdaten identifiziert, beziehungsweise rekonstruiert werden konnten. Die vorgängige Dokumentenanalyse aus allgemeingültigen Gesetzgebungen und Vorgaben diente als eine Ergänzung vor allem der Einordnung der geschilderten Aspekte. Einige Anforderungen blieben im Rahmen dieser Studie jedoch auch verborgen.

Die Auswertung des Probeinterviews ergab als weitere wichtige Erkenntnis, dass für die spätere Interpretation der Daten eine Einordnung der Ergebnisse in die bisherige Laufbahn der Studienteilnehmer im Hinblick auf die Fragestellung wichtig wäre. Aus diesem Grund wurde ein Kurzfragebogen entwickelt, den die Lehrpersonen jeweils vor den Interviews ausfüllten. Neben Alter, Geschlecht und höchster Ausbildung wurden darin die Anzahl der Berufsjahre in der Industrie und im Lehrberuf sowie Inhalt und Dauer zusätzlicher Bildungstätigkeiten der Berufskundelehrpersonen erhoben. Die berufs- und bildungsbiografischen Angaben aus dem Kurzfragebogen lassen sowohl Gemeinsamkeiten als auch wesentliche Unterschiede zwischen den Studienteilnehmern erkennen. Sie haben das Potenzial, sich auf die konstituierenden Elemente des professionellen Selbstverständnisses der Lehrpersonen auszuwirken und fliessen deshalb direkt in das Ergebniskapitel (Kapitel 4.3.6) ein.

Anhand der breiten Datengrundlage, bestehend aus den Dokumenten, den Kurzfragebögen und den Interviews, konnten die wesentlichen externalen Rahmenbedingungen sowie die normativ und subjektiv wahrgenommenen Anforderungen der Studienteilnehmer identifiziert werden. Der vertiefte Einblick in die Perspektive der Berufskundelehrpersonen aus den Interviews ermöglichte darüber hinaus die Rekonstruktion der persönlichen Sichtweisen der Lehrpersonen, was die Definition konstituierender Elemente des professionellen Selbstverständnisses begünstigte. Um die

Ergebnisse mit dem tatsächlichen pädagogisch-didaktischen Handeln der Berufskundelehrpersonen vergleichen zu können, wurde die Erlaubnis eingeholt, den Unterricht zu besuchen, zu filmen und zu protokollieren. Zwar handelt es sich bei einer Unterrichtsbeobachtung generell nur um eine Momentaufnahme, doch eignete sich die Dokumentation sehr gut, um neben der Perspektive der Studienteilnehmer jene des Forschenden in die Untersuchung einzubeziehen.

3.2.4 Unterrichtsbeobachtung

Neben den Interviews gelten in der qualitativen Sozialforschung auch Beobachtungen als eine klassische Methode der Datenerhebung. Atteslander (2010) hält fest, dass das Ziel von Unterrichtsbeobachtungen darin bestehe, soziale Handlungen systematisch zu erfassen, festzuhalten und zu deuten. In Abgrenzung zu alltäglichen Beobachtungen dienen sie als wissenschaftliche Methode einem bestimmen Forschungszweck, sollten geplant, zusammenhängend durchgeführt und systematisch aufgezeichnet werden, damit sie hinsichtlich ihrer Gültigkeit und Genauigkeit Bestand haben und kontrolliert werden können.

In der Literatur wird zwischen einer teilnehmenden und nicht-teilnehmenden sowie einer offenen und verdeckten Beobachtung unterschieden. Die offene teilnehmende Beobachtung ist dadurch charakterisiert, dass die beobachtende Person sichtbar ist und selbst eine aktive Rolle im Geschehen übernimmt. Läuft die teilnehmende Beobachtung hingegen verdeckt ab, integriert sich die beobachtende Person in die Situation, informiert aber nicht über ihre Doppelrolle, was ethisch nicht unumstritten ist. In der nicht-teilnehmenden offenen Beobachtung wird die beobachtende Person wahrgenommen, beteiligt sich aber nicht an den laufenden Prozessen. Die nicht-teilnehmende verdeckte Beobachtung schliesslich zeichnet sich dadurch aus, dass die beobachtende Person nicht sichtbar zugegen ist (Seidel & Prenzel, 2010). Auch bei der nicht-teilnehmenden offenen Beobachtung kann nicht ausgeschlossen werden, dass sich die Situation durch die Anwesenheit einer Beobachterin oder eines Beobachters verändert. Atteslander (2010, S. 86) kommt deshalb zum Schluss, dass *„jede Beobachtung im strengen Sinne teilnehmend ist"*. Stigler et al. (1999) hingegen relativieren dies, wenn sie darauf verweisen, dass Effekte in Verhaltensänderungen durch Beobachtung schnell geringer werden und bereits nach einer Lektion vernachlässigt werden können. Dem Argument folgend, wurde für die Studie die nicht-teilnehmende offene Beobachtungsform gewählt.

Des Weiteren wird zwischen strukturierten und unstrukturierten Beobachtungen unterschieden. Die unstrukturierte Beobachtung wird meist in wenig erforschten Gebieten eingesetzt. Sie orientiert sich chronologisch und inhaltlich an den Vorgängen im Untersuchungsfeld und lässt die induktive Bildung von Hypothesen zu. Die strukturierte Beobachtung hingegen folgt einem vorab erstellten Schema, das sich durch bereits entwickelte Kategorien auszeichnet. Sie wird typischerweise dann angewendet, wenn bereits ein fundiertes Wissen über das Feld besteht. Die vorgängige Auseinandersetzung mit dem Untersuchungsfeld und die Festlegung von Kategorien soll zudem helfen, Fehler in der Beobachtung zu reduzieren (Schnell, Hill & Esser, 2011).

Trotz solcher Hilfsmittel bleiben der Beobachtungsmethode viele mögliche Fehlerquellen erhalten. Fehler können durch die beobachtende Person selbst, die Beobachteten, das Beobachtungsinstrument oder die Beobachtungssituation entstehen. Die Fehlerquellen in Bezug auf die beobachtende Person selbst erscheinen als besonders vielfältig. Greve und Wentura (1997) fassen diese in Wahrnehmungs-, Interpretations-, Erinnerungs- und Wiedergabefehler zusammen. Sie alle müssen als denkbare Ursachen für Verzerrungen, die aufgrund von subjektiven Einflüssen entstehen können, in Betracht gezogen werden. So kann die Beobachtungsgenauigkeit aufgrund abnehmender Konzentration mit der Zeit nachlassen, was in der Auswertung zu Verzerrungen führen kann (Krohne & Hock, 2015). In der vorliegenden Studie muss vor allem der Erwartungseffekt als relevant eingestuft werden, weil die Interviews vor den Beobachtungen stattfanden. Bei diesem Effekt geht es darum, dass die Beobachtenden das glauben zu sehen, was sie schon im Voraus erwartet haben (Greve & Wentura, 1997). Um dieser Fehlerquelle entgegenzuwirken, wurde ein Interview erst ausgewertet, wenn die Beobachtung der jeweiligen Lehrperson abgeschlossen war. Zudem fanden Teile des Auswertungsprozesses im Team statt, um die Intersubjektivität zu erhöhen.

In der Literatur werden weitere Hilfsmittel und Regeln vorgeschlagen, um subjektive Verzerrungen bei der Protokollierung von Beobachtungen zu reduzieren. Fassnacht (1995) empfiehlt das Verfahren der reduktiven Deskription. Ausgangspunkt ist die Annahme, dass der menschliche Organismus nur eine beschränkte Anzahl an Informationen registrieren und nie die gesamte Wirklichkeit erfassen kann. Es gelte in der Vorbereitung einen erkenntnisrelevanten Teilaspekt der Wirklichkeit herauszugreifen. Im Anschluss daran wird in Bezug auf die Beobachtungsrelevanz eine weitere Auswahl getroffen. In der vorliegenden Studie widmete sich diese Selektion und Auswahl der direkten Handlung und Interaktion der Lehrpersonen. Weitere Prozesse wurden nur protokolliert, wenn sie für das Erkenntnisinteresse von Relevanz waren.

Neben der Reduktion des Risikos von Verzerrungen bot die zusätzliche Erhebung von Beobachtungsdaten in der vorliegenden Untersuchung vor allem den Vorteil, dass nicht nur die Perspektive der Studienteilnehmer in die Datenanalyse und -auswertung einfloss, sondern aufgrund der Hospitationen auch jene des Forschenden. Durch diesen Umstand konnten Phänomene wie die soziale Erwünschtheit, wie sie etwa Stocké (2004) beschreibt, eher erkannt und als solche eingeordnet werden. Darüber hinaus konnten die Erläuterungen der Studienteilnehmer aus den Interviews durch die Beobachtungen besser eingeordnet werden, was dem ganzheitlichen Verständnis diente und im Hinblick auf das Erkenntnisinteresse der vorliegenden Studie als relevant erschien. Weiter liessen die Beobachtungen die Identifikation von praktizierten Unterrichtsroutinen der Studienteilnehmer zu, welche aus den Interviews nicht zwingend erschliessbar waren. Nicht zuletzt erwies sich in der Analyse und Interpretation der Fälle das Zusammenspiel von Interview- und Beobachtungsdaten vor allem in der abduktiven Auswertungsphase als sehr hilfreich (vgl. Kapitel 3.4.2). Aus all diesen Gründen wurde in der vorliegenden Studie im Wissen um die Chancen und Risiken der Unterrichtsbeobachtung eine systematische, nicht-standardisierte, nicht-teilnehmende und offene Feldbeobachtung durchgeführt. Darüber hinaus wurde die Unterrichtspraxis mit jeweils zwei Kameras gefilmt, was die von Atteslander (2010) geforderten Kontrollen hinsichtlich Gültigkeit und Genauigkeit ermöglichen.

3.2.5 Sampling und Stichprobe

Ähnlich wie in der quantitativen Forschung geht es auch in der qualitativen Sozialforschung darum, eine möglichst unverzerrte Stichprobe zu generieren. Kelle und Kluge (2010, S. 42) halten fest, dass es in der qualitativen Sozialforschung zu Verzerrungen kommen kann, wenn *„Personen, soziale Situationen und Untersuchungsfelder, die für die Fragestellung relevant sind, gar nicht in den Blick kommen"*. Sie empfehlen deshalb, *„Verfahren einer bewussten, kriteriengesteuerten Fallauswahl und Fallkontrastierung"* einzusetzen (ebd., S. 43). Die Chicago School entwickelte in diesem Zusammenhang ein fallkontrastierendes Verfahren, das mit Gegenbeispielen arbeitet. Bei der Analyse eines Falls werden durch Abduktion Hypothesen gebildet, die mittels Einbezug empirischer Gegenevidenz laufend weiterentwickelt und verfeinert werden (ebd.). Beim selektiven Sampling als weitere Verfahrensweise werden mit Blick auf die Fragestellung schon vor dem Erhebungsprozess relevante Kriterien für die Auswahl von Fällen festgelegt. Die Kriterien beziehen sich folglich auf Vorannahmen und Vorkenntnisse, nicht auf die Daten selbst (Flick, 2016).

Glaser und Strauss (1967) begründen das „theoretical sampling" als Verfahrensstrategie bei der Fallauswahl im qualitativen Forschungsprozess und definieren es wie folgt:

> „Theoretisches Sampling meint den auf die Generierung von Theorie zielenden Prozess der Datenerhebung, währenddessen der Forscher seine Daten parallel erhebt, kodiert und analysiert sowie darüber entscheidet, welche Daten als nächstes erhoben werden sollen und wo sie zu finden sind." (ebd., S. 53)

Anders als beim selektiven Sampling stehen die Auswahlkriterien nicht im Voraus fest, sondern werden während der gleichzeitig laufenden Erhebung und Auswertung stetig erweitert und modifiziert. Diese Verfahrensweise wird dann angewendet, *„wenn zu Beginn der Untersuchung keine empirisch gehaltvollen Thesen zum Forschungsstand existieren"* (Maltritz, 2016, S. 127). Weil es sich im Bereich des Berufskundeunterrichts um ein untererforschtes Gebiet handelt, konnten anfänglich weder auf bekannten Grundlagen abgestützte Thesen formuliert noch der Umfang der Stichprobe festgelegt werden. Zudem erschien es sinnvoll, die Kriterien für die Datenerhebung direkt aus bereits erhobenem und analysiertem Material sukzessive weiterzuentwickeln und so empirisch gehaltvolle Hypothesen zu entwickeln. Aus diesen Gründen orientierte sich die vorliegende Studie am „theoretical sampling".

Im Sinne dieser Vorgehensweise wurden die Interviews jeweils sofort im Nachgang transkribiert und zusammen mit den Unterrichtsbeobachtungen einer ersten qualitativen Datenanalyse unterzogen. Die daraus gewonnenen Erkenntnisse konnten in die Suche weiterer Lehrpersonen einfliessen. Die ersten Analysen ergaben beispielsweise, dass mehrere Studienteilnehmer von einer steuernden Schulleitung berichten. Ein Berufskundelehrer verwies hingegen auf die vielen Freiheiten, die er an seiner Berufsfachschule in seiner Berufsausübung geniesse. Aus diesem Grund wurden an dieser spezifischen Schule weitere Lehrpersonen in die Untersuchung aufgenommen. Wichtig erschien in Bezug auf die Handlungsstrategien der Berufskundelehrpersonen und die resultierende Unterrichtsumsetzung auch, Lernende aus allen vier Lehrjahren besuchen zu können, was die Wahl von Lehrpersonen weiter einschränkte. Die Stichprobengrösse erweiterte sich mit dem Ziel der von Strauss (1991) begründeten theoretischen Sättigung auf insgesamt neun Fälle, die sich auf drei pro Beruf verteilten. In der vorliegenden Studie zeigte sich mit zunehmendem Analysefortschritt immer deutlicher, dass aus den Daten Phänomene hervorgehen, die in Wechselwirkung mit dem professionellen Selbstverständnis der Berufskundelehrpersonen stehen. Mit der fortschreitenden Analyse und steigenden Abstraktion dieser Phänomene zeichnete sich nach der Auswertung von neun Fällen eine Sättigung hinsichtlich neuer Erkenntnisse ab. Tabelle 4 informiert über das in die Untersuchung einbezogene Sampling.

Tabelle 4: Stichprobe

Personen-nummer	Pseudonym	Ge-schlecht	Alter	Anzahl Jahre in Industrie	Anzahl Jahre als Lehrperson	Beruf	besuchtes Lehrjahr
P1	D. Suter	m	52	30	9	E	1
P2	G. Keller	m	52	39	15	E	3
P3	J. Müller	m	56	32	4	I	4
P4	L. Zimmerli	m	46	9	17	E*	2
P5	M. Fischer	m	59	16	18	I	2
P6	R. Hartmann	m	59	15	18	A	2
P7	S. Wagner	m	63	18	19	I	1
P8	St. Becker	m	60	14	30	A	3
P9	V. Huber	m	43	23	7	A	2

* Diese Lehrperson bildet sowohl Elektroinstallations- als auch Elektroniklernende aus und ist demnach mit zwei unterschiedlichen Bildungsplanmodellen konfrontiert.

Obwohl versucht wurde, auch weibliche Lehrpersonen für die Untersuchung zu gewinnen, besteht das Sampling ausschliesslich aus Männern. Tatsächlich bildet dies die Realität hinsichtlich der Geschlechterverteilung bei Berufskundelehrpersonen in technischen beruflichen Grundbildungen gut ab: Im Kanton Luzern gehören von den insgesamt 24 Berufskundelehrpersonen im Beruf Informatik 23 dem männlichen Geschlecht an. Unter den 34 Lehrpersonen im Bereich Elektroinstallation findet sich ebenfalls nur eine Frau. Auf dem Gebiet der Automation arbeiten im Kanton Luzern ausschliesslich Männer als Berufskundelehrer (vgl. Anhang 3). Wie sich in Kapitel 5 dieser Arbeit durch das Heranziehen von Vergleichsstudien zeigen wird, kommen Untersuchungen zum professionellen Selbstverständnis von Lehrpersonen, die auf einer Stichprobe von Frauen und Männern basieren, zu ähnlichen Resultaten (bspw. Maltritz, 2016). Es ist deshalb davon auszugehen, dass die aus den Ergebnissen der vorliegenden Arbeit generierten Erkenntnisse nicht auf männliche Personen beschränkt sind.

Die Mehrheit der Untersuchungsteilnehmer befand sich zum Zeitpunkt der Datenerhebung im letzten Drittel des berufsfähigen Alters. Dieser Umstand war gewollt, weil sie alle auf eine langjährige Karriere in der Industrie verweisen konnten, was der Vergleichbarkeit der Fälle zugutekommt. Zudem spricht die langjährige Berufserfahrung der Studienteilnehmer in der Industrie und im Lehrberuf für gehaltvolle Daten hinsichtlich ihres professionellen Selbstverständnisses. Allerdings könnte sich das fortgeschrittene Alter der Studienteilnehmer auf die Ergebnisse auswirken. So belegen zahlreiche Studien, dass die Risikobereitschaft von Menschen mit zunehmendem Alter tendenziell abnimmt, während sich Routinehandlungen eher festigen (bspw. Dohmen et al., 2011; Händler-Schuster et al., 2016). Die Bereitwilligkeit, veränderte Rahmenbedingungen umzusetzen, könnte bei der Studiengruppe deshalb geringer ausfallen als im Gesamtdurchschnitt der Berufskundelehrpersonen. Auch weisen Wilkens und Leber (2003) nach, dass die Beteiligung an Weiterbildungen bei älteren Menschen geringer ausfällt, was sich ebenfalls auf die Ergebnisse dieser Studie auswirken könnte.

Obwohl alle an der Studie beteiligten Berufskundelehrpersonen seit mehreren Jahren an einer Berufsfachschule unterrichten, weist die Lehrerfahrung eine Varianz zwischen vier und 30 Jahren auf. Dies lässt vermuten, dass die Erfahrungen sowohl aus der direkten Unterrichtspraxis als auch aus anderen mit dem Lehrberuf verbundenen Tätigkeiten heterogen sind. Neben dem unterschiedlichen Erfahrungsschatz könnte sich auch der differente zeitliche Abstand zur Berufspraxis als Faktor erweisen, der sich potenziell auf das professionelle Selbstverständnis und den Unterricht auswirkt.

Als Untersuchungsfeld wurden die drei beruflichen Grundbildungen in der Automation, der Elektroinstallation und der Informatik gewählt, weil sie ähnliche mathematisch-technische Anforderungen an die Lernenden stellen, was eine Vergleichbarkeit ermöglicht. Daneben unterliegen diese technischen Berufe allesamt einer grossen Dynamik. Sie weisen jedoch auch Unterschiede auf: Während die Elektroinstallation auf eine lange Tradition zurückblickt, handelt es sich vor allem bei der Informatik um einen noch jungen Beruf. Die berufliche Grundbildung im Bereich Automation entstand aus einem Konglomerat aus ausgelaufenen mechanischen Berufen. Die dem Beruf inhärenten Bestandteile und Aufgaben sind deshalb nicht vollumfänglich neu. Die gewählten Grundbildungen unterscheiden sich darüber hinaus hinsichtlich ihrer Bildungsplanmodelle. Die Elektroinstallation orientiert sich am Triplex-Modell, das fachliche Lernziele stark gewichtet. In der Automation findet das KoRe-Modell Verwendung, in welchem die Berufsbildungsverantwortlichen aller Lernorte die Ausbildung ihrer Lernenden ausgehend von beruflichen Situationen planen. Die Informatik lehnt sich an das jüngste Modell an, welches fachliche, methodische, soziale und personale Kompetenzen als gleichberechtigte Ziele betrachtet und ebenfalls berufstypische Situationen als Ausgangspunkt für die Planung definiert. Diese berufsspezifischen Unterschiede hinsichtlich der Geschichte und des Bildungsplanmodells könnten sich potenziell auf einzelne konstituierende Elemente des professionellen Selbstverständnisses der Berufskundelehrpersonen auswirken.

Als denkbare Einflussfaktoren fanden alle hier aufgeführten Rahmenbedingungen im Rahmen der Datenauswertung und -interpretation Berücksichtigung. Sie fliessen, wo sinnvoll, auch in die Erläuterungen im Ergebnisteil ein. Insgesamt sei an dieser Stelle nochmals betont, dass es sich um eine explorative Studie handelt. Die Stichprobe lässt keine Repräsentativität zu; pauschalisierende Rückschlüsse aus den Ergebnissen auf Berufskundelehrpersonen allgemein sind nicht erlaubt.

3.2.6 Vorgehen bei der Erhebung der empirischen Daten

Auf die Durchführung des Probeinterviews und die entsprechende Anpassung des Leitfadens folgte die eigentliche Datenerhebung. Über die Webseiten von Deutschschweizer Berufsfachschulen wurden Berufskundelehrpersonen aus den Untersuchungsberufen gesucht und direkt per E-Mail angeschrieben. Mit zunehmendem Analysefortschritt verlief die Rekrutierung von Studienteilnehmern verstärkt über die Schulleitungen. Dieses Vorgehen führte zu einer Stichprobe von insgesamt neun Lehrpersonen aus drei beruflichen Grundbildungen (vgl. Kapitel 3.2.5). Bei der Planung der Besuche wurde darauf geachtet, dass die drei Berufe zu gleichen Teilen vertreten waren und die Unterrichtsbeobachtungen in unterschiedlichen Lehrjahren stattfanden. Zudem wurden die Lehrpersonen gebeten, die Lernenden über die bevorstehende Datenerhebung mittels Beobachtung und Videografie zu informieren und ihr Einverständnis einzuholen.

Die Reihenfolge der Datenerhebung war so gewählt, dass zuerst das Interview stattfand. Wie schon in der E-Mail wurden die Lehrpersonen vor den Gesprächen nochmals kurz über den Inhalt des Forschungsprojekts informiert. Die Interviews dauerten im Durchschnitt eine Stunde und fanden jeweils im Klassenzimmer oder im Büro der Berufskundelehrpersonen statt. Für die spätere Transkription wurden die Interviews per Tonaufnahme aufgezeichnet. Teilweise konnte der Unterricht direkt im Anschluss an die Gespräche besucht und protokolliert werden. In manchen Fällen lag zwischen Interview und Beobachtung ein zeitlicher Abstand, insbesondere deshalb, weil eine allfällige Einschränkung der Gesprächszeit aufgrund des nahenden Unterrichtsbeginns vermieden werden sollte. Zudem benötigten die technischen Installationen für die Videoaufnahmen im Klassenzimmer etwas Zeit. Der Unterricht wurde während der Hospitation gefilmt, um bei allfälligen Beobachtungslücken auf ein gesichertes Backup zurückgreifen zu können. Der Forschende wurde hier von einer Kollegin unterstützt, die im vorderen Bereich des Klassenzimmers eine Kamera auf einem Stativ fix auf die Klasse ausrichtete. Eine zweite, dynamisch geführte Kamera platzierte sie jeweils im hinteren Bereich des Raumes und folgte damit manuell den Bewegungen der Lehrperson. Zugunsten der Tonqualität trug die Lehrperson ein Funkmikrofon. Ein zweites Mikrofon wurde in der Raummitte platziert, um auch die Stimmen der Lernenden in guter Qualität festzuhalten.

Der Protokollant konnte sich ganz auf das Unterrichtsgeschehen und die Verschriftlichung der Beobachtungen konzentrieren. Er durfte sich dort aufhalten, wo es Platz gab; nach Möglichkeit wählte er die hinteren Sitzreihen, um sich einen Gesamteindruck zu verschaffen. Obwohl die Lehrpersonen ihre Lernenden jeweils im Voraus über den Unterrichtsbesuch des Forschungsteams informiert hatten, zeigten sich einzelne Lernende zu Beginn neugierig und wollten mehr über das Projekt erfahren. Es wirkte aber so, als seien die Forschenden während der Unterrichtszeit schnell ausgeblendet worden. Dies würde sich mit den Erkenntnissen von Stigler et al. (1999) decken, welche die Effekte in Verhaltensänderungen durch Beobachtung bereits nach einer Lektion als gering einschätzen. Während der Beobachtung galt der Fokus des Forschenden vor allem der handelnden und interagierenden Lehrperson. In zwei bis maximal vier Lektionen wurden die Handlungen und Äusserungen der Lehrperson ausführlich protokolliert. Ein Auge war zudem stets auf die Klasse gerichtet, wodurch auch die als relevant eingeschätzten Handlungen, Reaktionen und Äusserungen der Lernenden in das Protokoll einflossen. Während oder nach dem Unterricht hatten die Lehrpersonen mehrfach das Bedürfnis, ihr Vorgehen zu erläutern oder auf bestimmte Phänomene hinzuweisen. Die so stattfindenden Gespräche wurden direkt in die Beobachtungsprotokolle als Ergänzungen aus dem Gespräch mit der Lehrperson aufgenommen.

Direkt nach den Datenerhebungen wurde Auffälliges als Memo in einem fallbasierten Protokoll festgehalten, damit latente Sinnstrukturen und Erklärungsansätze für das Beobachtete umfassend und präzise erhalten blieben (Mey & Mruck, 2011). Auch die Kameraführerin hielt auffällige Phänomene innerhalb des Unterrichtgeschehens mit Zeitangaben stichwortartig fest. Ihre Notizen flossen nach dem jeweiligen Unterrichtsbesuch an der entsprechenden Stelle in das Beobachtungsprotokoll ein. Ein solches Vorgehen ist im Sinne der Investigator-Triangulation nach Flick (2004) und dient der Objektivität der Forschung. In Kombination mit dem anschliessenden Transkribieren der Interviews konnten so bereits erste theoretische Vorannahmen getroffen werden. Im Sinne des „theoretical sampling“ galt es nach der ersten Datenerhebung, in Hinblick auf das Erkenntnisinteresse als relevant eingeschätzte Passagen aus den Interviews und Beobachtungsprotokollen miteinander zu vergleichen. Dabei wurde eine von Glaser und Strauss (1967) entwickelte Technik angewendet: Als relevant eingestufte Kategorien wurden hinsichtlich ihrer Ausprägung möglichst ähnlicher („minimization“) und sich möglichst unterscheidender („maximization“) Merkmale verglichen. Im ersten Interview zeigte sich beispielsweise der „Bewährungsdruck gegenüber der Schulleitung“ als wichtige Kategorie in Bezug auf die Beweggründe für die Unterrichtsgestaltung. In Verbindung mit dem Beobachtungsprotokoll konnten so schon erste Hypothesen hinsichtlich der Unterrichtsausrichtung entwickelt werden. Im Anschluss daran wurde ein hypothetischer Kontrastfall beschrieben, auf dessen Grundlage die nachfolgende Datenanalyse erfolgte. Der Kontrastfall galt einer Lehrperson, die ihre Schulleitung als unterstützend und Freiraum schaffend beschrieb. Durch dieses Vorgehen zeichneten sich aus den Daten erste theoretische Erkenntnisse ab, die sich laufend weiterentwickelten.

Die Minimierung erhöht gemäss Kelle und Kluge (2010, S. 48) *„die Wahrscheinlichkeit, ähnliche Daten zu einem bestimmten Thema oder einer bestimmten Kategorie zu finden und dadurch deren theoretische Relevanz zu bestätigen“.* Das Maximieren dagegen unterstützt die Generierung von Heterogenität und Varianz im Untersuchungsfeld (ebd.). Mit zunehmendem Analysefortschritt zeigte sich, dass das professionelle Selbstverständnis der Berufskundelehrpersonen eine entscheidende Rolle für deren Handlungsstrategien und Unterrichtsgestaltungen zu spielen scheint.

3.3 Datenaufbereitung

Wie in Kapitel 3.1 ausgeführt, fliessen unterschiedliche Daten zur qualitativen Auswertung in die vorliegende Studie ein. Flick (2004) spricht in diesem Zusammenhang von einer Daten- und Methoden-Triangulation. Mit ihr wird das Ziel verfolgt, aufgrund mehrerer Perspektiven an ein umfassenderes Verständnis hinsichtlich des Erkenntnisinteresses zu gelangen. Im Gegensatz zu den Interview- und Beobachtungsdaten mussten die Unterlagen für die Dokumentenanalyse nicht separat aufbereitet werden. Sowohl das Berufsbildungsgesetz als auch die Bildungsverordnungen und Bildungspläne der untersuchten beruflichen Grundbildungen sind online verfügbar. Sie wurden in die Auswertungssoftware MAXQDA importiert, um sie mit deduktiv gewählten Kategorien einer qualitativen Inhaltsanalyse zu unterziehen (zum Kategoriensystem vgl. Kapitel 3.4.1). In der Informatik konnten die Lernenden zum Zeitpunkt der Datenerhebung noch zwischen den drei Fachrichtungen Applikationsentwicklung, Betriebsinformatik und Systemtechnik auswählen. Die interviewten Berufskundelehrpersonen unterrichteten in mehreren Fachrichtungen. Die Unterrichtsbesuche fanden aber allesamt bei Lernenden in der Fachrichtung Applikationsentwicklung statt, weshalb nur dieser Bildungsplan für die Dokumentenanalyse herangezogen wurde.

Die während der Interviews erstellte Tonaufnahme wurde anschliessend mit der Audiotranskriptionssoftware f4 verschriftlicht. Wie bereits erwähnt, fand die Transkription jeweils kurz nach den Gesprächen statt, damit Erkenntnisse aus der Gesprächsführung für die nachfolgenden Interviews induktiv nutzbar gemacht werden konnten. Die Interviews wurden immer vollständig transkribiert, weil es nur so möglich ist, *„dem Anspruch eines theoriegenerierenden Verfahrens und der Analyse des komplexen Zusammenhangs von Handlungen und Deutungen“* (Witzel 1996, S. 56) gerecht zu werden. Der Detaillierungsgrad innerhalb der Transkripte orientierte sich am Vorschlag von Deppermann (2001), der betont, dass das Transkript so beschaffen sein muss, *„dass es dem Leser erlaubt, die Fundierung und die Validität der Ergebnisse einzuschätzen“* (ebd., S. 47). Auf eine phonetische Umschrift konnte verzichtet werden, weil im Hinblick auf das Erkenntnisinteresse keine Notwendigkeit dazu bestand und sie das Lesen des Transkripts erschwert hätte. Unverständliche Aussagen wurden mit einer entsprechenden Zusatzbemerkung, Pausen im Redefluss mit drei Punkten in einer Klammer gekennzeichnet; besonders betonte Wörter oder Passagen der Interviewpersonen wurden **fett** geschrieben. Der Interviewer ist in den Transkripten mit einem I, die Interviewten sind mit einem B zu erkennen. Die Transkripte sind zudem mit Zeilennummern versehen und enthalten vor jedem Sprecherwechsel eine Zeitmarke.

Die Interviewsprache war in allen Fällen Schweizerdeutsch, die Transkription dagegen erfolgte in hochdeutscher Sprache. Deppermann (2008) schlägt vor, Besonderheiten der gesprochenen Sprache im Transkribiervorgang zu berücksichtigen. Aus diesem Grund wurden in den Transkripten sowohl die Satzstellung, die grammatikalischen Eigenheiten als auch die sogenannten Helvetismen aus den Schweizerdeutschen Tonaufnahmen als solche belassen. Da in der vorliegenden Studie keine psychologische Perspektive eingenommen wird, also nicht die Befindlichkeit, sondern die Expertise der interviewten Fachleute im Fokus steht, wurden Zitate aus den Transkripten, die in der finalen Arbeit aufgeführt sind, zugunsten der Lesbarkeit „reingeschrieben" und Hörsignale wie „äh" oder „hm" entfernt. Darüber hinaus wurden Terminologien oder Abkürzungen, die einer Erklärung bedürfen, in eckigen Klammern erläutert. Für die Interpretation der Ergebnisse orientierte sich der Forschungsprozess aber an den Originaltranskripten. Die von den Lehrpersonen unterzeichnete Einverständniserklärung enthielt die Klausel, dass in einer Veröffentlichung Rückschlüsse auf ihre Identität verunmöglicht werden, daher wurden frei erfundene Pseudonyme verwendet. Weitere Dateninhalte, die dem Risiko der Erkennung unterliegen, wurden anonymisiert. Interviewzitate in der Studie sind immer mit dem Pseudonym, dem Anfangsbuchstaben des Ausbildungsberufs und der Zeilennummer aus dem Transkript versehen. Zudem bedeutet die Abkürzung [Int.], dass das Zitat aus einem Interviewtranskript stammt. Enthält die Zitierung ein [Beob.], basiert die Textstelle auf den Erläuterungen eines Beobachtungsprotokolls.

Auch bei den Beobachtungszitaten sind die Pseudonyme sowie die Zeilennummer aus dem Beobachtungsprotokoll aufgeführt. Im Gegensatz zu den Interviews war die Unterrichtssprache in den meisten Fällen Hochdeutsch, was nur selten eine Übersetzung erforderlich machte. Von einer wörtlichen Transkription des Gesprochenen wurde aber meist abgesehen, ausser wenn eine Aussage als besonders relevant erschien. In solchen Fällen wurden in der Phase der Datenaufbereitung die Videodaten beigezogen, um wörtliche Zitate in den Protokollen mit Anführungs- und Schlusszeichen markiert auszuformulieren. Daneben flossen vorwiegend Beschreibungen der Handlungsbeobachtungen der Lehrpersonen und Lernenden in das Protokoll ein. Sie folgen dem Unterrichtsgeschehen in linearer Abfolge. Mussten Lücken in den Beobachtungsprotokollen gefüllt werden, wurden auch hierfür die Videodaten konsultiert. Fielen darüber hinaus Besonderheiten hinsichtlich der Infrastruktur oder der Einrichtung auf, wurden diese in Text- oder Bildform in den Beobachtungsprotokollen festgehalten.

In einer ersten Datenauswertungsrunde der Dokumente, Transkripte und Beobachtungsprotokolle wurde in Microsoft Word und im Online-Whiteboard Miro gearbeitet. Die weiteren Auswertungsverfahren erfolgten über die Software MAXQDA, mit der die Kategorien und Memos den Textpassagen zugeordnet und effizient ausgewertet werden konnten.

3.4 Datenauswertung

Um sowohl dem deskriptiven als auch dem analytischen Zugang der Studie gerecht zu werden, wurden in der Datenauswertung zwei unterschiedliche Analyseverfahren eingesetzt. Während die strukturierende Analysetechnik der qualitativen Inhaltsanalyse von Mayring (2015) eher nach einer deduktiven Kategorieanwendung verlangt, lässt die Grounded Theory von Glaser und Strauss (2010) ein induktives Vorgehen zu. Mit diesem Verfahren wird auf die vielfach geäusserte Kritik reagiert, dass die qualitative Inhaltsanalyse auf der Systematisierung des „Was" stehen bliebe und die Rekonstruktion von Sinnsystemen zu wenig beachte (Kruse, 2015). In den nächsten Kapiteln erfolgt eine Einführung in die beiden Forschungsmethoden und das Vorgehen.

3.4.1 Dokumentenanalyse

Zur Klärung der Fragestellung interessierten unter anderem die Rahmenbedingungen und normativen Anforderungen, die sich potenziell auf die Handlungsstrategien und Unterrichtsgestaltungen der Berufskundelehrpersonen auswirken. Damit die von den Lehrpersonen selbst wahrgenommenen und benannten Anforderungen besser eingeordnet und gegebenenfalls erweitert werden konnten, galt es die allgemeingültigen Gesetzgebungen und Vorgaben einer Dokumentenanalyse zu unterziehen. In die Analyse einbezogen wurden das Berufsbildungsgesetz sowie die berufsspezifischen Bildungsverordnungen und Bildungspläne. Ziel war eine inhaltliche Aufschlüsselung dieses Quellenmaterials, wofür sich die qualitative Inhaltsanalyse als regelgeleitete und intersubjektiv überprüfbare Analysemethode eignete. In einem deduktiven Verfahren wurden forschungs- und theoriegeleitete Kategorien gebildet, die sich in ihrer Formulierung mehr oder weniger eng am Ausgangsmaterial orientierten. Während der Datencodierung wurde das Kategoriensystem um induktiv gebildete Kategorien erweitert (Mayring & Fenzl, 2014), was zum in Tabelle 5 dargestellten Kategoriensystem führte.

Tabelle 5: Kategoriensystem qualitative Inhaltsanalyse

Hauptkategorie	Subkategorie
Ziele des Berufskundeunterrichts	fachliche Ziele überfachliche Ziele
Aufgaben der Berufskundelehrperson	
methodisch-didaktische Grundsätze	Handlungskompetenzorientierung Leistungszielorientierung Betriebsprozessorientierung
Lernortkooperation	
Qualifikationsverfahren	Bestandteile Gewichtung
Rahmenbedingungen	Zeitressourcen Branchenspezifika

Das Kategoriensystem stellt das Analyseinstrument für den Auswertungsprozess dar und bestimmt damit massgebend über das regelgeleitete Vorgehen. Aus einem Wechselspiel zwischen deduktiver und induktiver Vorgehensweise konnten die Daten so einheitlich strukturiert und die für das Erkenntnisinteresse wesentlichen Informationen extrahiert werden.

3.4.2 Analyse und Interpretation der empirischen Daten mittels Grounded Theory

Die Entwicklung eines professionellen Selbstverständnisses gleicht einem nie abgeschlossenen, sehr persönlich ablaufenden Prozess, der von einer Vielzahl an Einflussfaktoren geprägt ist. Neben Aussagen zu den Zielvorstellungen, Haltungen, Einstellungen und Erfahrungen der Studienteilnehmer spielten vor allem die individuellen Wahrnehmungen von Rahmenbedingungen und die an sie gerichteten Anforderungen eine wichtige Rolle für die Identifikation der konstituierenden Elemente des professionellen Selbstverständnisses von Berufskundelehrpersonen. Diese Faktoren wurden von den Lehrpersonen jedoch häufig nicht direkt benannt und bedurften daher einer Rekonstruktion aus dem Datenmaterial. Für die Analyse und Interpretation der Interviewtranskripte und Beobachtungsprotokolle galt es aus diesem Grund, ein Verfahren zu finden, welches die Daten in ihren Kontexten versteht, um so die Aussagen- und Sinnsysteme rekonstruieren zu können (Kruse, 2015). Das gewählte Verfahren sollte des Weiteren dem methodischen Charakter der Datenerhebung gerecht werden. Die Grounded-Theory-Methodologie erfüllt diese Anforderungen, indem Datenerhebung, -analyse und -interpretation iterativ-zyklisch verlaufen und aufeinander abgestimmt sind. Darüber hinaus erlaubt es das induktive und abduktive Vorgehen, die Daten mit einer grossen Offenheit zu betrachten und mit einem interpretativen Zugang die Begründung von sozialen Wirklichkeiten zu erfassen. Selbstverständlich verfügen die Forschenden in den allermeisten Fällen über Vorwissen zu den untersuchten Gebieten. Sie stellen es aber zugunsten einer grösseren Offenheit und Kreativität dem Material gegenüber zurück und versuchen Vorannahmen auszuschliessen. Dies verhindert eine Subjektivierung des Textverständnisses (Rennie, 2005; Strübing, 2013).

Die von Strauss und Corbin (1998) vorgeschlagenen praxisorientierten Methoden stellen kein regelgeleitetes Vorgehen dar, folgen aber gemäss Strübing (2018) grundlegenden Prinzipien, die auf die Generierung von für menschliches Handeln erklärenden Theorien abzielen. Angestrebt wird laut Glaser und Strauss (1998, S. 12) die Generierung einer gegenstandsverankerten Theorie, die *„auf der Grundlage von in der Sozialforschung gewonnenen Daten"* entsteht. Neben dem Sozialverhalten sollen die Erfahrungen und Interaktionen der Untersuchungsgruppe in die Analyse einfliessen, was in der vorliegenden Studie durch das Beobachtungs- und Interviewmaterial gewährleistet werden konnte. Ein zentrales Prinzip der Grounded Theory gilt einem theoriegeleiteten Kodierverfahren. Strauss und Corbin (1996) unterscheiden im Rahmen des Analyseprozesses die drei Phasen des offenen, axialen und selektiven Kodierens.

Bevor Aussagen verglichen oder als allgemeingültig bezeichnet werden können, muss demnach in der Phase des offenen Kodierens der jeweilige Einzelfall rekonstruiert werden (Oswald, 2010). Wirklichkeit wird dabei als ein subjektives Konstrukt verstanden, dessen Deutungsgehalt die Forschenden in der Auswertung rekonstruieren (Strübing, 2013). Strauss (1991) beschreibt das offene Kodieren als ein Aufbrechen des Textes, indem durch W-Fragen (was, wer, wie, warum, wozu) die für die Fragestellung zentralen Phänomene und Handlungsprobleme identifiziert werden. Diese als relevant eingestuften Textstellen werden auf ihren konzeptuellen Gehalt hin interpretiert und mit Kategorien versehen. Durch Induktion können Konzepte und Kategorien gebildet werden, die sich auf die identifizierten Phänomene und Handlungsprobleme beziehen. Die W-Fragen ermöglichen im Sinne der Abduktion zudem das Bilden erklärender Hypothesen. In dieser Prozessphase erwies sich das Zusammenspiel der beiden Datengrundlagen aus den Beobachtungen und Interviews als äusserst hilfreich. Die Beobachtungsdaten unterstützten vor allem den abduktiven Prozess der Bildung von Hypothesen wesentlich. In Anlehnung an die Fragen nach dem Was, Wie und Wann entstanden sowohl aus den beobachteten pädagogisch-didaktischen Handlungen als auch aus den Interviewdaten eine Vielzahl an Hypothesen. Die subjektiven Sichtweisen der Studienteilnehmer aus den Interviews liessen erste, vorsichtige Antworten zu. Was zunächst fallspezifisch blieb, erweiterte sich im axialen Kodieren auf ein fallübergreifendes Vorgehen.

Mit dem axialen Kodieren werden die festgestellten empirischen Phänomene mit weiteren Daten überprüft und erklärende Bedeutungsnetzwerke entwickelt. Ziel ist es, fallübergreifende Beziehungen zwischen Kategorien und ihren Subkategorien herzustellen und zu verifizieren. Strauss und Corbin (1998) verweisen für diese Analysephase auf die Nutzung des Kodierparadigmas. Es wurde von Strauss (1987) entwickelt und stellt entsprechend seiner Beschreibung das Ergebnis des axialen Kodierens dar. Gemäss Heiser (2018, S. 231) handelt es sich beim Kodierparadigma *„um eine handlungstheoretisch fundierte Heuristik, anhand derer sich die Zusammenhänge zwischen Kategorien darstellen lassen“*. Im Zentrum des Kodierparadigmas stehen diejenigen Phänomene, welche in Anlehnung an das Erkenntnisinteresse verstanden werden wollen und auf die sich eine Reihe von Handlungen und Interaktionen ausrichten. Damit daraus eine erklärende Theorie generiert werden kann, schlagen Strauss und Corbin (1998) durch die Anwendung des Kodierparadigmas vor, die Phänomene mit Fragen zu den Bedingungen, den Interaktionen zwischen den Akteuren, den Strategien und Taktiken sowie den Konsequenzen zu konfrontieren und so Konzepte und hypothetische Zusammenhänge zwischen den Konzepten zu erarbeiten. Diese Hypothesen müssen im Anschluss mit dem Datenmaterial verifiziert werden. Das axiale Kodieren zeichnet sich folglich durch ein Wechselspiel von induktivem und deduktivem Vorgehen aus. Strübing (2018, S. 134) gibt zu bedenken, dass es beim Kodierparadigma anders als beim selektiven Kodieren noch nicht um die Beantwortung der übergeordneten Forschungsfrage gehe, sondern um das Zustandekommen und die Konsequenzen empirischer Vorkommnisse und deren Abstraktion.

Mit dem selektiven Kodieren schliesslich sollen die vielen kleinen Zusammenhänge aus dem axialen Kodieren in eine übergeordnete, analytische Geschichte gebracht werden. Dazu wird aus den erarbeiteten Kategorien diejenige Kernkategorie ausgewählt, die mit allen anderen Kategorien in Verbindung gebracht werden kann (Strauss und Corbin, 1996). Wenn sich nicht alle Kategorien in das wachsende theoretische Modell integrieren lassen, kann dies als Hinweis für eine ungeeignete Wahl der Kernkategorie gedeutet werden (Heiser, 2018). Sollten sich zudem mehrere Kernkategorien anbieten, um die Forschungsfrage zu beantworten, spricht dies in den meisten Fällen für eine Präzisierung der Fragestellung (Strübing, 2014). Im Anschluss an die Bestimmung einer qualifizierten Kernkategorie müssen die als relevant eingeschätzten Daten erneut kodiert werden, damit die Beziehungen der Kategorien zur Kernkategorie fallübergreifend identifiziert werden können. In der vorliegenden Studie ergaben sich beim selektiven Kodieren Überschneidungen, die in die Entwicklung von Typologien mündeten. Die hinter den Typen liegende Kernkategorie mit ihren Verknüpfungen zu den Daten bleibt gemäss Strübing (2018) die Basis des Theorieentwurfs, der als angenommene Antwort auf die Forschungsfragen zu verstehen ist.

Das offene, axiale und selektive Kodieren führte in dieser Studie zur Bestimmung der Kernkategorie: das professionelle Selbstverständnis als Berufskundelehrperson. Weil dieses aufgrund laufender Lernprozesse einem ständigen Wandel unterliegt, ist bei der Erarbeitung einer Theorie, die sich aus statischen Zusammenhängen zusammensetzt, Vorsicht geboten. Vielmehr sollten sowohl stabile Kategorien der personalen Entwicklung als auch emergente Phänomene berücksichtigt werden können. Tiefel (2005) passte das Kodierparadigma von Strauss und Corbin (1998) an solche lern- und bildungstheoretischen Anforderungen an. Das von ihr modifizierte Kodierparadigma fördert zum einen zutage, wie Individuen an sie gerichtete Anforderungen wahrnehmen, deuten und interpretieren. Zum anderen ermöglicht es die Rekonstruktion biografischer Lernprozesse, professioneller Überzeugungen und Handlungsstrategien. Aus den daraus generierten Erkenntnissen lassen sich wiederum hypothetische Zusammenhänge zum professionellen Selbstverständnis der Lehrpersonen herstellen (Tiefel, 2005). Das Kodierparadigma bietet somit für das Erkenntnisinteresse der vorliegenden Studie ebenfalls einen deutlichen Mehrwert. Es interessieren die subjektiven Wahrnehmungen, Deutungen und Interpretationen von Rahmenbedingungen und Anforderungen sowie aus diesem fluiden Prozess erwachsene Interaktions- und Handlungsstrategien in Bezug auf das professionelle Selbstverständnis von Berufskundelehrpersonen. Das von Tiefel (2005) vorgeschlagene Schema einer Sinn-, Struktur- und Handlungsperspektive wurde leicht an das Erkenntnisinteresse angepasst:

- Die **Sinnperspektive** bezieht sich auf das professionelle Selbstverständnis der Lehrpersonen, indem sie vorwiegend auf das rekonstruierte Selbstbild und auf die individuelle Interpretation ihres Berufsauftrags rekurriert. Sie informiert über persönliche Haltungen, Überzeugungen und Orientierungen und lässt Schlüsse über die von der Lehrperson verfolgten Ziele zu.
- Die **Strukturperspektive** gibt zum einen Aufschluss darüber, welche Rahmenbedingungen und Anforderungen als wichtig für die Organisation und die

Gestaltung des Unterrichts eingestuft werden. In Abweichung an Tiefel (2005) wurden der Strukturperspektive zum anderen die Handlungsstrategien der Lehrpersonen zugeordnet. Mit einer begründenden Perspektive wird der Aushandlungsprozess zwischen den an die Lehrpersonen gerichteten Anforderungen und den konstituierenden Elementen des professionellen Selbstverständnisses offengelegt, ohne die Unterrichtsumsetzung bereits differenziert zu schildern.
- Die **Handlungsperspektive** beschreibt die mit dem professionellen Selbstverständnis begründeten Handlungsroutinen und Unterrichtsumsetzungen der Lehrpersonen. Sie bezieht sich sowohl auf die Sinn- als auch auf die Strukturperspektive und zeigt, welche Unterrichtspraxis aus dem genannten Aushandlungsprozess resultiert.

Demnach orientierte sich die Auswertung und Interpretation der empirischen Daten an den Verfahrensweisen von Strauss und Corbin (1996) und damit am paradigmatischen Modell, während für die Typenbeschreibung das Modell von Tiefel (2005) in leicht angepasster Version herangezogen wurde. Die Nutzung beider Modelle bot den Vorteil, dass die Beziehungen zwischen dem Untersuchungsphänomen und den erklärenden Kategorien sauber dargestellt und die Typenbeschreibungen unter Einbezug dieser Ergebnisse verständlich ausgeführt werden konnten. Im Folgenden wird das vollständig durchlaufene Verfahren mit konkreten Datenbezügen detailliert erläutert.

3.4.3 Kategoriale Analyse und Interpretation der empirischen Daten

Die Grounded Theory schlägt zur Generierung einer gegenstandsbezogenen Theorie mögliche Verfahrensweisen vor; sie schreibt also kein regelgeleitetes Vorgehen vor, sondern stellt lediglich Prinzipien zur Verfügung (Strübing, 2018). So erstaunt es wenig, dass sich über die Zeit viele verschiedene Anwendungen und Terminologien ergeben haben. Flick (2011) stellt in diesem Zusammenhang fest, dass sich bei der Grounded Theory auf terminologischer Ebene die Grenze zwischen einer wissenschaftlichen Methode und einer Kunstlehre nicht immer klar ziehen lasse. Sogar zentralen Begrifflichkeiten wie Code, Konzept, Kategorie und Phänomen werden von verschiedenen Autoren und Autorinnen abweichende Bedeutungen zugeschrieben. Für die vorliegende Arbeit bedarf es daher einer Klärung dieser Begrifflichkeiten.

In Anlehnung an Breuer (2010) werden unter Codes Benennungs- und erste Abstraktionsideen für Phänomene verstanden, die sich aus den Interviews oder Beobachtungsprotokollen extrahieren lassen. Ein Konzept umfasst gemäss Heiser (2018, S. 224) *„eine analytische Beschreibung bestimmter Teile der erhobenen Daten, also beispielsweise eines Satzes aus einem Interviewtranskript“*. Das Konzept unterscheidet sich laut Glaser und Strauss (1967) insofern von rein deskriptiven Paraphrasen, als es hinreichend allgemein formuliert ist, um die Charakteristika konkreter Einheiten zu bezeichnen, und gleichzeitig aus Illustrationen besteht, die der Verbindung des Gemeinten mit eigenen Erfahrungen dienen. Die Verknüpfung von zusammengehörigen Konzepten führt zur Bildung von abstrahierten Kategorien, *„die die theoretische Grundbegrifflichkeit einer ent-*

wickelten Grounded Theory darstellen" (Breuer, 2010, S. 74). Ein Phänomen bezieht sich auf eine Auffälligkeit in der sozialen Wirklichkeit des Untersuchungsfeldes, die durch den Einbezug verschiedener Kategorien verstanden werden soll (Strauss & Corbin, 1996).

Die kategoriale Analyse und die Interpretation der empirischen Daten in vorliegender Studie folgen diesen Begriffsverständnissen. Der Forschungsprozess verlief iterativ und zyklisch: Die voneinander abhängigen Phasen der Datenerhebung, -analyse und -auswertung liefen in mehrmaliger Wiederholung ab und auch die Datenauswertung fand als zyklischer, iterativer Prozess statt, weil nach einem induktiven Setzen von Codes und dem Definieren erster Kategorieansätze unter Anwendung des permanenten Vergleichs eine erneute Datenauswertung erfolgte, um die Kategorien zu verdichten und zu verifizieren.

Wie von Breuer (2010) vorgeschlagen, wurden die Einstiegssequenzen der Einzelfälle jeweils in einem Forschungsteam bestehend aus insgesamt drei Personen ausgewertet. Die Arbeit im Team diente wesentlich der Intercoder-Reliabilität. Die kooperative Auswertungsarbeit sollte die Wahrscheinlichkeit erhöhen, dass das persönliche Kontextwissen ausgeklammert wird und die unterschiedlichen Lesarten zu gehaltvolleren Hypothesen führen. Letztlich diente das gruppenbasierte Vorgehen wiederum der Investigator-Triangulation (vgl. Flick, 2004), wie sie schon im Zusammenhang mit der Erhebung der Beobachtungsdaten (Kapitel 3.2.6) thematisiert wurde.

Das konkrete Vorgehen sah immer gleich aus. Sobald neue Daten erhoben und transkribiert waren, wurden die Transkripte und das Beobachtungsprotokoll zunächst in ein gemeinsames Dokument überführt. Es folgte die Auswertung des Einzelfalls, die mit einer inhaltlichen Segmentierung der Textbausteine einherging. Zur Segmentierung lässt sich prinzipiell festhalten, dass jedes Segment aus einer oder mehreren Sinneinheiten besteht. Ein Segment weist Detka (2005) zufolge in den meisten Fällen eine Binnenstruktur auf und lässt sich über sogenannte Rahmenschaltelemente (bspw. „und dann"), Pausen, zeitliche Schwellen oder wechselnde Kommunikationsschemata (bspw. bei der Argumentation oder der Beschreibung) von anderen Segmenten abgrenzen. Manche der entstandenen Segmente lehnen sich daher an die Fragen des Leitfadens oder an die Unterrichtsphasen an, andere gehen darüber hinaus oder sind begrenzter.

Nach dem Festlegen des Inhalts eines Segments folgten die von Strauss und Corbin (1996) vorgesehenen Schritte des offenen Kodierens. Ziel dabei war eine Konzeptualisierung der Daten, indem diese durch Reduzierung, Gruppierung respektive Verdichtung und Abstraktion zu Kategorien weiterentwickelt wurden (Maltritz, 2016). Strukturiert nach den einzelnen Segmenten wurden die Daten zu diesem Zweck Zeile für Zeile (Strübing, 2018) analysiert. Es sollten anhand der in Kapitel 3.4.2 erwähnten W-Fragen an den Text Konzepte entwickelt werden, die wiederum durch die Definition inhärenter Eigenschaften und Dimensionen voneinander abgegrenzt werden konnten. Dieser Vorgang lief in parallel durchgeführter Einzelarbeit statt, die nach der Kodierung einer zusammenhängenden Sinneinheit jeweils mit der Besprechung im Team endete.

> „Während des offenen Kodierens werden die Daten in einzelne Teile aufgebrochen, gründlich untersucht, auf Ähnlichkeiten und Unterschiede hin verglichen, und es werden Fragen über die Phänomene gestellt, wie sie sich in den Daten widerspiegeln." (Strauss & Corbin 1996, S. 44)

Aus diesem Vorgehen gingen pro Fall 10 bis 15 Segmentkarten hervor, die wiederum eine Reihe an Konzepten enthielten. Zudem wurden zu jedem Segment analytische und theoretische Memos verfasst. Erstere enthalten prinzipiell hypothetische Annahmen und gewährleisten, dass festgestellte Sinnzusammenhänge während des Auswertungsprozesses nicht verloren gehen. Zweitere umfassen mögliche Bezüge zwischen den identifizierten Konzepten und bestehenden Modellen und Theorien. Darüber hinaus wurden offene Fragen festgehalten, auf die andere Segmente möglicherweise eine Antwort liefern. Zur Veranschaulichung dient hier das Beispiel einer Segmentkarte (vgl. Tabelle 6) des Studienteilnehmers G. Keller.

Tabelle 6: Segmentkarte 7, Keller

WAS (Konzepte)	WER/WIE	WARUM	WOZU	Textstelle
Prüfen als Praxis	LP beginnt gleich mit einer Prüfung. Sie startet nach eigener Aussage immer mit einer Prüfung in den Unterricht.	Kann auf eine gewisse Distanz zw. LP und Lde. schliessen.	Um die Lde. an Prüfungssettings zu gewöhnen.	292–294
Vorzeigen – nachmachen	Starke Steuerung, Struktur durch LP, indem sie anweist, was die Lde. auf ihren Unterlagen als wichtig markieren sollen.	LP will Entscheidung für Wichtiges nicht den Lde. überlassen. Wissen scheint wichtig.	LP hat Bild vor Augen, was wichtig ist und was die Lde mitnehmen sollen. (Teaching to the test? Oder aus Erfahrung?)	296–298
Instruktionale Übungseinführung	LP löst Übung am Beamer vor. Lde. können sich nur involvieren, wenn sie nach Vorgehen und Lösung gefragt werden.	Um keine Zeit zu verlieren. Evtl. aufgrund eigener Bildungsbiografie?	Damit die Lde. das Vorgehen verinnerlichen und solche Übungen später eigenmächtig lösen können.	300–304
Lernen mit Routinen	LP weist die Lde. mehrmals darauf hin, dass sie bei Übung immer gleich vorgehen sollen. Zuerst denken, dann Formel aufschreiben, dann rechnen.	LP scheint aus Erfahrung zu wissen, wo die Lde. Fehler machen.	Um das Vorgehen zu routinieren. Alle sollen das Gleiche mitnehmen.	300–304
Memo: Input und Reproduktion scheinen wichtiger als selbst ausprobieren und herausfinden (evtl. durch zeitliche Ressourcen bedingt?). Lde. lernen routiniertes Vorgehen, üben sich aber kaum in Selbst- oder Sozialkompetenz = Aufbau von trägem Wissen. Durch Passivität gezeichneter Unterricht → Trittbrettfahrer (extrinsische Motivation durch das wöchentliche Prüfen zur Vermeidung von Trittbrettfahrern) **Theoretische Memos**: träges Wissen, blinde Routine, extrinsische Motivation **Fragen an andere Segmente**: Welche übergeordneten Ziele und Schwerpunkte verfolgt die Lehrperson mit ihrem Unterricht? Welche Rolle spielen die biografischen Erfahrungen der Lehrperson für die Unterrichtsausrichtung?				

Weil dem Forschenden sowohl die Interviewinhalte als auch die Beobachtungen sehr präsent waren, konnten bereits zu diesem Zeitpunkt mögliche Beziehungen zu anderen Textstellen erahnt werden. Diese Vorannahmen äussern sich in den Fragen an andere Segmente. Im weiteren Prozess des offenen Kodierens gilt es, wie bereits erläutert, die Konzepte mit Eigenschaften und Dimensionen auszustatten. Dieser Arbeitsschritt hilft zu erkennen, welche Konzepte voneinander abzugrenzen sind. Wenn die Eigenschaften und Dimensionen von Konzepten hingegen Gemeinsamkeiten aufweisen, können sie zu übergeordneten Subkategorien und Kategorien abstrahiert werden. Im vorliegenden Beispiel lagen die identifizierten Konzepte zusammengehörig vor, weil das Segment diesem Ziel entsprechend definiert wurde. Sie können allesamt nach Häufigkeit, Steuerungsgrad und Dauer dimensioniert werden. Als Subkategorie und späterer axialer Code wurden die Konzepte als „Affinitäten für Lehr- und Lernformen" gefasst. Die Auswahl von Lehr- und Lernformen liegt im Ermessen der Lehrperson und entscheidet sich in Abhängigkeit unterschiedlicher Faktoren auf individueller Ebene. Aus diesen Gründen wurde die übergeordnete Kategorie mit „Unterrichtsverständnis Lehrperson" benannt.

Tabelle 7: Offenes Kodieren: Beispielhafte Zuordnung von Codes

Unterrichtsverständnis Lehrperson	→ Kategorie
Affinität für Lehr- und Lernformen	→ Subkategorie
• Prüfen als Praxis • Vorzeigen – nachmachen • Instruktionale Übungseinführung • Lernen mit Routinen	→ Konzepte
• Häufigkeit: oft/nie • Steuerungsgrad: hoch/tief • Dauer: lang/kurz	→ Eigenschaften und Dimensionen

Zu jedem Segment wurden neue Fragen formuliert, welche durch die Analyse der Textstellen führten. Im Hinblick auf die Fragen an andere Segmente interessierte im vorliegenden Fall beispielsweise zunächst die Rolle der biografischen Erfahrungen für das Unterrichtsverständnis der Lehrperson. Im Anschluss daran kam die Frage auf, ob die Lehrperson eigene biografische Erfahrungen auf ihren Unterricht überträgt. Dieses Vorgehen führte innerhalb eines jeden Falls zu mehreren intensiven Schlaufen, die als typisch für das offene Kodieren gelten. Über alle neun Fälle hinweg resultierten aus dem Verfahren viele Konzepte und daraus abstrahierte Kategorien. Auch Heiser (2018) konstatiert, dass das Ergebnis des offenen Kodierens aus einer Vielzahl an Konzepten und Kategorien besteht. Um den Überblick zu behalten, wurde für jede Lehrperson eine eigene Fallbeschreibung erstellt (vgl. Anhang 6). Sie fasst die wichtigsten Merkmale jedes Falls zusammen und sichert die Sinnzusammenhänge zwischen den Konzepten und den damit verknüpften Eigenschaften. Folgende Leitfragen führten zu den resultierenden Fallbeschreibungen: *Welche Merkmale können der Lehrperson, welche ihrem Unterricht zugeordnet werden? Welche Handlungsroutinen zeigt die Lehrperson in ihrem Unterricht? Aufgrund welcher Einflussfaktoren verfolgt die Lehrperson welche Ziele im Unterricht? Welche Strategien setzt die Lehrperson um, damit sie die Ziele erreicht?*

Im weiteren Verlauf wurde das fallspezifische Analyseverfahren in zunehmendem Masse aufgebrochen und durch fallübergreifendes Vergleichen ersetzt. Mit dem axialen Kodieren sollen laut der Theorie auch die unsortierten Konzepte und Kategorien durch Kontrastierungen in eine neue Ordnung respektive in hypothetische Beziehungen zueinander gebracht und mit Datenbezügen verifiziert werden (Strauss & Corbin, 1996). Während die Daten im offenen Kodieren aufgebrochen werden, fügt sie das axiale Kodieren also auf eine neue und analytische Art und Weise gewissermassen wieder zusammen (Heiser, 2018). Die Eigenschaften und Dimensionen der Konzepte geben Hinweise, welche axialen Codes potenziell in Verbindung zueinander stehen, und unterstützen den Verknüpfungsprozess. Dabei sind nur diejenigen Daten zu kodieren, die einen potenziellen Beitrag zur Klärung der Forschungsfragen leisten können (Strübing, 2018).

Wurde zuvor mit umfangreichen Tabellen (Segmentkarten) gearbeitet, verschob sich der weitere Prozess auf das Online-Whiteboard Miro. Zunächst wurden für jede Lehrperson einzeln alle für die Fragestellung als relevant eingestuften Kategorien auf digitalen Post-ITs festgehalten. Neben den im offenen Kodieren erarbeiteten Konzepten wurden Angaben zu den Zielen, Haltungen, Überzeugungen, Hintergründen, Unterrichtsausrichtungen sowie zu den hypothetischen Begründungen für die identifizierten Phänomene fallspezifisch aufgeführt. Durch die darauffolgende Fallkontrastierung konnten die Kategorien auf höhere Abstraktionsstufen gehoben und mit fallübergreifenden Subkategorien respektive axialen Codes verknüpft werden. Aus einer ganzen Reihe an Konzepten, die sich um die Organisation und Aufbereitung der Lehr- und Lernunterlagen drehten, entstand beispielsweise der axiale Code „Strukturierungsleistung durch die Lehrperson". Der damit einhergehende Prozess der Fallkontrastierung führte dazu, dass vermehrt unterschiedliche Ausprägungen von Phänomenen erkannt wurden, was Fragen zu den Ursachen, Umständen und Konsequenzen dieser Abweichungen nach sich zog. Auch Strübing (2018) betont, dass das axiale Kodieren auf erklärende Bedeutungsnetzwerke abzielt. Die Anwendung des Kodierparadigmas von Strauss (1987) unterstützt den Prozess der systematischen Herstellung hypothetischer Beziehungen zwischen Kategorien und Subkategorien. Aus diesem Grund wurden die Konzepte überarbeitet und die entwickelten Segmentkarten um Ursachen, Strategien und Konsequenzen erweitert (vgl. Anhang 7). Daraus resultierte eine Serie von Theorieminiaturen, die einen Bezug zum professionellen Selbstverständnis von Berufskundelehrpersonen aufwiesen, sich aber auf unterschiedlichen Ebenen befanden. So waren die einen Phänomene eher auf der Sinn-, andere auf der Struktur- oder Handlungsebene (Tiefel 2005) anzusiedeln.

Das selektive Kodieren schliesslich bezweckt diese Vielzahl an kleinen Zusammenhängen durch die Bestimmung einer übergeordneten Kernkategorie in Beziehung zueinander zu bringen. Die Kernkategorie rekurriert direkt auf das untersuchte Phänomen beziehungsweise auf die Forschungsfragen und ist damit in der Lage, deren Beantwortung zu unterstützen. In der vorliegenden Arbeit liegt das Untersuchungsphänomen im typenabhängigen professionellen Handeln von Berufskundelehrpersonen. Die als Phänomen definierte Auffälligkeit in der sozialen Wirklichkeit bezieht sich somit auf die Unterschiede und Gemeinsamkeiten im professionellen Handeln von Berufskundelehrpersonen. Ohne direkt Kausalitäten ableiten zu wollen, wurden die von den Lehrpersonen erläuterten oder rekonstruierten Erklärungsansätze genutzt, um das professionelle Handeln einzuordnen. Die im axialen Kodieren gebildeten Theorieminiaturen drehen sich vorwiegend um Einflussfaktoren, die sich auf die Lehrpersonen und ihr professionelles Denken und Handeln auszuwirken scheinen. Zugunsten der individuellen Handlungsfähigkeit haben die Lehrpersonen im Umgang mit diesen Einflussfaktoren persönliche Strategien entwickelt. Durch kontrastives Vergleichen der Fälle in Anwendung des Prinzips der *„minimalen und maximalen Unterschiede“* (vgl. Glaser & Strauss, 1967, S. 58) konnte aus dem Datenmaterial eine Kernkategorie gebildet werden, die sich aus fallübergreifenden axialen Codes zusammensetzt und anhand derer das untersuchte Phänomen zu erklären ist. So zeigte sich, dass die Zielformulierung für den Unterricht und die Auseinandersetzung mit Rahmenbedingungen und Anforderungen ebenso wie die Unterrichtspraxis selbst in einem wechselwirkenden Verhältnis zum professionellen Selbstverständnis der Berufskundelehrpersonen stehen. Alle als relevant befundenen Subkategorien lassen sich mit dieser Kernkategorie in Verbindung bringen. Die Rekonstruktion der Kernkategorie samt ihrer axialen Codes wird im Kapitel 4 ausführlich erläutert.

Das professionelle Selbstverständnis der Berufskundelehrpersonen stellt damit das konzeptuelle Zentrum der Forschungsarbeit dar. Durch die damit verbundene Konkretisierung und Spezifizierung der Forschungsperspektive galt es in der Folge, die Daten nochmals zu kodieren, um die gesamte analytische Struktur in einen homogenen Theorieentwurf integrieren zu können. Konkret wurden die im axialen Kodieren erweiterten Segmentkarten in die Software MAXQDA eingespeist und in Bezug auf die Kernkategorie neu kodiert. In Anlehnung an das paradigmatische Modell von Strauss und Corbin (1996) wurden die Codes anschliessend in Beziehung zur Kernkategorie gesetzt. In der Auseinandersetzung mit den Auslösern (Ursachen), Handlungen (Strategie) und Folgen (Konsequenzen), die dem Untersuchungsphänomen innewohnen, konnten signifikante Unterschiede in der Kernkategorie und damit im professionellen Selbstverständnis der Berufskundelehrer identifiziert werden. Mittels Fallvergleichen liessen sich Typen bilden, die diese Unterschiede auf den Punkt bringen. So besteht das Ziel des selektierten Kodierens gemäss Heiser (2018, S. 223) in der Bestimmung einer Kernkategorie, *„die das untersuchte Phänomen zu erklären beziehungsweise Typen voneinander abzugrenzen vermag“*. Die als Ergebnis der qualitativen Forschungsarbeit entwickelte gegenstandsverankerte Theorie kann also auch in einer empirisch begründeten Typenbildung münden (Kelle & Kluge, 2010). In der vorliegenden Studie eigneten sich die Typen als Ergebnis umso mehr, weil die Fragestellung explizit auch auf die Unterschiede im professionellen Handeln der Studienteilnehmer abzielt.

3.4.4 Typenbildung

Mittels typenbildender Verfahren lassen sich komplexe soziale Realitäten durch Strukturierung, Informationsreduktion und Gruppierung beschreiben sowie (be)greifbar machen. Typologien bewähren sich darüber hinaus, um Gemeinsamkeiten und Unterschiede im Datenmaterial zu verdeutlichen und Hypothesen über Beziehungen und Sinnzusammenhänge zu bilden. Damit können Typen die Entwicklung oder Weiterentwicklung von Theorien unterstützen (Kelle & Kluge, 2010). Mit dem Ziel, Ähnlichkeiten und Unterschiede im professionellen Selbstverständnis von Berufskundelehrpersonen strukturiert zu beschreiben und mit hypothetischen Zusammenhängen darzustellen, wurde in dieser Studie eine Typologisierung angestrebt.

Die Elemente innerhalb eines Typus sollen sich gemäss Kelle und Kluge (2010) möglichst ähneln (interne Homogenität); gleichzeitig sei darauf zu achten, dass sich die Typen untereinander möglichst stark voneinander abgrenzen lassen (externe Heterogenität). In der vorliegenden Studie konnten aus den Datenmaterialien in Bezug auf das professionelle Selbstverständnis von Berufskundelehrpersonen drei Typen rekonstruiert werden. Ihre Merkmale unterscheiden sich in mehrfacher Hinsicht, weshalb von mehrdimensionalen Typologien gesprochen wird. Kelle und Kluge beschreiben in „Vom Einzelfall zum Typus“ (2010) ein vierstufiges Verfahren, um aus qualitativ erhobenen Daten empirisch begründete Typologien zu (re)konstruieren. Der damit einhergehende Prozess der Typenbildung ist gut vereinbar mit den von Strauss und Corbin (1996) vorgeschlagenen Verfahrensweisen aus der Grounded-Theory-Methodologie. So schaffen die im bisherigen Forschungsprozess durch das Vergleichen und Kontrastieren von Fällen generierten Kategorien, Subkategorien, Konzepte, Eigenschaften und Dimensionen die Ausgangslage für die Entwicklung von Typen.

In einem **ersten Schritt** gilt es, die für die Typenbildung relevanten Vergleichsdimensionen zu erarbeiten, *„mit deren Hilfe Ähnlichkeiten und Unterschiede zwischen den Fällen [...] angemessen erfasst und anhand derer die ermittelten Gruppen und Typen charakterisiert werden können“* (Kelle & Kluge, 2010, S. 91). Für die Auswahl dieser Vergleichsdimensionen können das Erhebungsinstrument – in der vorliegenden Studie der Interviewleitfaden – sowie die aus dem offenen und axialen Kodieren erarbeiteten Subkategorien eine Unterstützung bieten. Tabelle 8 führt eine Auswahl von axialen Codes respektive Subkategorien und ihre Merkmalsausprägungen auf.

Tabelle 8: Beispiele für Codes mit Merkmalsausprägungen

axiale Codes für die Typenbildung	Merkmalsausprägung
Unterrichtsverständnis	• transmissiv (Lehrperson → Lernende) • konstruktivistisch (Lehrperson ↔ Lernende)
Auseinandersetzung mit Rahmenbedingungen und Anforderungen	• autonom • befolgend
Verbindung der Lehrperson zu den Lernenden	• keine Verbindung • fachliche Verbindung • persönliche Verbindung
Identifikation mit Ausbildungsberuf	• wenig ausgeprägt • stark ausgeprägt

(Fortsetzung Tabelle 8)

axiale Codes für die Typenbildung	Merkmalsausprägung
Gewichtung von Bezugswissenschaften	• hoch • tief
didaktisches Handlungsrepertoire	• schmal • breit

Wie von Strauss und Corbin (1996) gefordert, wurden im offenen Kodierprozess Subkategorien mit Eigenschaften und Dimensionen gebildet, die im axialen Kodieren dem fallübergreifenden Vergleichen dienten. So erweiterte sich die Liste mit Subkategorien sukzessive. Für die Typenbildung wurden jene Subkategorien genutzt, die sich auf die Berufskundelehrperson und ihr professionelles Selbstverständnis bezogen und einen Beitrag zur Beantwortung der Fragestellung leisteten. So wurde beispielsweise dem Unterrichtsverständnis der Lehrperson Bedeutung für das professionelle Selbstverständnis attestiert: Geht die Lehrperson in ihrem Unterrichtsverständnis davon aus, dass sie die Hauptrolle spielt, oder zeichnet sich die Unterrichtspraxis durch eine Zusammenarbeit zwischen Lehrperson und Lernenden aus? Weitere Unterschiede in den Merkmalsausprägungen zeigten sich beim Autonomiegrad der Lehrperson, der Verbundenheit zu den Lernenden, der Identifikation mit dem Ausbildungsberuf, der Gewichtung der Bezugswissenschaften sowie dem didaktischen Handlungsrepertoire.

Der **zweite Schritt** des Typenbildungsprozesses nach Kelle und Kluge (2010) widmet sich der Gruppierung der Fälle und der Analyse empirischer Regelmässigkeiten. Kluge (1999) schlägt hierfür das Konzept des Merkmalsraums vor. Die als relevant eingestuften axialen Codes (Subkategorien) und ihre Merkmalsausprägungen werden in einer mehrdimensionalen Kreuztabelle in Beziehung zueinander gesetzt. Das Vorgehen soll einen Überblick über alle potenziellen Kombinationen schaffen. Darüber hinaus erlaubt es die Hinzunahme ergänzender Fälle für weitere vergleichende Analysen. Im Hinblick auf die in Tabelle 9 und Tabelle 10 aufgeführten Subkategorien und Merkmalsausprägungen ergaben sich unter anderem folgende Beziehungsmöglichkeiten:

Tabelle 9: Darstellung der Merkmalskombinationen zwischen Subkategorien I

didaktisches Handlungsrepertoire	Unterrichtsverständnis der Lehrperson	
	transmissiv	**konstruktivistisch**
schmal	schmal + transmissiv	schmal + konstruktivistisch
breit	breit + transmissiv	breit + konstruktivistisch

Tabelle 10: Darstellung der Merkmalskombinationen zwischen Subkategorien II

Gewichtung von Bezugswissenschaften	Identifikation mit Ausbildungsberuf	
	stark ausgeprägt	**wenig ausgeprägt**
stark	hoch + stark ausgeprägt	hoch + wenig ausgeprägt
gering	tief + stark ausgeprägt	tief + wenig ausgeprägt

Diese Kombinationen gaben erste Hinweise auf potenzielle Zusammenhänge zwischen den Merkmalen. Sobald mittels Kreuztabellen alle möglichen Kombinationen hergestellt worden waren, galt es die Fälle hinsichtlich ihrer Passung zu den Merkmalskombinationen zu überprüfen. Diejenigen Fälle, die sich denselben Merkmalen zuordnen liessen, wurden zwecks Sicherstellung der internen Homogenität miteinander verglichen. Schliesslich waren auch die entstandenen Gruppen untereinander zu vergleichen, damit auf Ebene der Typologie die externe Heterogenität gewährleistet werden konnte (Kelle & Kluge, 2010).

Der **dritte Schritt** besteht gemäss Kelle und Kluge (2010) aus der Analyse inhaltlicher Sinnzusammenhänge. Ziel dabei ist es, dass die Untersuchung über die Erfassung empirischer Regelmässigkeiten hinausgeht und soziale Zusammenhänge sichtbar und verständlich macht. Um inhaltliche Sinnzusammenhänge zwischen den Subkategorien zu identifizieren, stehen wiederum Vergleiche und Kontrastierungen von Fällen sowohl in als auch zwischen den Gruppen an. Der damit einhergehende Prozess des fallübergreifenden Vergleichens führte in der vorliegenden Studie dazu, dass die Fälle aufgrund auffälliger Ähnlichkeiten neu geordnet werden mussten. Insgesamt verdichtete sich der Merkmalsraum mit den Kontrastierungen und die Anzahl an Typen reduzierte sich. Durch die Fokussierung auf die wesentlichen Subkategorien, die mit weiteren relevanten axialen Codes wie Zielvorstellungen, Haltungen, Einstellungen und Erfahrungen der Studienteilnehmer verbunden und geschärft wurden, ergaben sich letztlich drei Typen:

- Typ 1: der Instruktor
- Typ 2: der Entfalter
- Typ 3: der Brückenbauer

In Anlehnung an Max Weber (1972) handelt es sich bei den entwickelten Typologien des professionellen Selbstverständnisses von Berufskundelehrpersonen um eine idealtypische Darstellung. Als Idealtypen haben sie nicht den Anspruch, das Selbstverständnis der einzelnen, dem Typus zugeordneten Lehrpersonen vollständig distinktiv zu beschreiben. Vielmehr greifen sie die als wesentlich betrachteten Aspekte aus der sozialen Realität der Berufskundelehrpersonen heraus, um einen sinnvollen und verständlichen Blick auf deren zweckrationales Handeln zu erhalten (Kelle & Kluge, 2010, S. 101).

Die drei Typen verkörpern ein spezifisches professionelles Selbstverständnis, welches im **vierten Schritt** der Typenbildung nach Kelle und Kluge (2010) zu charakterisieren ist. Durch das erneute Heranziehen der relevanten Vergleichsdimensionen, Merkmalskombinationen und rekonstruierten Sinnzusammenhänge gilt es, die Typen möglichst umfassend zu beschreiben. Weil sich die Fälle innerhalb eines Typus nie in allen Merkmalsausprägungen gleichen, werden in der Forschungspraxis häufig sogenannte Prototypen herangezogen, welche die realen Fälle am besten repräsentieren. Sie eignen sich, um das Charakteristische eines Typus beispielhaft aufzuzeigen. Gleichzeitig besteht durch die Hinzunahme individueller Merkmale die Gefahr der Verwässerung eines Typus. Zudem müssen Abweichungen vom Typ als solche gekennzeichnet werden, was gerade bei heterogenen Typologien der Verständlichkeit schaden kann. In der vorliegenden Studie wurde deshalb eine Alternative gewählt, welche die *„Bildung eines aus mehreren prototypischen Fällen ‚komponierten' idealtypischen Konstrukts"* vorsieht (Kuckartz, 1988, S. 224). Dieses Konstrukt besteht somit aus denjenigen Fällen, die hinsichtlich ihrer Merkmalsausprägungen möglichst viele Parallelen zum erarbeiten Typus aufweisen. *„Aus diesen realen Fällen wird dann ein idealer Vertreter oder ‚Modellfall' konstruiert"* (Kelle & Kluge, 2010, S. 106). Konkret wurden die spezifischen Ausprägungen der Typen also mit Zitaten aus dem Datenmaterial belegt, die von unterschiedlichen Fällen stammen, wobei diejenigen Fälle berücksichtigt wurden, die die Ausprägung jeweils am besten repräsentieren.

Im folgenden Ergebniskapitel dieser Arbeit werden zunächst das Untersuchungsphänomen sowie die damit in Beziehung stehenden Subkategorien erläutert, um danach die Verbindung zur Kernkategorie herzustellen. Dieser erste Ergebnisteil bildet somit die Erkenntnisse aus dem Auswertungsprozess mit dem Kodierparadigma nach Strauss und Corbin (1996) ab. Um die Wahrnehmung und Interpretation von Rahmenbedingungen und Anforderungen sowie die Handlungsstrategien zu deren Bewältigung und die daraus resultierenden Unterrichtsumsetzungen aufeinander beziehen zu können, wurde für die anschliessende Typenbeschreibung das angepasste Schema von Tiefel (2005) herangezogen, das die Abbildung prozessbezogener Zusammenhänge zwischen Sinn-, Struktur- und Handlungsperspektive der Lehrpersonen zulässt. Es ermöglicht einen verbindenden Blick zwischen stabilen und emergenten Kategorien und eignet sich deshalb gut, um die personale Entwicklung der Lehrpersonen angemessen zu berücksichtigen.

4 Ergebnisse

Grundlage dieses Kapitels bilden die neun Interviews und Beobachtungsprotokolle, die in Zusammenarbeit mit Berufskundelehrern von Automatik-, Elektroinstallations- und Informatiklernenden erhoben wurden. Zur Beantwortung der Forschungsfragen wurden, wie im vorangegangenen Kapitel ausführlich dargestellt, mehrere Datenquellen verwendet und ausgewertet. In Anlehnung an die Vorgaben aus dem Berufsbildungsgesetz, den Bildungsverordnungen und Bildungsplänen wurden mit einem inhaltsanalytischen Vorgehen in Kapitel 4.1 zunächst externale Rahmenbedingungen identifiziert, aus welchen sich normative Anforderungen an die Berufskundelehrpersonen ableiten lassen. Durch den Einbezug der empirischen Daten konnten ergänzend die von den Lehrern selbst bewusst oder unbewusst wahrgenommenen Anforderungen rekonstruiert werden. Diese werden in Kapitel 4.2 ausführlich beschrieben. Für die Interpretation und Bewältigung der wahrgenommenen Anforderungen greifen die Studienteilnehmer auf ihr professionelles Selbstverständnis zurück. Das Kapitel 4.3 stellt deshalb diejenigen konstituierenden Elemente und Dimensionen des professionellen Selbstverständnisses der Studienteilnehmer vor, die sich im Zuge dieser explorativen Studie identifizieren und rekonstruieren liessen. Durch den Einbezug der subjektiven Sichtweisen der Berufskundelehrer traten fallübergreifende Gemeinsamkeiten und Unterschiede zutage. Aufgrund dieser Erkenntnis konnten nach den Vorgehensweisen von Kelle und Kluge (2010) drei empirisch begründete Typen gebildet werden. Sie unterscheiden sich in ihrem professionellen Selbstverständnis. In Kapitel 4.5 werden die Typen separat in Anlehnung an das von Tiefel (2005) entwickelte Schema auf der Sinn-, Strategie- und Handlungsebene charakterisiert.

Bei der Darstellung der Ergebnisse wurde dem Gütekriterium der intersubjektiven Nachvollziehbarkeit Rechnung getragen, ohne das Spannungsfeld zwischen Transparenz und Vertraulichkeit aus den Augen zu verlieren. Weil das untersuchte empirische Feld noch kaum erforscht ist, erschien es zugleich wichtig, die Ergebnisse ausführlich und aus mehreren Perspektiven darzulegen. Daher wurde eine Darstellungsform gewählt, welche die Ergebnisse nach Schlüsselthemen sortiert und mit Originalzitaten aus den Interview- und Beobachtungsdaten illustriert. Textstellen aus den Beobachtungsprotokollen fliessen immer dann ergänzend zu den Interviewzitaten in die Ergebniskapitel ein, wenn sich aus den Handlungen der Studienteilnehmer Rückschlüsse auf ein Element des professionellen Selbstverständnisses ableiten liessen. Solche Verbindungen konnten beim Leitbild der Berufskundelehrer, beim didaktischen Unterrichtsverständnis und bei der Haltung gegenüber den Lernenden angestellt werden. Darüber hinaus illustrieren mehrere Textstellen aus den Beobachtungen die Handlungsebene der Studienteilnehmer im Rahmen der Typenbeschreibungen.

4.1 Externale Rahmenbedingungen

Berufskundelehrpersonen haben sich an eine Reihe von Vorgaben zu halten (vgl. Kapitel 2.1). In einer Vorstudie wurden das Berufsbildungsgesetz sowie die relevanten Bildungsverordnungen und Bildungspläne einer qualitativen Inhaltsanalyse unterzogen, um die externalen Rahmenbedingungen zu erfassen, aus welchen sich Anforderungen an die Studienteilnehmer ergeben.

Im Berufsbildungsgesetz stehen vor allem die Artikel 15, 16, 19 und 21 in Verbindung mit dem Berufsauftrag von Berufskundelehrpersonen. Der Artikel 15 umfasst allgemeine Lernziele, welche die Lernenden innerhalb der beruflichen Grundbildung zu erreichen haben. Er legt unter anderem fest, dass die Lernenden an allen Lernorten berufsspezifische Qualifikationen aufbauen, die sie für eine kompetente Berufsausübung brauchen. Er gilt deshalb auch als Grundlage für das Paradigma der Kompetenzorientierung, das sich wiederum stark auf die übrigen dem Berufskundeunterricht geltenden Bestimmungen auswirkt. Artikel 16 verordnet unter dem Stichwort Lernortkooperation eine weitere Anforderung, die sich an die Berufsbildungsverantwortlichen aller Lernorte richtet. Von den Berufskundelehrpersonen wird erwartet, dass sie zugunsten der Ausbildungsqualität mit den anderen Lernorten zusammenarbeiten. Artikel 21 gilt ausdrücklich dem Lernort Berufsfachschule und widmet sich den Zielen und den Aufgaben der allgemeinbildenden und berufskundlichen Lehrpersonen. Der gesetzesmässige Berufsauftrag der Berufskundelehrpersonen besteht darin, die theoretischen Grundlagen zu vermitteln, welche die Lernenden für ihre Berufsausübung brauchen. Darüber hinaus sollen sie die Lernenden unter Berücksichtigung der heterogenen Ressourcen zusammen mit den allgemeinbildenden Lehrpersonen bei der persönlichen Entfaltung und dem Aufbau von Sozialkompetenzen unterstützen. Die Berufskundelehrpersonen müssen somit in der Lage sein, die Lernenden sowohl in der fachlichen als auch in der überfachlichen Entwicklung zu fördern.

Unter Artikel 19 bestimmt das Berufsbildungsgesetz über den Erlass von Bildungsverordnungen. Sie beziehen sich auf den jeweiligen Beruf und geben der beruflichen Grundbildung ihren Rahmen. Die darauf beruhenden Bildungspläne füllen diesen Rahmen mit Lerninhalten, die innerhalb der jeweiligen beruflichen Grundbildung von den Lernenden zu erarbeiten sind. Sie dienen damit auch als Orientierung für die Qualifikationsverfahren. Darüber hinaus folgen sie je nach Modell spezifischen didaktischen Handlungsprinzipien. Die nun folgenden berufsspezifischen Auswertungsergebnisse fokussieren insbesondere auf jene externalen Rahmenbedingungen, aus denen potenzielle Anforderungen für das professionelle Handeln der Berufskundelehrpersonen erwachsen.

Automatik EFZ

Den Berufskundelehrpersonen von Automatiklernenden stehen für ihren Unterricht über die vier Lehrjahre insgesamt 1'440 Lektionen zur Verfügung. Bereits am Ende des zweiten Lehrjahres absolvieren die Automatiklernenden eine Teilprüfung, womit sie den erfolgreichen Abschluss der Basisausbildung nachweisen. Dabei werden Handlungskompetenzen überprüft, die eine breite Palette an Grundlagenwissen aus dem Berufskundeunterricht voraussetzen. Am Ende der Grundbildung werden die Berufskenntnisse in sich abgeschlossen in Form einer vier- bis fünfstündigen Klausur überprüft. Die Teilprüfung wird im Qualifikationsverfahren mit 25 %, die Klausur zu den Berufskenntnissen mit 15 % und die Erfahrungsnoten aus der Berufskunde ebenfalls mit 15 % gewichtet. Der Bildungsplan orientiert sich am Kompetenzen-Ressourcen-Modell (KoRe). Darin werden berufstypische Situationen ausformuliert, die den Lernenden bestimmte Kenntnisse, Fähigkeiten und Haltungen illustrieren. Bei der damit angestrebten Entwicklung von Handlungskompetenzen sollen durch geeignete Aufträge und Projekte auch methodische und soziale Ressourcen gefördert werden (Swissmem Berufsbildung & SWISSMECHANIC Schweiz, 2015). Diese Ausrichtung des Bildungsplans steht in einem gewissen Konflikt zu den technischen, fachterminologisch definierten Grundlagen und zum eigentlichen Schwerpunkt des Berufskundeunterrichts, der sich am Berufsfeld orientiert und eine Verschmelzung der Fächer anstrebt. Obwohl sich die fachlichen Grundlagen mit den ausformulierten beruflichen Situationen in Verbindung bringen lassen, könnten die in sich geschlossenen, eingegrenzten Fachziele einer entsprechenden Ausrichtung im Weg stehen und sich demgemäss auf die Unterrichtspraxis niederschlagen.

Elektroinstallation EFZ

Im Vergleich zur Automation und Informatik können die Berufskundelehrpersonen in der Elektroinstallation auf deutlich weniger Lektionen zurückgreifen. Über die vier Lehrjahre hinweg besuchen die Lernenden lediglich 980 Lektionen Berufskundeunterricht. In der Elektroinstallation ist die Überprüfung der Berufskenntnisse als sechsstündige Klausur am Ende der beruflichen Grundbildung im Rahmen des ordentlichen Qualifikationsverfahrens vorgesehen. Die Klausur geht zu 20 % in das Qualifikationsverfahren ein. Die Erfahrungsnote wird ebenfalls mit 20 % gewichtet und enthält die Semesterabschlüsse der Berufskunde und der überbetrieblichen Kurse. Der Bildungsplan lehnt sich an das Triplex-Modell an. Es orientiert sich im Gegensatz zu den anderen Modellen nicht an einer berufstypischen Situation, sondern unterteilt die Lerninhalte in Richt-, Grob- und Leistungsziele. Diese Ziele beziehen sich auf die zu erreichenden Fachkompetenzen (EIT.swiss, 2015). Wie schon beim Automatikbildungsplan besteht wegen der Kleinteiligkeit der Lernziele das Risiko, dass der rote Faden im Unterricht fehlt und vorwiegend das mit den Zielen verbundene Wissen vermittelt wird. Die starke Ausrichtung an fachlichen Kompetenzen steht denn auch in einem gewissen Widerspruch zum Handlungskompetenzansatz. Überfachliche Kompetenzen sind separat ausgewiesen, ohne Verknüpfung zu den Fachkompetenzzielen. Die Gefahr ist deshalb gross, dass die Förderung überfachlicher Kompetenzen entweder ausbleibt oder nicht ganzheitlich in beruflichen Situationen eingebettet erfolgt. Der Bildungsplan zerstückelt die Berufskunde darüber hinaus in einzelne Fächer und Fachbereiche, was eine Verknüpfung zur Berufspraxis nicht einfach macht. Wenn es also die Aufgabe der Berufskundelehrpersonen ist, Theorie und Praxis miteinander zu verknüpfen, sehen sie sich hohen Anforderungen gegenüber. Weil das Triplex-Modell dem geltenden Handlungskompetenzansatz zu wenig Rechnung trägt (SBFI, 2023b), ist es als auslaufend zu betrachten, obwohl die Organisationen der Arbeitswelt weiterhin darauf zurückgreifen können.

Informatik EFZ

Mit insgesamt 1'600 Lektionen über vier Lehrjahre nimmt der Berufskundeunterricht bei den Informatiklernenden einen vergleichsweise hohen Stellenwert ein. Die Berufskunde unterscheidet zwischen einem Normunterricht, der sich mit erweiterten Grundkompetenzen auseinandersetzt, und Modulen, die den Informatikkompetenzen gelten. Während aus dem Unterricht zu den erweiterten Grundkompetenzen eine Semesternote hervorgeht, werden die Module einzeln abgeschlossen. Beide Noten werden im Qualifikationsverfahren angerechnet, weshalb es im Vergleich zu den anderen beiden beruflichen Grundbildungen deutlich weniger Prüfungen am Ende der Lehre gibt: lediglich eine individuelle praktische Arbeit sowie eine Prüfung in Allgemeinbildung. Mit einer Gewichtung von 30 % (Informatikkompetenzen) respektive 20 % (erweiterte Grundkompetenzen) spielen die Erfahrungsnoten aus der Berufskunde eine vergleichsweise grosse Rolle für das Qualifikationsverfahren. Der Bildungsplan lehnt sich an das Handlungskompetenzen-Modell (HK-Modell) an. Als Weiterentwicklung des Triplex-Modells beschreibt es die Handlungskompetenzen ausgehend von einer berufstypischen Situation in den vier gleichberechtigten Dimensionen Fach-, Methoden-, Sozial- und Selbstkompetenz (SBFI, 2023b). Obwohl das HK-Modell die überfachlichen Kompetenzen ebenfalls separat ausweist, sind sie auch Bestandteil der übergeordneten beruflichen Situationen. Die Orientierung an diesen praxisorientierten Situationen unterstützt die Berufskundelehrpersonen bei der Umsetzung eines ganzheitlichen handlungs- und kompetenzorientierten Unterrichts. Eine zusätzliche Hilfestellung für die Unterrichtsplanung ist, dass die zu erreichenden Ziele lernortspezifisch nebeneinander aufgeführt sind (ICT, 2013). Die Berufskundelehrperson kann sich damit einfach einen Überblick verschaffen, mit welcher beruflichen Handlung die Lerninhalte verschmolzen werden können. Auch beim Informatikbildungsplan bleibt allerdings ein Risiko der Zerstückelung und eines zu starken Fokus auf fachlichen Kompetenzen bestehen. So sind die Lernziele in den Modulbeschreibungen zu den Informatikkompetenzen ausschliesslich in handlungsnotwendigen Kenntnissen beschrieben. Es bedarf daher eines umfassenden Verständnisses der Berufskundelehrpersonen über die berufspraktischen Voraussetzungen einerseits und die methodisch-didaktischen Grundsätze der Kompetenzorientierung andererseits.

Der Tabelle 11 können die wesentlichen Unterschiede und Gemeinsamkeiten der externalen Rahmenbedingungen aus den untersuchten Dokumenten auf einen Blick entnommen werden.

Tabelle 11: Ergebnisse aus der Dokumentenanalyse

	Automatik EFZ (2016)	Elektroinstallation EFZ (2015)	Informatik EFZ (2014)
Berufsbildungsgesetz	• Vermittlung u. Erwerb von berufsspezifischen Qualifikationen, bestehend aus Fähigkeiten, Kenntnissen u. Fertigkeiten für eine sichere u. kompetente Berufsausübung (Art. 15, Abs. 1 u. 2) • Die Lernorte arbeiten zur Erreichung der Ziele zusammen (Art. 16, Abs. 5). • Entfaltung der Persönlichkeit und Förderung der Sozialkompetenz der Lernenden durch die Vermittlung von theoretischen Grundlagen zur Berufsausübung (Art. 21, Abs. 2a) • Berücksichtigung unterschiedlicher Begabungen der Lernenden (Art. 21, Abs. 2b)		
Bildungsverordnungen	• 4-jährige Grundbildung • 2'160 Lektionen, davon 1'440 Berufskunde, 480 Allgemeinbildung u. 240 Sport • Teilprüfung Ende 2. Lehrjahr (Inhalte aus Lerndokumentation und Fachliteratur dürfen verwendet werden.) • Abschlussprüfung QV besteht aus individueller praktischer Arbeit, Berufskenntnissen (4–5 h) und Allgemeinbildung • Gewichtung: Teilprüfung 25 %, Berufskenntnisse QV 15 % u. Erfahrungsnote (aus 8 Semestern) 15 %	• 4-jährige Grundbildung • 1'620 Lektionen, davon 980 Berufskunde, 480 Allgemeinbildung u. 160 Sport • Abschlussprüfung QV besteht aus vorgegebener praktischer Arbeit, Berufskenntnissen (6 h) und Allgemeinbildung • Gewichtung: Berufskenntnisse 20 % u. Erfahrungsnote (aus Berufskenntnissen u. üK) 20 %	• 4-jährige Grundbildung • 2'360 Lektionen, davon 1'600 Berufskenntnisse, 480 Allgemeinbildung u. 280 Sport • Informatikkompetenzen sind in 25 Module unterteilt. • Abschlussprüfung QV besteht aus individueller praktischer Arbeit und Allgemeinbildung • Bei Berufskenntnissen bestehend aus erweiterten Grundkompetenzen und Informatikkompetenzen gelten Erfahrungsnoten. • Gewichtung: erweiterte Grundkompetenzen 20 % u. Informatikkompetenzen 30 %
Bildungsplan	• Kompetenzen-Ressourcen-Modell • Ressourcen bestehend aus Kenntnissen, Fähigkeiten und Haltungen als Voraussetzung für den Aufbau von Handlungskompetenz • Handlungskompetenzen in beispielhafte, lernortübergreifende Praxissituationen integriert • Aufbau von Handlungskompetenzen mit Aufträgen u. Projekten, die von Lernenden gemäss Bildungsstand möglichst selbstständig bearbeitet werden.	• Triplex-Modell • Fachkompetenzen in • Leit-, Richt- und Leistungsziele unterteilt • Lernortübergreifende Leit- und Richtziele, die sich aus Einstellungen, Haltungen und übergeordneten Verhaltenseigenschaften zusammensetzen • Lernortspezifische Leistungsziele mit konkreten Verhaltenszielen • Methoden-, Selbst- und Sozialkompetenzen sind übergeordnet festgelegt.	• HK-Modell • Handlungskompetenz, bestehend aus Fach-, Methoden-, Selbst- und Sozialkompetenz; in beispielhafte Praxissituation integriert • Lernortspezifische Leistungsziele als Konkretisierung der Handlungskompetenz • Berufsfachschule u. üK schaffen mit handlungsorientierten Methoden die Grundlagen, damit Lernende im Betrieb produktiv arbeiten können. • Lernende werden darin unterstützt, Theorie u. Praxis zu verknüpfen.

Neben den in Tabelle 11 zusammengefassten Bestimmungen aus den analysierten Dokumenten gibt es voraussichtlich weitere externale Rahmenbedingungen und daraus abgeleitete Anforderungen, welche die Berufskundelehrpersonen je nach professionellem Selbstverständnis individuell wahrnehmen, interpretieren und bewältigen. Im Folgenden werden deshalb die aus den empirischen Daten identifizierten und rekonstruierten Anforderungen aufgeführt, welche die Studienteilnehmer bewusst oder unbewusst wahrnehmen und die sich auf ihr professionelles Handeln auswirken.

4.2 Individuell wahrgenommene Anforderungen

Die Studienteilnehmer nehmen eine Reihe von an sie gerichteten Anforderungen wahr. Viele stehen in direkter Verbindung zu den erläuterten externalen Rahmenbedingungen. Andere beziehen sich auf die institutionellen Bestimmungen der jeweiligen Berufsfachschule, auf die Zusammenarbeit mit den Ausbildungsbetrieben oder auf wahrgenommene gesellschaftspolitische Ansprüche. Allen ist gemein, dass sie sich in Abhängigkeit vom professionellen Selbstverständnis potenziell steuernd auf die Unterrichtsplanung und -umsetzung auswirken.

Kein Studienteilnehmer stellt im Interview oder im beobachteten Unterricht direkte Bezüge zum Berufsbildungsgesetz oder der Bildungsverordnung her. Die in diesen Dokumenten niedergelegten Bestimmungen wirken sich jedoch auf den Bildungsplan aus. Je nach zugrunde liegendem Modell ist der Bildungsplan nach spezifischen didaktischen Handlungsprinzipien aufgebaut (vgl. Tabelle 11). Mehrere Berufskundelehrer begreifen diese als an sie gerichtete Anforderung. Beispielsweise betont der Studienteilnehmer J. Müller, dass der Unterricht im Bereich Informatik, dessen Bildungsplan sich am HK-Modell ausrichte, sehr praxis- und handlungsorientiert ausfalle (vgl. Müller, I, Int., Z. 15). Auch L. Zimmerli erkennt Abhängigkeiten zwischen dem Bildungsplanmodell und dem Unterricht. Er rekurriert auf das ihm bekannte KoRe-Modell, wenn er über die Zusammenarbeit mit anderen Lernorten spricht:

> „Das KoRe-Modell verlangt die sogenannte Lernortkooperation. Das ist unabdingbar mit diesem KoRe-Modell verbunden. Also das heisst, der Dialog ist wie gegeben. Also man muss in Interaktion treten.“ (Zimmerli, E, Int., Z. 99–102)

Viele Studienteilnehmer thematisieren den Bildungsplan in Zusammenhang mit ihrer Unterrichtsplanung und messen seinen Inhalten zumeist eine hohe Bedeutung bei.

> „Wir haben einen Bildungsplan, die Inhalte werden vorausgesetzt, dass man eben das EFZ bekommt, und ich finde das ist eine Richtlinie, an der man sich gut orientieren kann.“ (Suter, E, Int., Z. 107–109)

Viele betrachten die Umsetzung der im Bildungsplan enthaltenen Lernziele als verpflichtend und damit als klare Anforderung, die sie zu erfüllen haben (vgl. Hartmann, A, Int., Z. 58). Die Aussage von D. Suter zeigt, dass die im Bildungsplan geregelten

Vorgaben von manchen Studienteilnehmern als Erleichterung angesehen werden. Andere nehmen den Bildungsplan hingegen als Einschränkung wahr, weil er nicht diejenigen Inhalte enthält, die in der Praxis oder im QV gefordert werden.

> „Jetzt sind auch gerade die ersten Null-Serie-Prüfungen gekommen, für die Lehrabschlussprüfung nächstes Jahr und dann habe ich sagen müssen, bei gewissen Fragestellungen, he halleluja, schaut in den Spiegel! Ihr habt dann junge Menschen sechzehn bis zwanzig, die eine Grundausbildung machen. Die Fragen, die hier sind, sind für mich schon Niveau Berufsprüfung und gehen weit über den Bildungsplan hinaus." (Keller, E, Int., Z. 261–265)

Dies stellt die Studienteilnehmer vor das Dilemma, dass die Lerninhalte des Bildungsplans nicht ausreichen, um die Lernenden seriös auf das QV vorzubereiten. Einige orientieren sich daher bei der Planung ihres Unterrichts an den vergangenen Qualifikationsverfahren. Mit zunehmender Erfahrung wissen sie, was tendenziell geprüft wird, und stimmen ihren Unterricht darauf ab. Das QV kann somit ebenfalls als eine Rahmenbedingung eingestuft werden, aus der die Sicherstellung eines erfolgreichen Abschlusses als potenziell steuernde Anforderung an die Berufskundelehrpersonen resultiert. Dies zeigt sich am Beispiel von G. Keller. Sowohl im Interview als auch in der Beobachtung lässt sich ein klarer Fokus auf Fachwissen erkennen, obwohl der Bildungsplan auch überfachliche Kompetenzziele enthält.

> „Für mich ist einfach wichtig, es muss nachhaltig sein, der Aufbau von Fachwissen. [...]. Weil irgendeinmal kommt ja dann einmal der Tag von der Lehrabschlussprüfung und dann musst du die Fachkompetenz haben." (Keller, E, Int., Z. 74–77)

Die Inhalte des Qualifikationsverfahrens bestimmen somit in einem gewissen Grad über den Stoff, der im Unterricht behandelt wird. Für einen Teil der Studienteilnehmer bildet die Sicherstellung der Beruflichkeit der Lernenden eine weitere Rahmenbedingung. Diese Berufskundelehrer nehmen zahlreiche Anforderungen aus der Berufspraxis wahr – ob aufgrund eigener Erfahrungen oder wegen der Ansprüche der Ausbildungsbetriebe der Lernenden. St. Becker (A, Int., Z. 68–72) berichtet beispielsweise von Betrieben, die sich beschweren, wenn die Kompetenzen ihrer Lernenden nicht den Bedürfnissen der Praxis entsprechen. In diesem Zusammenhang erkennen manche ein Dilemma zwischen den Kompetenzzielen in den Bildungsplänen und den Ansprüchen des Arbeitsmarkts.

> „Hausautomation ist in unserem Bildungsplan nur am Rande erwähnt, aber in der Praxis brauchen die das heute." (Wagner, I, Int., Z. 51–52)

Aus den berufspraktischen Anforderungen resultiert bei manchen Berufskundelehrern der Anspruch, dass sie Themenbereiche und Kompetenzdimensionen in ihren Unterricht aufnehmen, die nicht Teil des Bildungsplans sind. Weitere Anforderungen nehmen die Studienteilnehmer seitens der Berufsfachschule wahr. Einige Institutionen verlangen von ihren Lehrpersonen ein einheitliches Vorgehen. Sie berufen sich deshalb auf ein schulinternes Skript, das von allen gleichermassen umzusetzen sei.

> „Wir haben ja eigentlich alle Skripts schon, respektive Bücher, die wir durchgehen müssen. Und das ist eigentlich auch schon so eingeteilt inzwischen mehr oder weniger erarbeitet, was bis wann ist." (Huber, A, Int., Z. 41–43)

Die Berufsfachschule, an der V. Huber unterrichtet, macht klare Vorgaben, mit welchen Materialien er zu arbeiten hat, und verlangt darüber hinaus eine detaillierte Planung der Lektionen. Auch andere Schulleitungen geben vor, mit welchen Lehrmitteln gearbeitet werden darf (vgl. Zimmerli, E, Int., Z. 630–633). Daneben bestimmen sie über weitere Rahmenbedingungen, die sich potenziell auf die Unterrichtplanung und -umsetzung der Studienteilnehmer auswirken. So berichtet L. Zimmerli von der vorhandenen Infrastruktur:

> „Mir sind häufig auch die Hände gebunden. Schon von der Infrastruktur her. Also für selbstorganisiertes Lernen oder Lernprozessbegleitung hätte ich lieber freie Tische, die man zusammenstellen könnte. Aber hier sind einfach vierundzwanzig festgeschraubte Plätze." (Zimmerli, E, Int., Z. 232–235)

Obwohl der Lehrer mehrfach gegen diese Zimmereinrichtung argumentiert hatte, entschied sich die Schulleitung gegen eine Veränderung. In Verbindung mit der Schulleitung respektive mit dem Kanton werden darüber hinaus die hohe Anzahl von Lernenden pro Klasse, die knapp kalkulierten Lektionen, die fehlenden Finanzen für gute Lehrmittel oder die stetig steigenden Erwartungen hinsichtlich Zusatzmandaten angesprochen (bspw. Keller, E, Int., Z. 22–25; Hartmann, A, Int., Z. 500–502). Die Umstellung auf den Lehrplan 21 in der Volksschulstufe und die damit in Verbindung gebrachte Reduzierung von Fachkompetenz bei Schulabgängerinnen und Schulabgängern sowie die (als sich verstärkend wahrgenommene) Heterogenität der Lerngruppen werden von manchen Berufskundelehrern ebenfalls genannt (bspw. Becker, A, Int., Z. 220–222). Diese Rahmenbedingungen münden in Anforderungen, welche die Studienteilnehmer in Abhängigkeit von ihrem professionellen Selbstverständnis individuell wahrnehmen, interpretieren und bewältigen.

Es erweist sich, dass der Berufsauftrag der Studienteilnehmer in eine Reihe von Rahmenbedingungen eingebettet ist. Sie nehmen einige davon als hilfreich, andere als widersprüchlich oder einschränkend wahr. Aus diesen Rahmenbedingungen ergibt sich ein Bündel an Anforderungen, bezogen auf Vorgaben aus den Bildungsplänen und Skripts, auf die Qualifikationsverfahren und die zu erreichenden Kompetenzen bei den Lernenden, auf die Erwartungen der Berufspraxis respektive des Arbeitsmarkts sowie auf systemische Bedingungen der Schule oder der Berufsbildung als Ganzes. Ob und wie die Studienteilnehmer diese Anforderungen wahrnehmen, interpretieren und mit welchen Strategien sie sie bewältigen, hängt auch von Faktoren ab, die das professionelle Selbstverständnis der Berufskundelehrer prägen. Aus den Daten dieser explorativen Studie konnte rekonstruiert werden, woraus sich das professionelle

Selbstverständnis der Studienteilnehmer zusammensetzt. Im Folgenden werden die konstituierenden Elemente mit Bezügen zu Originalzitaten eingeführt und vorgestellt.

4.3 Konstituierende Elemente des professionellen Selbstverständnisses

Obwohl viele der beschriebenen Rahmenbedingungen und Anforderungen für alle Berufskundelehrpersonen gleichermassen gelten, zeigt sich der resultierende Unterricht der Studienteilnehmer heterogen. Die Beobachtung könnte mit den differenten Wahrnehmungen und Interpretationen von Anforderungen zusammenhängen, die wiederum mit dem individuellen professionellen Selbstverständnis der Lehrperson verbunden zu sein scheinen. Aus den Interview- und Beobachtungsdaten konnten die in Abbildung 7 dargestellten sechs konstituierenden Elemente des professionellen Selbstverständnisses der Studienteilnehmer rekonstruiert werden, die in diesem Zusammenhang eine Rolle spielen.

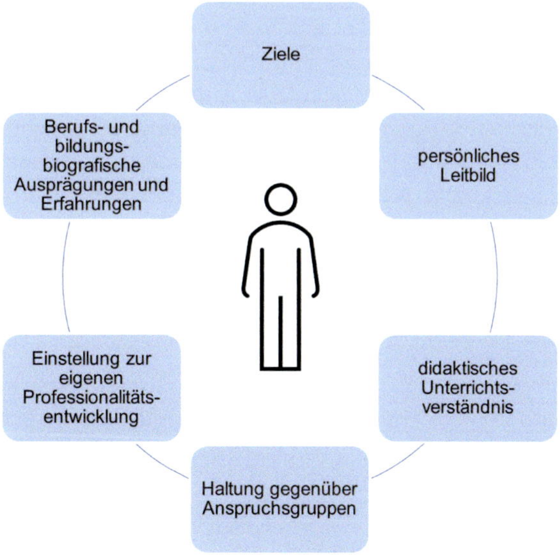

Abbildung 7: Kernkategorie „professionelles Selbstverständnis als Berufskundelehrperson" (eigene Darstellung)

Die empirischen Daten lassen darauf schliessen, dass diese sechs Elemente gemeinsam das professionelle Selbstverständnis der Studienteilnehmer bilden. Eine trennscharfe Abgrenzung zwischen den Elementen ist weder in allen Fällen möglich noch sinnvoll. Die individuellen Ziele stehen beispielsweise in einem wechselwirkenden Verhältnis zum persönlichen Leitbild, das berufspraktisch, fachlich oder pädagogisch ausgerichtet sein kann. Das didaktische Unterrichtsverständnis hängt mit der Haltung der Lehrperson (zum Beispiel gegenüber den Lernenden) zusammen. Die berufsbiografischen Erfahrungen können sich wiederum auf die Einstellung zur eigenen Professionalitätsentwicklung auswirken. Darüber hinaus werden einzelne Elemente wie die berufs- und bildungsbiografischen Ausprägungen und Erfahrungen, das persönliche Leitbild oder das didaktische Unterrichtsverständnis von den Studienteilnehmern überproportional gewichtet. Dies äussert sich darin, dass von diesen Elementen eine starke Wirkungskraft auf die anderen ausgeht.

Im Folgenden werden die konstituierenden Elemente des professionellen Selbstverständnisses der Studienteilnehmer anhand von Zitaten aus den Interviews und Ausschnitten aus den Beobachtungsprotokollen vorgestellt und beschrieben. Dank dieser umfassenden Betrachtung auf Ebene der kognitiven Steuerung der Berufskundelehrer lässt sich die praktische Umsetzungsebene im Anschluss besser einordnen.

4.3.1 Ziele

Aus den empirischen Daten lassen sich Ziele ableiten, welche die Studienteilnehmer in der Ausbildung ihrer Lernenden verfolgen. Sie beziehen sich teilweise auf die Anforderungen, die sich aus den Rahmenbedingungen ergeben. Einige gehen aber über diese hinaus und verweisen auf Anliegen, die den Berufskundelehrern selbst wichtig erscheinen. Gerade weil den Berufskundelehrpersonen in ihrem professionellen Handeln viel Autonomie zugestanden wird, kommt den Zielen für die Unterrichtsumsetzung eine hohe Relevanz zu. Sie geben darüber Aufschluss, wie die Studienteilnehmer mit den an sie gerichteten Anforderungen umgehen und welche Unterrichtspraxis daraus resultiert. Dabei ist wichtig festzuhalten, dass die Anforderungen und individuellen Ziele keinesfalls in einem Widerspruch zueinander stehen müssen. So sehen es viele der Studienteilnehmer durchaus als Pflicht und Auftrag, den Bildungsplan umzusetzen.

> „Das ist mein Ziel, dass sie [die Lernenden] halbwegs so die Inhalte des Bildungsplans wirklich erfüllen und so das QV bestehen." (Suter, E, Int., Z. 109–110)

Auch die anderen Studienteilnehmer arbeiten darauf hin, dass die Lernenden das Qualifikationsverfahren bestehen; es bleibt von keinem der Berufskundelehrer unerwähnt. Die damit einhergehende Vermittlung und Förderung von Kompetenzen entspricht ihrem Kernauftrag, weil sich diese mit dem Bildungsplan decken. Die häufige Nennung dieses Ziels verwundert deshalb nicht.

> „Das oberste Ziel ist, dass sie die Lehrabschlussprüfung bestehen. Dass sie den Fähigkeitsausweis erhalten, das ist eigentlich immer so das Ziel, das ich im Hinterkopf habe." (Hartmann, A, Int., Z. 103–104)

Bei einigen Studienteilnehmern gilt der QV-Erfolg ihrer Lernenden als isoliertes, in sich geschlossenes Hauptziel. Weitere Ziele werden nicht genannt und gehen auch aus der Unterrichtspraxis nicht hervor. Je nach Bildungsplan und persönlichem Leitbild unterscheiden sich die Kompetenzziele, die für das QV als wichtig erachtet werden. Häufig werden in diesem Zusammenhang ausschliesslich Fachkompetenzen angesprochen, obwohl alle in die Untersuchung eingeschlossenen Bildungspläne überfachliche Kompetenzen als Lernziel beinhalten.

> „Ich will die fachlich so weit vorbereiten, dass sie die Prüfung bestehen, und zwar im ersten Anlauf, und dass sie natürlich später für den Arbeitsalltag auch noch so einen Rucksack haben mit Fachwissen." (Keller, E, Int., Z. 98–100)

G. Keller nimmt explizit Bezug auf fachliche Kompetenzen, die er auch für die Berufspraxis als wichtig erachtet. Überfachlichen Kompetenzen scheint er weder in Bezug auf das Qualifikationsverfahren noch auf den Arbeitsalltag eine hohe Bedeutung beizumessen. Die Mehrheit der Studienteilnehmer verbindet das Ziel des QV-Abschlusses aber mit weiteren, oft auch persönlichen Zielen, die sie mit ihren Lernenden erreichen wollen. S. Wagner erscheint es neben dem Lehrabschluss beispielsweise wichtig, dass die Lernenden eine positive Einstellung zu ihrem Beruf entwickeln.

> „Dass sie positiv eingestellt sind zum Beruf und nach der Lehre einen guten Start haben. Und natürlich, dass sie die LAP [Lehrabschlussprüfung] bestehen." (Wagner, I, Int., Z. 62–63)

Andere richten ihren Fokus vorwiegend auf die Arbeitsmarktfähigkeit der Lernenden. Sie wollen die Industrie mit fähigen Nachwuchskräften versorgen und damit einen Beitrag zum Fortbestand der Branche leisten.

> „Also das höchste Ziel ist, dass sie arbeitsmarktfähig sind. Und dass sie aktuell sind mit dem Wissen, was die Branche braucht. Das ist das oberste Ziel. Arbeitsmarktfähigkeit. Selbständigkeit." (Müller, I, Int., Z. 77–79)

Diese Studienteilnehmer haben gemein, dass sie die Lerninhalte der Bildungspläne häufig mit als wichtig erachteten Kompetenzen aus der Berufspraxis erweitern. Sie orientieren sich in der Unterrichtsplanung daher nicht nur an den Bildungsplänen und prüfungsrelevanten Inhalten des Qualifikationsverfahrens, sondern zusätzlich an jenen Qualifikationen, die eine kompetente Berufskraft ihrer Meinung nach benötigt und auszeichnet. Dabei zeigen sich weitere Ziele der Berufskundelehrer, die sie für ihre Lernenden verfolgen. Sie müssen nicht zwingend inhaltlicher Natur sein, sondern können auch berufsrelevante Einstellungen und Haltungen betreffen. L. Zimmerli gibt im folgenden Interviewausschnitt beispielsweise einen Einblick in sein persönliches Berufsethos, das er an die Lernenden weitergeben möchte.

> „Es reicht eben nicht, nur Fachkompetenzen zu unterrichten. [...]. Also so ein wenig dieser Swiss Finish vielleicht. Also noch ein wenig besser und noch ein wenig genauer sein als der Rest von der Welt." (Zimmerli, E, Int., Z. 180–185)

Auch bei anderen Studienteilnehmern kommen persönliche berufsethische Einstellungen und Haltungen zum Vorschein. Sowohl im Interview als auch in der beobachteten Unterrichtspraxis bezieht sich D. Suter beispielsweise mehrfach auf ökologische Aspekte und Fragestellungen. Sein Bestreben ist, die Lernenden zum eigenständigen Denken anzuregen.

> „Also eine kritische Grundhaltung ist mir sehr wichtig, und das kann man dann ins Fachliche übertragen und da nicht sofort einen Sprung in die Höhe machen, wenn Version 31.04 von irgendeinem Gerät rauskommt, sondern mal fragen, warum eigentlich, was hat sich geändert, brauchen wir das wirklich?" (Suter, E, Int., Z. 288–291)

D. Suter bezieht sich im Zitat ausdrücklich auf ein Ziel, das ihm als Individuum wichtig erscheint. Dies zeigt sich auch bei M. Fischer. Sein persönliches Bestreben besteht darin, die Vorteile des Lernorts Berufsfachschule gegenüber der produktiven Wirklichkeit in den Ausbildungsbetrieben zugunsten der Lernenden bestmöglich auszunutzen.

> „Es sind vielleicht zwei Sachen. Das eine ist einfach wirklich, verschiedene Welten zu zeigen, eben auch einmal etwas anderes als vielleicht nur produktiv zu sein. Mal etwas Spielerisches, mal ein anderes Betriebssystem, auch mal etwas Netzwerk. Und das andere ist einfach, sauber zu arbeiten. [...]. Das finde ich ist wichtig, für mich, dass ich dort auch einfach einen Mehrwert von der Schule liefern kann." (Fischer, I, Int., Z. 75–84)

Erzieherische Aspekte finden in diesem Zusammenhang ebenfalls ihren Platz in der Ausbildung der Lernenden. So bringt G. Keller seinen Lernenden beispielsweise bei, *„dass man den Müll nicht einfach liegen lässt"* (Keller, E, Int., Z. 106–107). Er erkennt, dass sich die Lernenden in einem Alter befinden, in welchem sie auch von einer persönlichen Begleitung durch die Lehrperson profitieren.

> „Ganz grundsätzlich will ich ihnen ein Rüstzeug geben, das sie brauchen können, um sich weiterzuentwickeln. Sie begleiten, sechzehn bis zwanzig, Adoleszenz, die nicht immer so einfach ist für gewisse." (Keller, E, Int., Z. 100–102)

Diese Beispiele illustrieren die wichtige Rolle, welche die Persönlichkeit der Lehrperson bei der Analyse von Unterricht spielt. Obwohl diese persönlichen Ziele alleine noch nichts darüber aussagen, ob und wie sie tatsächlich in den Unterricht übertragen werden, liefern sie doch Indizien, worauf die Studienteilnehmer ihren Fokus legen. Sie beeinflussen potenziell die Wahrnehmung, Interpretation und Bewältigung der Anforderungen, die sich aus den Rahmenbedingungen ergeben, und geben Anhaltspunkte für die individuelle Orientierung in Bezug auf die Unterrichtsplanung.

Insgesamt kann zwischen Zielen unterschieden werden, die alle Studienteilnehmer als wichtig erachten, und solchen, die auf persönlicher Ebene ergänzend hinzukommen. Alle betrachten die Vorbereitung der Lernenden auf das QV als Kernauftrag und damit als zentrales Ziel. Rund die Hälfte der an der Studie teilgenommenen Berufskundelehrer verfolgt zudem das Anliegen, die Lernenden möglichst gut auf den Arbeitsmarkt vorzubereiten und die Praxis mit fähigen Berufsleuten zu versorgen. Welche Kompetenzen sie dafür als die richtigen und wichtigen erachten, hängt von ihrem persönlichen Leitbild und ihren Erfahrungen ab. Einige Studienteilnehmer gehen diesbezüglich noch einen Schritt weiter und bauen Inhalte in den Unterricht ein, die ihr Berufsethos widerspiegeln und ihnen persönlich am Herzen liegen. Der Unterricht gewinnt somit eine persönliche und authentische Note.

4.3.2 Persönliches Leitbild

Nach dem „pädagogischen Berufsprofil", wie es die Rahmenlehrpläne für Berufsbildungsverantwortliche beschreiben, sind Berufskundelehrpersonen Fachspezialistinnen und Fachspezialisten mit hoher fachlicher Kompetenz, die in der Lage sind, in ihrem Unterricht die Theorie mit der Berufspraxis zu verknüpfen. Des Weiteren wird vorausgesetzt, dass sie die Inhalte didaktisch aufbereiten, Lernprozesse anregen und unterstützen sowie Gelerntes überprüfen können (SBFI, 2015). Berufskundelehrpersonen müssen daher eine Doppelkompetenz – sowohl im Lehr- als auch im Ausbildungsberuf – mitbringen und ihr Berufsprofil umfasst fachliche, berufspraktische und pädagogisch-didaktische Qualifikationen (Arpagaus, 2020).

Die meisten der an dieser Untersuchung teilnehmenden Berufskundelehrer absolvierten eine berufliche Grundbildung und verfolgten anschliessend eine langjährige Karriere in der Industrie. Die Studienteilnehmer bildeten sich fachlich weiter und besuchten nach dem Wechsel in den Lehrberuf den Diplomstudiengang für Berufskundelehrpersonen im Hauptamt, der sie pädagogisch-didaktisch qualifizierte. Aufgrund dieses Hintergrunds und ihrer aktuellen Tätigkeit stellt sich die Frage, worauf sich ihr persönliches Leitbild bezieht. Einige Studienteilnehmer scheinen sich primär als Pädagogen zu sehen, die zusätzlich fachliche Ressourcen aus ihrer vorherigen Berufs- und Bildungslaufbahn mitbringen. Bei anderen Lehrern geht das persönliche Leitbild mit jenem einer Fachperson einher. Aus Fachexpertensicht sehen sie die Bezugswissenschaften als wichtige Grundlage für eine erfolgreiche Entwicklung der Lernenden im Berufsfeld. Eine dritte Gruppe verkörpert ein berufspraktisches Leitbild. Als erfahrene Praktiker sind sie in der Lage, Ausschnitte aus der Berufspraxis in den Berufskundeunterricht zu integrieren. Obwohl die Übergänge fliessend verlaufen, lassen sich, wie die folgenden Zitate aus den Interviews und Beobachtungsprotokollen zeigen, klare Tendenzen hinsichtlich des persönlichen Leitbilds der Studienteilnehmer aufzeigen.

Pädagogisches Leitbild

Studienteilnehmer mit einem pädagogischen Leitbild sehen es als ihre Kernaufgabe, mit geeigneten Methoden und Hilfsmitteln Lernprozesse anzuregen. Sie betrachten die Lernenden als Individuum und betreiben einen auf deren Ressourcen abgestimmten Unterricht. Sie legen viel Wert auf eine persönliche Beziehung zu den Lernenden, die von gegenseitigem Respekt und Vertrauen geprägt ist. Das bedingt, dass ihnen die Arbeit mit Jugendlichen Freude bereitet. L. Zimmerli gibt im Interview einen Einblick in sein persönliches Leitbild, indem er betont, dass er sich bewusst für die Arbeit mit jungen Menschen entschieden hat und sich deswegen von der Berufspraxis und der Technik etwas zurückziehen musste (vgl. Zimmerli, E, Int., Z. 12–13). Er betrachtete es daher auch als zwingend erforderlich, mit der entsprechenden Ausbildung die pädagogisch-didaktischen Qualifikationen zu erwerben.

> „Ich habe schon lange das Berufsschullehrer-Diplom machen wollen, aber die damalige Institution hat mir das nicht ermöglicht, die wollte nicht, dass wir Berufsschullehrer das Diplom machen. Da war für mich Schluss. Ich habe aber ganz schnell eine neue Stelle gefunden. [...]. Und jetzt bin ich hier tätig, mit Berufsschullehrer-Diplom." (Zimmerli, E, Int., Z. 20–27)

Pädagogisch-didaktische Überlegungen spielen im Unterricht dieser Studienteilnehmer eine zentrale Rolle. Sie orientieren ihre Planung primär an den Ressourcen der Lernenden und erfassen diese Ressourcen regelmässig.

> „Für mich ist immer ganz wichtig, vorher, das ist so eine laufende Erfassung bei mir, wo stehen die Lernenden?" (Suter, E, Int., Z. 58–59)

Ausgehend vom individuellen Lernstand der Lernenden baut D. Suter die zu erreichenden Kompetenzen so in den Unterricht ein, dass die Chancen für den Lernerfolg möglichst hoch ausfallen. Er macht deutlich, dass er in der Umsetzung des Unterrichts anpassungsfähig ist und sowohl Inhalte als auch Methoden bei Bedarf situativ umstellt.

> „Und dann gibt es auch Lerngruppen oder Klassen, wo ich viel mehr in die Motivation stecken muss. Wo ich vielleicht mich genötigt sehe, dann doch einen Film vorher zu zeigen, der irgendwo einen Anreiz hat für das Thema, und es mit Praxisbezug alleine vielleicht nicht reicht." (Suter, E, Int., Z. 65–69)

Diese Flexibilität schreiben sich auch andere Berufskundelehrer mit einem pädagogischen Leitbild zu, was auf Selbstsicherheit in methodisch-didaktischen Belangen schliessen lässt. So besteht die Planung von L. Zimmerli beispielsweise primär aus den zu erreichenden Zielen. Die Unterrichtsumsetzung ergebe sich dann situativ (vgl. Zimmerli, E, Int., Z. 120–123). Ein solches Vorgehen bedarf eines hohen Masses an Erfahrung und methodisch-didaktischer Kompetenzen. Dies erlaubt es diesen Berufskundelehrern, flexibel auf die Bedürfnisse ihrer Lernenden zu reagieren und einen lernreichen, nachhaltigen Unterricht zu gestalten. Dazu gehört auch, dass sie versuchen, auf ein breites Repertoire an Unterrichtsmethoden je nach Unterrichtsziel und -situation flexibel zuzugreifen.

> „Im Endeffekt musst du probieren, die Leute zu motivieren, ich probiere das, indem ich immer wieder versuche, didaktisch einen neuen Weg zu gehen und Abwechslung zu bieten." (Fischer, I, Int., Z. 95–97)

Die methodisch-didaktischen Kompetenzen dieser Studienteilnehmer zeigen sich unter anderem darin, dass sie dazu in der Lage sind, die Nutzung der im Unterricht eingesetzten Hilfsmittel aus pädagogisch-didaktischer Perspektive zu begründen.

„Wichtig ist mir zu visualisieren. [...] Das ist neurobiologisch auch gegeben. Menschen verknüpfen Bilder mit Emotionen." (Zimmerli, E, Int., Z. 220–226)

Dieses Wissen ermöglicht es ihnen, unter Berücksichtigung der jeweiligen Situation auf diejenigen Instrumente zurückzugreifen, die dem Lernprozess der Lernenden aus ihrer Sicht am meisten dienen. Berufskundelehrer mit einem pädagogischen Leitbild sehen ihren Auftrag demnach nicht bloss in der Umsetzung der Lernziele gemäss Bildungsplan, sondern in einer situativ und individuell adäquaten Begleitung und Entwicklung der Lernenden.

Fachliches Leitbild

Die Studienteilnehmer mit einem fachlichen Leitbild haben sich primär der Technik und den Fachinhalten verschrieben. Wie im Berufsbildungsgesetz vorgesehen, betrachten sie primär die Vermittlung von theoretischen Grundlagen als Auftrag des Lernorts Berufsfachschule. Zur Umsetzung dieses Auftrags lehnen sie sich in ihrem Unterricht eng an die fachlichen Lernziele in den Bildungsplänen an. Sie verstehen Berufskundeunterricht nicht als generische Verbindung zwischen der Praxis und dem situativ geforderten Fachwissen, sondern als übergeordneten Rahmen für die Umsetzung von Einzelfächern.

„Ich habe vier Fächer, die ich behandeln muss pro Fachkundetag à fünf Lektionen." (Keller, E, Int., Z. 68)

Berufliche Situationen, wie sie in den Bildungsplänen skizziert sind, finden in ihrem Unterricht deshalb kaum Verwendung. Vielmehr werden die theoretischen Grundlagen in Form von in sich abgeschlossenen Fächern vermittelt. Für den Studienteilnehmer V. Huber ist das Fachwissen eine zentrale Gelingensbedingung für die persönliche Entwicklung der Lernenden, wie folgende Aussage illustriert.

„Es geht um Mathematik, Physik oder auch Automation, Programmieren. Das sind wichtige Grundlagen. [...]. Wenn sie hier rausgehen, sollten sie eigentlich fähig sein, gut zu werden." (Huber, A, Int., Z. 22–23 & 87)

Eine fähige Nachwuchskraft zeichnet sich in den Augen dieser Berufskundelehrer dadurch aus, dass sie fachlich kompetent ist. Es ist ihnen deshalb ein Anliegen, dass die Lernenden die technischen Grundlagen ihres Berufs kennen und beherrschen. Auch R. Hartmann bestätigt die Relevanz der fachlichen Ausrichtung des Berufskundeunterrichts.

„Ja klar, wenn sie später als Ingenieur arbeiten, dann brauchen sie das Wissen, dann wird es von ihnen verlangt, dass sie es können. Dann müssen sie Berechnungen machen können." (Hartmann, A, Int., Z. 413–415)

Dieses Zitat zeigt, dass die Studienteilnehmer mit einem fachlichen Leitbild die Lernenden und deren Entwicklung nicht ausser Acht lassen. Sie fokussieren aber auf fachliche Aspekte und erachten pädagogisch-didaktische Überlegungen als weniger wichtig. Praxisbezüge sind kaum anzutreffen oder weisen eine hohe Komplexität auf. Eine Beobachtung aus dem Unterricht von R. Hartmann bringt dies auf den Punkt.

> „Die Inputs der Lehrperson beinhalten viel Fachwissen. Sie spricht in einer Fachsprache zu den Lernenden, die auf mich sehr abstrakt wirkt. Sie verweist zwar darauf, dass das auch in der Praxis gemacht werde, die Verbindung erscheint aber alles andere als trivial.“ (Hartmann, A, Beob., Z. 42–45)

Die Studienteilnehmer mit einem fachlichen Leitbild weisen umfassendes Expertenwissen auf und strahlen hinsichtlich der Vermittlung von Fachinhalten Selbstbewusstsein aus. Ihr Interesse gilt vor allem der fachlichen Durchdringung des Berufes; sie sind der Überzeugung, dass die Lernenden in ihrer weiteren Entwicklung von den Fachkompetenzen profitieren.

Berufspraktisches Leitbild

Die Studienteilnehmer mit einem berufspraktischen Leitbild sehen sich selbst als Praktiker. Sie vermitteln Begeisterung für den Ausbildungsberuf, greifen auf ihre langjährige berufspraktische Erfahrung zurück und bauen diejenigen Bestandteile in den Unterricht ein, die sie für den Arbeitsmarkt als besonders relevant betrachten. Das Beispiel von J. Müller zeigt das ausgeprägte praktische Selbstbewusstsein, das er als vollamtlicher Berufskundelehrer trotz Distanz zur Berufspraxis hat.

> „Um zu entscheiden, welche Themen ich hineinnehmen möchte, das ist eigentlich, ja, die Quelle, die bin ich selber.“ (Müller, I, Int., Z. 68–69)

Wenn die Studienteilnehmer mit einem berufspraktischen Leitbild Bedarf sehen, weichen sie vom Bildungsplan ab oder ergänzen die Inhalte um Aspekte, die die Praxis erfahrungsgemäss braucht.

> „Beim Programmieren gehe ich viel darüber [Bildungsplan] hinaus. Aber sie brauchen das ja auch draussen. Draussen ist nicht das Niveau der Lehrabschlussprüfung, das ist [im Bereich des Programmierens] lächerlich.“ (Huber, A, Int., Z. 66–68)

Die Unterrichtspraxis dieser Berufskundelehrer ist zum einen von häufigen Praxisbezügen aus der eigenen Berufskarriere geprägt. Ergänzend knüpfen sie an die Erfahrungen der Lernenden an und bringen die Lehr- und Lerninhalte damit in Verbindung. Zum anderen spielen handlungsorientierte Unterrichtsphasen eine sehr wichtige Rolle. Als Praktiker versuchen sie möglichst reale Bedingungen zu schaffen und Aufträge mit berufstypischen Problemstellungen zu entwickeln. Wie das Beispiel von J. Müller zeigt, schwinden dabei teilweise die Grenzen zwischen den Lernorten.

> „Und dann ist es einfach auch wichtig, dass man den Bezug immer gibt zur Praxis. Klar hat man diese virtuelle Laborumgebung, das schon. Aber da gehört es auch dazu, das zu übertragen in real existierende Konfigurationen der eigenen Firma.“ (Müller, I, Int., Z. 108–111)

D. Suter baut ebenfalls regelmässig Simulationen in seinen Unterricht ein, die der beruflichen Realität möglichst nahekommen. Dabei ist ihm eine grosse Begeisterung für die praktische Arbeit anzumerken, die typisch erscheint für die Studienteilnehmer mit einem berufspraktischen Leitbild.

> Die Lehrperson blüht während dem Messpraktikum richtiggehend auf. Es herrscht ein Klima des Tüftelns, des Ausprobierens, des Tuns, des Experimentierens. (Suter, E, Beob., Z. 152–154)

Diese Begeisterung findet sich auch im Unterricht von St. Becker. Die talentierten Lernenden erhalten während der Unterrichtsbeobachtung die Gelegenheit, in einem anspruchsvollen Projekt einen Roboter zu programmieren. Der Enthusiasmus der Lehrperson geht dabei so weit, dass es ihr schwerfällt, nicht alles selbst auszuführen.

> Es herrscht ein Klima auf Augenhöhe und des Experimentierens und Tüftelns, auch wenn der Lead zunehmend bei der Lehrperson ist. Aber es scheint fast so, dass die Lehrperson so Spass an der Sache hat, dass es ihr schwerfällt, den Lead abzugeben. (Becker, A, Beob., Z. 154–157)

Die Studienteilnehmer mit einem berufspraktischen Leitbild strahlen viel Berufsstolz aus. Der Fokus ihres Unterrichts liegt auf der beruflichen Anwendung, was sich durch die regelmässigen mündlichen und handlungsorientierten Bezüge offenbart. Damit minimieren sie die Hürden zwischen den Lernorten und erhöhen den Sinngehalt der Lerninhalte für die Lernenden.

Wie in der Einführung dieses Unterkapitels festgehalten, verlaufen die Übergänge zwischen den Leitbildern fliessend. Situationsabhängig lassen sich bei den Studienteilnehmern Aspekte aller persönlichen Leitbilder finden.

4.3.3 Didaktisches Unterrichtsverständnis

Seit Inkrafttreten des aktuellen BBG im Jahr 2004 gilt im Berufsbildungssystem der Schweiz das Paradigma des HK-Ansatzes. Durch die Aufnahme dieser Änderung in die Bildungspläne der beruflichen Grundbildungen hat die Vermittlung von reinem Fachwissen an Bedeutung verloren, während der Einbezug von beruflichen Handlungssituationen stärker in den Fokus gerückt ist. Damit geht das Ziel einher, dass das Lernen im Berufskundeunterricht immer in einem berufsrelevanten Kontext steht und die Lernenden HK aufbauen, die den Bedürfnissen des Arbeitsmarkts entsprechen (SBFI, 2015). Den für diese Studie interessierten Bildungsplänen sind die Voraussetzungen des Kompetenzansatzes, wenngleich in unterschiedlicher Ausgestaltung, bereits inhärent.

Mit der HK-Orientierung gehen nicht nur neu formulierte Kompetenzziele einher, die verstärkt an beruflichen Situationen statt „nur" an fachlichen Bezügen ausgerichtet sind. Sie bedingt auch ein Umdenken bei der Anwendung von Lehr- und Lernformen durch die Berufskundelehrpersonen (Czycholl, 2009). Deren Rolle gestaltet sich zunehmend dynamisch und nimmt unterschiedliche Ausprägungen an. In dieser Studie konnten zwei grundlegende Modi des didaktischen Unterrichtsverständnisses identifiziert werden. Zum einen spiegeln die Daten eine transmissive Lehrausrichtung wider, zum anderen ein konstruktivistisches Unterrichtsverständnis. Beide Ausprägungen werden im Folgenden vorgestellt.

Transmissives Unterrichtsverständnis

Die Studienteilnehmer mit einem transmissiven Unterrichtsverständnis können auch als Wissensvermittler beschrieben werden. Ihr Fokus scheint darauf ausgerichtet zu sein, ihr Wissen an die Lernenden weiterzugeben und ihnen so etwas beizubringen. Sie orientieren sich dafür an ihren Planungsunterlagen, die das erwünschte Wissen enthalten.

> „Der Unterricht folgt dem Skript. Die Inhalte sind aus dem KoRe. [...]. So läuft mein Unterricht ab.“ (Becker, A, Int., Z. 60 & 63–64)

Beim Transfer von Lerninhalten scheint es nur die Richtung von der Lehrperson zu den Lernenden zu geben. Der Redeanteil der Berufskundelehrer fällt deshalb im Vergleich zu den Lernenden sehr hoch aus. R. Hartmann bedient sich deshalb technischer Hilfsmittel.

> Die Lehrperson spricht mit einem Headset über einen Lautsprecher zu den ca. 20 Lernenden. Der Unterricht hat deshalb den Charakter einer Vorlesung. (Hartmann, A, Beob., Z. 13–15)

Die Berufskundelehrer mit einem transmissiven Unterrichtsverständnis übernehmen die Kontrolle und Hauptverantwortung im Unterricht sowohl in transmissiven als auch in Übungsphasen und versuchen die Lernenden gemäss ihrer Planung durch die Lektionen zu führen. Unterrichtssettings, die den Lernenden mehr Freiheiten gewähren, werden zur Vermeidung von Unvorhergesehenem, Unruhe oder Abweichungen von der Unterrichtsplanung vermieden.

> „Dann gibt es einen Input in einem gewissen Themengebiet mit einer Übung und einen Input in einem anderen Themengebiet mit einer Übung und so weiter.“ (Keller, E, Int., Z. 66–68)

Weil Kontrolle und Verantwortung während des gesamten Unterrichts bei der Lehrperson liegen, investiert sie viel Engagement in eine detaillierte Planung. Im Umkehrschluss bedeutet dies, dass sie kaum auf die Lernenden eingeht, ansonsten wäre die Gefahr wohl zu gross, zeitlich in Verzug zu geraten. Während vermittelnder Unterrichtsphasen haben die Lernenden deshalb vorwiegend die Rolle der Zuhörenden und Mitschreibenden.

> Die Lehrperson vermittelt den Inhalt instruktional und nutzt den Beamer als visuelles Hilfsmittel. Sie leuchtet die wichtigsten Themen gelb an und leitet die Lernenden dazu an, es ihr gleichzutun. (Becker, A, Beob., Z. 11–13)

Die transmissiv ausgerichteten Berufskundelehrer behandeln ihre Lernenden fast schon als Objekte, die den Lernstoff passiv und rezeptiv aufzunehmen haben. Auch in Übungsphasen bleibt der Lead bei der Lehrperson, indem sie das Vorgehen, die zeitlichen Ressourcen und die Besprechung stark steuert.

> Die Lehrperson ist grösstenteils hinter ihrem Computer vorne am Lehrerpult, um neue Übungen am Beamer vorzuzeigen. Wenn die Lernenden anschliessend selbständig Übungen lösen, folgt die Besprechung, sobald der oder die Schnellste die Übung gelöst hat. (Keller, E, Beob., Z. 95–97)

Der Unterricht ist von einer gewissen Ungeduld seitens der Lehrperson geprägt. Dies wirkt sich auf die Lernenden aus, die während Übungsphasen im Wissen um die baldige Besprechung wenig Fragen stellen. Äussern Lernende doch einmal eine Schwierigkeit, vermittelt die Lehrperson innert kürzester Zeit eine Lösung.

> Ein Lernender stellt eine Frage. Die Lehrperson antwortet mit klaren Hinweisen, um die Aufgabe lösen zu können. Sie nimmt sich kaum Zeit und erklärt mit ihrer Antwort eigentlich die gesamte Aufgabe. (Becker, A, Beob., Z. 123–125)

Die Studienteilnehmer mit einem transmissiven Unterrichtsverständnis verstehen ihren didaktischen Auftrag in der eindimensionalen Vermittlung ihres Wissens. Übungsphasen werden ebenfalls stark gesteuert, um eine hohe Effizienz zu erreichen. Die Lernenden behandeln sie als homogene Gruppe, die von ihrem Vermittlungsangebot Gebrauch machen kann.

Konstruktivistisches Unterrichtsverständnis

Unterricht, der sich durch ein konstruktivistisches Unterrichtsverständnis auszeichnet, ist von einer weniger starken Lenkung durch die Lehrperson geprägt. Die Lernenden erhalten eine aktive Rolle, indem sie darin gefördert werden, Eigenverantwortung für ihren Lernprozess zu übernehmen. Je nachdem, wie stark ausgeprägt das konstruktivistische Unterrichtsverständnis beim Berufskundelehrer verankert ist, haben transmissive Phasen wenig oder keine Bedeutung. M. Fischer setzt beispielsweise auf einen handlungsorientierten Unterricht, in dem sich die Lernenden die notwendigen Grundlagen selbstständig erarbeiten.

> „Mein Unterricht ist extrem praxisorientiert. […]. Ich mache fast keine Theorie. Eben ich gebe einen Auftrag, ich gebe Beispiele und nachher, ich gebe vielleicht noch ein paar Links zu Informationen, und nachher sind sie am Arbeiten. Und ich unterstütze sie.“ (Fischer, I, Int., Z. 20–23)

Im Rahmen des selbstorganisierten Lernens schenken diese Berufskundelehrer ihren Lernenden Vertrauen und gewähren ihnen viel Freiraum, den sie für ihre eigenverantwortliche Entwicklung nutzen können. Sie lassen die Lernenden aber nicht allein, sondern stehen ihnen als Lerncoaches unterstützend zur Verfügung und begleiten ihre Lernprozesse.

> „Ich arbeite mit meinen Lernenden sehr fest selbstorganisiert und versuche auch individuell zu fördern.“ (Zimmerli, E, Int., Z. 34–35)

Das konstruktivistische Unterrichtsverständnis bedingt sowohl von den Lehrpersonen als auch von den Lernenden eine aktive Rolle. Die konstruktivistisch ausgerichteten Studienteilnehmer treten während des Unterrichts häufig in Austausch mit den Lernenden. In selbstorganisierten Unterrichtsphasen erkundigen sie sich beispielsweise nach dem Vorgehen und den Fortschritten der Lernenden. Wenn Fragen auftauchen, stellen sie Rückfragen und besprechen Strategien, die ausprobiert werden könnten (Fischer, I, Beob., Z. 71–74). Dabei ist ihnen die Zusammenarbeit auf Augenhöhe ein grosses Anliegen.

> „Ich will sie coachen und unterstützen und ich will keinen, ich will meine Machtposition nicht ausnutzen.“ (Fischer, I, Int., Z. 118–119)

Auch in Plenarphasen scheint die Interaktion mit den Lernenden wichtig zu sein. Dabei werden häufig Erfahrungen der Lernenden aufgegriffen und im Klassenverbund besprochen, sodass nicht nur alle von Praxisbezügen profitieren können, sondern offenbar auch die Motivation der Lernenden wächst.

> „Ich mache das natürlich viel mit Fragen im Unterricht, wo ich dann, wo wir bei gewissen Themen, wo es dann wirklich interessant wird oder ich sage, ja das handhaben die Betriebe unterschiedlich. Wie geht das zum Beispiel bei euch, wie macht ihr das? Und dann kommen von einigen Lernenden, die sind dann schon stolz, bei uns geht das so und da merkt man schon, ja wie sie das motiviert und anspornt.“ (Suter, E, Int., Z. 153–159)

Bei anderen konstruktivistisch geprägten Studienteilnehmern sind Interaktionen – was auch den Austausch zwischen den Lernenden einschliesst – ebenfalls explizit erwünscht. L. Zimmerli hat in seinem Unterricht eine Art natürlichen Lernraum geschaffen, in welchem Lernen als ein sozialer Prozess verstanden wird.

> „Es funktioniert nichts ohne soziale Interaktion. Sei das im Dialog, sei das aber auch im Plenum.“ (Zimmerli, E, Int., Z. 73–74)

Aber auch bei Studienteilnehmern, die das konstruktivistische Unterrichtsverständnis weniger stark umsetzen, nehmen die gegenseitige Unterstützung auf Augenhöhe und das Lernen voneinander einen hohen Stellenwert in der Unterrichtspraxis ein.

> Ein Lernender wird mit der Übung nicht fertig und geht zu einem anderen Lernenden, um seine Fragen zu stellen. Dieser hilft und wird auch zu weiteren Gruppen geholt, um zu unterstützen. Die Lehrperson ist währenddessen bei anderen Lernenden unterwegs und begleitet diese. (Suter, E, Beob., Z. 177–180)

Kein Studienteilnehmer folgt nur dem transmissiv oder nur dem konstruktivistisch ausgeprägten didaktischen Unterrichtsverständnis. Je nach Unterrichtsphase wechseln alle punktuell auch in den jeweils anderen Modus. Dennoch folgen die Lehrpersonen schwerpunktmässig einem der beiden Verständnisse. Bemerkenswert ist der höhere Aktivitätsgrad bei den Lernenden, wenn ihnen die Berufskundelehrpersonen mit konstruktivistischem Unterrichtsverständnis Aufträge erteilen, die zum eigenständigen Denken anregen. Die Lehrperson verstärkt die Tendenz zu Aktivität und Eigenständigkeit zusätzlich, da sie die Lernenden in individuellem Coaching zwar begleitet und unterstützt, ihnen aber, anders als die transmissiv ausgerichteten Studienteilnehmer, keine direkten Lösungsvorschläge mitteilt.

4.3.4 Haltung gegenüber Anspruchsgruppen

Die Haltung der Studienteilnehmer zu verschiedenen Anspruchsgruppen ist ein weiteres Element des professionellen Selbstverständnisses. Sie dürfte mitentscheidend dafür sein, wie die Berufskundelehrer an sie gerichtete Anforderungen wahrnehmen, interpretieren und bewältigen. Im Hinblick auf Aufbau und Pflege von Beziehungen zu den Lernenden, zum Kollegium, zur Schulleitung und zu den Berufsbildenden gibt es deutliche Abweichungen zwischen den an der Studie beteiligten Berufskundelehrern.

Haltung gegenüber den Lernenden

Die Kernaufgabe einer Lehrperson besteht darin, Lernende in ihrer Entwicklung zu fördern. Die soziale Komponente spielt im Lehrberuf daher eine wesentliche Rolle und es ist von Vorteil, gerne mit jungen Menschen zu arbeiten. Einige der Studienteilnehmer geben genau diesen Aspekt als Grund dafür an, dass sie überhaupt den Lehrberuf gewählt haben.

> „Das ist vielleicht auch ein Grund, weshalb ich Lehrer geworden bin. Das mache ich gerne, ich arbeite gerne mit jungen Menschen zusammen und ich finde das super. Ich habe auch keine Berührungsängste und so." (Fischer, I, Int., Z. 124–126)

Eine offene Haltung den Lernenden gegenüber zeigt sich bei vielen Studienteilnehmern im Unterricht ganz deutlich und schlägt sich entsprechend in den Beobachtungsprotokollen nieder. Sie pflegen zu den Lernenden eine vertrauensvolle Beziehung, die von gegenseitigem Respekt geprägt ist. Mit einer nahbaren, positiven Haltung versuchen sie die Lernenden für den Unterricht und den Lernprozess zu motivieren. Sie stellen den Menschen ins Zentrum ihrer Tätigkeit und leben damit – bewusst oder unbewusst – vor, was sie sich für die Zusammenarbeit in der Klasse wünschen.

> „Es ist meine innere Haltung. Meine Werthaltung. Klar, ich bin sicher ein sozialer Typ. Ich habe eine soziale Haltung und diese widerspiegelt sich sicher in irgendeiner Form in meinem Unterricht." (Zimmerli, E, Int., Z. 202–204)

L. Zimmerli geht davon aus, dass sich seine Haltung zu den Lernenden auf den Unterricht überträgt. Diese Hypothese bestätigt sich in zahlreichen weiteren Fällen. So scheint der gegenseitige Respekt, die Zusammenarbeit auf Augenhöhe und das Wissen um gegenseitige Unterstützung zu einem harmonischen, anregenden Lernklima beizutragen.

> Die Lehrperson sitzt in der Begleitung zu den Lernenden hin und arbeitet mit ihnen auf Augenhöhe zusammen. Das Klima ist sehr angenehm. Alle begegnen sich auf Augenhöhe und arbeiten sehr engagiert. (Suter, E, Beob., Z. 150–152)

Indem diese Berufskundelehrer ihre Lernenden ernst nehmen und auf sie eingehen, tragen sie zu einer friedlichen Unterrichtsatmosphäre bei. Auf fachlicher Ebene bewegen sie sich auf Augenhöhe mit den Lernenden. Trotz des fast schon freundschaftlichen Miteinanders gibt es allerdings immer wieder Situationen, in welchen sie die Führungsposition übernehmen und sich damit in ihrer Rolle von den Lernenden abgrenzen.

> „Ich bin nicht ein Kuschelpädagoge, mag ich nicht. Wenn es mir zu weit geht, dann geht es mir zu weit, dann werde ich auch laut. Aber das akzeptieren sie einerseits, und ich bin fast der Meinung sie brauchen das. Sie loten die Grenzen aus, und wenn man am Anfang die Grenzen sauber setzt, dann hat man nachher vier Jahre kein Problem." (Wagner, I, Int., Z. 85–89)

Mit dieser Art von Autorität bauen diese Studienteilnehmer ein konstruktives Verhältnis zu den Lernenden auf. Andere knüpfen zwar ebenfalls eine positive, wenn auch weniger individuell ausgeprägte Beziehung zu den Lernenden. Dabei lässt sich bei manchen eine Dienstleistungsorientierung feststellen.

> „Ich bin nur da, also meine Arbeitsstelle ist garantiert durch die Lernenden, die hierherkommen, dank dem, dass sie einen Lehrvertrag abschliessen." (Keller, E, Int., Z. 96–98)

Auch diese Haltung spiegelt sich im Unterricht wider, da die dienstleistungsorientierten Berufskundelehrer die Erwartungen ihrer Kundschaft nach Kräften zu erfüllen versuchen. Sie liefern den Lernenden deshalb, was diese für die Erzielung guter Noten und für Erfolg in Prüfungen brauchen. Dies äussert sich im Beispiel von St. Becker in detaillierten Hinweisen zu prüfungsrelevanten Inhalten (A, Beob., Z. 30–33). R. Hartmann nimmt seine Lernenden stärker in die Pflicht. Er stellt den Lernenden umfangreiche Übungsmaterialien zur Verfügung und vertritt damit die Haltung, dass sie mit Fleiss und Leistung zu Erfolg kommen. Das geeignete Mittel, um die Lernenden zu fördern, sieht er in einem direktiven Führungsstil sowie in Kontrollmechanismen und Prüfungen zur extrinsischen Motivierung.

> „Mit Lernarbeitstests konnte ich die Verbindlichkeit der Hausaufgaben hinaufsetzen, damit sie überhaupt etwas machen, sonst machen sie nichts." (Hartmann, A, Int., Z. 47–48)

Er nimmt gegenüber den Lernenden eine skeptische Haltung bezüglich deren Leistungsbereitschaft ein und ist der Überzeugung, dass Druckmittel unabdingbar sind, damit die gewünschten Leistungen erbracht werden. Mit diesem Vorgehen schafft er eine Distanz zwischen sich und den Lernenden, die sich in der Beobachtung bestätigt.

> Die Lehrperson scheint seine Lernenden auch im 2. Lehrjahr noch nicht zu kennen. Er findet sie beim Verteilen der Prüfungen nicht auf Anhieb und händigt die Prüfungen den falschen Lernenden aus, weil diese ihn mit falschen Namen veräppeln. (Hartmann, A, Beob., Z. 68–71)

Auch V. Huber setzt im Unterricht auf Kontrolle, indem er eine Überwachungssoftware nutzt, *„wo ich dann immer auch von vorne auf das Bild schauen kann, was machen sie?“* (Huber, A, Int., Z. 30). Seine Beziehung zu den Lernenden ist von Misstrauen und einer Art Zensur geprägt, die vermeiden soll, dass sie vom Weg abkommen. Er nimmt dabei in Kauf, dass die Lernenden ihn nicht mögen, und strahlt diesbezüglich gar eine gewisse Gleichgültigkeit aus.

> „Ist mir auch egal, wie beliebt ich bin oder unbeliebt. Ich würde sagen, ich hätte mich wahrscheinlich gehasst als Lehrer, aber das macht nichts, ich bin sowieso schon zum Judas geworden.“ (Huber, A, Int., Z. 59–61)

Mit dieser Haltung grenzt sich dieser Studienteilnehmer klar von den Lernenden ab. Bei St. Becker lässt sich eine ähnliche Tendenz feststellen, wenngleich aus anderen Gründen. Er nimmt Lernende, die aufgrund von schlechten Umgangsformen oder persönlichen Problemen viel Zeit beanspruchen, als grosse Belastung wahr und distanziert sich von der Rolle als „Sonderpädagoge“.

> „Gewisse Leute, da kann man nichts machen. Die sind jetzt einfach draussen [...]. Da kann ich nicht viel machen. Das ist auch nicht meine Aufgabe. Irgendeinmal hört es auf. Man muss sich auch abgrenzen können. Man hilft schon, aber irgendeinmal ist fertig. Da müssen sie selber schauen oder Hilfe holen oder was auch immer. Und dann möchte ich Spezialisten, dann möchte ich Ärzte. Dann möchte ich nicht Coaching eins, zwei, drei mit Lernendenberater eins, zwei, drei.“ (Becker, A, Int., Z. 262–267)

Die Wahrung von Distanz zu den einzelnen Lernenden begründet sich in seinem Fall mit einem gewissen Selbstschutz. Lehrpersonen sind seiner Meinung nach nicht genügend spezialisiert, um die Lernenden bei sozialen und persönlichen Problemen zu unterstützen.

Insgesamt lässt sich die Haltung der Studienteilnehmer zu den Lernenden in einem Spannungsfeld zwischen Nähe und Distanz verorten. Nahbare Berufskundelehrer zeichnen sich im Umgang mit den Lernenden durch ein hohes Mass an Authentizität aus und versuchen eine unterstützende Arbeitsatmosphäre unter Gleichgestellten zu schaffen. Distanzierte Haltungen scheinen meist mit Spannungsverhältnissen oder Antinomien einherzugehen, die die Berufskundelehrer einerseits mit Strategien der Abgrenzung zu bewältigen versuchen, die andererseits aber durch die entsprechende Haltung überhaupt erst in Erscheinung treten. Zwischen den beiden Polen können Berufskundelehrer ausgemacht werden, die sich gegenüber der Lerngruppe als Dienstleister definieren. Sie liefern die Inhalte, welche die Lernenden wünschen. Es bleibt aber unklar, ob sie dies für die Lernenden oder zugunsten der eigenen Erfolgsquote machen.

Haltung gegenüber dem Kollegium

Der Lehrberuf ist komplexer geworden (Wermke & Paulsrud, 2019); die Aufgaben einer Berufskundelehrperson sind breit gefächert und gehen weit über das Unterrichten hinaus. Ein intaktes Kollegium gilt einigen Studienteilnehmern vor diesem Hintergrund als wichtige Stütze. So teilen sich manche mit ihren Kolleginnen und Kollegen gewisse Aufgaben, um eigene Ressourcen einzusparen.

> „Für jedes Modul gibt es einen Modul-Autor und der ist verantwortlich für den Inhalt, für den fachlichen Inhalt. Dieser Inhalt wird auch gereviewt. Da gibt es schon einen Prozess, in welchem man sich gegenseitig unterstützt." (Müller, I, Int., Z. 56–58)

Damit diese Art von Arbeitsteilung den gewünschten Effekt mit sich bringt, braucht es eine offene Haltung gegenüber anderen. Nicht alle Berufskundelehrpersonen haben das gleiche Verständnis, wie Unterricht aufgebaut werden sollte. Wenn inhaltliche und methodische Dissonanzen nicht besprochen werden, ergibt sich aus der Kooperation wenig Nutzen, wie L. Zimmerli zum Ausdruck bringt.

> „Klar, ich habe meine Lehrerkollegen, die sich Inhalte über Jahre erarbeitet haben, ich darf das auch benutzen, das ist auch sehr lieb. Also da bestehen keine Schranken. Aber was für den einen, also was in Papierform beim einen vorhanden ist und seinem Ablauf entspricht, ist selten der von mir." (Zimmerli, E, Int., Z. 247–250)

Auch aus anderen Interviews lässt sich ablesen, dass die Studienteilnehmer zwar insofern eine offene Haltung einnehmen, als sie ihre Materialien miteinander teilen und untereinander austauschen. Eine wirkliche Zusammenarbeit lässt sich aber in den wenigsten Fällen erkennen. Dies scheint auch mit dem persönlichen hohen Anspruch an die Unterlagen und an sich selbst zusammenzuhängen.

> „Wenn man das Skript nicht selbst geschrieben hat, weiss man aber nicht wirklich, um was es geht. Wenn man es selbst schreibt, dann weiss man, um was es geht. Das ist sehr zeitaufwändig. Zuletzt versteht man es aber auch, wenn man es selbst geschrieben hat." (Becker, A, Int., Z. 46–49)

Die beispielhafte Aussage von St. Becker lässt darauf schliessen, dass er – wie die meisten anderen an der Studie beteiligten Berufskundelehrer – sich eher als Einzelkämpfer sieht. In diesem Zusammenhang erscheint relevant, dass die Berufsfachschule von St. Becker ein System der vergleichenden Qualitätsmessung unter den Lehrpersonen anwendet. Die Schule fördert damit eine konkurrierende Haltung unter den Berufskundelehrpersonen, die auch bei St. Becker zu beobachten ist. Ein grösseres Kollegium betrachtet er deshalb eher als Belastung denn als Unterstützung.

> „Wir sind zum Glück ein kleines Team. Mein Kollege und ich, wir kämpfen, wir sind engagiert, von daher läuft es eigentlich gut. Sehr gut eigentlich." (Becker, A, Int., Z. 89–90)

Je grösser das Kollegium ist, desto heterogener fallen die Herangehensweisen, Ideen und Ansichten aus. L. Zimmerli stellt bei seinen Kollegen beispielsweise grosse Unterschiede fest und grenzt sich von manchen ab.

> „Wir haben grosse Unterschiede im Kollegium. Einige arbeiten noch mehr als Inputgebende, andere eher als Begleitende. Als ich für die Zusammenarbeit mit den Lernenden wegen Covid mit einer Gameplattform begonnen habe, haben sich andere Lehrpersonen gewehrt und dann wurde eine Gesamtlösung abgeschmettert." (Zimmerli, E, Int., Z. 662–665)

Es klingt an, dass L. Zimmerlis Kollegium möglicherweise eine gute Zusammenarbeit pflegt, doch die didaktischen Herangehensweisen nicht unbedingt kompatibel sind.

Bei der Haltung der Studienteilnehmer gegenüber dem Kollegium zeichnet sich ein relativ einheitliches Bild ab. Die grosse Mehrheit zeigt sich den Kolleginnen und Kollegen gegenüber durchaus offen und kooperativ. Der Wunsch nach einer echten Zusammenarbeit mit regelmässigem Austausch lässt sich aber kaum feststellen. Vielmehr scheinen die Berufskundelehrer als Einzelkämpfer zu agieren. In einem der ausgewerteten Fälle lässt sich tatsächlich eine ablehnende Haltung gegenüber dem Kollegium feststellen. Dieser Lehrer fühlt sich von seinen Kolleginnen und Kollegen nicht verstanden und beschreitet deshalb seinen eigenen Weg. Ein Beispiel zeigt darüber hinaus, dass die Schulleitung mit ihrem Führungsstil eine wesentliche Rolle für das Arbeitsklima und damit für die gelebte Kollegialität spielt.

Haltung gegenüber Schulleitung

Die in dieser Studie involvierten Berufskundelehrer arbeiten allesamt an städtischen, eher grösseren Berufsfachschulen in der Deutschschweiz, was sie durchaus vergleichbar macht. Doch gibt es keinen einheitlichen Führungsstil der Schulleitungen. Einige Berufskundelehrer nehmen die Leitung kaum wahr, weitere erleben sie als unterstützend, während wiederum andere sie als stark steuernd, kontrollierend oder gar einschränkend empfinden. So heterogen das Führungsverständnis der Schulleitungen in der Wahrnehmung der Berufskundelehrpersonen auch ausfällt, so unterschiedlich gestalten sich die Haltungen der Studienteilnehmer ihnen gegenüber. Die meisten erkennen eine grosse Distanz zu den Schulleitungen. Sie schätzen zwar die von ihnen gewährten Entlastungsstunden für Zusatzmandate oder die finanzielle Unterstützung für Weiterbildungen, ansonsten haben sie aber kaum Kontakt. Aus diesem Grund ist es schwierig, eine explizite Haltung aus den Äusserungen der Lehrpersonen abzuleiten. Auffallend erscheint jedoch das hohe Autonomiebedürfnis der Berufskundelehrer. In nahezu allen erhobenen Fällen finden sich Beispiele dafür, dass die Studienteilnehmer in ihrer Arbeit auf die sich selbst zugestandene Autonomie zurückgreifen. Es darf angenommen werden, dass sie gegenüber den Schulleitungen durchaus eine offene Haltung einnehmen, solange sich die Ziele der beiden Parteien nicht widersprechen.

V. Huber berichtet in seinem Interview von einem Sachverhalt, bei dem er die Vorgaben der Schulleitung bewusst missachtet. Er ist mit einer steuernden, kontrollierenden Schulleitung konfrontiert, reagiert aber mit einer gelassenen, nahezu gleichgültigen Haltung auf die an ihn herangetragenen Anforderungen.

> „Die Schule möchte eine detailliertere Planung wie ich sie mache. Aber ich muss ja auch flexibel sein. [...] Also von dem her verweigere ich mich hier etwas der Schulleitung." (Huber, A, Int., Z. 44–45 &)

Er begründet sein Vorgehen mit den Bedürfnissen der Lernenden. Auch L. Zimmerli stellt die Lernenden über die Regelungen der Schulleitung. So befolgt er den vorgegebenen Schullehrplan schon seit einigen Jahren nicht mehr, weil dieser an einem transmissiven Unterrichtsverständnis orientiert ist, mit dem er sich nicht identifizieren kann und will. Vielmehr ist er der Überzeugung, dass diese Art des Unterrichts auf einem gescheiterten System beruht, von dem es Abstand zu nehmen gilt (vgl. Zimmerli, E, Int., Z. 625–633). Auch in anderen Belangen verfolgt er seinen eigenen Weg und strahlt dabei ein hohes Mass an Selbstsicherheit aus.

> „Ich bin zum Beispiel duzis mit den Lernenden, weil ich das von der Baustelle auch so kenne. Andere machen das nicht so und ich verstosse damit wahrscheinlich auch gegen interne Regelungen." (Zimmerli, E, Int., Z. 665–667)

Während bei V. Huber Gelassenheit bis hin zur Gleichgültigkeit spürbar ist, lässt sich bei L. Zimmerli sogar eine fast schon überhebliche Haltung seiner Schulleitung gegenüber feststellen. Dies dürfte der Tatsache geschuldet sein, dass Letztere zwar Regelungen einführt, diese jedoch kaum überprüft. Ganz anders ist hingegen die Situation, in welcher sich St. Becker befindet. Er berichtet von einer Schulleitung, die ein stark ausgeprägtes Top-down-Führungsverständnis umsetzt. Sie überwacht die Qualität der Lehrpersonen mit regelmässigen Zufriedenheitsumfragen bei den Lernenden und durch Einsicht in deren Prüfungsergebnisse. Aus den Evaluationen resultiert eine für alle Berufskundelehrpersonen einsehbare Rangliste. St. Becker betrachtet dieses Vorgehen als problematisch.

> „Das Arbeitsklima leidet natürlich, wenn man eine Rangliste von vorne nach hinten sieht und man weiss, wo man ungefähr steht." (Becker, A, Int., Z. 87–88)

Trotz dieser kritischen Haltung verhält sich St. Becker konform. So betont er im gleichen Atemzug, dass er mit viel Engagement dafür kämpfe, gute Resultate zu erreichen, was ihm bisher sehr gut gelinge. Er hat sich mit den Vorgaben der Schulleitung arrangiert und bemüht sich ihnen gerecht zu werden.

Diese Ausführungen lassen im Wesentlichen auf zwei unterschiedliche Haltungen zu den Schulleitungen schliessen. Die allermeisten Studienteilnehmer nehmen eine autonome Position ein und pflegen kaum eine Verbindung zu der Schulleitung. Gründe dafür können eine wahrgenommene Distanz oder eine abweichende Strategie sein. Im Ausnahmefall lässt sich eine Haltung gegenüber der Schulleitung erkennen, die von starker Anpassung geprägt ist. Die Führung wird als direktiv und kontrollierend beschrieben, was dazu führt, dass sich diese (wenigen) Berufskundelehrer unterordnen.

Haltung gegenüber den Berufsbildenden

Als Vorgesetzte der Lernenden sind die Berufsbildenden für deren Ausbildung im Lehrbetrieb verantwortlich und deshalb meist die Ansprechpartner und Ansprechpartnerinnen für die Berufskundelehrpersonen. Vielfach basieren die Kontakte vorwiegend auf gegenseitigen Informationen zu aktuellen Schwierigkeiten oder Auffälligkeiten in der Ausbildung der jeweiligen Lernenden.

> „Ich schreibe ihm [dem Berufsbildenden] eine Mail oder wir telefonieren und sprechen über den Lernenden und dann sagt der [Berufsbildende] mir, welche Massnahmen er getroffen hat oder so." (Hartmann, A, Int., Z. 158–160)

Einige der Studienteilnehmer pflegen einen regelmässigeren Austausch mit den Berufsbildenden. Sie begründen dies damit, dass ihnen das Netzwerk Einblicke in aktuelle Entwicklungen im Arbeitsmarkt ermöglicht. Sie zeigen gegenüber den Berufsbildenden daher eine offene, interessierte Haltung (vgl. Suter, E, Int., Z. 49–53; Zimmerli, E, Int., Z. 303–318). In wenigen Fällen entwickeln die Berufskundelehrer zusammen mit den Berufsbildenden lernortübergreifende Projekte.

> „Also was ich mache ist, es gibt ein Modul, wo es um Geschäftsprozesse geht. Also um Unterstützung von Geschäftsprozessen durch IT-Mittel. Dort müssen sie im Geschäft einen Prozess beschreiben und mit dem Berufsbildner besprechen." (Müller, I, Int., Z. 135–137)

Solche lernortübergreifenden Aufträge erfordern von beiden Seiten eine enge Zusammenarbeit und lassen auf eine beiderseitige kooperative Haltung schliessen. Manche Studienteilnehmer pflegen gegenüber den Berufsbildenden ein kundenorientiertes Verhältnis. Sie betreiben einen aktiven Austausch und sind bemüht, die Bedürfnisse der Praxis aufzunehmen. D. Suter holt von den Berufsbildenden beispielsweise regelmässig Meinungen über neue Entwicklungen ein, die er anschliessend in seinen Unterricht integriert (E, Int., Z. 49–53). J. Müller betont die hohe Relevanz der Arbeitsmarktfähigkeit seiner Lernenden. Er fördert bei den Lernenden diejenigen Kompetenzen, die gute Fachkräfte auszeichnen, und stellt damit die Berufsbildenden zufrieden (I, Int., Z. 76–86).

Die in die Studie integrierten Berufskundelehrer zeigen den Berufsbildenden gegenüber allesamt eine offene Haltung. Das Bild des Einzelkämpfertums bestätigt sich aber auch hier. Die Mehrheit der Studienteilnehmer pflegt zu den Berufsbildenden eine Art Interessenbeziehung, die jeweils dann intensiviert wird, wenn es die Situation verlangt. Nur in wenigen Fällen lässt sich eine kooperative Haltung feststellen, die von einer echten Zusammenarbeit geprägt ist.

4.3.5 Einstellung zur eigenen Professionalitätsentwicklung

Die Professionalitätsentwicklung einer Lehrperson dauert über die gesamte Berufskarriere an. So lernen und wachsen Lehrpersonen zum einen an ihren täglichen Aufgaben und erweitern ihr Bündel an Kompetenzen mit neuen Erfahrungen (Terhart, 2011). Zum anderen spielen im Lehrberuf informelle und formale Weiterbildungen eine wichtige Rolle. Dies trifft im Besonderen auf die Berufskundelehrer zu. Die zu unterrichtenden Unterrichtsinhalte lehnen sich an die Berufspraxis an, die gerade in technischen Berufen einer grossen Dynamik unterliegt. Es sollte deshalb zum Berufsauftrag einer Berufskundelehrperson gehören, sich laufend weiterzubilden. Für viele der an der Studie teilnehmenden Berufskundelehrer gehört es zum Berufsethos, auf dem aktuellen Stand zu bleiben.

> „Ich denke, das ist wirklich für mich der innere Anspruch der Glaubwürdigkeit und aus der Technik raus, da bin ich persönlich engagiert und bilde mich weiter. [...] Ob ich die Weiterbildung dann in fachlicher Art oder pädagogischer Art mache, da schaut dann keiner mehr nach." (Suter, E, Int., Z. 232–233 & 252–254)

In welchen Bereichen der Bedarf an Weiterbildung am höchsten eingeschätzt wird, kann vom professionellen Leitbild der Berufskundelehrer abhängen. So kommen sowohl fachliche, berufspraktische als auch pädagogisch-didaktische Weiterbildungen infrage. D. Suter nennt einen wesentlichen Grund, weshalb rein fachliche Weiterbildungen als weniger relevant zu betrachten seien.

> „Im zu vermittelnden Stoff, da gibt es eigentlich eher selten Anpassungen, wo man Techniken, wie soll ich sagen, nochmals ganz neu anschaut. Das sind physikalische Grundlagen [...]. Die physikalischen Gesetze ändern sich ja nicht." (Suter, E, Int., Z. 53–56)

Die Mehrheit der Studienteilnehmer betont aber, sich im fachlichen Bereich anhand von Fachzeitschriften, Lehrbüchern und ausgewählten Internetquellen bedarfsorientiert selbstständig weiterzubilden (bspw. Becker, A, Int., Z. 100–102; Hartmann, A, Int., Z. 277–280). Der pädagogisch-didaktische Bereich findet dagegen kaum Erwähnung; hier scheinen sie sich auf „learning by doing" zu verlassen. Nur ein Studienteilnehmer gibt an, dass er sich in Anbetracht der wachsenden Zahl an Lernenden mit schwierigem Hintergrund und Begleiterkrankungen mehr Unterstützung wünsche (vgl. Zimmerli, E, Int., Z. 449–457).

Der Schwerpunkt der Entwicklungsmassnahmen liegt eher bei berufspraktischen Weiterbildungen. Dies scheint bei einigen dem persönlichen Leitbild zu entsprechen, andere möchten authentisch wirken oder sehen die Notwendigkeit von Authentizität gegenüber den Lernenden. Die Mehrheit der Studienteilnehmer arbeitet seit vielen Jahren vollamtlich im Lehrberuf und unterrichtet in Bereichen, die sich rasant entwickeln. Daher wird der Entwicklungsbedarf im berufspraktischen Bereich am grössten eingeschätzt. J. Müller merkt beispielsweise an, dass Berufskundelehrpersonen, die für die Gestaltung ihres Unterrichts nur den Bildungsplan heranziehen, sich in einer falschen Sicherheit hinsichtlich der Aktualität wiegen.

> „Wir arbeiten jetzt mit einem Bildungsplan, der vor fünf Jahren publiziert wurde. Das ist dramatisch, oder? Darum ist es umso wichtiger, dass man das [Neuerungen] schneller in den Unterricht hineinbringt, durch die Weiterbildung der Lehrpersonen." (Müller, I, Int., Z. 312–316)

Das Zitat zeigt, dass J. Müller einen hohen Anspruch an sich selbst hat, den Lernenden einen Unterricht zu bieten, der auf den aktuellen Entwicklungen in der Branche basiert. Aufgrund der schnelllebigen Branche, in der seine Lernenden tätig sind, erachtet er die persönliche Weiterentwicklung als unabdingbar und notwendiges Element des Berufsauftrags (vgl. Int., Z. 251–253). In mehreren Fällen kann zudem Angst vor Gesichtsverlust identifiziert werden – man will sich nicht vor den Lernenden blamieren, weil der eigene Kenntnisstand veraltet ist. Für viele ist es zentral, den Lernenden einen Schritt voraus zu sein, um bei Fragen aus der Berufspraxis gewappnet zu sein. Dieser Anspruch stellt aber die meisten Berufskundelehrer vor immense Herausforderungen.

> „Ich habe das Gefühl, das wird immer schwieriger. Also vor allem, weil ich jetzt schon Jahre lang weg bin aus dem praktischen Berufsleben im Betrieb draussen. Also für mich sind dann die seltenen Betriebsbesuche, die ich machen kann, relativ wertvoll." (Hartmann, A, Int., Z. 281–284)

Die eigene Bereitschaft, sich auf unterschiedlichem Wege berufspraktisch weiterzuentwickeln, wird von allen als gross eingeschätzt. Einmalige Besuche in Betrieben erscheinen aber als unzureichend, um mit dem technischen Fortschritt mitzuhalten. R. Hartmann versucht deshalb beispielsweise, seine Betriebsbesuche um formale Weiterbildungen zu ergänzen, die von den Entwicklungsfirmen selbst für die Praktikerinnen und Praktiker angeboten werden.

> „Ich besuche natürlich schon bei Siemens und bei Festo und all diesen Firmen Weiterbildungskurse, um mich auf dem Laufenden zu halten. Aber wenn wir dann anschliessend so Sachen implementieren müssen im Praktikum, dann ist das eine grosse Herausforderung auch an die Ressourcen […], wir haben einfach wenig Zeit zur Verfügung." (Hartmann, A, Int., Z. 186–190)

Das Beispiel von R. Hartmann illustriert das ausgeprägte Bedürfnis nach Weiterbildung und das Engagement für die persönliche Weiterentwicklung. Trotz aller Anstrengungen scheint der resultierende Mehrwert als ungenügend eingeschätzt zu werden. J. Müller nimmt deshalb seine Schulleitung in die Pflicht und schlägt vor, die individuellen Ressourcen innerhalb des Teams aufzuteilen, damit nicht jede Berufskundelehrperson separat die ganze Entwicklungslast selbst tragen muss.

> „Das kann man schon aufteilen, unser Berufsfeld. Und dass man die Weiterbildung in diesem Rahmen definiert. Und diese Vorgaben existieren nicht. Das würde schon viel helfen." (Müller, I, Int., Z. 254–256)

St. Becker hat für sich ein ganzes Bündel an Strategien gefunden, um gar nicht erst hinter die Berufspraxis zurückzufallen. Zum einen investiert er viel Zeit in die Pflege seines Netzwerks und nutzt seine Entlastungslektion als Klassenlehrer für regelmässige Betriebsbesuche. Darüber hinaus dürfen seine Lernenden im Unterricht Projekte aus den Betrieben weiterverfolgen. Er zeigt sich dabei hochinteressiert und experimentiert gerne mit. Zudem investiert er zahlreiche Wochenenden dafür, sich weiterzubilden. Dank dieses überdurchschnittlichen Engagements kann er mit den Betrieben Schritt halten.

> „Also wir sind auf Augenhöhe mit der Industrie, teilweise noch etwas weiter mit gewissen Sachen." (Becker, A, Int., Z. 311–312)

Das Beispiel von St. Becker zeigt, dass eine Vielzahl an aktiven Strategien nützlich ist, um den Anschluss an die berufspraktische Welt nicht zu verlieren.

Wenngleich die Mehrheit der Studienteilnehmer nicht dazu bereit ist, so viel Engagement wie St. Becker in die eigene Professionalitätsentwicklung zu investieren, lässt sich insgesamt doch festhalten, dass alle der persönlichen Weiterbildung einen hohen Stellenwert einräumen. Im berufspraktischen Bereich wird die Relevanz am grössten eingeschätzt, was sich auch in einer hohen Weiterbildungsbereitschaft widerspiegelt. Der fachliche Wissensstand verändert sich weit weniger dynamisch, weshalb sich die Berufskundelehrer hier meist eigenverantwortlich weiterbilden. Pädagogisch-didaktisch scheint das erfahrungsbasierte Lernen höher gewichtet zu werden als externe Weiterbildungen. Die deutliche Mehrheit der Studienteilnehmer sieht für pädagogisch-didaktische Entwicklungsmassnahmen deshalb keine Notwendigkeit.

4.3.6 Berufs- und bildungsbiografische Ausprägungen und Erfahrungen

Das professionelle Selbstverständnis der Berufskundelehrer beruht offenbar zu einem wesentlichen Teil auf Erfahrungen, die sie im Zuge ihrer schulischen, berufspraktischen und pädagogischen Karriere gesammelt haben. Die laufenden Erfahrungen im Schulbetrieb sind darüber hinaus für die Entwicklung und Weiterentwicklung der anderen konstituierenden Elemente und des professionellen Selbstverständnisses insgesamt verantwortlich, weshalb sich die wechselseitige Wirkungskraft bei diesem Element besonders ausgeprägt darstellt. Damit die Berufskundelehrer aus den vielfältigen Anforderungen einen für sie stimmigen Unterricht umsetzen können, benötigen sie Ressourcen, die sich aus ihrer eigenen Biografie speisen. Im Folgenden wird deshalb zunächst anhand der Daten aus den Kurzfragebogen die jeweilige Laufbahn der einzelnen Studienteilnehmer skizziert und mithilfe von Interviewzitaten eingeordnet. Im Anschluss werden die Gründe für den Wechsel in den Lehrberuf, die Unterschiede im Dienstalter der Studienteilnehmer anhand des Phasenmodells von Huberman (1991) sowie die zusätzlich erläuterten berufsbiografischen Erfahrungen beschrieben.

Biografische Ausprägungen der Studienteilnehmer

Wie bereits im Rahmen der Vorstellung des Samples in Kapitel 3.2.5 verdeutlicht, kann in der vorliegenden Studie nur auf Daten von männlichen Berufskundelehrpersonen zurückgegriffen werden, was jedoch der Geschlechterverteilung im technisch ausgerichteten berufskundlichen Lehrberuf durchaus entspricht (vgl. Anhang 3). Die Studienteilnehmer sind zwischen 43 und 63 Jahre alt. Das fortgeschrittene Alter der Berufskundelehrer und der damit einhergehende Erfahrungsschatz können eine Wirkung auf das professionelle Selbstverständnis haben. Im Folgenden wird deshalb auf diese Erfahrungen und weitere Spezifika aus den Kurzfragebögen vergleichend eingegangen. Wo es sich anbietet, werden die Auswertungsergebnisse aus den Interviews ergänzend herangezogen.

Tabelle 12: Stichprobe und Auswertung des Kurzfragebogens

Personen-Nr.	Pseudonym	Geschlecht	Alter	Höchster Bildungsabschluss	Anzahl Jahre Industrie	Anzahl Jahre als Lehrperson	Beruf	Besuchtes Lehrjahr	Andere Bildungstätigkeiten	Anzahl Jahre in anderer Bildungstätigkeit
P1	D. Suter	m	52	Eidg. FA	30	9	E	1	Berufsbildner und Waldspielgruppenleiter	12 1
P2	G. Keller	m	52	Eidg. FA	20	15	E	3	Fachlehrperson Erwachsenenbildung	7
P3	J. Müller	m	56	MSc FH	32	4	I	4	Dozent FH, Prüfungsexperte und Entwicklung Bildungsplan	4
P4	L. Zimmerli	m	46	HTL	9	17	E*	2	Berufsbildner Lehrwerkstatt	9
P5	M. Fischer	m	59	BSc FH	16	18	I	2	Abteilungsleiter Industrie und Schulleitung	–
P6	R. Hartmann	m	59	HTL	15	18	A	2	–	–
P7	S. Wagner	m	63	Eidg. FA	18	19	I	1	Geschäftsleiter üK-Zentrum	10
P8	St. Becker	m	60	HTL	14	30	A	3	–	–
P9	V. Huber	m	43	MSc FH	23	7	A	2	QV Autor	3

Wie aus der Tabelle 12 hervorgeht, besuchte ein Drittel der befragten Berufskundelehrer im Verlauf ihrer Karriere eine praxisorientierte Weiterbildung auf Stufe Tertiär B, wodurch sie einen eidgenössischen Fachausweis erwarben. Die restlichen Studienteilnehmer absolvierten auf Stufe Tertiär A eine weiterführende Ausbildung, die in der Terminologie des gegenwärtigen Systems zu einem Bachelor- oder Masterabschluss führte. Im Vergleich zur Tertiärstufe B eigneten sich diese Berufskundelehrer mit einem Hochschulabschluss ein höheres Mass an Fachexpertise an, was sich potenziell auf das persönliche Leitbild der Studienteilnehmer auswirken könnte. M. Fischer schloss als Einziger innerhalb des Samplings keine berufliche Grundbildung, sondern das Gymnasium ab. In der Folge studierte er den Ausbildungsberuf der Lernenden auf der Stufe „Bachelor of Science" und begann anschliessend seine 16-jährige berufliche Laufbahn in der Industrie. Alle anderen Studienteilnehmer blicken ebenfalls auf eine langjährige Karriere in der Industrie zurück. Wie die Interviewdaten verdeutlichen, durchliefen die meisten Studienteilnehmer in ihrer Zeit in der Praxis mehrere berufliche Stationen (bspw. Becker, Int., Z. 3–7; Hartmann, Int., Z. 4–9; Zimmerli, Int., Z. 4–6). Manche arbeiteten Teilzeit noch über Jahre weiter in der Industrie, bevor sie sich dem Lehrberuf vollamtlich verpflichteten (bspw. V. Huber). R. Hartmann und St. Becker sind ab diesem Zeitpunkt keinen weiteren Bildungstätigkeiten nachgegangen. Alle anderen Studienteilnehmer sind oder waren trotz der hauptberuflichen Lehrtätigkeit an der Berufsfachschule noch in anderen Bildungsinstitutionen oder Rollen tätig. D. Suter und L. Zimmerli konnten Erfahrungen in der betrieblichen Bildung von Lernenden sammeln. Sie beziehen sich in den Interviews mehrmals auf die damit verbundenen Eindrücke und Kenntnisse, um ihr Vorgehen im Unterricht zu erklären. So beruft sich L. Zimmerli beispielsweise auf seine Erfahrung als Berufsbildner, wenn er seinen Fokus auf selbstorganisiertes Lernen begründet (E, Int., Z. 35–40). Auch S. Wagner kann auf Erfahrungen aus einer anderen Bildungstätigkeit verweisen, da er vor dem Lehrberuf ein überbetriebliches Kurszentrum leitete und Lernende als Kursleiter ausbildete. Er betont, dass er dadurch viele praktische Kenntnisse mitbringen konnte, die ihm in seiner Laufbahn als Lehrperson zugutekommen (I, Int., Z. 20–22). J. Müller dürfte seinen Blick durch die Mitwirkung bei der Bildungsplanentwicklung ebenfalls auf die anderen Lernorte ausgeweitet haben. Zudem verschafft er sich als Dozent an einer Fachhochschule und als Prüfungsexperte laufend neues Wissen über praxisrelevante Neuerungen (I, Int., Z. 190–192). Als Autor des Qualifikationsverfahrens weiss V. Huber zudem, was von den Lernenden erwartet wird. G. Keller bezieht sich auf seine Erfahrungen aus der Erwachsenenbildung und betont dabei, dass er den Lernenden auch deshalb viel Vertrauen schenkt und ihnen wie in seiner Tätigkeit als Fachlehrer Verantwortung überträgt (E, Int., Z. 157–159). M. Fischer engagiert sich als Abteilungsleiter Industrie innerhalb der Schulleitung.

Es zeigt sich, dass die Stichprobe trotz der Homogenität hinsichtlich des Geschlechts und Alters eine Varianz im Erfahrungshorizont aufweist. Dies beginnt bei der Aus- und Weiterbildung, die bei einigen eher fachlich, bei anderen stärker berufspraktisch ausgerichtet war. Daneben unterscheiden sich auch die Erfahrungen der Studienteilnehmer aus anderen Bereichen der Bildungswelt. Diese individuellen Spezifika in der Laufbahn der Berufskundelehrer können sich potenziell auf ihr professionelles Selbstverständnis auswirken.

Gründe für den Wechsel in den Lehrberuf

Der Wechsel in den Lehrberuf erfolgte bei manchen Studienteilnehmern sukzessive und begann mit einer Teilzeitanstellung an einer Berufsfachschule, während die Tätigkeit in der Industrie zunächst ebenfalls weiterverfolgt wurde. Andere wählten von Beginn an eine hauptamtliche Anstellung. Der Berufswechsel kann durchaus als Bruch in der Karriere der Studienteilnehmer betrachtet werden. Zudem können die Gründe für den Berufswechsel Hinweise auf die Einstellung der Berufskundelehrer zu ihrem jetzigen Beruf geben.

Die Motive der Studienteilnehmer für den Wechsel in den Lehrberuf erscheinen relativ heterogen. Mehrere erläutern, dass sie von sich aus nicht auf die Idee gekommen wären, in die Berufsbildung einzusteigen: *„Also dass ich Berufskundelehrer bin, kann man auch als Betriebsunfall bezeichnen“* (Huber, A, Int., Z. 4) oder *„Ich habe dann zuerst gefunden, nein, das ist nichts für mich“* (Hartmann, A, Int., Z. 17). Sowohl V. Huber als auch R. Hartmann relativieren ihre Aussagen jedoch mit folgenden Ergänzungen: *„Und dann habe ich festgestellt, das macht eigentlich noch Spass“* (Huber, A, Int. Z. 11–12) und *„Ich habe dann gefunden doch, das passt mir eigentlich noch, das ist gar nicht so schlecht, gut gelaufen mit den jungen Leuten auch, habe Freude gehabt“* (Hartmann, A, Int., Z. 22–23). Bei rund der Hälfte der Berufskundelehrer erfolgte die Berufswahl hingegen aus Überzeugung und insbesondere deshalb, weil ihnen die Zusammenarbeit mit jungen Menschen Freude bereitet.

> „Also es ist schon die Arbeit gewesen mit Menschen, die mir viel mehr Befriedigung gegeben hat, als da irgendwelche Projekte zu leiten. [...]. Vielleicht bin ich aber auch einfach gerne Lehrer. Ich bin selbst auch immer gerne in die Schule gegangen, immer gerne, egal auf welcher Stufe. Mir gefällt diese Atmosphäre, es hat jeder so seine Lernbiografie, die er so mitnimmt.“ (Zimmerli, E, Int., Z. 11–13 & 568–571)

Während bei L. Zimmerli die Berufswahl auch mit seiner eigenen, positiv verlaufenen Bildungsbiografie in Zusammenhang zu stehen scheint, betonen andere, dass sie in den Lehrberuf gewechselt seien, weil sie ihren Beitrag zum erfolgreichen Fortbestehen des Berufsstands leisten wollten. Obwohl nicht das hauptsächliche Motiv für die Berufswahl, nennen doch einige Studienteilnehmer das Anliegen, gute Fachkräfte auszubilden (bspw. Suter, E, Int., Z. 105–106). Was sie unter einer guten Fachkraft verstehen und welche Bedeutung dieses Verständnis für ihren Unterricht hat, fällt je nach persönlichem Leitbild anders aus.

Bei einem Grossteil der Berufskundelehrer war die Entscheidung für den Lehrberuf nicht langfristig geplant. Bei den meisten Befragten lässt sich der Berufswechsel als schleichend beschreiben. Sie haben über offene Stellen an einer Berufsfachschule erfahren oder wurden von ihrem Netzwerk auf den Lehrpersonenmangel angesprochen und dazu motiviert, sich zu bewerben. Nach einer unterschiedlich langen, sich selbst gesetzten Probephase in einem Kleinstpensum gaben sie ihre bisherigen Anstellungen in der Industrie auf. Andere berichten darüber, einen Punkt im Leben erreicht zu haben, an dem sie sich nochmals neu orientieren wollten.

> „Ich habe gewusst, ich will, ich muss jetzt mal noch etwas anderes machen. Und dann habe ich überlegt was oder. Eine Möglichkeit wäre gewesen selbständig etwas zu machen, und die andere Lehrer.“ (Fischer, I, Int., Z. 4–7)

Gleich mehrere Studienteilnehmer sprechen diesen Punkt im Leben an, begründen ihn aber unterschiedlich. J. Müller gibt das Alter als Grund an und erklärt, dass er sich die Frage stellen musste, ob er weiterhin im harten Markt arbeiten oder lieber auf die

Bildung setzen wollte (vgl. Müller, I, Int., Z. 7–10). Zwei weitere Berufskundelehrer waren in Unternehmen beschäftigt, die in finanzielle Schieflage gerieten, was die Suche nach neuen beruflichen Wegen initiierte (vgl. Suter, E, Int., Z. 8–11 & Wagner, I, Int., Z. 12–13). V. Huber empfand seine Aufgaben in der Privatwirtschaft als eintönig und sah im Lehrberuf eine abwechslungsreiche Alternative (vgl. Huber, A, Int., Z. 9–13).

Demnach ist die Motivation für den Wechsel in den Lehrberuf zwar nicht bei allen Studienteilnehmern gleich stark ausgeprägt, doch haben alle an ihrer gegenwärtigen Tätigkeit Gefallen gefunden. Während die Motive für den Karrierewechsel noch recht vielfältig sind, wirken jene für den Verbleib im Lehrberuf relativ einheitlich. So gibt die grosse Mehrheit an, Freude an der Arbeit mit jungen Menschen (entwickelt) zu haben. Das bedeutet nicht zwangsläufig, dass alle Studienteilnehmer eine positive Haltung zu den Lernenden aufweisen (vgl. Kapitel 4.3.4). Die von vielen geäusserte Freude an der Arbeit mit Jugendlichen scheint aber auszureichen, um im Beruf zu verbleiben.

Einordnung von berufsbiografischen Ausprägungen nach dem Dienstalter im Lehrberuf

Huberman (1991) veröffentlichte ein Phasenmodell (vgl. Abbildung 8), das von einer Stufung der beruflichen Entwicklung von Lehrpersonen nach der Anzahl an Berufsjahren ausgeht. Er unterscheidet zwischen einem unproblematischen und einem schwierigen Berufseinstieg. Letzterer ergibt sich aus einer Rollenüberbelastung, Angst, schwierigen Lernenden, zu knappen Zeitressourcen, einer kontrollierenden Schulleitung und Isolation innerhalb der Schule (ebd., S. 253). Das Phasenmodell wird im Folgenden als Hilfsmittel eingesetzt, um die berufsbiografischen Ausprägungen der Studienteilnehmer zu kontextualisieren.

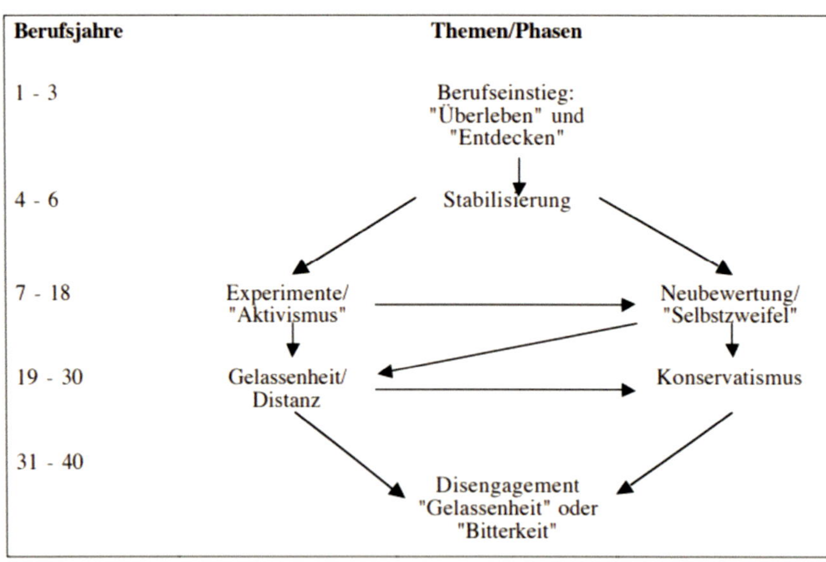

Abbildung 8: Entwicklungsstadien einer Lehrperson anhand Phasenmodell (Huberman, 1991, S. 249)

Bei gut der Hälfte der Studienteilnehmer liegt eine berufspraktische Anstellung in der Industrie ca. 20 oder mehr Jahre zurück. L. Zimmerli, M. Fischer, R. Hartmann, S. Wagner und St. Becker gehören dieser Gruppe an. Darauf dürfte die Aussage R. Hartmanns zurückzuführen sein, dass es für ihn mittlerweile eine grosse Herausforderung darstelle, technisch auf dem Laufenden zu bleiben.

> „Die Schwierigkeit besteht darin, das von der praktischen Tiefe mitzubekommen. [...]. Ich meine von der oberflächlichen Theorie kann man das vielleicht schon noch verstehen, aber von der Umsetzung her im Detail, das ist nicht mehr so einfach oder. Weil dann fehlt einfach die Erfahrung, die man macht, indem man das selbst umsetzt." (Hartmann, A, Int., Z. 291–296)

Für M. Fischer hingegen scheint der Umstand einer wachsenden Distanz zur Praxis des Ausbildungsberufs keine Schwierigkeit darzustellen (vgl. Fischer, I, Int., Z. 49–53). Er bewältigt die Herausforderung vermutlich durch seinen praxisorientierten Unterricht. Mit dieser Strategie integriert er berufspraktische Neuerungen laufend in seine Lehre und hält sein Praxiswissen aktuell.

> „Ich probiere es möglichst auch realistisch zu machen. Ich arbeite auch noch viel mit Schuldaten. Wir haben ja die ganzen Daten von Schülern und Lehrern, da gibt es viele Daten. Mit denen mache ich auch viel Projekte. [...]. Ich versuche immer wieder, didaktisch einen neuen Weg zu gehen und Abwechslung zu bieten." (Fischer, I, Int., Z. 50–52 & 95–97)

Darüber hinaus entwickelt er seinen Unterricht didaktisch laufend weiter. Mit seinen 18 Jahren Erfahrung als Berufskundelehrer scheint er sich noch immer in der Phase des „Aktivismus" zu befinden (für diese und folgende Zuordnungen vgl. Abbildung 8). Gleichzeitig tritt er als neues Schulleitungsmitglied in die Phase der „Gelassenheit" ein, die sich durch Engagement für die Weiterentwicklung von verschiedenen Bereichen der Schule auszeichnet (Ludescher et al., 2007). Gleiches gilt für L. Zimmerli mit seinen 17 Jahren Erfahrung im Lehrberuf. Er experimentiert weiterhin gerne mit neuen Unterrichtsmethoden (bspw. Zimmerli, E, Int., Z. 390–394), setzt sich aber auch für die Schule insgesamt ein, indem er regelmässige Anregungen für Neuerungen einbringt.

> „Unsere Zimmer sind traditionell bestuhlt. Ich würde die Tische eigentlich gerne gruppenmässig aufstellen. [...]. Die Schulleitung hat sich [...] gegen eine Änderung entschieden. Aber ich mache immer wieder so Vorschläge." (Zimmerli, E, Int., Z. 667–671)

Der Unterricht von D. Suter und S. Wagner mit 9 respektive 19 Jahren Lehrerfahrung ist ebenfalls durch die regelmässige Aufnahme von neuen Inhalten gekennzeichnet. Sie beweisen sowohl der Berufspraxis als auch ihren Lernenden gegenüber einer grossen Neugierde, die sich auf ihren Unterricht überträgt (bspw. Suter, E, Beob., Z. 152–154).

R. Hartmann, der 18 Jahre Lehrerfahrung aufweist, scheint sich hingegen schon in der Phase des Konservatismus zu befinden. Er setzt ein traditionelles Unterrichtsverständnis um, das von gleichbleibenden Mustern geprägt ist (A, Beob., Z. 19–22). Ein ähnliches Bild lässt sich für G. Keller zeichnen, in dessen Unterrichtspraxis ein stark routiniertes Vorgehen vorherrscht (E, Int., Z. 65–68).

St. Becker blickt bereits auf 30 Jahre Erfahrung als Lehrperson zurück. Als einziger Studienteilnehmer vermittelt er eine gewisse „Bitterkeit" – allerdings nicht hinsichtlich der Lernenden als Individuen, sondern wegen der sich verändernden Rahmenbedingungen.

> „Also gerade jetzt auch die Lehrpersonen der Unter- oder Oberstufen. Da wird dauernd wieder herumgeschraubt und jeder hat wieder ein wenig komische Ideen und neue. Ich denke das ist nicht gut für die Ausbildung jetzt generell. Wenn man jetzt sieht, was wir jetzt bekommen jetzt, von den Lernenden, das Spektrum, das ist extrem weit, mich dünkt, es geht je länger, je weiter auseinander." (Becker, A., Int., Z. 483–487)

Es kommt zum Ausdruck, dass er seine von Konservatismus geprägte Einstellung durch sich verändernde Rahmenbedingungen gefährdet sieht und deshalb wohl eine gewisse Unzufriedenheit verspürt. Das steht im Einklang mit seiner scharfen Kritik an der OdA, welche in der gegenwärtigen Revision der Bildungsverordnung die Gewichtung der QV-Noten verändern will. St. Becker betrachtet dies als Gefährdung seines Unterrichtserfolgs (vgl. A, Int., Z. 543–546).

Im Gegensatz dazu blickte J. Müller zum Zeitpunkt der Datenerhebung auf erst vier Jahre Erfahrung im Lehrberuf zurück. In Anlehnung an Hubermans (1991) Phasenmodell müsste er sich in der Stabilisierungsphase befinden. In seinen Interviewaussagen kommt mehrmals ein ausgeprägtes Selbstbewusstsein zum Ausdruck, das sich auf seine langjährige Berufserfahrung in der Praxis bezieht. Dieses Wissen unterstützt ihn im Lehrberuf stark, weshalb von ihm ein hohes Mass an Gelassenheit ausgeht.

> „Ich habe das Gefühl ich merke, was wichtig ist, was ich unterrichten sollte." (Müller, I, Int., Z. 193–194)

Auch V. Huber mit sieben Jahren im Lehrberuf kann im Rahmen der vorliegenden Stichprobe noch eher als Neuling bezeichnet werden. Nach Huberman (1991) sollte er die Phase der Stabilisierung gerade hinter sich gelassen haben und sich nun in einer Experimentier- oder Neubewertungsphase befinden. Aus dem Interviewgespräch zeichnen sich jedoch keine Veränderungen in der Unterrichtspraxis ab. Er betreibt einen ähnlichen Unterricht wie jene Lehrpersonen, die zum Konservatismus neigen (A, Int., Z. 18–23). Möglicherweise hat er die Veränderungsphase übersprungen, ist noch mit der Stabilisierung seiner Ausrichtung beschäftigt oder lässt sich grundsätzlich nicht in das Modell einordnen.

Insgesamt erweist sich die Passung der exemplarisch vorgestellten Ausprägungen der Studienteilnehmer mit den von Huberman (1991) entsprechend dem Dienstalter definierten Phasen jedoch beachtlich. Es können zwei Hauptgruppen identifiziert werden: Ein Teil der Studienteilnehmer befindet sich in der Phase des Aktivismus und experimentiert sowohl inhaltlich als auch methodisch-didaktisch mit neuen Ideen. M. Fischer und L. Zimmerli zeigen darüber hinaus auch Charakteristika der Folgephase, indem sie sich für die Weiterentwicklung ihrer Schule einsetzen. Eine zweite Gruppe lässt sich der Phase des Konservatismus zuordnen. Diese Berufskundelehrer haben den Inhalt und die Form ihres Unterrichts gefunden und setzen diesen ohne wesentliche Veränderungen Jahr für Jahr um. Keiner der Studienteilnehmer befand sich zum Zeitpunkt der Datenerhebung in der Phase des Berufseinstiegs. Es kann davon ausgegangen werden, dass sich das professionelle Selbstverständnis aufgrund der bereits gesammelten Erfahrungen bei der Mehrheit der teilnehmenden Berufskundelehrer zu festigen begonnen hat oder schon stark ausgebildet ist.

Die Daten verweisen also darauf, dass die Anzahl der Dienstjahre und die damit einhergehenden Erfahrungen im Lehrberuf die Entwicklung und Weiterentwicklung des professionellen Selbstverständnisses der Lehrpersonen beeinflussen. Neben der Dauer im Lehrberuf dürfte die Art und Weise der biografischen Erfahrungen ebenfalls eine entscheidende Rolle spielen.

Prägende Erfahrungen aus der Biografie als Berufskundelehrperson

Die beruflichen Erlebnisse der befragten Berufskundelehrer führen zu persönlichen Einsichten und wirken sich potenziell auf die Weiterentwicklung ihres professionellen Selbstverständnisses aus. Die Studienteilnehmer berichten von einer Vielzahl an Erfahrungen, die sie im Laufe ihrer Berufsbiografie zu Veränderungen in ihrer Unterrichtspraxis bewogen. Häufig stehen solche Erfahrungen in Verbindung mit persönlichen Spannungsverhältnissen, die sich zwischen den Anforderungen und dem professionellen Selbstverständnis der Berufskundelehrer ergeben. Die darauffolgende Justierung der Handlungsstrategien kann mit einer reflektierten und professionellen Auseinandersetzung mit den Spannungsfeldern einhergehen. Andere Berufskundelehrer begründen Veränderungen in ihrem Unterricht nur auf Basis ihrer Erfahrungen, ohne Bezüge zu einer professionellen Auseinandersetzung mit den spannungsverursachenden Faktoren herzustellen.

M. Fischer hielt sich als Junglehrer beispielsweise noch stark an die Vorgaben des Bildungsplans und baute die geforderten Theoriebestandteile als Inputs in den Unterricht ein. In der professionellen Auseinandersetzung mit dem Lehr- und Lernerfolg seines Vorgehens stellte er fest, dass die Lernwirksamkeit anderer Methoden und Inhalte seinen Lernenden einen grösseren Nutzen bringt.

> „Ich mache aus Erfahrung praktisch keine Theorie mehr. Das ist meine Philosophie. [...]. Also eben ich mache viele Projekte. Im Endeffekt musst du probieren, die Leute zu motivieren.“ (Fischer, I, Int., Z. 38–39 & 95)

M. Fischer hat demnach aus seinen Erfahrungen einerseits inhaltliche und didaktische Lehren gezogen, andererseits führte die Reflexion seiner Unterrichtserfahrungen auch zu persönlichen Veränderungen, die sich in einer erhöhten Unabhängigkeit und einem damit einhergehenden wachsenden Selbstbewusstsein äussern. Hielt er sich in den Berufseinstiegsjahren noch strikt an den Bildungsplan und die darin enthaltenen theoretischen Grundlagen, weicht er aufgrund seiner Erfahrungen immer mehr davon ab (vgl. Fischer, I, Int., Z. 40–41). Darüber hinaus lässt er seinen Lernenden innerhalb eines abgesteckten Rahmens viele Freiheiten. Wie auch L. Zimmerli hat er im Laufe der Zeit gelernt stärker loszulassen und bei den Lernenden Eigenverantwortung einzufordern (bspw. Fischer, I, Int., Z. 38–41; Zimmerli, E, Int., Z. 33–37). Für die Entwicklung und Umsetzung von angepassten Handlungsstrategien bezog er somit sich selbst und die eigene Rolle als Lehrperson, das Lernen der Lernenden sowie den Lerngegenstand in seine persönliche Reflexion ein.

L. Zimmerli berichtet von einem persönlich umgesetzten Paradigmenwechsel. Er löste sich nach zwei Jahren Unterrichtserfahrung von den Vorgaben der Schulleitung und orientiert sich seitdem nicht mehr am Lehrmittel, sondern passend zu seinem jetzigen pädagogischen Leitbild an den Ressourcen der Lernenden (vgl. Zimmerli, E, Z. 630–633). Zudem setzt er vermehrt auf selbstorganisierte Unterrichtspraktiken, weil er die Erfahrung gemacht hat, dass die Lernenden so nachhaltiger lernen. Dieser Wandel erforderte ebenfalls eine Reflexion über sich selbst, die Lernenden und den Lerngegenstand.

> „Ich habe diesen Paradigmenwechsel [zum selbstorganisierten Lernen] relativ früh vollzogen. Vielleicht auch, weil ich eine Zeitlang Berufsbildner gewesen bin." (Zimmerli, E, Int., Z. 37–39)

Er verweist dabei auch auf Erfahrungen aus seiner vorangegangenen Berufspraxis. Andere Studienteilnehmer begründen mit solchen Rückbezügen zu früheren oder nebenamtlichen Bildungstätigkeiten ebenfalls ihr pädagogisch-didaktisches Vorgehen oder die Fokussierung auf praxisrelevante Lehr- und Lerninhalte. J. Müller (vgl. I, Int., Z. 65–69) rekurriert beispielsweise mehrmals auf seine langjährige Berufserfahrung als Informatiker und begründet damit seine Auswahl der Lerninhalte sowie sein methodisches Vorgehen. Aus seinen Lehrerfahrungen als Dozent an einer Fachhochschule und als Berufskundelehrer etablierten sich handlungsorientierte Unterrichtsmethoden, weil er durch die kritische Betrachtung seiner Lehrveranstaltungen feststellte, dass die Lernenden gerne aktiv arbeiten (vgl. I, Int., Z. 15–18).

Wiederum andere Studienteilnehmer nennen als prägende Erfahrungen wahrgenommene Veränderungen bei den Rahmenbedingungen. St. Becker berichtet beispielsweise von steigenden Anforderungen auf der einen Seite und abnehmenden Kompetenzen bei den Schulabgängerinnen und Schulabgängern auf der anderen Seite.

> „Die Qualität nimmt massiv ab. [...]. Der Leidtragende ist der Lernende, ist in der Sek gewesen, A-Schüler, drei Jahre Mathe und kann nichts." (Becker, A, Int., Z. 199 & 220–222)

Diese Erkenntnis führte dazu, dass St. Becker seitdem in seinem Unterricht noch stärker auf Fachkompetenzen setzt, weil die Lernenden sonst seiner Aussage nach das Qualifikationsverfahren nicht bestehen. R. Hartmann bekundet ähnliche Erfahrungen. Er nimmt bei den Lernenden vor allem eine sich laufend reduzierende Leistungsbereitschaft wahr. Aufgrund dieser Erkenntnis führte er verstärkte Kontrollmechanismen ein.

> „In den letzten zwei Jahren habe ich angefangen, die Verbindlichkeit der Hausaufgaben massiv hinaufzusetzen, weil sie werden einfach nicht gemacht sonst.“ (Hartmann, A, Int., Z. 40–42)

Sein Unterricht im Klassenzimmer folgt einem kleinschrittigen, stark gesteuerten Vorgehen, wodurch er stets unter Kontrolle hat, wo die Lernenden stehen. Wie das Beispiel von V. Huber (A, Int., Z. 29–30) hinsichtlich der Nutzung einer Bildschirm-Überwachungssoftware zeigt, scheinen auch andere Berufskundelehrer aufgrund ihrer Erfahrungen auf mehr Kontrolle zu setzen.

Insgesamt kann festgehalten werden, dass alle Studienteilnehmer infolge spannungsreicher Erfahrungen im Unterricht ihr professionelles Handeln angepasst haben. Bei einigen Berufskundelehrern gingen diese Anpassungen mit einer reflektierten und professionellen Auseinandersetzung mit der eigenen Position zwischen den Polen des wahrgenommenen Spannungsfeldes einher. Bei anderen deuten die Äusserungen und die beobachtete Unterrichtsgestaltung eher auf eine unreflektierte Umgehung der Spannungsfelder hin. Dies äussert sich vor allem darin, dass sie auf eine vertiefte Auseinandersetzung aller spannungsverursachenden Faktoren, unter anderem in Bezug auf die eigene Rolle, verzichten. Auffallend ist zudem, dass über die Zeit eine Festigung der Handlungsstrategien beobachtet werden kann. In Bezug auf die Didaktik zeigt sich aufgrund der prägenden Erfahrungen entweder ein „Loslassen“ oder aber eine verstärkte Steuerung und Kontrolle durch die Berufskundelehrer.

Die bisher erläuterten Ergebnisse bestätigen, dass die konstituierenden Elemente des professionellen Selbstverständnisses in einem wechselwirkenden Verhältnis zueinander stehen. In Abhängigkeit von den Rahmenbedingungen, den situativen Gegebenheiten und den Ausprägungen der ineinander verschränkten Elemente des professionellen Selbstverständnisses entscheiden die Studienteilnehmer über ihre Handlungsstrategien. Im folgenden Kapitel wird näher auf dieses Austarieren zwischen den Rahmenbedingungen und den konstituierenden Elementen des professionellen Selbstverständnisses eingegangen.

4.4 Zwischenfazit: Das Ausbalancieren von Anforderungen mit dem professionellen Selbstverständnis

Die bisherigen Erläuterungen verdeutlichten, dass viele Anforderungen auf die Studienteilnehmer einwirken, die aus externalen Rahmenbedingungen hervorgehen. Sie entstammen zum einen den Vorgaben der Gesetzgebung und der Organisationen der Arbeitswelt, zum anderen setzen die Schulleitungen, die Berufspraxis oder die Bildungspolitik und Gesellschaft Rahmenbedingungen, die in Anforderungen an die Berufskundelehrpersonen münden. An der Wahrnehmung der Anforderungen und am

Umgang damit ist offenbar das professionelle Selbstverständnis beteiligt. Es setzt sich aus sechs konstituierenden Elementen zusammen, die eine Wirkung auf die Wahrnehmung, Interpretation und Bewältigung der Anforderungen entfalten (vgl. Abbildung 7):

1. Ziele
2. persönliches Leitbild
3. didaktisches Unterrichtsverständnis
4. Haltung gegenüber Anspruchsgruppen
5. Einstellung zur eigenen Professionalitätsentwicklung
6. berufs- und bildungsbiografische Ausprägungen und Erfahrungen

Die einzelnen Elemente können nicht trennscharf voneinander abgegrenzt werden. Sie wirken aufeinander ein und bestimmen gemeinsam über das professionelle Selbstverständnis der Berufskundelehrpersonen. In Anlehnung an Maltritz (2016) interpretieren die Lehrpersonen die externalen Rahmenbedingungen durch den Filter ihres professionellen Selbstverständnisses auf eine bestimmte Art und Weise und entwickeln individuelle Handlungsstrategien, um die damit einhergehenden Anforderungen zu bewältigen. Im einfachsten Fall stehen Anforderungen und professionelles Selbstverständnis im Einklang. Wie die bisherigen Ergebnisse allerdings zeigen, ergeben sich für die Studienteilnehmer Abweichungen zwischen den Rahmenbedingungen, den daraus hervorgehenden Anforderungen und dem professionellen Selbstverständnis, sodass sie sich in einem Spannungsfeld bewegen.

Zugunsten einer klaren terminologischen Abgrenzung der von Helsper (2016) und Schütze (2015) beschriebenen Konzepte wird in der vorliegenden Studie zwischen Antinomien und Spannungsverhältnissen getrennt. Stehen sich auf struktureller Ebene Rahmenbedingungen gegenüber, die zwar jeweils für sich Gültigkeit beanspruchen, aber unvereinbar sind, handelt es sich um Antinomien. So bilden beispielsweise die Divergenzen zwischen den Lernzielen in den Bildungsplänen und den Anforderungen im Qualifikationsverfahren oder in der Berufspraxis Antinomien auf struktureller Ebene. Daneben können auf der persönlichen Ebene Spannungsverhältnisse entstehen, wenn aus den Rahmenbedingungen Anforderungen an die Berufskundelehrpersonen hervorgehen, die mit dem individuellen professionellen Selbstverständnis unvereinbar sind.

Aus den bisherigen Ergebnissen lassen sich vor allem in Bezug auf die Bildungspläne, das QV, die schulinternen Vorgaben, die systemischen Bedingungen und die Berufspraxis Anforderungen an die Berufskundelehrer identifizieren, die mit dem professionellen Selbstverständnis in einem Spannungsverhältnis stehen können. Die Abbildung 9 stellt in einem äusseren Kreis die Rahmenbedingungen dar, die untereinander zu Antinomien führen können. Der innere Kreis bildet die konstituierenden Elemente des professionellen Selbstverständnisses der Studienteilnehmer ab. Stehen die aus den externalen Rahmenbedingungen von den Berufskundelehrpersonen wahrgenommenen Anforderungen in einem Widerspruch zu den subjektiven Sichtweisen, die sich aus den konstituierenden Elementen des professionellen Selbstverständnisses ergeben, können daraus persönliche Spannungsverhältnisse hervorgehen.

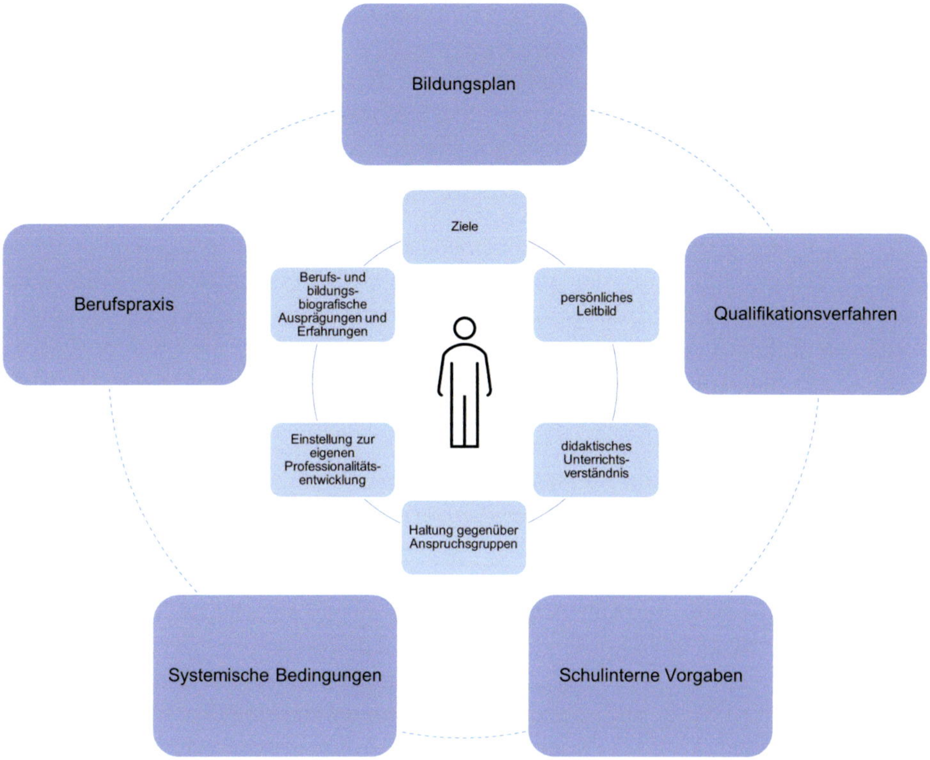

Abbildung 9: Am Entstehen von Spannungsverhältnissen beteiligte, externale Rahmenbedingungen (äusserer Kreis) und Elemente des professionellen Selbstverständnisses (innerer Kreis) (eigene Darstellung)

Spannungsverhältnisse auf der persönlichen Ebene ergeben sich jeweils in Verbindung mit einzelnen oder mehreren konstituierenden Elementen des Selbstverständnisses. Die Berufskundelehrpersonen haben sich beispielsweise an die Inhalte des Bildungsplans zu halten. Gleichzeitig empfinden jene mit einem berufspraktischen Leitbild die Bildungspläne als chronisch veraltet. Aus diesem Grund steht ihr eigentliches Ziel in einem Spannungsverhältnis zum Bildungsplan, weil sie ihren Unterricht eigentlich mit aktuellen berufstypischen Situationen umsetzen wollen, um arbeitsmarktfähige Nachwuchskräfte auszubilden. Ein weiteres Spannungsfeld kann sich aus einem QV ergeben, das vorwiegend auf fachliche Inhalte fokussiert. Berufskundelehrpersonen mit einem konstruktivistischen Unterrichtsverständnis und einem pädagogischen Leitbild setzen auf handlungsorientierten Unterricht, der sich an den Erfahrungen der Lernenden und weniger an Fachinhalten orientiert. Manche Schulleitungen verpflichten ihre Lehrpersonen zudem, dass ihr Unterricht einem vorgegebenen, linear aufgebauten Skript folgt. Dies wiederum bringt jene mit einem konstruktivistischen Unterrichtsverständnis in ein Spannungsverhältnis, weil sie ihre Unterrichtsgestaltung an den individuellen Ressourcen der Lernenden ausrichten wollen. Auch die Heterogenität der Lernenden als systemische Bedingung kann zu Spannungen führen, wenn den Berufskundelehrpersonen methodische Kompetenzen fehlen und ihre Einstellung zur Professionalitätsentwicklung von einer pädagogisch-didaktischen Weiterbildung absieht. Die Anforderungen aus der Berufspraxis können ebenfalls zu einem Spannungsverhältnis führen, zum Beispiel, wenn ein direkter Bezug der Lehrinhalte zu den betrieblichen Prozessen eingefordert wird, die Berufskundelehrperson die Lernenden aber vorwiegend persönlich oder fachlich weiterentwickeln will.

Die Aufdeckung und Einordnung von strukturellen Antinomien und persönlichen Spannungsverhältnissen ist nicht zuletzt deshalb von Bedeutung, weil der Umgang damit eine Schärfung des professionellen Selbstverständnisses zulässt. Die Handlungsstrategien der Lehrpersonen sind ebenso individuell wie die Wahrnehmung von Antinomien und Spannungsverhältnissen. So kann eine Rahmenbedingung bei der einen Berufskundelehrperson zu einem Spannungsverhältnis führen, wohingegen eine andere keine Antinomie wahrnimmt, sich also auch nicht in einem Spannungsfeld bewegt. Wenn eine Lehrperson beispielsweise die Unterrichtsplanung aufgrund ihres didaktischen Verständnisses an den Ressourcen der Lernenden ausrichtet, die Anforderungen aus den Rahmenbedingungen jedoch eine lineare Skriptsteuerung vorsehen, kann sich für diese Person ein Spannungsverhältnis eröffnen. Eine andere Lehrperson, die ein transmissives didaktisches Unterrichtsverständnis aufweist und dem Bildungsplan sowie dem daran angelehnten Skript lückenlos folgt, dürfte sich hier nicht in einem Spannungsfeld wiederfinden. Einige Studienteilnehmer registrieren zudem eine Vielzahl an Spannungsverhältnissen und Antinomien, während andere solche kaum feststellen. Dies kann daran liegen, dass das professionelle Selbstverständnis und die wahrgenommenen Anforderungen entweder weit auseinander oder nahe beieinander liegen. Einige Berufskundelehrer scheinen sich mit den Rahmenbedingungen zudem besser oder eben schlechter arrangieren zu können.

Ungeachtet dessen, ob die Anforderungen und die einzelnen Elemente des professionellen Selbstverständnisses nun mehr oder weniger kompatibel (geworden) sind, scheinen die Berufskundelehrer Strategien gefunden zu haben, um handlungsfähig zu sein. Diese Strategien lassen sich als ein Ausbalancieren oder Aushandeln zwischen Antinomien bezeichnen, bei denen das professionelle Selbstverständnis wieder eine zentrale Rolle spielt. In Abhängigkeit vom professionellen Selbstverständnis läuft gewissermassen ein Aushandlungsprozess ab, in dessen Zuge die auf die Lehrpersonen einwirkenden Anforderungen bewusst oder unbewusst abgewogen werden. Dieser Aushandlungsprozess mündet in spezifischen Handlungsstrategien, die mit über die Zeit gewachsenen Unterrichtsroutinen und -gestaltungen einhergehen. Die empirischen Daten verweisen darauf, dass die Handlungsstrategien nicht zwingend stabil sein und zu gefestigten Routinen führen müssen. Ebenso wenig erscheint das professionelle Selbstverständnis selbst immer konsistent; es kann sich innerhalb einer beruflichen Laufbahn verändern. Doch lassen die bisherigen Resultate der vorliegenden Studie ein relativ beständiges Bild vermuten. Gleiches gilt für die persönlich wahrgenommenen Spannungsverhältnisse und Antinomien, weshalb daraus häufig wiederkehrende Unterrichtsroutinen zu erwachsen scheinen.

Das Ausbalancieren zwischen den externalen Rahmenbedingungen und dem professionellen Selbstverständnis läuft zum einen auf kognitiver Ebene ab, wenn es darum geht, die unterschiedlichen Anforderungen für sich zu interpretieren und auszuhandeln. Zum anderen wirkt sich das professionelle Selbstverständnis auf die praktische Ebene aus, wenn aus dem persönlichen Aushandlungsprozess ein bestimmter Unterricht resultiert. Das professionelle Selbstverständnis der Berufskundelehrpersonen hat in Bezug auf das professionelle Handeln somit eine zentrale Funktion. Vom professionellen Selbstverständnis ausgehend werden sowohl die steuernden Faktoren als auch die Unterrichtsstrategien so austariert, dass eine Passung oder zumindest eine Handlungsfähigkeit entsteht. Obwohl dem professionellen Selbstverständnis keine handlungs*determinierende* Rolle attestiert werden kann, darf in Anlehnung an die empirischen Daten demnach von einer handlungs*leitenden* Funktion ausgegangen werden.

Das fallvergleichende Vorgehen im Rahmen der Datenauswertung führte zu der Einsicht, dass die Handlungsstrategien der Studienteilnehmer, um den Berufsauftrag zu bewältigen und einen Umgang mit den damit zusammenhängenden Antinomien und Spannungsverhältnissen zu finden, auf unterschiedliche professionelle Selbstverständnisse zurückzuführen sind. Zugleich liessen sich bei mehreren Berufskundelehrern hinsichtlich der konstituierenden Elemente des professionellen Selbstverständnisses ähnliche Ausprägungen feststellen. Daraus ergab sich eine Gruppierung der Ergebnisse, die in der Generierung von Typen mündete. In der folgenden Typenbeschreibung werden die bisherigen Erkenntnisse nach Typ geordnet dargestellt und mit denjenigen Unterrichtsumsetzungen verbunden, die von den entsprechenden Studienteilnehmern benannt wurden oder in der Beobachtung identifiziert werden konnten.

4.5 Typologien des professionellen Selbstverständnisses von Berufskundelehrpersonen

Die Abhängigkeiten zwischen den an die Studienteilnehmer gerichteten Anforderungen und den konstituierenden Elementen ihres professionellen Selbstverständnisses sind vielfältig und komplex. Werden die mit den professionellen Selbstverständnissen verbundenen Handlungsstrategien zum Umgang mit den Anforderungen und die daraus abgeleiteten Unterrichtsroutinen und -umsetzungen in die Betrachtung eingeschlossen, braucht es eine Struktur, die der Nachvollziehbarkeit dieser Abhängigkeiten dient. Typenbildende Verfahren sind dazu geeignet, komplexe soziale Wirklichkeiten zu strukturieren und auf eine verständliche Art und Weise greifbar zu machen (Kelle & Kluge, 2010). Weil die empirischen Daten darauf schliessen lassen, dass einige Studienteilnehmer mit unterschiedlichen, andere mit vergleichbaren professionellen Selbstverständnissen agieren, ist die Strukturierung in Typen das Mittel der Wahl zur Darstellung dieser komplexen Realität.

Durch die fallvergleichende und fallkontrastierende Analyse der Ergebnisse entstand eine Struktur, die eine Zuordnung der bisherigen Ergebnisse zu insgesamt drei charakteristischen Typen von Berufskundelehrpersonen ermöglicht. Die empirisch begründete Typenbildung setzt in Bezug auf die Kernkategorie bei systematisch ähnlichen Fällen an und abstrahiert diese zu Idealtypen (Kelle & Kluge, 2010). Die folgenden Typen unterscheiden sich demnach in der Ausgestaltung ihres professionellen Selbstverständnisses:

- der Instruktor
- der Entfalter
- der Brückenbauer.

Für die weitere Komplexitätsreduktion sollen das professionelle Selbstverständnis, die Wahrnehmung und die Interpretation von Anforderungen, die zur Bewältigung notwendigen Handlungsstrategien sowie die daraus resultierenden Unterrichtsroutinen und -umsetzungen typenspezifisch miteinander in Verbindung gebracht werden. Zu diesem Zweck wurde das Kodierschema von Tiefel (2005) in leicht angepasster Form für den Auswertungsprozess herangezogen. Auf der Sinnebene wird zunächst das jeweilige professionelle Selbstverständnis eines Typs rekonstruiert. Es gibt Hinweise über die Eigeninterpretation des Berufsauftrags sowie über persönliche Zieldimensionen, Haltungen, Überzeugungen und Orientierungen der dem jeweiligen Typ zugeordneten Berufskundelehrer. Anschliessend wird auf der Strukturebene der typenspezifische Umgang der entsprechenden Studienteilnehmer mit den an sie gerichteten und wahrgenommenen Anforderungen beschrieben. Dabei liegt der Fokus auf dem Aspekt, der die Handlungsebene begründet. Diese resultierende Handlungsebene wird in einem letzten Schritt auf Grundlage identifizierter Unterrichtsroutinen und -gestaltungsweisen der Berufskundelehrer in Verbindung mit den zuvor genannten Perspektiven dargestellt. Die Typenbeschreibungen orientieren sich demnach an folgender Struktur:

- Sinnebene: Merkmale des jeweiligen professionellen Selbstverständnisses
- Strukturebene: Anforderungen und Handlungsstrategien
- Handlungsebene: Unterrichtsroutinen und Unterrichtsgestaltung

Die bereits dargestellten Ergebnisse zu den Rahmenbedingungen und Anforderungen, den konstituierenden Elementen des professionellen Selbstverständnisses und allfälligen Spannungsverhältnissen oder Antinomien fliessen in die Typenbeschreibungen ein und werden in Beziehung zueinander gebracht. Darüber hinaus werden die bisherigen Ergebnisse um die Handlungsebene der Studienteilnehmer erweitert. Mit dem Kodierschema von Tiefel (2005) können die Zusammenhänge und Verknüpfungen zwischen den stabilen und emergenten Kategorien der kognitiven und handelnden Prozesse aufgezeigt werden.

Im Folgenden werden also die Typen anhand von Interview- und Beobachtungsdaten nach der genannten Struktur charakterisiert. Die Übergänge zwischen der Sinn-, Struktur- und Handlungsebene verlaufen zum Teil fliessend: Für eine differenzierte

Beschreibung von Merkmalen und Orientierungen des jeweiligen professionellen Selbstverständnisses müssen punktuell auch die begründenden Handlungsstrategien herangezogen werden; für die Ausführungen zu den wahrgenommenen Anforderungen und Handlungsstrategien ist wiederum der Rückgriff auf Zitate aus der eigentlichen Handlungsebene manchmal unumgänglich. Darüber hinaus handelt es sich um eine idealtypische Darstellung, welche die als relevant eingeschätzten Aspekte der sozialen Wirklichkeit der Studienteilnehmer aufzeigt. Die Idealtypen verfolgen weder den Anspruch, die Realität von einzelnen Berufskundelehrpersonen abschliessend zu erfassen, noch die professionellen Selbstverständnisse der Studienteilnehmer vollständig distinktiv zu beschreiben. Vielmehr wird durch die Beschränkung auf das Wesentliche versucht, das zweckrationale Handeln ähnlich agierender Berufskundelehrpersonen zugänglich und verständlich zu machen.

4.5.1 Der Instruktor

„Und da wird jetzt wirklich jede Seite durchgenommen ...“[4]

Dem Typus des Instruktors werden insgesamt vier Studienteilnehmer zugeordnet. Sie unterrichten Lernende in der Automation und Elektroinstallation und orientieren sich an KoRe- und Triplex-Bildungsplänen. Ihnen ist gemein, dass sie sich bei der Eigeninterpretation ihres Berufsauftrags stark an den Vorgaben orientieren. Dabei spielen der Bildungsplan und das Qualifikationsverfahren eine zentrale Rolle. Sie fliessen in ein schulinternes Skript ein, dessen Entwicklung, Pflege und akribisch genaue Umsetzung das professionelle Selbstverständnis der Instruktoren widerspiegelt. Das Skript und die Lehrmittel stellen eine wichtige Stütze für die Planung und Umsetzung des Unterrichts dar. So halten sich diese vier Berufskundelehrer konsequent an die vorgesehenen Materialien aus den Skripten und nehmen sich vor, alle Unterlagen lückenlos abzuarbeiten.

> „Der Bildungsplan ist die Grobplanung und anhand von dem habe ich dann das Skript geschrieben. [...]. Und da wird jetzt wirklich jede Seite durchgenommen. Das ist mein roter Faden.“ (Becker, A, Int., Z. 62–64)

Der direkte Bezug der Skriptinhalte zu den Prüfungen und zum Qualifikationsverfahren unterstützt die Instruktoren darin, die als abnehmend wahrgenommene Leistungsbereitschaft bei den Lernenden zu erhöhen. Der Wandel der Rahmenbedingungen, der eine geringere Gewichtung des QV nach sich zieht, birgt deshalb eine Herausforderung.

> „Ich sehe es als ein grosses Problem, dass die aktuelle Revision unserer Bildungsverordnung so verläuft, dass das 3.-4. Lehrjahr nur noch 15 % an die Gesamtnote zählen. Wenn das so kommt, nehmen die Lernenden mich und meinen Unterricht ab dem 3. Lehrjahr nicht mehr ernst.“ (Becker, A, Int., Z. 543–546)

4 Becker, A, Int., Z. 63–64

Prüfungen sind somit nicht nur ein wichtiges Motivationsinstrument, sondern fast schon eine Legitimierung des Berufskundeunterrichts. Die auf die Vorgaben ausgerichteten Unterrichtsziele und -materialien stehen gewissermassen als unverrückbarer Fokus zwischen dem Instruktor und der Klasse. Die Unterrichtspraxis kann daher als Dichotomie zwischen Lehrperson und Materialsteuerung beschrieben werden. Das lernende Individuum als eigentlich dritter Pol im Unterrichtsgeschehen mit persönlichen Interessen oder Bedürfnissen erhält wenig Raum; die Haltung der Lehrperson zu den Lernenden ist eher distanziert.

Weil sich die Instruktoren in der Pflicht sehen, alle vorgesehenen Materialien zu behandeln, stellt Zeit ein knappes Gut dar. Auf diesen Umstand führen sie ihr transmissives Unterrichtsverständnis zurück. Obwohl sie damit den Eindruck erwecken, dass sie unter anderen Bedingungen lernendenzentrierter arbeiten würden, scheinen sie dem selbstorganisierten Arbeiten der Lernenden nicht viel abgewinnen zu können.

> „Ich habe Kollegen als Sekundarlehrer. Die sagen die Effizienz ist nie mehr so wie früher. Die Qualität nimmt massiv ab. Bis wir diese Welle mit dem selbstorganisierten Arbeiten wieder durchlebt haben und alle gemerkt haben es ist ein Scheiss." (Becker, A, Int., Z. 198–200)

Die Instruktoren weisen damit ein eher traditionelles und konservatives Unterrichtsverständnis auf. Sie strahlen eine fachliche Autorität aus und versuchen den Lernenden mit ihrem Skript und der darin strukturierten Vorbereitung immer einen Schritt voraus zu sein. Sie betrachten Fachkompetenz denn auch als ein zentrales Unterrichtsziel.

> „Also ganz generell will ich den jungen Menschen zu einer Fachperson, zu einer fachkompetenten Person aufbauen." (Keller, E, Int., Z. 95–96)

Als Bezugspunkt für ihren Unterricht sehen sie neben berufsrelevanten Verknüpfungen vor allem die mit dem Beruf verbundenen Fachwissenschaften. *„Es geht um Mathematik, Physik oder auch Automation, Programmieren. Das sind wichtige Grundlagen."* (Huber, A, Int., Z. 22–23) So beziehen sie sich für die Planung und Durchführung ihres Unterrichts auf fachliche Quellen.

> „Den Stoff deckt 100 % der Bildungsplan ab. Dann haben wir Fachkundebücher. Dann haben wir Fachzeitschriften, Europalehrmittel." (Becker, A, Int., Z. 100–101)

Die Instruktoren sehen ihren Berufsauftrag somit primär in der Vermittlung und im Aufbau von Fachlichkeit. Die Förderung von überfachlichen Kompetenzen findet kaum Erwähnung, obwohl diese ebenfalls Bestandteil der Bildungspläne wären. Aufgrund ihres fachlichen Leitbilds orientieren sie sich ausschliesslich an den theoretischen Grundlagen in den Bildungsplänen und blenden Kompetenzziele aus, die mit beruflichen Situationen verbunden sind. Da sich die theoretischen Grundlagen bei Bildungsplanrevisionen im Vergleich zu den praxisnahen Kompetenzzielen mutmasslich wenig verändern, können die Instruktoren durch das Ausblenden dieser Bildungsplanbestandteile über Jahre den gleichen Unterricht umsetzen. Aus diesem Grund haben für sie berufspraktische Weiterentwicklungsmassnahmen eine untergeordnete Relevanz. Viel wichtiger scheint die ihrem fachlich geprägten Leitbild entsprechende fachwissenschaftliche Professionalitätsentwicklung zu sein.

> „Einerseits mache ich Weiterbildungskurse in den Firmen, aber ich lese natürlich auch die eine oder andere Fachzeitschrift oder irgendein Fachbuch einmal, ich habe einen ganzen Schrank voll." (Hartmann, A, Int., Z. 276–279)

Die Haltung gegenüber ihrem Beruf und dem dahinterstehenden Wissen ist von Respekt und einer gewissen persönlichen Bescheidenheit geprägt. Ihrem fachlichen Leitbild entsprechend sind sie sich bewusst, wie wichtig es ist, auf dem Laufenden zu bleiben, und sie haben hohe fachliche Ansprüche an sich selbst.

> „Ich weiss, kaum habe ich wieder ein Problem, muss ich wieder hinter die Bücher und dann fange ich dann vielleicht wieder von vorne an. Also das ist, das ist das, was, man ist eigentlich dauernd immer ein wenig daran, aber ich fühle mich nie ausgelernt, überhaupt nicht." (Becker, A, Int., Z. 459–463)

Dazu passend betrachten sie es als eine wichtige Aufgabe, ihre Unterrichtsmaterialien stetig den neuen Gegebenheiten anzupassen und zu erweitern. Es gehört zu ihrem professionellen Selbstverständnis, mit sehr aktuellen Lehr- und Lernmaterialien zu arbeiten.

> „Das Skript ist sehr aktuell. Wieso? Es hat [sich] wieder geändert, die ganze Normierung hat [sich] geändert und dann habe ich das Skript anpassen dürfen. [...]. Das heisst, ich habe jetzt am Wochenende wirklich jetzt da die Kennbuchstaben alle abgeändert, dass das wirklich auf dem neusten Stand ist. Jetzt sind wir neuer als die Fachkundebücher." (Becker, A, Int., Z. 50–52 & 54–56)

Zusammenfassend lässt sich sagen: Die Instruktoren engagieren sich einerseits stark für einen fachlich korrekten, aktuellen und vollständigen Unterricht und beweisen in dieser Hinsicht eine hohe Leistungsbereitschaft, die sie auch von ihren Lernenden erwarten. Andererseits sparen sie Vorbereitungszeit, weil sie ihren Unterricht nicht an der dynamischen Berufspraxis ausrichten und so über Jahre ähnliche Inhalte vermitteln können. Kompetenzziele, die sich an Berufssituationen orientieren, blenden sie eher aus und sonstige Bestrebungen scheinen sich vor allem auf das vorschriftsmässige Arbeiten auszurichten. Tätigkeitsbestandteile, die ausserhalb der fachlichen Vermittlung liegen, nehmen die Instruktoren also als Verpflichtung wahr, was sie vor zahlreiche Herausforderungen stellt, namentlich Zeitknappheit im Unterricht oder Motivationsverlust bei den Lernenden. Beim fachlich ausgerichteten, transmissiv gestalteten Unterricht dreht sich alles um die skriptorientierte Planung und um das lückenlos zur Verfügung gestellte Material. Neben dem Unterricht erscheint es wichtig, dass die Instruktoren selbst und ihre Materialien fachlich ajour bleiben. Das professionelle Selbstverständnis dieses Typus beruht daher auf Strukturierung und Systematik sowie einer Qualitätsperspektive aus der Industrie. Nicht der Mensch, sondern Richtlinien und Vorgaben stehen im Mittelpunkt des professionellen Handelns.

„Ich musste die Verbindlichkeiten hinaufsetzen, sonst machen sie nichts ...“[5]

Die Instruktoren sehen sich mit einer Reihe von Rahmenbedingungen und Anforderungen konfrontiert, die sie zu oft nicht nachhaltigen Handlungsstrategien veranlassen. Wie oben schon erwähnt, wird die Umsetzung des Bildungsplans als verpflichtend und damit als wichtige Rahmenbedingung für die Erfüllung des eigenen Berufsauftrags betrachtet.

> „Ja unsere wichtigste Planungsquelle ist der KoRe-Katalog [Bildungsplan], den wir erfüllen müssen.“ (Hartmann, A, Int., Z. 58)

Sie können sich mit dieser Vorgabe gut arrangieren, weil sie sich primär an den theoretischen Grundlagen des Bildungsplans orientieren (vgl. Huber, A, Int., Z. 22–23). Von der Schulleitung und den Ausbildungsbetrieben fühlen sie sich allerdings einem starken Druck ausgesetzt, der sich in verschiedenen Kontrollmechanismen manifestiert.

> „Wir haben auch noch Berufsbildner, die schauen auch, was wir durchgenommen haben. Das heisst das ist unsere Qualitätssicherung. [...] Und die Schulleitung, die macht eine Umfrage, wie die Lernenden zufrieden sind mit den Lehrpersonen. Dann gibt es eine Rangliste. Das ist noch relativ hart, wenn man nicht zuvorderst dabei ist. Dann gibt es halt Lehrpersonen, die abfallen oder ein Team, das abfällt. Und die werden dann betreut oder ausgewechselt oder was auch immer.“ (Becker, A, Int., Z. 68–70 & 80–87)

Diese Top-down-Steuerung trägt dazu bei, dass die Instruktoren ihr hochstrukturiertes, streng an den Richtlinien orientiertes System umsetzen. Es zeichnet sich dadurch aus, dass sie die an sie gerichteten oder wahrgenommenen Vorgaben konsequent einhalten. Sie weichen nur dann davon ab, wenn es sich ihrer Erfahrung nach aufgrund von besseren Leistungen bei den Lernenden für sie und ihre eigene Performance lohnt oder sie aufgrund ihres fachlichen Leitbilds zu weit weg von den berufspraktischen Anforderungen sind. Um die Berufsbildenden trotzdem zufriedenzustellen, messen sie dem Qualifikationsverfahren im Vergleich zum Bildungsplan einen noch höheren Stellenwert bei. So lassen sie Themenbereiche, die aus Erfahrung nie Bestandteil des QV sind, aus Zeitgründen weg, um die Ressourcen für prüfungsrelevantere Inhalte zu nutzen.

> „Ich orientiere mich dann halt an den QV, was wird an den QV verlangt? Und dann hat man gewisse Erfahrungswerte, was kommt und was kommt nie. Und dann streiche ich halt das, was nie kommt, um mir ein bisschen Luft zu verschaffen. Ob das dann im Bildungsplan noch drinnen steht oder nicht, ‚tant pis‘, dann ist es halt draussen oder. Es geht nicht anders.“ (Hartmann, A, Int., Z. 385–389)

5 Hartmann, A, Int., Z. 47–48

Angesichts der Fokussierung auf fachliche Inhalte der Instruktoren muss gemäss diesem Zitat davon ausgegangen werden, dass die mit Berufssituationen verbundenen Kompetenzziele der Bildungspläne nicht Teil der QV sind. Das QV scheint daher die inhaltliche Ausrichtung des Unterrichts massgeblich zu prägen. Das Zitat weist zudem darauf hin, dass die Abweichung vom Bildungsplan eine Strategie darstellt, die aus der Not heraus verfolgt wird. Der Berufskundelehrer ist nicht in der Lage, die Ursache des Spannungsfelds in seinem didaktischen Vorgehen zu benennen oder anzugehen. Weil sich die Instruktoren aufbürden, mehrheitlich alle vorgegebenen Materialien durchzuarbeiten, stehen sie unter einem latenten Zeitdruck. Die Zeitressourcen, eine Rahmenbedingung, werden in den Augen der Instruktoren möglichst zielführend genutzt, wenn die Inhalte eine hohe QV-Relevanz aufweisen und effizient vermittelt werden.

> „Zum Teil haben wir extrem viel Stoff, dann ist es teilweise wirklich so, noch krasser Frontalunterricht mit eher wenig Übungen. Wenn du eben viel Stoff hast, dann geht es nicht anders." (Huber, A, Int., Z. 18–20)

Aufgrund der grossen Stoffmenge und der begrenzten Zeit setzen die Instruktoren auf einen vermittelnden Unterricht, der von einem transmissiven Unterrichtsverständnis geprägt ist. Neben einer stetig wachsenden Fülle an Inhalten konstatieren sie auch hinsichtlich der qualitativen Anforderungen an die Lernenden eine laufende Steigerung.

> „Man verlangt heute viel mehr von den jungen Menschen. Aber sie sind ja nicht intelligenter geworden, als wir gewesen sind." (Keller, E, Int., Z. 24–25)

Das Dilemma scheint umso grösser, da das Niveau der Lernenden in den Augen der Instruktoren stagniert oder gar abnimmt. Die Schuld hierfür liege bei der Volksschule und der Bildungspolitik. Das technische Verständnis von Kindern und Jugendlichen werde zu wenig gefördert und Methoden wie das selbstorganisierte Lernen seien nicht zielführend erachten (bspw. Becker, A, Int., Z. 199–200).

> „Die bringen so wenig von der Volksschule, so wenig Ressourcen mit in Bezug auf Technik. Und da stosse ich immer mehr an die Grenze oder das wird zu einem zunehmenden Problem." (Hartmann, A, Int., Z. 394–397)

All diese Rahmenbedingungen bringen das Ziel des Lehrabschlusses potenziell in Gefahr. Die Instruktoren haben im Umgang mit den damit verbundenen Herausforderungen eine Reihe an Strategien entwickelt. Zum einen bereiten sie die Lernenden sehr strukturiert und detailliert auf die Prüfungen und auf das QV vor. Weiter stellen sie den Lernenden viele Übungsmaterialien zur Verfügung, die einen direkten Bezug zu den Prüfungsinhalten und -methoden aufweisen. Mit zahlreichen Repetitionen wird zudem sichergestellt, dass die prüfungsrelevanten Inhalte im Gedächtnis bleiben. Daneben weist der Unterricht der Instruktoren eine sehr hohe Prüfungsdichte auf, damit sich die Lernenden an die Prüfungssettings gewöhnen und eine gewisse Routine aufbauen.

> „Als Erstes machen wir immer Prüfung. Das ist einfach Standard so. [...] Und es gibt fast jedes Mal eine Prüfung, ausser es ist das erste Mal, dass wir uns sehen nach den Ferien, dann gibt es keine." (Keller, E, Int., Z. 42 & 46–48)

Der permanente Prüfungsdruck bringt für die Instruktoren den positiven Nebeneffekt mit sich, dass die Lernenden Leistungswillen entwickeln, denn Motivationsmangel stellt für die Instruktoren eine Herausforderung dar. Sie akzentuieren ihr Vorgehen deshalb in Form von Belohnungs- und Bestrafungsschemata, indem ausgeprägter oder mangelnder Fleiss der Lernenden mit guten oder schlechten Noten belohnt respektive bestraft wird. Decken sich die Leistungen der Lernenden trotz allem nicht mit den Erwartungen der Lehrpersonen, nutzen diese ihre Macht und schaffen mit zusätzlichen summativen Bewertungen neue Verbindlichkeiten.

> „In den letzten zwei Jahren habe ich angefangen, die Verbindlichkeit der Hausaufgaben massiv hinaufzusetzen, weil sie werden einfach nicht gemacht sonst. Und die Verbindlichkeit besteht einfach darin, dass sie einen sogenannten Lernarbeitstest machen müssen." (Hartmann, A, Int., Z. 40–44)

Solche Kontrollmechanismen und Druckmittel sehen sie als wirkungsvolle Waffe gegen die Demotivation von Lernenden. In diesem Zusammenhang kommen auch Überwachungssysteme zum Einsatz, um gegen allfällige Ablenkungen im Unterricht vorzugehen (vgl. Huber, A, Int., Z. 29–30).

Die Instruktoren nehmen die an sie gerichteten Anforderungen sehr ernst. Wenn sie von Rahmenbedingungen abweichen, begründet sich dies mit einer noch besseren Leistung (sowohl der Lernenden als auch der eigenen). Die Vorbereitung der Lernenden auf das QV ist die wohl wichtigste Pflicht der Instruktoren und begründet deren Fokussierung auf Fachkompetenzen zumindest zum Teil. Es fällt aber auf, dass Veränderungen bei ihnen tendenziell Spannungen auslösen, weshalb die Orientierung an den (stabilen) theoretischen Grundlagen in den Bildungsplänen hilfreich ist. Wenn die systemischen Bedingungen sie trotzdem zu Anpassungen zwingen, setzen ihre Handlungsstrategien aufgrund einer oft fehlenden Selbstreflexion kaum bei den Kernproblemen an, sondern äussern sich in Symptombekämpfungen. Aus diesem Grund erstaunt kaum, dass die Instruktoren angesichts der Spannungsfelder, in denen sie sich bewegen, häufig an Grenzen stossen. Laut ihrer Einschätzung sind die Zeitressourcen unzureichend, zugleich wachsen die an die Lernenden gestellten Ansprüche, obwohl sie weniger Voraussetzungen mitbringen als früher. Die Lehrpersonen des Typs Instruktor fühlen sich deshalb dazu gezwungen, auf unpopuläre Strategien zurückzugreifen, die sich in transmissiven Unterrichtssettings oder ausgeprägten Kontrollmechanismen manifestieren. Dabei erwarten die Instruktoren von den Lernenden hohe Leistungen und setzen auf extrinsische Motivation, um diese bei den Lernenden abzurufen.

„Dann ist es teilweise noch krasser Frontalunterricht ...“[6]

Die aus den Rahmenbedingungen und Anforderungen erwachsenen Handlungsstrategien leiten die Instruktoren zu charakteristischen Unterrichtsroutinen und Unterrichtsgestaltungen hin. Das hochstrukturierte Selbstverständnis dieses Typus tritt auch hier deutlich hervor. Damit sichergestellt werden kann, dass alle Lernenden mit allen fachlichen Inhalten des Bildungsplans und Skripts in Berührung kommen, unterliegt der Unterricht einem hohen Steuerungsgrad. Die Beobachtungsdaten zeigen, dass die Instruktoren der linearen Planung des Skripts folgen und damit den Lernprozess aller Lernenden gleichermassen zu lenken versuchen. Das strukturierte Vorgehen lässt weder Abweichungen von der Planung noch Flexibilität zu, sorgt jedoch dafür, dass sich alle Lernenden an der gleichen Stelle des Skripts befinden. Ob der persönliche Lernprozess der Lernenden vom Aufbau des Skripts abweicht, scheint zweitrangig und auf vorherigen Schulstufen verschuldet worden zu sein. Die individuellen Bedürfnisse und die Selbstbestimmung der Lernenden sind auf ein Minimum reduziert.

> Dann macht die Lehrperson weiter mit Theorie aus dem Skript über den Beamer. Sie markiert auf den Arbeits- und Theorieblättern das Wichtigste und fordert die Lernenden dazu auf, das Gleiche ebenfalls zu markieren. Sie betont immer wieder, dass das auch im QV kommen könnte. (Becker, A, Beob., Z. 26–30)

Die Lernenden folgen dem Vortrag in ihren eigenen Unterlagen und heben hervor, was der Lehrer als relevant für das (in diesem Fall noch weit entfernte) QV einstuft. Der immerwährende QV-Bezug treibt die Lernenden dazu an, bei der Sache zu bleiben. Die zur Auswahl stehenden Unterrichtsmethoden sind aufgrund des akribischen Abarbeitens aller Vorlagen und der damit begründeten Zeitnot stark eingeschränkt. Ein wesentlicher Faktor in der Methodenwahl gilt deshalb der Effizienz. Mit einem instruktionalen Vorgehen versuchen die Instruktoren den umfangreichen Stoff zu vermitteln, der vom Bildungsplan respektive vom Skript vorgegeben wird und demnach für das QV relevant ist. Um möglichst keine Zeit zu verlieren, hält sich der Unterricht dieses Typus an ein stark routiniertes Schema, das von frontalen Theorieinputs und daran anschliessenden Übungen mit regelmässig stattfindenden Prüfungen geprägt ist. Dies zeigt sich eindrücklich in der Unterrichtsbeobachtung, wenn die Lernenden beispielsweise schon wissen, was als Nächstes folgt.

> Die Lernenden unterbrechen die Lehrperson und fragen, ob sie das Formelbuch brauchen dürfen, auch wenn die Lehrperson inmitten des Inputs ist und noch nichts von einer Aufgabe gesagt hat. Nachher folgt aber tatsächlich eine Übung des zuvor theoretisch Eingeführten. (Hartmann, A, Beob., Z. 19–22)

Auf eine theoretische Einführung in ein neues Thema folgt in der Regel eine erste Übung, welche die Berufskundelehrer instruktional detailliert einführen, damit möglichst alle schnell beginnen können. Die Lernenden werden dazu angehalten, das Vorgehen in ihren eigenen Materialien zu duplizieren, bevor sie selbstständig ähnliche

6 Huber, A, Int., Z. 19

Übungsmaterialien bearbeiten. Die Lernenden werden mit diesem Vorgehen nicht dazu angeleitet, selbstständig zu denken, sondern sollen vorwiegend das nachmachen, was die Lehrperson vorgibt, und sich so als Gemeinschaft durch die Stofffülle durcharbeiten.

> Die Lehrperson löst die zuvor abgegebene Übung am Beamer vor und artikuliert ihr Vorgehen im Detail, die Lernenden schreiben mit. Dann folgt wieder Input. Für die nächste Übung holt sie das Vorgehen und die Lösung ebenfalls instruktional bei den Lernenden ab. (Keller, E, Beob., Z. 9–11)

Wenn die Instruktoren die Übungen nicht frontal präsentieren, wandern sie teilweise durch die Klasse. Fragen klären sie jedoch zugunsten der Arbeitsfähigkeit aller, indem sie sofort auf die Lösung rekurrierende Antworten geben, anstatt die Lernenden zum zeitaufwändigen Selbstdenken anzuleiten. In der Beobachtung zeigt sich, dass die gegenseitige Unterstützung der Lernenden eine wichtige Rolle zu spielen scheint. Grund dafür dürfte weniger sein, dass die Instruktoren dies von den Lernenden wünschen, vielmehr entsteht der Eindruck, dass Unklarheiten gar nicht bemerkt werden.

> Die Lehrperson fragt bei den Lernenden nach, ob noch Fragen zum gerade behandelten Thema bestehen. Sobald der erste Lernende dies verneint, fährt die Lehrperson mit dem Unterricht fort, obwohl einige den Eindruck erwecken, durchaus noch Erklärungsbedarf zu haben. (Becker, A, Beob., Z. 94–97)

Nach dem Lösen einer Übung wird diese besprochen. Die Instruktoren orientieren sich in Übungsphasen an den schnellen Lernenden. Teilweise dürfen die Stärksten das eigene Vorgehen und Resultat der Klasse vortragen, zum Teil nimmt ihnen das der Lehrer ganz ab oder ergänzt. Es wird grossen Wert auf die detaillierte Beschreibung des Vorgehens gelegt.

> Nach der instruktionalen Beschreibung aller Schritte betont die Lehrperson, dass das Vorgehen immer das gleiche sei und sie sich daran halten sollen: zuerst denken, dann die Formel aufschreiben, anschliessend mit dem Taschenrechner rechnen. (Keller, E, Beob., Z. 12–14)

Weil die Übungen in grosser Anzahl zur Verfügung stehen und an das QV angelehnt sind, können sich die Lernenden durch Fleiss eigenverantwortlich auf Prüfungen vorbereiten. Die Instruktoren glauben den Lernenden durch die detaillierten Besprechungen und das Bereitstellen von Übungen mit Musterlösungen genügend zu helfen und treten dabei ihre Verantwortung hinsichtlich individueller Begleitung gewissermassen an das Material ab. Darüber hinaus weisen sie die Lernenden in ihren Inputs regelmässig auf prüfungsrelevante Inhalte hin und üben mit ihnen gezielt Methoden ein, mit denen die Prüfungsaufgaben gelöst werden können. Dabei scheint weniger das Verstehen als das Auswendiglernen von Schemata im Fokus zu stehen. Inhalte oder Kompetenzen, die nicht prüfungsrelevant sind, erhalten weder Anerkennung noch Platz im Unterricht. Während der Übungen sind die Lernenden dazu angehalten, selbstständig und unter Zeitdruck zu arbeiten, um sich auch diesbezüglich an Prüfungssettings zu gewöhnen. Schwächere Lernende können dem Tempo oft nicht folgen und kopieren das, was instruktional vermittelt und besprochen wird. Wenn sie nicht vollends abfallen wollen, bleibt ihnen nichts anderes übrig, als sich das richtige Vorgehen in ihrer Freizeit oder durch Nachhilfeunterricht anzueignen.

> „Ich trete dann meistens mit dem Lehrmeister in Verbindung, dass er versucht, ihn in den Nachhilfeunterricht zu schicken, weil das kann ich hier nicht machen. Also ich kann keinen Individualunterricht in dem Sinne machen oder." (Hartmann, A, Int., Z. 120–123)

Doch vergessen alle Lernenden den Instruktoren zufolge viele Grundlagen schnell wieder. Die Lehrpersonen führen dies nicht auf ihren Unterricht, sondern auf die abnehmende Qualität in der Sekundarstufe I zurück (vgl. Becker, A, Int., Z. 198–200). Ungeachtet des empfundenen Zeitdrucks investieren sie im letzten Lehrjahr deshalb viel Zeit in Repetitionen.

> „Es läuft darauf hinaus, dass wir eigentlich so ein Curriculum haben, wo wir quasi im vierten Lehrjahr im Schnelldurchgang den ganzen Stoff noch einmal durchnehmen, als Repetition, weil sie einfach Löcher haben aus den ersten zwei Lehrjahren." (Hartmann, A, Int., Z. 76–79)

Mit einem Unterricht, der primär aus frontaler Wissensvermittlung, Übungen und Prüfungen besteht, bauen die Lernenden viel träges Wissen auf. Für die Instruktoren beginnt deshalb ein Wettkampf gegen das Vergessen, der Zeit kostet. Diese Zeit fehlt für die individuellen Bedürfnisse der Lernenden.

> „Es sich selbst erarbeiten, diese Zeit haben wir nicht. [...] Und von dem her ist dort jetzt der Frontalunterricht." (Huber, A, Int., Z. 20–22)

Mit ihrem stark steuernden Unterricht instruieren diese Berufskundelehrer ihre Lernenden, wie und was sie zu lernen haben. Sein instruktionales, hochstrukturiertes Selbstverständnis scheint den Instruktor in einen Strudel aus sich negativ beeinflussenden Spannungsfeldern zu ziehen. Die Materialsteuerung beansprucht wertvolle Zeit, die eigentlich den Lernenden und ihren individuellen Bedürfnissen zugutekommen könnte. Damit alle Materialien abgearbeitet werden, schaffen die Lehrpersonen dieses Typs in einem routinierten, instruktionalen Unterricht, der insgesamt als Prüfungsvorbereitung bezeichnet werden kann, ein Klima des Drucks und animieren die Lernenden zu einem nicht nachhaltigen Auswendiglernen von Wissensbeständen.

4.5.2 Der Entfalter

„Ich möchte in Richtung Arbeit mit Menschen gehen …"[7]

Zwei Studienteilnehmer weisen die Merkmale eines Entfalters auf. Während der eine Elektroinstallations- und Elektroniklernende ausbildet, unterrichtet der andere Informatiklernende, sodass bei diesem Typus alle drei Modelle von Bildungsplänen vertreten sind. Für einen Entfalter stehen der Mensch und seine individuelle Entwicklung an oberster Stelle. Die beiden Berufskundelehrer erklären ihren Wechsel in den Lehrberuf denn auch mit dem Wunsch nach einer Zusammenarbeit mit Menschen.

> „Das ist vielleicht auch ein Grund, weshalb ich Lehrer geworden bin. Das mache ich gerne, ich arbeite gerne mit jungen Menschen zusammen und ich finde das super. Ich habe auch keine Berührungsängste und so." (Fischer, I, Int., Z. 124–126)

Das Zitat lässt darauf schliessen, dass die Entfalter gegenüber den Lernenden eine nahbare Haltung aufweisen. Sie haben sich mit der Entscheidung zum Lehrberuf bis zu einem gewissen Grad von der Technik ab- und den Menschen zugewandt.

> „Also bei mir ist schon die Entscheidung gewesen, möchte ich in der Technik bleiben oder möchte ich in Richtung Arbeit mit Menschen gehen." (L. Zimmerli, E, Int., Z. 13–14)

Dies äussert sich auch in ihrem Unterrichtsverständnis. Anders als die Instruktoren orientieren sie sich in erster Linie an den Menschen und deren Ressourcen. Sie strahlen eine grosse Freude an der Zusammenarbeit mit den Lernenden aus und weisen ein konstruktivistisches Unterrichtsverständnis auf. Die Lernenden stellen sie vorbehaltlos in den Mittelpunkt ihres professionellen Handelns.

> „Die Lernenden stehen für mich im Zentrum. Das heisst für mich auch, jedes Wesen ist gleichwertig. Das ist für mich schon fast eine ethische Frage." (Zimmerli, E, Int., Z. 85–87)

Dieses humanistisch geprägte Selbstverständnis könnte auf eine Ausrichtung schliessen lassen, die eine freie Entfaltung der Lernenden ins Zentrum aller Bemühungen stellt, doch formulieren die Entfalter unter den Studienteilnehmern durchaus auch als ein wichtiges Ziel, dass die Lernenden das Qualifikationsverfahren bestehen. Dafür nutzen sie die Kompetenzziele in den Bildungsplänen, entscheiden aber auf Basis der Ressourcen der Lernenden autonom, welche Inhalte sie behandeln oder weglassen. Sie sehen die Stärkung und ressourcenorientierte Förderung des Individuums als das richtige Mittel, um die Lernenden auf das QV vorzubereiten.

> „Ich muss immer die Ressourcen im Auge behalten. Was haben sie, was bringen sie mit? Und dann natürlich auch irgendwo das Ziel, das wir erreichen möchten." (Zimmerli, E, Int., Z. 69–72)

7 Zimmerli, E, Int., Z. 13–14

Das Ziel eines bestandenen Qualifikationsverfahrens wird von den Entfaltern zwar benannt, sein Erreichen aber mit den Ressourcen des Individuums verbunden. Auch wird aus dem Zitat deutlich, dass die Erreichung des Ziels als ein Gemeinschaftswerk verstanden wird. Die Berufskundelehrer dieses Typus betrachten nicht nur die Lernenden untereinander als gleichwertig, auch sich selbst bringen sie auf Augenhöhe in die Lerngemeinschaft ein.

> „Ich probiere meine Machtposition nicht auszunutzen. Es soll ein Zusammen sein. Und ich probiere auch wirklich alle extrem, unparteiisch zu sein, dass ich wirklich alle gleich behandle." (Fischer, I, Int., Z. 113–116)

Sie leben dabei ein professionelles Selbstverständnis, das mit einem Dirigenten oder einer Dirigentin verglichen werden kann. Innerhalb der Lerngemeinschaft sehen sie ihre Aufgabe in der Koordination und individuellen Ausrichtung zwischen den Ressourcen der Lernenden und den Lernmaterialien. Sie setzen sich stark mit Lehren und Lernen auseinander und verkörpern damit ein pädagogisches Leitbild.

> „Ich bin ein wenig ein Verfechter vom Klingberg, von der dialektischen Didaktik, die sagt, dass der Inhalt und das Ziel das Wesen vom Unterricht zeichnen. Die Lernenden und die Lehrperson sind nur Parameter in diesem ganzen Spiel. [...] Unterricht ist für mich ein System, in dem man versucht ein wenig zu regulieren, aber mit verschiedenen Parametern, die drinstecken." (Zimmerli, E, Int., Z. 82–84 & 92–93)

Diese Berufskundelehrer gewähren innerhalb eines vorgegebenen Rahmens Freiheiten, die die Lernenden zu ihrer eigenen Entfaltung nutzen können. Der Rahmen enthält gewisse Bedingungen und zeitliche Orientierungen – *„alles andere ergibt sich darin"* (Zimmerli, E, Int., Z. 112–113). Die Entfalter zeichnen sich daher durch ein hohes Mass an Flexibilität und Anpassungsfähigkeit aus, nur so können sie eine echte Subjektorientierung garantieren. Innerhalb dieses Rahmens legen sie viel Wert auf ein natürliches Miteinander. Interaktionen zwischen den Lernenden, aber auch mit der Lehrperson oder im Plenum werden als wichtiges Mittel für den individuellen Lernprozess betrachtet, was wiederum auf das konstruktivistische Unterrichtsverständnis dieser Studienteilnehmer verweist. So bemerkt eine Lehrperson im Interview: *„Es funktioniert nichts ohne soziale Interaktion."* (Zimmerli, E, Int., Z. 73–74) Gemäss dem professionellen Selbstverständnis dieses Typus ist das Coachen eine Aufgabe, die in der Lerngemeinschaft an alle gerichtet ist. Der Entfalter lässt dazu innerhalb einer vorgegebenen Struktur ein gewisses Chaos zu, in dem die Lernenden frei interagieren und sich mit unterschiedlichen Themenbereichen beschäftigen können. Die Flexibilität der Entfalter ermöglicht trotzdem eine gemeinschaftliche Entwicklung aller Lernenden.

Die diesem Typus zugeordneten Berufskundelehrer teilen zudem die Überzeugung, dass intrinsische Motivation und Spass die wichtigste Quelle für ein erfolgreiches Lernen darstellen. Die zeitlichen Ressourcen des Lernorts Berufsfachschule verstehen sie als eine Art Freiraum, der fernab der betrieblichen Produktivität genutzt werden kann und soll. Die Lernenden können darin spielerisch Neues entdecken und ausprobieren oder über einen längeren Zeitraum alleine oder im Team an einem umfangreichen Projekt arbeiten.

> „In Betrieben herrscht oft produktiver Druck, die Lernenden arbeiten beispielsweise einfach mit einer Programmiersprache und lernen, wie das geht, ohne viel zu verstehen. In der Schule haben sie die Gelegenheit, tiefer in die Materien hineinzublicken, Gemeinsamkeiten festzustellen, zu verstehen und dadurch auch flexibler zu werden." (Fischer, I, Int., Z. 130–133)

Es liegt im professionellen Selbstverständnis der Entfalter, dass sie ihren Lernenden viel Freiraum und damit einhergehend Vertrauen schenken, damit sie sich ihren Interessen entsprechend weiterentwickeln können. Das zeigt sich auch darin, dass das Thema Prüfungen im Gegensatz zu den Instruktoren kaum Erwähnung findet. Ein Lehrer merkt lediglich an, dass er nur am Anfang Prüfungen zu den Grundlagen abhalte, um sicher zu sein, dass die Lernenden diese verstanden haben. Danach folgen Projekte, weil die Lernenden daran mehr Freude haben und deswegen nachhaltiger lernen (vgl. Fischer, I, Int., Z. 48–61). Die Entfalter vertreten ihr professionelles Selbstverständnis sehr entschlossen und grenzen sich von Lehrpersonen mit einer anderen Vorgehensweise ab.

> „Meine Unterrichtspraxis sieht vielleicht nicht genau gleich aus wie die von meinen Kolleginnen und Kollegen. Ich arbeite mit meinen Lernenden sehr fest selbstorganisiert und versuche auch individuell zu fördern. Also Lehrervorträge im klassischen Sinne mache ich gar nicht." (Zimmerli, E, Int., Z. 33–35)

Sie versuchen das Kollegium von den eigenen Unterrichtsmethoden zu überzeugen und bei der Schulleitung für Veränderungen zu sorgen, was ihnen offenbar nur partiell gelingt. Dies führt zu einer teils abgrenzenden Haltung. Auch bei der Frage von Weiterbildungsinhalten stehen sie eher allein da. Sie erkennen zwar an, dass sie berufspraktisch auf dem Laufenden bleiben müssen (vgl. Zimmerli, E, Int., Z. 343–350). Abgesehen davon weicht ihre Einstellung zur eigenen Professionalitätsentwicklung jedoch von den anderen Studienteilnehmern insofern ab, als ihnen – passend zu ihrem pädagogischen Leitbild – Weiterbildungen am Herzen liegen, die sich mit der Förderung von Individuen in heterogenen Gruppen befassen.

> „Ich müsste Unterstützung haben eben gerade wegen der Heterogenität, die ich in den Klassen habe. [...] Ich habe fast in jeder Klasse mittlerweile einen oder zwei mit einem Asperger-Syndrom, einen oder zwei mit ADHS. Dort sprechen wir dann von Führung, von Gruppendynamik von Beratung, von Einzelgesprächen, von Konflikten und Konflikten zu lösen." (Zimmerli, E, Int., Z. 450–460)

Demnach steht für die Entfalter der Mensch und dessen individuelle Entwicklung im Mittelpunkt der Bestrebungen. Sie sehen ihren Berufsauftrag darin, Lernangebote zu schaffen, die Freiräume und Interaktionen ermöglichen und die Lernenden intrinsisch motivieren. Sie sind der Überzeugung, dass sie deshalb in erster Linie bei den Bedürfnissen und Ressourcen der Lernenden ansetzen müssen, um sie persönlich und im Bereich der Berufskunde weiterzubringen und auf das Qualifikationsverfahren vorzubereiten. Ihrem pädagogischen Leitbild entsprechend haben sie eine klare Vorstellung davon, wie sie diese Ziele in Zusammenarbeit mit den Lernenden erreichen können, und zeigen sich hinsichtlich eigener Weiterentwicklungsmassnahmen im methodisch-didaktischen Bereich hoch motiviert. Von anderen Berufskundelehrpersonen fühlen sie sich nicht immer verstanden, was ihr pädagogisches Selbstbewusstsein noch zu stärken scheint. So entscheiden sie auch autonom, welche Inhalte des Bildungsplans sie umsetzen und wann sie davon abweichen. Damit verschaffen sie sich Flexibilität, die den Lernenden und deren Entwicklung zugutekommt.

„Ich mache keine Theorie aus dem Bildungsplan mehr, das verwirrt sie nur …“[8]

Wie aus dem professionellen Selbstverständnis deutlich wird, versuchen sich die Entfalter im Gegensatz zu den Instruktoren weniger von den Rahmenbedingungen steuern zu lassen. Die diesem Typ zugeordneten Berufskundelehrer wirken sehr autonom und stellen sowohl die Bedürfnisse der Lernenden als auch ihre eigenen Ansprüche über allfällige Vorgaben. Die Autonomiebestrebungen gehen mit dem pädagogischen Leitbild und einem pädagogisch-didaktischen Selbstbewusstsein einher. Die Entfalter widersetzen sich den Rahmenbedingungen und Anforderungen nicht einfach anarchistisch, sondern argumentieren reflektiert und mit ihrem pädagogisch-didaktischen Verständnis, weshalb sie von gewissen Regelungen abweichen. Beispielsweise wurde einem der Studienteilnehmer in seiner Schule ein Skript vorgelegt, das den Unterricht basierend auf den Leistungszielen und nicht auf den Ressourcen der Lernenden organisiert. Dieser Umstand verursachte ein Spannungsverhältnis.

> „Mit dem zweiten Mal unterrichten habe ich mich nicht mehr an diesen Ablauf und nicht mehr an diese Ziele und nicht mehr an diese Lehrmittel gehalten, sondern ich habe meine Unterlagen selbst erstellt. Obwohl ich das nicht hätte machen dürfen.“ (Zimmerli, E, Int., Z. 630–633)

Seine Strategie, um mit diesem Spannungsverhältnis umzugehen, begründet sich in seinem pädagogischen Leitbild und Selbstbewusstsein. Er sieht seine Tätigkeit im Dienst der Lernenden und richtet seinen Unterricht deshalb bewusst und aus Überzeugung an deren Ressourcen und Kompetenzen aus. Generell sehen die Entfalter die Bildungspläne durchaus auch kritisch.

> „Den Bildungsplan musst du umsetzen. Die Themen sind vorgegeben. Aber dort drinnen, dort bin ich einfach auch kreativ. […] Ich mache also keine Theorie aus dem Bildungsplan mehr. Das verwirrt sie nur. Das QV verlangt nicht nach losem Theoriewissen.“ (Fischer, I, Int., Z. 48–49 & 64–65)

Dieser Berufskundelehrer nimmt eine Antinomie zwischen den im Bildungsplan aufgeführten Theoriebestandteilen und den Erfordernissen im Qualifikationsverfahren wahr. Gleichzeitig illustriert die Aussage, dass er durch eine reflektierte Auseinander-

8 Fischer, I, Int., Z. 64

setzung seine eigenen Handlungsstrategien gefunden hat, um mit dieser Antinomie umzugehen. Auch andere Beispiele (bspw. Zimmerli, E, Int., Z. 138–143) legen den Schluss nahe, dass die Entfalter sich zwar an die Inhalte des Bildungsplans halten, aber ihren methodisch-didaktischen Spielraum in der Unterrichtsumsetzung ausnutzen und diejenigen Themenbereiche erweitern, die im Qualifikationsverfahren gefragt sind. Selbst für die im Bildungsplan in Fächer aufgeteilten theoretischen Grundlagen haben sie eine Strategie gefunden, um die Unterrichtsinhalte nicht in künstlich geschaffene Gebilde zu zerstückeln.

> „Es ist ein Zusammenspiel von verschiedenen Inhalten, bezeichnet als Fächer. Aber ich sehe es eben nicht als hermetisch abgeschlossene Gebäude." (Zimmerli, E, Int., Z. 149–151)

Für die Entfalter geht der Bildungsplan zudem nicht weit genug, weil er ihres Erachtens den Menschen und seine Entwicklung in sozialer, personaler und methodischer Hinsicht nicht genügend in den Fokus nimmt. Die Bildungspläne seien zu stark auf fachliche Kompetenzen ausgerichtet.

> „Ich denke, mein Unterricht geht weit über die Fachkompetenzen hinaus. [...] Es besteht ja in der Technik auch diese Prämisse von der Sicherheit und der Zuverlässigkeit an der obersten Stelle. Dann reicht es eben nicht, nur Fachkompetenzen zu unterrichten." (Zimmerli, E, Int., Z. 168–169 & 179–181)

Das Beispiel macht deutlich, dass dieser Berufskundelehrer mit der Erweiterung seines Lernangebots eine für ihn praktikable Handlungsstrategie gefunden hat, damit zentrale Themen doch noch Platz in der Ausbildung der Lernenden finden. Er begründet seine Abweichung von den Rahmenbedingungen mit den Anforderungen aus der Berufspraxis. In anderen Beispielen werden inhaltliche Erweiterungen mit der persönlichen Entwicklung der Lernenden erklärt. Die Entfalter scheinen eine eigens konstruierte klare Vorstellung von den zu erreichenden Kompetenzzielen bei den Lernenden zu haben. Ihr Unterricht folgt in erster Linie diesen Zielen und zieht den Bildungsplan unterstützend heran.

Es lässt sich festhalten, dass die Entfalter die an sie gerichteten Anforderungen durchaus wahr- und ernst nehmen. Ihr ausgeprägtes pädagogisch-didaktisches Selbstverständnis und ihr Selbstbewusstsein unterstützt sie bei der reflektierten Suche nach und Durchsetzung von Handlungsstrategien, die einen für sie praktikablen Weg eröffnen. Die Strategien sind allesamt darauf ausgelegt, dass sie ihren Unterricht an den Individuen und deren Ressourcen ausrichten können und Themenbereiche abdecken, die der Entfaltung der Lernenden zugutekommen. Sie sehen sich somit in der Lage, mit den wahrgenommenen Antinomien und Spannungsverhältnissen mithilfe eines autonomen, jedoch pädagogisch-didaktisch begründeten Vorgehens umzugehen.

„Sie sind am Arbeiten und ich unterstütze sie ...“[9]

Das pädagogisch-didaktische Selbstverständnis der Entfalter zeigt in der Unterrichtsumsetzung seine volle Wirkung. Wie bei den Instruktoren lässt sich auch bei diesen Berufskundelehrern ein routiniertes, sich wiederholendes Vorgehen feststellen. So stecken sie einen Rahmen mit klaren Zielen ab, in dem sich die Lernenden frei entfalten dürfen. Das pädagogisch-didaktische Handeln der Entfalter zeichnet sich durch persönliche Begleitungen und Beratungen aus. Sie legen viel Wert auf wohlüberlegte Unterrichtsdesigns, die sie detailliert begründen können. Dabei verweisen sie wiederholt auf ihre pädagogisch-didaktischen Erfahrungen.

> „Das hat sich natürlich auch in den Jahren so entwickelt. Am Anfang habe ich noch Skripte geschrieben mit Theorie [lacht]. Mache ich alles nicht mehr.“ (Fischer, I, Int., Z. 39–41)

Stattdessen verbinden die Entfalter theoretische Bestandteile aus den Bildungsplänen direkt mit gesamtheitlichen Aufträgen und Projekten und lassen die Lernenden möglichst schnell handlungsorientiert arbeiten. Sie sind der Überzeugung, dass die Lernenden dadurch motivierter lernen.

> „Sobald die Grundwerkzeuge da sind, probiere ich gerade etwas Gesamtes zu machen, auftragsorientiert, keine Theorie, das motiviert sie und ich bin überzeugt, dass du so am schnellsten vorwärtskommst.“ (Fischer, I, Int., Z. 59–63)

Die Entfalter wollen mit diesem Vorgehen vermeiden, dass die Lernenden theoretische Grundlagen ohne Bezugsmöglichkeiten erwerben. Mit ganzheitlichen Aufträgen zwingen sie die Lernenden, ihre vorhandenen Ressourcen mit neuen Wissens- und Handlungsbausteinen zu verknüpfen, und erhoffen sich so ein nachhaltigeres Lernen.

> „Ich könnte ganz stur ein Buch kaufen [...] und ganz klassisch Mathematik unterrichten. Aber ich unterrichte es eben nicht so. Ich versuche es wirklich immer zu vernetzen.“ (Zimmerli, E, Int., Z. 138–141)

Dabei geht es ihnen primär darum, dass die Lernenden motiviert sind und die Lerninhalte nachhaltig lernen und verstehen. Innerhalb dieser ganzheitlichen Aufträge oder Projekte stehen den Lernenden die Theoriebausteine zur Verfügung. Sie können diese strukturierten Bausteine ihrem Vorwissen entsprechend dann nutzen, wenn sie während des Auftrags oder Projekts gebraucht werden.

> Reine Theorievermittlung gibt es nicht. Trotzdem spielen Berufskenntnisse [Fachwissen] eine wichtige Rolle. Das Material dazu finden die Lernenden sortiert nach den zu erledigenden Aufträgen digital und können es auch in Papierform haben. Die Lernenden können die Theorie selbstständig erarbeiten, indem sie während ihren Aufträgen jederzeit auf die Materialien Zugriff haben. (Zimmerli, E, Beob., Z. 15–19)

9 Fischer, I, Int., Z. 23

Die Unterrichtsdesigns verlangen von den Lernenden somit ein hohes Mass an Selbstorganisation und Eigenverantwortung. Die Entfalter unterstützen die Lernenden hierbei, indem sie ihnen strukturierte Materialien zur Verfügung stellen und einen groben Rahmen mit Tages- und Wochenzielen kommunizieren. Innerhalb dieses Rahmens können sich die Lernenden frei bewegen. Ihnen wird Raum für eine selbstbestimmte Entfaltung gegeben, indem sie von den Berufskundelehrern individuelle, differenzierte Übungs- oder Anwendungsmaterialien erhalten, wenn sie dies wünschen (vgl. Zimmerli, E, Beob., Z. 60–61). Die Lernenden widmen sich deshalb nicht zwingend den gleichen Inhalten; zudem arbeiten manche alleine, während andere sich um einen Auftrag oder ein Projekt im Team kümmern.

> Der Unterricht ist jeweils so organisiert, dass die Lernenden im Rahmen eines Tages- oder Wochenprogramms selbstständig und in Partnerarbeit arbeiten können. Wenn Fragen auftauchen, wird kurz geklärt, ob andere die gleichen Fragen haben. Wenn ja, wird spontan eine Lerngruppe einberufen, in der die Fragen besprochen werden. (Zimmerli, E, Beob., 10–14)

Die Begleitung der Entfalter findet somit im Dialog mit einzelnen oder mehreren Lernenden statt. Er ist davon gekennzeichnet, dass die Lehrperson ihren Expertenstatus zurückhält und die Lernenden mit gezielten Fragen auf neue Ideen und Ansätze zu bringen versucht.

> Die Lehrperson geht auf Fragen mit Hinweisen und Rückfragen ein, ohne wirklich Antworten zu geben. Sie nimmt sich sehr viel Zeit für die Fragen und Probleme der Lernenden, stellt Rückfragen, warum wie was gemacht wurde, und bestärkt sie für das weitere Vorgehen. Sie pflegt ein sehr lockeres Verhältnis zu den Lernenden und bewegt sich auf Augenhöhe mit ihnen. (Fischer, I, Beob., Z. 73–75)

Die Entfalter nehmen die Rolle eines Coachs ein und unterstützen die Lernenden in deren eigener selbstverantwortlicher Entwicklung. Weil sie durch die Dialoge mit den Lernenden häufig über längere Zeit absorbiert sind, unterstützen sich die Lernenden häufig gegenseitig. Die Entfalter begrüssen diesen Umstand.

> „Und es soll auch leben. Ich finde es schön, wenn sie sich untereinander auch unterstützen können." (Zimmerli, E, Int., Z. 51–52)

Sie legen viel Wert auf eine funktionierende Lerngemeinschaft, die kooperativ auf Ziele hinarbeitet und sich durch soziale Werte auszeichnet (vgl. Fischer, I, Int., Z. 108–109). Damit sich die Lernenden innerhalb dieser Lerngemeinschaft entfalten und weiterentwickeln können, setzen sie in der Begleitung an deren individuellen Ressourcen an. Dazu gehört auch, dass sie diese Ressourcen laufend erfassen.

> „Ich muss eigentlich ständig die Ressourcen der einzelnen Lernenden diagnostizieren. Ich muss ständig die Lösungswege von ihnen diagnostizieren, die sie zum Beispiel mit dem Lernjournal schaffen." (Zimmerli, E, Int., Z. 64–66)

Anders als die Instruktoren kennen diese Lehrer ihre Lernenden und deren Potenziale sehr gut. Innerhalb der Lerngemeinschaft versuchen sie ein Vertrauensverhältnis aufzubauen, damit sie möglichst viele Informationen erhalten, die der individuellen Unterstützung dienen.

Am Unterrichtshandeln lässt sich deutlich ablesen, dass der Mensch mit seinen Ressourcen und Bedürfnissen im Zentrum des professionellen Selbstverständnisses der Entfalter steht. Ihr pädagogisches Leitbild und Selbstbewusstsein führt sie zu einem souveränen und autonomen Umgang mit den wahrgenommenen Spannungsverhältnissen und Antinomien. Die Erzeugung und Aufrechterhaltung intrinsischer Motivation sehen sie als das wichtigste Gut für ein gelingendes nachhaltiges Lernen. Aus diesem Grund vermeiden sie isolierte Theoriebestandteile und lassen die Lernenden möglichst schnell handlungsorientiert arbeiten. Die Vorgaben aus den Bildungsplänen setzen sie auf Basis der regelmässig erfassten Ressourcen der Lernenden in Form ganzheitlicher Aufträge um und schenken den Lernenden Vertrauen, indem sie diese, begleitet von einem professionellen Coaching, selbstständig arbeiten lassen. Unterrichtsroutinen der Entfalter bestehen darin, dass sie einen klaren Lernrahmen abstecken, eine von Interaktion geprägte Lerngemeinschaft schaffen und die Lernenden ressourcengerecht begleiten.

4.5.3 Der Brückenbauer

„Ich will eine gute technische Fachkraft ausbilden ...“[10]

Dem Typus des Brückenbauers können drei Studienteilnehmer zugeordnet werden. Sie unterrichten in den beruflichen Grundbildungen der Elektroinstallation und Informatik, das heisst, ihre Bildungspläne sind an das Triplex- und HK-Modell angelehnt. Die Brückenbauer unter den Studienteilnehmern sehen sich in erster Linie als Praktiker, deren Herz für den Ausbildungsberuf ihrer Lernenden schlägt. Sie folgen einem vorwiegend berufspraktischen Leitbild und vermitteln als Berufspraktiker Selbstbewusstsein und Authentizität. Mit einer grossen und ansteckenden Begeisterung für die Technik verfolgen sie das hauptsächliche Ziel, ihre Lernenden zu fähigen, kompetenten und zufriedenen Berufsleuten auszubilden, die auf dem Arbeitsmarkt gefragt sind.

> „Ich habe von den Lernenden schon Rückmeldungen erhalten wie: So motiviert wie Sie für Elektro sind, da kann man selber gar nicht anders als auch motiviert sein.“ (Suter, E, Int., Z. 317–319)

Damit sie diese Begeisterung weitergeben und die praxisrelevanten Kompetenzen fördern können, erachten sie es als ihre Aufgabe, den Unterricht mit berufspraktischen Elementen auszustatten und die Lernenden darin zu unterstützen, die Lerninhalte in die Berufspraxis zu transferieren.

10 Suter, E, Int., Z. 105

> „Die praktische Arbeit ist wichtig. [...] Da kann man Szenarien entwickeln, die in der Praxis vorkommen." (Müller, I, Int., Z. 96 & 102)

Als technophile Praktiker versuchen Brückenbauer berufliche Situationen möglichst realitätsgetreu in ihren Unterricht zu integrieren und den Lernenden damit die Chance zu geben, in einem geschützten Rahmen berufspraktische Erfahrungen zu sammeln. Sie verstehen die Berufsfachschule unter anderem als praktischen Lernort und sind der Meinung, dass sie damit sowohl die berufsrelevanten Handlungskompetenzen als auch die Motivation der Lernenden fördern. Sie teilen explizit die Überzeugung, dass sie die berufliche Wirklichkeit aufgrund ihrer langjährigen Berufserfahrung in der Technik realitätsgetreu nachahmen können.

> „Nach 25 Jahren Berufspraxis. Ja dann ist eigentlich schon relativ klar, was ist wirklich wichtig in der Praxis." (Suter, E, Int., Z. 78–79)

Die bisherige Laufbahn und die darin gesammelten Erfahrungen spielen demnach eine wichtige Rolle für das professionelle Selbstverständnis der beiden Brückenbauer. Sie haben schon in einer anderen Funktion Lernende oder Berufsleute ausgebildet, da sie als Berufsbildende, üK-Leitende oder Dozierende an einer Fachhochschule gearbeitet haben. Bezüge zu anderen Lernorten stellen für sie deshalb keine Schwierigkeit dar. Ihre aktive Lernortkooperation mündet in lernortübergreifenden Aufgabenstellungen, welche die Lernenden im „Theorie-Praxis-Transfer" unterstützen (bspw. Müller, I, Int., Z. 135–138). Darüber hinaus gehört es zu ihrem professionellen Selbstverständnis, technisch auf dem Laufenden zu bleiben. Sie pflegen nicht zuletzt deshalb enge Kontakte zur Praxis und versuchen sich durch Weiterbildungen und Austausch mit neuen technischen Entwicklungen ajour zu halten.

> „Also das kommt immer wieder vor, dass ich in meinem ehemaligen Betrieb halt, die Leute, die sich damit auseinandersetzen, anspreche, was habt ihr für Erfahrungen, ist das zukunftsträchtig, lohnt sich das aufzunehmen? [...] Das ist schon von Bedeutung, dass man auch der Glaubhaftigkeit zuliebe halt die aktuellen Gegebenheiten kennt." (Suter, E, Int., Z. 48–50 & 176–177)

Glaubwürdigkeit auf dem Gebiet der Technik scheint den Brückenbauern wichtig zu sein, weshalb die berufspraktische Professionalitätsentwicklung fest in ihrem Berufsethos verankert ist. Ihr Status gegenüber den Lernenden weist denn auch einen Vorbildcharakter auf (bspw. Suter, E, Int., Z. 317–323) und fachliche Weiterbildungen nehmen einen hohen Stellenwert ein (bspw. Müller, I, Int., Z. 250–254; Suter, E, Int., Z. 235–238). Die Brückenbauer verkörpern daher neben der Rolle des Praktikers jene der Fachperson. Sie stufen die theoretischen Grundlagen ebenfalls als wichtig ein – zum einen, weil diese Bestandteil des Qualifikationsverfahrens sind und der Lehrabschluss der Lernenden für die Brückenbauer ein Hauptziel darstellt (bspw. Suter, E, Int., Z. 109–110), zum anderen, weil sie das Wissen als Voraussetzung für kompetentes Handeln in der Praxis einschätzen.

> „Bei mir müssen sie die Theorie lernen. [...] In der Praxis hat es relativ viel Mathematik dabei." (Wagner, I, Int., Z. 30–35)

Die Brückenbauer betonen in diesem Zusammenhang aber, dass Theorie nie losgelöst von der Praxis behandelt wird (bspw. Suter, E, Int., Z. 20–21). Eine weitere Motivation für die konsequente Aufnahme theoretischer Grundlagen deutet eine Lehrperson mit den Weiterentwicklungsmöglichkeiten von Nachwuchskräften an. Ihr Engagement für die Lernenden gilt unter anderem der Zukunft und damit der Weiterentwicklung des Berufsstands. Die Förderung von Ressourcen und Fähigkeiten zum lebenslangen Lernen sehen die Brückenbauer deshalb als relevante Bestandteile ihres Berufsauftrags.

> „Wenn Lernende später wirklich motiviert im Beruf sind, Spass haben und Weiterbildungswege gehen. Dann zeigt sich die Wirkung von dem, was man in der Grundbildung als Basiswissen vermittelt hat." (Suter, E, Int., Z. 87–89)

Sie verbinden ihr berufspraktisches Leitbild demnach mit Fachlichkeit und schlagen eine Brücke zwischen Theorie und Praxis. Sie wollen, dass die Lernenden ihr praktisches Handeln verstehen, und versuchen daher, Lernangebote bereitzustellen, welche die praktischen Handlungsbausteine stets mit erklärenden theoretischen Grundlagen verschmelzen. Die stetigen Verbindungen zu Praxisbeispielen reduzieren darüber hinaus das Abstraktionsniveau der theoretischen Grundlagen und ermöglichen den Lernenden Bezüge zum eigenen Handeln herzustellen. Obwohl ein wesentliches Ziel – wie bei allen Studienteilnehmern – die QV-Vorbereitung ist, fokussieren die Brückenbauer insbesondere die berufspraktische Seite. Es ist ihnen ein Anliegen, den Berufsstand mit fähigen Nachwuchskräften zu beliefern und den eigenen Berufsstolz sowie das persönliche Berufsethos an die Lernenden weiterzugeben.

> „Ich bin sehr begeistert für technische Entwicklungen und motiviert für den Lehrberuf und will damit auch kleine Samen streuen." (Suter, E, Int., Z. 313–315)

Die Motivation für den Lehrberuf drückt sich beispielsweise in der Bereitschaft aus, auf Grundlage der Ressourcen der Lernenden die Unterrichtsplanung anzupassen. Auch die wertschätzenden Interaktionen, in denen sie den Lernenden aus einer praxisorientierten Perspektive als Berufskolleginnen und Berufskollegen auf Augenhöhe begegnen, spricht für ihren ausgeprägten pädagogischen Antrieb. Darüber hinaus äussert sich in den Interviews und der Unterrichtspraxis eine grosse Freude an der Zusammenarbeit mit Jugendlichen.

> „Ja, das wird mir dann vermutlich in einem Jahr zum Verhängnis. Dann gehe ich in Pension. Es [die Zusammenarbeit mit den Lernenden] wird mir ziemlich fest fehlen." (Wagner, I, Int., Z. 72–73)

Demnach folgen die Brückenbauer einem ausgeprägten berufspraktischen Leitbild, ergänzt um fachliche und pädagogische Anliegen. Ihr wichtigstes Ziel liegt in der Bildung von fähigen Nachwuchskräften zur Sicherung des Berufsstands. Hierfür kooperieren sie mit den anderen Lernorten und schlagen mit ihrem pädagogisch-didaktischen Verständnis eine Brücke zwischen Theorie und Praxis, womit sie den Lernenden und den Ausbildungsbetrieben einen wichtigen Dienst leisten. Theorievermittlung erfolgt nicht aus Selbstzweck oder wegen des Bildungsplans, sondern aufgrund der als wichtig eingeschätzten Grundlage für das technische Verständnis der Lernenden. Dank ihrer Begeisterung für die Berufspraxis und ihres technischen Selbstbewusstseins strahlen die Brückenbauer ein hohes Mass an Authentizität aus und versuchen ihre Lernenden mit ihrem eigenen Berufsstolz anzustecken. Sie zeigen gegenüber den Lernenden und deren Erfahrungen viel Interesse und arbeiten auf Augenhöhe mit ihnen zusammen. Die Brückenbauer interpretieren ihren Berufsauftrag somit als Verschmelzung von praktischen, fachlichen und pädagogisch-didaktischen Elementen.

„Ist mir egal, was im Bildungsplan steht, ich will ja die Lernenden auf das Leben draussen vorbereiten ...“[11]

Mit einem professionellen Selbstverständnis als Brückenbauer führen wahrgenommene Anforderungen kaum zu Spannungsverhältnissen. Vielmehr greifen die Brückenbauer auf ihr berufspraktisches, fachliches und pädagogisch-didaktisches Leitbild zurück und loten durch eine reflektierte Auseinandersetzung mit den Spannungsfeldern aus, was für die Lernenden und den Arbeitsmarkt situativ die sinnvollste Umsetzungsform darstellt. So benennt der Berufskundelehrer im folgenden Zitat zwar eine Antinomie zwischen den Anforderungen aus dem Bildungsplan und der Praxis, doch verweist nichts auf ein daraus entstehendes persönliches Spannungsverhältnis.

> „Was ich auch wichtig finde, dass unsere Inhalte vom Bildungsplan nicht den Bedarf in der Praxis wiedergeben. Das gibt einfach dieses Grundwissen wieder, was vorausgesetzt wird, damit man das Fähigkeitszeugnis attestiert bekommt, und ich finde es grundsätzlich auch richtig so.“ (Suter, E, Int., Z. 80–83)

Er ergänzt auch gleich die Erklärung dafür, dass dieses Grundwissen seiner Überzeugung nach eben doch eine Relevanz aufweist.

> „Und ja, es gibt Bereiche, wo ich ganz klar sagen muss, das braucht ihr nicht in der Praxis. Aber es wird vorausgesetzt, damit euch das technische Niveau für diesen Beruf attestiert wird. [...] Und in dem Moment, wo ich weiterkommen will, wo ich mich ein bisschen abheben will von der einfachen Grundbildung, da wird's dann wichtig, und da hat's eine hohe Bedeutung.“ (Suter, E, Int., Z. 92–101)

Die Anliegen der Brückenbauer gehen über die Dimensionen des Qualifikationsverfahrens hinaus. Sie betonen mehrmals das Ziel, kompetente Fachkräfte auszubilden, die in der Lage sind, sich den praktischen Gegebenheiten durch Weiterentwicklung anzupassen. Sie scheinen deshalb den Aufbau von Wissensbeständen als Investition in die Zukunft zu sehen. Anders als bei den Entfaltern gilt dieses Engagement nicht

11 Wagner, I, Int., Z. 54–55

nur der allgemeinen Stärkung des Individuums, sondern ist gleichzeitig auf den Bedarf des Arbeitsmarkts ausgerichtet.

Ausser dem zitierten nehmen auch die anderen Berufskundelehrer dieses Typus an sie gerichtete Anforderungen aus den Rahmenbedingungen wahr. Häufig werden dabei die Inhalte der Bildungspläne erwähnt und zugleich kritisch beleuchtet, weil diese zum Teil dem Praxisbedarf nicht entsprechen und mit der Dynamik im Berufsfeld nicht Schritt halten.

> „Also wir verlassen den Bildungsplan vor allem im vierten Lehrjahr. Weil der Bildungsplan hinkt halt einfach immer hinterher. [...] Und von dem her gehe ich eher in die Richtung dass ich sage, ist mir eigentlich egal was in dem Bildungsplan drinnen steht, ich will ja die Lernenden im Prinzip auf das Leben draussen vorbereiten.“ (Wagner, I, Int., Z. 46–55)

Dieser Brückenbauer erkennt zwar eine Antinomie zwischen Bildungsplan und Arbeitsmarkt. Seine Aussage spiegelt aber auch eine Handlungsstrategie wider, die ihn zufriedenstellt und die Arbeitsmarktfähigkeit der Lernenden gewährleistet. Die Brückenbauer gehen im Vergleich zu den anderen Typen sehr entspannt mit Spannungsverhältnissen und Antinomien um. Sie folgen dank ihres ausgeprägten berufspraktischen Selbstverständnisses der Strategie, eigenständig entscheiden zu können, was für die Lernenden wichtig ist, und passen die Lerninhalte in Eigenregie an.

> „Ich nehme schon den Bildungsplan als Leitfaden, aber schaue natürlich auch, was ist wichtig. Da fliesst natürlich mein Berufsbild hinein. Also ich behaupte jetzt, ich bin jetzt so lange in der Praxis gewesen. Das brauche ich stark, um zu entscheiden, welche Themen ich hineinnehmen möchte.“ (Müller, I, Int., 65–68)

Wenn sie von den Vorgaben abweichen, sind sie in der Lage, ihr Vorgehen auf Basis einer reflektierten und professionellen Auseinandersetzung mit den spannungsverursachenden Faktoren zu begründen. Dabei wägen sie zwischen berufspraktischen, fachlichen und pädagogischen Elementen ab und entscheiden sich auf Basis der Anforderungen aus dem Arbeitsmarkt für Handlungsstrategien, die den Lernenden und deren beruflicher Entwicklung zugutekommen. Aus diesem Grund scheinen für sie auch überfachliche Kompetenzen eine hohe Relevanz aufzuweisen.

> „Wichtig sind Werkzeuge und Vorgehensmethoden. Also, wie gehe ich an etwas heran. Und einen gewissen Fundus an Werkzeugen, die man in der Praxis einsetzen kann.“ (Müller, I, Int., Z. 91–92)

Sie begründen die Ergänzung von überfachlichen Kompetenzen mit der Dynamik ihrer Berufsfelder und der damit verbundenen Notwendigkeit, dass die Lernenden auch neue Situationen kompetent meistern und sich eigenständig weiterentwickeln können.

Die Brückenbauer sind dazu in der Lage, Spannungsverhältnisse und Antinomien zwischen Rahmenbedingungen, Anforderungen und ihrem professionellen Selbstverständnis auf Basis einer reflektierten Auseinandersetzung mit berufspraktischen, fachlichen und pädagogischen Elementen durch geeignete Handlungsstrategien professionell zu handhaben. Dabei nutzen sie diejenigen Inhalte für ihren Unterricht, denen sie eine Relevanz für die berufliche Entwicklung ihrer Lernenden beimessen. Als routinierte, kundige Praktiker ist es für sie ein Leichtes, die Lerninhalte um die für den Arbeitsmarkt zentralen Elemente zu erweitern. Dabei setzen sie auf ihre eigenen Erfahrungen aus der Berufspraxis und bauen deshalb neben fachlichen auch überfachliche Kompetenzen in die Ausbildung ihrer Lernenden ein.

„Mein Unterricht ist sehr praxisorientiert, handlungsorientiert …"[12]
Wie bei den anderen zwei Typen besteht auch der Unterricht der Brückenbauer aus wiederkehrenden Elementen, die für eine gewisse Routine in der Unterrichtsumsetzung sprechen. Passend zu ihrer Eigeninterpretation des Berufsauftrags spielen sowohl fachliche, pädagogisch-didaktische als vor allem auch berufspraktische Bestandteile eine wichtige Rolle. An den Erläuterungen der Brückenbauer fällt auf, dass sie ihren Unterricht oft in einem Wechselspiel zwischen Theorie und Praxis organisieren.

> „Ich versuche meistens so ein bisschen das Interesse zu wecken mit Praxisbezug, dass ich das Theoriethema versuche in Zusammenhang mit der Praxis zu stellen. Dann fange ich üblicherweise mit ein bisschen Grundlagenwissen an, wo sie zum Teil schon erste Aufträge bekommen, vielleicht Vorwissen selber abzurufen. Dann steige ich ein bisschen tiefer in die Technik ein." (Suter, E, Int., Z. 19–24)

Je nach den Ressourcen der Lernenden erfolgen Einführungen in neue Themen zwar instruktional. Im Gegensatz zu den Instruktoren setzen die Brückenbauer während instruktionaler Phasen aber auf viele Praxisbezüge anhand von Beispielen und Erfahrungen – sowohl eigener als auch der Lernenden.

> Bei fast jeder neuen Information auf der Folie fragt die Lehrperson die Klasse, was das ist und bedeutet. Sie gibt dann weitere Informationen dazu und fragt danach wiederum die Klasse, was das Gesagte nun für die Praxis heisst. Die Lehrperson bringt die Rückmeldungen der Lernenden häufig noch in Verbindung mit einem eigenen Praxisbeispiel. Sie bettet die Rückmeldungen der Lernenden also ein und lässt sie nicht einfach im Raum stehen. (Müller, I, Beob., Z. 33–37)

Instruktionale Unterrichtsphasen ähneln Gesprächen von Fachleuten auf Augenhöhe im Klassenverbund, womit diese Lehrer ihr konstruktivistisches Unterrichtsverständnis ausdrücken. Als Brückenbauer sind sie sehr bemüht, dass die Lernenden nicht nur isoliertes Wissen aufbauen, sondern dieses mit Praxissituationen verbinden und so ein tieferes Verständnis erwerben. Dabei sind Bezüge auf die Praxis der Lernenden und der Austausch in der Klasse wichtige Unterrichtsbestandteile.

> „Da kann man auch den Schülern sagen, ja stellt einmal vor, wie es bei euch läuft. Dann sieht man wie es bei der Firma X läuft oder bei der Firma Y." (Müller, I, Int., Z. 111–113)

12 Müller, I, Int., Z. 15

Wie die anderen Typen stellen sie den Lernenden ebenfalls Übungsmaterialien zur Verfügung, damit sie Wissensbestände festigen und vertiefen können. Interessanterweise verbinden sie Übungen aber nicht explizit mit Eigenaktivität der Lernenden.

> „Wir haben Anschauungsmaterial hier. Und da kommen natürlich viel Berechnungen. Die ganzen Hausanlagen berechnen [...]. Aber das ist dann schon noch teilweise frontal.“ (Wagner, I, Int., Z. 32–35)

Während das Lösen von Übungen bei den Instruktoren die einzigen handlungsorientierten Unterrichtsphasen darstellen, scheinen sie hier die Funktion einer begleiteten Vorbereitung oder selbstständigen Nachbereitung von realen Praxisaufträgen zu erfüllen. Tatsächlich bestätigt sich bei anderen Berufskundelehrern des Typs Brückenbauer, dass Übungen bei der Einführung in neue Themen oder zur Gewinnung von Sicherheit wichtig sind.

> Die Lehrperson sagt, er solle das zu Hause noch versuchen zu berechnen, und gibt auch den Hinweis, dass er das ein paarmal erfolgreich üben müsse, damit er das verstehe. (Suter, E, Beob., Z. 93–94)

Im Rahmen des Unterrichts scheint aber vor allem die praktische Anwendung eine hohe Relevanz aufzuweisen. Die Übungen dienen primär der Verknüpfung zwischen theoretischen und praktischen Bausteinen, damit die Lernenden anschliessend für real aufgebaute Problemstellungen gewappnet sind. Mit diesem Charakteristikum grenzen sich die Brückenbauer von den anderen Typen ab.

> „Die praktische Arbeit ist wichtig. Dass man hier nicht nur theoretisch etwas vermittelt, sondern dass sie hier auch Hand anlegen können. Und hier gibt man sich sehr grosse Mühe mit unseren Infrastrukturen, die man zur Verfügung stellt. [...]. Da kann man Szenarien entwickeln, die in der Praxis vorkommen.“ (Müller, I, Int., Z. 96–102)

Sie bauen im Unterricht reale Infrastrukturen mit Instrumenten und Anlagen nach. Damit erlauben sie den Lernenden, in einer geschützten Umgebung berufspraktische Situationen simulieren zu können. Fehler werden als etwas Gutes und Wichtiges begriffen. Solche Unterrichtsphasen sind von einem Klima des Tüftelns und Experimentierens geprägt. Dabei kommt die Technophilie der Brückenbauer stark zum Ausdruck.

> Die Lehrperson beginnt mit zunehmender Komplexität der Installationen bei den Lernenden immer mehr mitzutüfteln und sich in die Gruppen zu integrieren. Dabei herrscht ein angenehmes Klima auf Augenhöhe. (Wagner, I, Beob., Z. 88–90)

Die Brückenbauer den Simulationen mit grosser Begeisterung, die sich auf die Lernenden zu übertragen scheint.

> Zwischenzeitlich hat die Lehrperson an der Wandtafel die Lösung aufgezeichnet. Einzelne Gruppen sind aber so vertieft mit dem „Praktikum", dass sie dies gar nicht wahrnehmen und weiter experimentieren. (Suter, E, Beob., Z. 174–176)

Ein wichtiges Argument für die Fokussierung auf praktische Unterrichtsbestandteile ist offenbar die Motivation der Lernenden. Was sich in der Beobachtung zeigt, bestätigen die Brückenbauer in den Interviews: *„Sie wollen aktiv sein, aktiv arbeiten"* (Müller, I, Int., Z. 17–18). Damit die Motivation der Lernenden aufrechterhalten wird, greifen sie auch auf zwischenmenschliche Ressourcen zurück.

> „Wichtig ist, sie vier Jahre lang an der Stange halten zu können. Motivieren zu können, weiter zu lernen, weiterzumachen, und sie für den Beruf zu begeistern. Und ich glaube, das ist mir bis jetzt recht gut gelungen. [...] Halt eben auf die Lernenden eingehen, wenn sie mal ein Problem haben, nicht gleich [mit] Kanonen auf Spatzen schiessen." (Wagner, I, Int., Z. 76–79 & 83–85)

Die Brückenbauer investieren viel Engagement in den Beziehungsaufbau zu den Lernenden. Ähnlich wie die Entfalter schaffen sie im Klassenverbund eine Lerngemeinschaft, deren Mitglieder sich gegenseitig unterstützen. Weil die Brückenbauer ihren Unterricht insgesamt instruktionaler gestalten, beschränken sich interaktive Phasen zwischen den Lernenden aber vorwiegend auf die handlungsorientierten Settings. Die Beziehungspflege der Brückenbauer zu den Lernenden führt zu einem Vertrauensverhältnis und einer gewissen Nähe. Sie scheinen ihre Lernenden sehr gut zu kennen und zu wissen, wo sie bei wem ansetzen müssen. Sie betreiben deshalb eine ständige Diagnosearbeit zur Erfassung der Ressourcen, Bedürfnisse und Motivation der Lernenden.

> „Was habe ich vor mir, wie ist die Klasse, wie hat sie sich bewährt? Sind sie fähig in der Gruppe zu arbeiten oder tun sie sich da eher schwer, muss ich da anders rangehen, anders strukturieren, damit sie in Gruppenarbeit reinpassen? Wie ist es mit Vorwissen, wie gut haben sie sich geschlagen bis jetzt? Das ist eine wichtige Grundlage für mich und bedarf halt auch einer gewissen Anpassungsfähigkeit." (Suter, E, Int., Z. 59–64)

Dieses Vorgehen verlangt von den Brückenbauern eine hohe Flexibilität, ermöglicht durch differenzierte Angebote, aber auch einen passgenauen Unterricht.

Zusammenfassend lässt sich sagen: Die Brückenbauer gestalten ihren Unterricht so, dass die Lernenden nach kurzen Theorieeinführungen schnell zum praktischen Handeln kommen und die Grundlagen direkt mit der Praxis verknüpfen können. Im Vergleich zu den Entfaltern nutzen sie hierfür nicht nur praxisnahe, handlungsorientierte Aufträge, sondern versuchen diese auch wirklichkeitsgetreu aufzusetzen. Sie schaffen Infrastrukturen und Materialien aus der Praxis an und ermöglichen den Lernenden die Anwendung der entsprechenden Instrumente in einer geschützten Umgebung. Während solcher „Praktikumsphasen" tüfteln die Brückenbauer aktiv und auf Augenhöhe mit den Lernenden mit und stecken sie mit ihrer eigenen Motivation und Begeisterung an. Damit versuchen sie die Grenzen zwischen den Lernorten durchlässig zu halten und die Lernenden auf Grundlage ihrer Ressourcen mit stetig wachsenden Handlungskompetenzen auf ihre Berufspraxis vorzubereiten.

4.6 Typenübergreifende Charakteristika

Die Beobachtungsprotokolle bestätigen die von den Studienteilnehmern in den Interviews geäusserten Spezifika hinsichtlich Unterrichtsplanung und -umsetzung grösstenteils. Abweichungen kommen situativ auf Ebene der Mikrodidaktik vor. Die übergeordneten Handlungsstrategien und Unterrichtsroutinen der Berufskundelehrer wirken aber sehr konsistent. Dies lässt die Annahme zu, dass sowohl das professionelle Selbstverständnis der Studienteilnehmer als auch deren Umgangsstrategien mit an sie gerichteten Anforderungen und Unterrichtsroutinen relativ stabil ausfallen. Dafür sprechen auch die langfristig ausgelegten Unterrichtsvorbereitungen in Form von Skripts und Semesterplanungen oder die mühelose Verständigung zwischen den Lehrern und Lernenden. Diese Konstanz vereinfacht eine relativ klare Zuordnung der Studienteilnehmer zu den definierten Typen, auch wenn diese idealtypisch entwickelt wurden. In Anlehnung an Kelle und Kluge (2010) lässt sich aber jeder Fall in verschiedenen Merkmalsräumen verorten und gehört deshalb mehreren Typen an. So zeigen alle Studienteilnehmer in ihrem professionellen Selbstverständnis sowie in ihren Handlungsstrategien und Unterrichtsroutinen gewisse Tendenzen, die für eine Zuordnung zu einem anderen Typus als dem schwerpunktmässig ausgeprägten sprechen.

Solche typenübergreifenden Charakteristika sind vor allem zwischen Lehrpersonen der Typen Instruktoren und Brückenbauer sowie der Entfalter und Brückenbauer auszumachen. Zwischen Lehrpersonen der Typen Instruktoren und Entfalter hingegen lassen sich kaum Überschneidungen feststellen, zu gegensätzlich fallen deren professionelle Selbstverständnisse aus. Verbindungen zwischen den Typen können jeweils in beide Richtungen identifiziert werden. Dementsprechend weisen einzelne Entfalter Tendenzen von Brückenbauern auf und umgekehrt. Gleiches gilt bei den Instruktoren und Brückenbauern.

Die Verbindungen zwischen den Entfaltern und Brückenbauern beziehen sich vorwiegend auf die übergeordneten Aspekte. So nutzt ein Berufskundelehrer des Typs Entfalter im Unterricht ebenfalls reale Praxissituationen. Im Gegensatz zu den Brückenbauern überlässt er den Aufbau der theoretischen Grundlagen aber den Lernenden und fokussiert viel stärker auf humanistische Grundsätze. Gleichzeitig betreibt ein Brückenbauer einen sehr differenzierten und auf die individuellen Bedürfnisse der Lernenden ausgerichteten Unterricht. Die von dieser Lehrperson anerkannten Bedürfnisse stehen jedoch in einer sehr direkten Verbindung mit der berufspraktischen Weiterentwicklung der Lernenden und viel weniger mit einer allgemeinen Stärkung des Menschen.

Auch bei den Instruktoren und Brückenbauern können einzelne Berufskundelehrer eruiert werden, die in gewissen Bereichen beiden Typen zugeordnet werden können. Einer der Instruktoren baut beispielsweise ebenfalls berufsnahe Simulationen in den Unterricht ein, doch gemäss eigener Aussage selten. Zudem folgt diese Lehrperson im übrigen Unterricht sehr dezidiert den instruktorischen Ansätzen, indem sie vor allem material- und lehrpersongesteuert arbeitet. Zwei weitere Instruktoren bauen insofern eine gewisse Nähe zu den Lernenden auf, als sie im Dialog gelegentlich persönliche Themen ansprechen. Anders als die Berufskundelehrer der anderen Typen nutzen sie diese Nähe aber nicht, um ihren Unterricht an individuelle Bedürfnisse anzupassen. Aus ihrer Unterrichtspraxis geht hervor, dass sie die Lernenden einer Klasse vielmehr als Gruppe mit homogenen Ressourcen betrachten. Daneben folgen zwei Brückenbauer einem vorbereiteten Skript und stellen Unterlagen dazu zur Verfügung. Anders als die Instruktoren sind sie aber dazu bereit, ihren Plan und die Inhalte den Bedürfnissen und Ressourcen der Lernenden entsprechend flexibel anzupassen.

Die Zuordnung zu den drei Typen erfolgte kriteriengeleitet und kann daher begründet werden. Abweichungen betreffen lediglich einzelne Merkmale; die Ausprägung der meisten Elemente des professionellen Selbstverständnisses und die klare Mehrheit der Handlungsstrategien und Unterrichtsroutinen zeigen eine hohe Passung zum gewählten Typus. Es sei nochmals betont, dass es sich bei den entwickelten Typologien um idealtypische Nachzeichnungen von Berufskundelehrpersonen handelt. Sie erheben nicht den Anspruch, das professionelle Selbstverständnis oder die Handlungsstrategien und Unterrichtsgestaltungen einzelner Berufskundelehrpersonen vollständig und distinktiv zu beschreiben. Vielmehr dienen sie dem Zweck, die als relevant betrachteten Aspekte aus der sozialen Realität der Studienteilnehmer herauszufiltern, um einen besseren Blick auf deren zweckrationales Handeln zu erhalten (Kelle & Kluge, 2010).

4.7 Einordnung der Ergebnisse in die berufsspezifischen Kontexte

Obwohl sich aus dem professionellen Selbstverständnis und den davon abgeleiteten Handlungsstrategien und Unterrichtsgestaltungen wesentliche Unterschiede zwischen den Typen ergeben, bilden alle seit Jahren Lernende erfolgreich aus. Alle Typen inklusive ihrer Charakteristika haben somit ihre Berechtigung und keine der resultierenden Unterrichtsformen kann per se als die richtige oder beste klassifiziert werden. Das Ziel der vorliegenden Studie besteht denn auch nicht in einer Bewertung der Performanz der Studienteilnehmer. Die bisherigen Erläuterungen zeigen aber eindrücklich auf, dass sich spezifische Rahmenbedingungen und Anforderungen bei einigen Berufskundelehrern stark auf den Unterricht auswirken, während bei anderen kaum ein Effekt resultiert. Gleichzeitig ist davon auszugehen, dass die Studienteilnehmer einige der Rahmenbedingungen und Anforderungen im Verlauf ihres Professionalisierungsprozesses zugunsten ihrer Handlungsfähigkeit mit ihrem professionellen Selbstverständnis abgeglichen haben. Sie erwähnen sie deshalb nicht mehr explizit als externale Rahmenbedingungen oder normative Anforderungen, was deren Wirkung auf die Unterrichtspraxis jedoch nicht schmälert. Es ist von einer Wechselwirkung zwischen der Wahrnehmung von Rahmenbedingungen, Anforderungen und dem professionellen Selbstverständnis der Berufskundelehrpersonen auszugehen. Einige der damit verbundenen Einflussfaktoren konnten im Rahmen der Studie identifiziert oder rekonstruiert werden, während andere verborgen bleiben. Nicht zuletzt deshalb kann über bestimmte Handlungsstrategien oder Unterrichtsgestaltungen der Studienteilnehmer keinesfalls geurteilt werden.

Hinzu kommt, dass die an der Untersuchung beteiligten Berufskundelehrer in unterschiedlichen beruflichen Grundbildungen unterrichten. Die Berufe sind aufgrund der technischen Bezüge und wegen ihrer stark ausgeprägten Dynamik einerseits vergleichbar, andererseits entstammen sie eigenen branchenspezifischen Traditionen. Die Geschichte des Informatikberufs ist beispielsweise noch jung. Die berufliche Grundbildung zum Informatiker und zur Informatikerin EFZ wurde erstmals im Jahr 1993 angeboten (BFS, 2022). Die Berufsverbände der Elektroinstallation und der Maschinenindustrie blicken dagegen auf eine lange Tradition zurück. Der heute unter dem Namen Swissmem bekannte Verband für Berufe der Maschinen-, Elektro- und Metallindustrie entstand im Jahr 1883 (swissmem, 2023), jener der Schweizer Elektroinstallateure im Jahr 1906 (EIT.swiss, 2023). Während in der Informatikausbildung schon der im Jahr 2005 erlassene Bildungsplan die zu erreichenden Qualifikationen in Fach-, Methoden-, Sozial- und Selbstkompetenzen gliederte (BBT, 2005), orientiert sich jener der Elektroinstallation bis heute am fachorientierten Triplex-Modell. Es ist davon auszugehen, dass sich die lange fachlich gewichtete Ausbildungstradition im Elektrobereich nach wie vor auf die Ausrichtung des Bildungsplans auswirkt. Darüber hinaus werden die Berufskenntnisse in der Automatik- und Elektroinstallationsausbildung im Qualifikationsverfahren in einer mehrstündigen Klausur geprüft, während sie bei den Informatiklernenden als Erfahrungsnote gelten und im Bildungsplan grösstenteils in berufliche Situationen eingebunden sind. Auch diese Tatsache kann sich auf die Gewichtung und die Art und Weise der Vermittlung von Fachkompetenzen im Unterricht auswirken. Im Folgenden werden die beruflichen Konstellationen der Typen nochmals aufgegriffen, um berufsspezifische, potenziell auf die Handlungsstrategien und Unterrichtsumsetzungen der Studienteilnehmer einwirkende Einflussfaktoren zu erläutern.

Die Gruppe der Instruktoren setzt sich in vorliegender Studie aus drei Automatiklehrern und einem Elektroinstallationslehrer zusammen. Mehrere Interviewzitate dieser Studienteilnehmer deuten darauf hin, dass Fachkompetenzen in den Qualifikationsverfahren einen hohen Stellenwert einnehmen. R. Hartmann (Int., Z. 392–399) berichtet beispielsweise über Berechnungen im QV, welche eine zunehmende Anzahl von Lernenden aufgrund mangelnder Mathematikkenntnisse nicht durchführen kann. Becker (Int., Z. 220–223) bestätigt diese Tendenz. Er stellt fest, dass die Mathematiknoten der Lernenden schlechter ausfallen als früher und bezieht sich dabei auf ein Einzelfach, was grundsätzlich nicht der Logik der Berufskunde entspricht. Beide Lehrpersonen bilden Automatiklernende aus. Unter dem Gesichtspunkt, dass theoretische Grundlagen in der Wahrnehmung dieser Instruktoren einen wichtigen Bestandteil des QV ausmachen, lässt sich die fachliche Ausrichtung ihres professionellen Selbstverständnisses für die Bildung von erfolgreichen Lehrabgängerinnen und Lehrabgängern besser einordnen. Die Verbindung in die Berufspraxis scheint für den QV-Erfolg nicht zwingend erforderlich. Gleichzeitig setzt der KoRe-Bildungsplan im Fach

Automatik auf beispielhafte Berufssituationen, deren Bewältigung spezifische Ressourcen und Kompetenzen voraussetzen. Diese Ausrichtung sollte eine einfachere Verschmelzung von Theorie und Praxis ermöglichen (SDBB, 2013). Allerdings wirkt sich diese Intention bei den Studienteilnehmern kaum aus – ganz im Gegenteil könnte die Fokussierung auf beispielhafte Situationen im Bildungsplan dafür mitverantwortlich sein, dass die Studienteilnehmer sich an die Leistungsziele der theoretischen Grundlagen klammern.

> „Das ist, glaube ich, am KoRe-Modell die grösste Schwierigkeit. Wenn ich nur nach dem Bildungsplan gehen würde, sind diese Kompetenzen recht verallgemeinert angegeben." (Zimmerli, E, Int., Z. 130–131)

Insbesondere den Instruktoren mit ihrem vorwiegend fachlichen Leitbild dürfte es schwerfallen, den Unterricht an berufstypischen Problemstellungen festzumachen. Alle diesem Typus zugeordneten Studienteilnehmer weisen ein fachlich ausgerichtetes Leitbild auf, weshalb ihnen wohl die Selbstsicherheit und die notwendigen Kompetenzen für die Unterrichtsplanung anhand von beispielhaften Berufssituationen fehlen. R. Hartmann (Int., Z. 278–287) hält sich beispielsweise zwar mit Fachbüchern und -zeitschriften auf dem Laufenden, doch fehlen ihm aufgrund seiner langjährigen vollamtlichen Lehrtätigkeit laut eigener Aussage zunehmend die Erfahrungen, um technische Entwicklungen nachvollziehen und verstehen zu können.

Der Typus der Brückenbauer ist in dieser Studie durch zwei Informatiklehrer und einen Elektroinstallationslehrer vertreten. Der Informatikbildungsplan setzt auf das HK-Modell und gliedert alle zu erreichenden Handlungskompetenzen in berufstypische Situationen ein. Von den insgesamt 1'600 Lektionen *„Berufskenntnissen"* sind 1'000 modulartig aufgebaut und orientieren sich direkt an Berufssituationen. Daneben enthält aber auch dieser Bildungsplan erweiterte Grundlagen, untergliedert in Mathematik, Naturwissenschaften, Wirtschaft und Recht sowie Englisch. Bei der Aufführung der Lernziele wird betont, im Fokus stehe *„ein handlungsorientierter Unterricht, der sich an Beispielen der Informatik orientiert"* (ICT, 2013, S. 35). Das folgende Beispiel zeigt, dass teilweise durchaus eine Trennung zwischen praktischen und theoretischen Unterrichtsbestandteilen vollzogen wird.

> „Mein Unterricht ist sehr praxisorientiert, handlungsorientiert. Also eigentlich sind es Sequenzen, die sich auf eine praktische Tätigkeit im Betrieb beziehen. Vielleicht noch ein wenig mehr, also auch ein wenig systematisch die Grundlagen vermitteln. Aber die Schüler sind sehr, sie wollen aktiv sein, aktiv arbeiten." (Müller, I, Int., Z. 15–18)

Dieser Brückenbauer betont, dass die Lernenden aktiv arbeiten wollen, was sich in seinem Unterricht durchaus äussert – auch in der beobachteten Einheit, die sich mit theoretischen Grundlagen befasste.

> Der Input der Lehrperson gestaltet sich als Expertengespräch mit den Lernenden. Die Lehrperson stellt ständig Fragen, damit die Lernenden die vermittelten Grundlagen mit ihrer Praxis verbinden können. Auch die Lernenden melden sich häufig, um ihre Erfahrungen im Themengebiet zu teilen. (Müller, I, Beob., Z. 38–41)

Die Lernenden kennen offenbar die hohe Handlungs- und Praxisorientierung aus dem modulartigen Unterricht. Darüber hinaus arbeiten Informatiklernende auch in ihrer Berufspraxis häufig projektähnlich und sind es deshalb gewohnt, aktiv in Prozessen mitzuwirken (Degen et al., 2019a). Dies könnte ein Grund dafür sein, dass jene Informatiklehrer, die dem Typus Brückenbauer angehören, auch theoretische Grundlagen mit Praxisbeispielen verbinden und stark mit den Erfahrungen der Lernenden arbeiten. In diesem Sinne würde das Bildungsplanmodell hier die intendierte Wirkung entfalten, ohne jedoch alleine ausschlaggebend für die entsprechende Unterrichtsausrichtung zu sein.

Dem Typus der Entfalter ist je ein Informatik- und ein Elektroinstallationslehrer zugeordnet. Dabei muss einschränkend festgehalten werden, dass L. Zimmerli neben Elektroinstallateuren und Elektroinstallateurinnen auch im Bereich der Elektronik Lernende ausbildet, deren Bildungsplan sich am KoRe-Modell orientiert. Nichtsdestotrotz dürfte das Bildungsplanmodell bei diesem Typus im Vergleich zu den anderen die geringste Rolle spielen. So zeigt sich am Beispiel der Automatiklehrer, dass auch aus dem KoRe-Modell ein fachorientierter Unterricht resultieren kann. Diese Ausrichtung kann bei den Entfaltern jedoch kaum festgestellt werden. Vielmehr wollen sie ihre Lernenden aufgrund ihres professionellen Selbstverständnisses persönlich stärken und weiterentwickeln. Zugunsten dieses Anliegens sind sie dazu bereit, vom Bildungsplan und der darin enthaltenen Ausrichtung abzuweichen. Dies äussert sich in den persönlichen Zielen, im persönlichen Leitbild und der Haltung gegenüber den Lernenden.

> „Mein Unterricht geht weit über die Fachkompetenzen hinaus. Aber das hat wahrscheinlich, nicht nur wahrscheinlich, das hat sehr fest auch mit meiner Haltung zu tun." (Zimmerli, E, Int., Z. 168–170)

Die an der Studie teilnehmenden Elektroinstallationslehrer sind in allen drei Gruppen vertreten: Es gibt einen Instruktor, einen Entfalter und einen Brückenbauer. Diese Tatsache stärkt die Annahme, dass sich einzelne Ausprägungen der konstituierenden Elemente des professionellen Selbstverständnisses wesentlich auf die Handlungsstrategien und Unterrichtsgestaltungen auswirken können. Die Rahmenbedingungen wie das Bildungsplanmodell und die Schwerpunkte im QV scheinen in solchen Fällen eine untergeordnete Rolle zu spielen.

Der berufsspezifische Kontext sowie die damit verbundenen Traditionen und Bildungsplanmodelle stehen demnach in Wechselwirkung mit dem professionellen Selbstverständnis der Berufskundelehrpersonen. Sie können als weitere Rahmenbedingungen und Anforderungen betrachtet werden, deren Wahrnehmung und Gewichtung vom professionellen Selbstverständnis der Lehrpersonen gesteuert werden. Auch deshalb muss die Bedeutung solcher Einflussfaktoren als begrenzt eingestuft werden. Alle Studienteilnehmer scheinen ihren Bildungsplan so zu interpretieren, dass sich die Unterrichtspraxis mit ihrem professionellen Selbstverständnis vereinbaren lässt. Selbst die sonst vorgabengetreuen Instruktoren blenden die in ihrem Bildungsplanmodell enthaltenen, mit überfachlichen Kompetenzen verbundenen Berufssituationen weitestgehend aus, um den Fokus auf die ebenfalls verlangten theoretischen Grundlagen zu legen. Sie sind sich dabei keiner Abweichung von den Erfordernissen des Bildungsplans bewusst, schliesslich betonen sie in den Interviews wiederholt die Wichtigkeit der Bildungsplanumsetzung. Vielmehr folgen sie treu ihrem eigenen professionellen Selbstverständnis und blenden abweichende Anforderungen zugunsten ihrer Handlungsfähigkeit aus.[13]

4.8 Typenspezifische Unterschiede

Entsprechend dem Ziel, einen verständlichen und geordneten Blick über die konstruierten Typen von Berufskundelehrpersonen zu erhalten, werden die Gemeinsamkeiten und Unterschiede zwischen den professionellen Selbstverständnissen und den konstituierenden Elementen sowie den wahrgenommenen Spannungsverhältnissen und Antinomien im Folgenden nochmals expliziert und herausgestrichen. Die Tabelle 13 führt die hauptsächlichen Ausprägungen der jeweiligen Elemente und Spannungsverhältnisse respektive Antinomien auf, die einander in der anschliessenden Beschreibung detailliert gegenübergestellt werden.

Tabelle 13: Typenspezifische Unterschiede im professionellen Selbstverständnis sowie in der Wahrnehmung von Spannungsverhältnissen und Antinomien

Kernkategorie	Subkategorien	Instruktor	Entfalter	Brückenbauer
professionelles Selbstverständnis der Studienteilnehmer	Ziele	QV-Erfolg, Vorgaben umsetzen, Fachkompetenz	QV-Erfolg, persönliche Entfaltung, individuelle Entwicklung, intrinsische Motivation	QV-Erfolg, Arbeitsmarktfähigkeit, Fachkompetenz, überfachliche Kompetenz, Rüstzeug für Weiterentwicklung
	persönliches Leitbild	fachlich	pädagogisch	berufspraktisch
	didaktisches Unterrichtsverständnis	transmissiv	konstruktivistisch	
	Haltung gegenüber Anspruchsgruppen	Lernende: distanziert, teils dienstleistend Schulleitung: befolgend	Lernende: nahbar Kollegium: abgrenzend Schulleitung: autonom	Lernende: nahbar Berufsbildende: dienstleistend
	Einstellung zur Professionalitätsentwicklung	fachlich und berufspraktisch	pädagogisch und berufspraktisch	berufspraktisch und fachlich
	berufs- und bildungsbiografische Ausprägungen und Erfahrungen	grosse Bedeutung von fachlichen Erfahrungen	grosse Bedeutung von pädagogisch-didaktischen Erfahrungen	grosse Bedeutung von berufspraktischen Erfahrungen

13 Hier kann zum Beispiel auf die Antinomie zwischen den Anforderungen des Qualifikationsverfahrens und den Lernzielen des Bildungsplans Bezug genommen werden. Die Instruktoren blenden die überfachlichen Kompetenzen im Bildungsplan aus und begründen ihre fachliche Orientierung mit Erfahrungen aus der vergangenen QV.

(Fortsetzung Tabelle 13)

<table>
<tr><th>Kernkategorie</th><th>Subkategorien</th><th>Instruktor</th><th>Entfalter</th><th>Brückenbauer</th></tr>
<tr><td rowspan="3">wahrgenommene Spannungsverhältnisse und Antinomien</td><td>persönliche Spannungsverhältnisse</td><td>Heterogenität, steigende Anforderungen und Stoffmenge, knappe Zeitressourcen ↔ begrenzte pädagogisch-didaktische Herangehensweisen

berufspraktische Kompetenzziele ↔ begrenzte Kompetenzen in aktueller Berufspraxis & Berufs-(fach-)Didaktik</td><td>schulinterne Vorgaben ↔ abweichendes Unterrichtsverständnis</td><td>Spannungsfelder führen kaum zu persönlichen Spannungsverhältnissen</td></tr>
<tr><td rowspan="2">strukturelle Antinomien</td><td></td><td>Fachorientierung Schullehrplan ↔ Kompetenzorientierung</td><td>Divergenz zwischen Bildungsplan und Praxis</td></tr>
<tr><td colspan="3">divergente Ansprüche zwischen Bildungsplan und QV</td></tr>
<tr><td></td><td>Handlungsstrategien</td><td>ausblenden und zurechtlegen; fachorientierter und prüfungsvorbereitender Unterricht; Kontrollmechanismen</td><td>Reflexion; pädagogisch-didaktische Autonomiewahrnehmung</td><td>Reflexion; berufspraktische Autonomiewahrnehmung</td></tr>
</table>

Wie sich schon im Zuge der Beschreibung der in sich geschlossenen Typen abzeichnete, weisen die konstituierenden Elemente der rekonstruierten professionellen Selbstverständnisse der Studienteilnehmer beträchtliche Abweichungen auf. Diese Erkenntnis legt nahe, dass Berufskundelehrpersonen ihren Berufsauftrag unterschiedlich interpretieren, was zu mannigfaltigen Handlungsstrategien und Unterrichtsgestaltungen führt. Doch gibt es auch Gemeinsamkeiten. Im Folgenden werden die tabellarisch aufgeführten Unterschiede und Gemeinsamkeiten der Typenausprägungen detailliert erläutert.

Ziele

Für alle Studienteilnehmer, egal welchem Typus sie angehören, bildet der QV-Erfolg der Lernenden ein persönlich wichtiges Ziel ihrer investierten Bestrebungen. Die Ausrichtungen innerhalb dieser hauptsächlichen Zieldimension gestalten sich jedoch heterogen. Die Instruktoren legen den Fokus auf die Transmission von Fachkompetenzen. Sie berufen sich dabei auf die in den Bildungsplänen, Qualifikationsverfahren und schulinternen Skripten vorausgesetzten theoretischen Grundlagen und setzen alles daran, diese Vorgaben umzusetzen. Die Entfalter erachten die Vorgaben in den Bildungsplänen zwar ebenfalls als wichtig, nutzen aber eigene kreative Wege, um diesen bedarfsgerecht nachzukommen. Viel wichtiger ist ihnen die persönliche Entfaltung und individuelle Entwicklung der Lernenden. Durch die Erarbeitung und Bereitstellung von attraktiven und ganzheitlichen Projekten fokussieren sie auf die intrinsische Motivation der Lernenden, um ein stimulierendes und nachhaltiges Lernen zu initiieren. Die Brückenbauer erkennen die Vorgaben in den Bildungsplänen als wichtige Voraussetzung für die berufliche Entwicklung ihrer Lernenden an. Mit dem hauptsächlichen Ziel, arbeitsmarktfähige Nachwuchskräfte auszubilden, ergänzen sie die Lerninhalte um jene fachlichen und überfachlichen Kompetenzziele, die sie für die Berufspraxis als wichtig erachten. Weil sie die Lernenden auf die Zukunft vorbereiten wollen, fördern sie vorwiegend auch jene Kompetenzdimensionen, die die Weiterentwicklung der Lernenden sicherstellen.

Persönliches Leitbild

Beim persönlichen Leitbild konnten drei Ausprägungen rekonstruiert werden: das fachliche, das pädagogische und das berufspraktische Leitbild. Sie sind eng mit den typbezogenen Zielen verbunden. Ungeachtet gewisser Überschneidungen treten die hauptsächlichen Ausrichtungen der Typen sowohl in den Interviews als auch in den Beobachtungen stark hervor. Darüber hinaus besteht offenbar eine Korrelation zwischen dem persönlichen Leitbild und denjenigen Aspekten, aus welchen die Berufskundelehrer ihre Selbstsicherheit gewinnen.

So weisen die Instruktoren primär ein fachliches Leitbild auf. Durch regelmässiges Studium von Fachliteratur sind sie sich in dieser Hinsicht eines Vorsprungs gegenüber den Lernenden bewusst. Sie interpretieren ihren Berufsauftrag demgemäss so, dass sie in erster Linie die theoretischen Grundlagen des Ausbildungsberufs zu vermitteln haben. Alle anderen Kompetenzdimensionen haben sich dem Fachwissen unterzuordnen, was zu einem Teil auch der Ausrichtung des QV geschuldet sein könnte. Die Verknüpfungen in die Berufspraxis sehen sie nicht als ihre vorrangige Aufgabe oder sie trauen sich diese aufgrund zunehmender Distanz zu technischen Entwicklungen nicht mehr zu. Im Vergleich zu den praxisnahen Kompetenzzielen kann bei den theoretischen Grundlagen in den Bildungsplänen von einer hohen Stabilität ausgegangen werden. Das aktive Ausblenden von praxisnahen Bestandteilen der Bildungspläne ermöglicht den Instruktoren die langfristige Umsetzung eines quasi unveränderten Unterrichts. Die Brückenbauer hingegen verkörpern ein berufspraktisches Leitbild und ein ausgewachsenes Selbstbewusstsein in Bezug auf das Wissen über berufsrelevante Lehr- und Lerninhalte. Sie sehen es als ihren Auftrag, die Hürden zwischen Theorie und Praxis möglichst niedrig zu halten. Die theoretischen Grundlagen erachten sie als wichtige Ressourcen für das berufspraktische Verstehen und die weitere Entwicklung der Lernenden. Die Entfalter zeigen ein stark ausgeprägtes pädagogisches Leitbild und strahlen in Bezug auf das Lehren und Lernen eine grosse Selbstsicherheit aus. Sie sind der Überzeugung, dass die Selbstermächtigung der Lernenden die wichtigste Gelingensbedingung darstellt, damit sie sich positiv und nachhaltig entwickeln können. Sie nutzen deshalb ihr pädagogisch-didaktisches Verständnis und begleiten die Lernenden auf diesem individuellen Weg.

Didaktisches Unterrichtsverständnis

Obwohl das didaktische Unterrichtsverständnis auf der Mikroebene viele Überschneidungen zwischen den Typen aufweist, kann übergeordnet zwischen einer transmissiven und einer konstruktivistischen Ausrichtung unterschieden werden. Bei den Instruktoren offenbart sich ein transmissives, didaktisches Unterrichtsverständnis. Ob in der Vermittlung von Input oder während Übungsphasen – das Wissen geht immer von der Lehrperson aus und soll von den Lernenden aufgenommen und adaptiert werden. Die Instruktoren stellen damit sicher, dass die inhaltliche und zeitliche Kontrolle über die geplanten Arbeitsschritte bei ihnen verbleibt. Ein interaktiver, handlungsorientierter Unterricht würde das Erreichen der vorgesehenen Ziele weniger vorhersehbar machen. Für die Entfalter und Brückenbauer hingegen besteht Unterricht aus Zusammenarbeit, selbstständigen Arbeitsphasen und ressourcenorientierter, individueller Förderung der Lernenden, was auf ein konstruktivistisches, didaktisches Unterrichtsverständnis schliessen lässt. Sie interagieren auf Augenhöhe mit den Lernenden, tauschen Erfahrungen aus und bewegen sich gemeinsam vorwärts. Sie legen im Vergleich zu den Instruktoren eine grössere Offenheit für Unvorhergesehenes an den Tag und planen entsprechend Freiräume ein.

Haltung gegenüber Anspruchsgruppen

Die Entfalter und Brückenbauer weisen in Bezug auf die Haltung gegenüber den Lernenden Gemeinsamkeiten auf. Beide Typen nehmen eine nahbare Haltung zu ihren Lernenden ein. Sie engagieren sich für die Beziehungsarbeit und versuchen ein Vertrauensverhältnis zu den Lernenden aufzubauen. Dies unterstützt sie dabei, sowohl die Gefühlslage als auch die Ressourcen der Individuen zu erfassen, was sie wiederum als wichtige Bedingungen für eine erfolgreiche Begleitung betrachten. Während die Verbindung zwischen den Entfaltern und den Lernenden vorwiegend auf einer lernorientierten Ebene anzusiedeln ist, besteht jene zwischen den Brückenbauern und Lernenden vor allem auf Ebene der Berufspraxis. Die Instruktoren dagegen weisen eher eine distanzierte Haltung zu den Lernenden auf. Sie orientieren sich vorwiegend am Durchschnitt der jeweiligen Klasse und messen den einzelnen Lernenden daher weniger Bedeutung bei. Die Hälfte der Instruktoren nimmt gegenüber den Lernenden als Gruppe eine dienstleistungsorientierte Haltung ein, die sich in einer gezielten Prüfungsvorbereitung äussert. Auf die Beziehung zu den Individuen scheint sich diese Haltung aber wenig auszuwirken. Die Instruktoren weichen kaum von den Vorgaben der Schulleitung ab und ordnen sich ihnen unter. Ob hier schon immer eine hohe Passung bestand oder sich die Ansichten jenen der Schulleitung über die Zeit angeglichen haben, lässt sich allerdings nicht sagen. Die Entfalter zeigen im Unterschied dazu gegenüber den Schulleitungen und dem Kollegium eine sehr autonome Haltung. Ob sich die Ansichten der Parteien decken oder nicht – die Entfalter gehen konsequent ihren eigenen Weg. Die Brückenbauer hingegen nehmen alle Parteien in den Blick und zeigen sowohl den Lernenden als auch den Ausbildungsbetrieben gegenüber eine dienstleistende Haltung.

Einstellung zur eigenen Professionalitätsentwicklung

Alle konstruierten Typen schätzen die eigene Professionalitätsentwicklung grundsätzlich als wichtig ein. Hinsichtlich der Ausrichtung, die in einer direkten Verbindung zum persönlichen typenspezifischen Leitbild steht, weisen sie jedoch signifikante Unterschiede auf. Die Instruktoren qualifizieren sich hauptsächlich fachlich weiter und bringen viel Engagement für die Entwicklung eigener Fachkompetenzen auf. Berufspraktische Entwicklungsmassnahmen erachten sie zwar ebenfalls als wichtig, schätzen aber den individuellen Erfolg respektive Nutzen entsprechender Weiterbildungen aufgrund ihrer grossen Distanz zu der Berufspraxis als gering ein. Die Entfalter messen vor allem pädagogisch-didaktischen Entwicklungsmassnahmen eine hohe Bedeutung bei. Weil für sie die Begleitung der Individuen an oberster Stelle steht, sind sie auf Methoden und Instrumente angewiesen, die sie darin unterstützen. Auch sie erkennen eine Relevanz hinsichtlich der berufspraktischen Professionalitätsentwicklung. Sie treffen sich deshalb mit Branchenvertretenden und bringen sich auf den neusten Stand. Die Brückenbauer fokussieren dagegen viel stärker auf die berufspraktische Entwicklung. Sie pflegen ein enges Netzwerk zu Berufsbildenden und tauschen sich über technische Innovationen aus, um diese in den Unterricht aufnehmen zu können. Auch die Weiterentwicklung von Fachkompetenz erscheint ihnen wichtig. Sie begründen dies mit der Notwendigkeit, die technischen Entwicklungen fachlich einordnen zu können und gegenüber den Lernenden eine hohe Glaubwürdigkeit aufzuweisen.

Berufs- und bildungsbiografische Ausprägungen und Erfahrungen

Die berufs- und bildungsbiografischen Erfahrungen der Typen prägen die Ausbildung und Weiterentwicklung des professionellen Selbstverständnisses der Lehrpersonen und die Ausprägungen der konstituierenden Elemente offenbar massgeblich. Die Studienteilnehmer verweisen in Bezug auf ihr professionelles Handeln mehrfach auf ihre berufliche Laufbahn in der Industrie und im Lehrberuf. Bildungsbiografische Erfahrungen finden eher implizit Erwähnung, indem einzelne Bestandteile der Aus- und Weiterbildung beispielsweise als wichtig deklariert werden (bspw. Zimmerli, E, Int., Z. 464–466) oder ein fachlich geprägtes Hochschulstudium einen Einfluss auf das Leitbild der Lehrpersonen ausüben könnte (bspw. Hartmann, A, Int., Z. 4–5). Wie bereits in Kapitel 0 ausgearbeitet, zeigen sich in Anlehnung an das Phasenmodell Hubermans (1991) auch zwischen den biografischen Ausprägungen der Studienteilnehmer und deren jeweiligem professionellen Selbstverständnis Zusammenhänge. Aus einem typenspezifischen und -vergleichenden Blickwinkel stellt sich dies wie folgt dar.

Interessanterweise scheinen die Studienteilnehmer insbesondere diejenigen Erfahrungen bewusst aufzunehmen, die mit ihrem persönlichen Leitbild in Einklang stehen. Die Instruktoren rekurrieren beispielsweise vorwiegend auf Erfahrungen, die in Bezug zu den fachlichen Ressourcen ihrer Lernenden stehen. Sie thematisieren in den Interviews wiederholt die als abnehmend wahrgenommenen Fachkompetenzen ihrer Lernenden, was sie zu spezifischen Handlungsstrategien verleitet. Ihr fachliches Leitbild scheint sich gewissermassen auf die Reichweite ihrer Erfahrungen auszuwirken. Die Verbindung zwischen den Erfahrungen und dem persönlichen Leitbild bestätigt sich bei den anderen Typen. Die Entfalter berufen sich vorwiegend auf pädagogisch-didaktische Erfahrungen. Ihrem persönlichen Leitbild entsprechend erachten sie die Pädagogik als Gelingensbedingung für den Unterricht und befassen sich stark mit methodisch-didaktischen Fragestellungen. Sie sind deshalb dazu bereit, aus ihren pädagogisch-didaktischen Erfahrungen zu lernen und sich zugunsten des Lernprozesses ihrer Lernenden in dieser Hinsicht laufend weiterzuentwickeln. Die von den Brückenbauern geäusserten Erfahrungen stehen dagegen vor allem in Verbindung mit berufspraktischen Inhalten, weshalb sie sich vorwiegend auf ihre Zeit vor der Lehrtätigkeit berufen. Sie benennen wiederholt Beispiele und Erfahrungen aus der eigenen Praxis, die sie in den Unterricht einbauen. Umgekehrt nehmen sie von den Lernenden aktuelle Erlebnisse und Eindrücke aus den Ausbildungsbetrieben auf und verbinden diese mit den Lerninhalten. Sie nutzen daher die Erfahrungen der Lernenden bis zu einem gewissen Grad auch für die eigene Weiterentwicklung.

Das Alter der an dieser Studie beteiligten Berufskundelehrer erlaubt weder Rückschlüsse auf die Wahrnehmung, Interpretation und Bewältigung von Anforderungen noch auf die Unterrichtsgestaltung. Das Durchschnittsalter der Entfalter liegt bei 52.5 Jahren, jenes der Instruktoren bei 53.5 Jahren und das der Brückenbauer bei 57 Jahren. Die Tabelle 14 führt neben dem Alter die durchschnittlichen Dienstjahre der Typenvertreter im Lehrberuf und in der Industrie auf.

Tabelle 14: Biografische Ausprägungen nach Typen geordnet

[Durchschnittsangaben]	Instruktoren	Entfalter	Brückenbauer
Alter	53.5	52.5	57
Dienstalter Lehrberuf	17.5	17.5	10.5
Dienstalter Industrie	18	12.5	26.5

Dieser Vergleich führt zu spannenden Hypothesen. Während die Entfalter und Instruktoren im Durchschnitt 17.5 Jahre im Lehrberuf tätig sind, arbeiten die Brückenbauer trotz des höchsten Durchschnittsalters erst seit 10.5 Jahren als Berufskundelehrer. Sie waren durchschnittlich 26.5 Jahre in der Industrie beschäftigt und damit viel länger als die Instruktoren und Entfalter. Die langjährige Praxiserfahrung der Brückenbauer könnte sich auf ihr berufspraktisches Leitbild und damit auf ihr derzeitiges professionelles Selbstverständnis als praxisnahe Lehrperson auswirken. Ihr professionelles Selbstverständnis könnte demnach noch stark von ihrer Berufskarriere in der Industrie geprägt sein. Bei den Entfaltern dagegen könnte die vergleichsweise kurze Zeit in der Industrie ein Grund dafür sein, dass ihr professionelles Selbstverständnis weniger auf berufspraktischen Aspekten beruht. Die Instruktoren thematisieren mit ihren 17.5 Jahren im Lehrberuf eine als Herausforderung wahrgenommene Distanz zur Berufspraxis. Nach 18 Jahren in der Industrie messen sie der Berufspraxis Relevanz bei, scheitern jedoch an ihren an sich selbst gerichteten hohen Ansprüchen zur Vermittlung der praxisbezogenen Inhalte. Aus ihrem professionellen Selbstverständnis als ehemalige Praktiker scheint sich lediglich die Qualitätsperspektive aus der Industrie auszuwirken, indem sie sich eng an den Richtlinien und Vorgaben orientieren.

Im Hinblick auf die Übereinstimmung beim durchschnittlichen Dienstalter im Lehrberuf ergibt sich zwischen den Instruktoren und Entfaltern zudem eine interessante Erkenntnis. In Anlehnung an das Phasenmodell von Huberman (1991) befinden sich die beiden in zwei unterschiedlichen Strängen: Instruktoren reagieren ablehnend auf veränderte Rahmenbedingungen und versuchen, im Bisherigen zu verharren, was gemäss Ludescher et al. (2007) für eine konservative Einstellung spricht. Die Entfalter hingegen stufen Veränderungen durch ihr proaktives Wesen auch als Chance ein. Sie stehen veränderten Rahmenbedingungen mit einer gewissen Lockerheit gegenüber und nutzen ihre Kräfte für die Weiterentwicklung der Berufsfachschule. Nach Huberman (1991) weisen Letztere damit Charakteristika der „Gelassenheitsphase" auf. Die Brückenbauer befinden sich mit ihren 10.5 Jahren Erfahrung im Lehrberuf in der Phase des „Aktivismus". Dazu passend experimentieren sie in ihrem Unterricht regelmässig und probieren an die Ressourcen der Lernenden angepasste flexible Unterrichtsmethoden aus.

Spannungsverhältnisse und Antinomien

Wenn sich aus den externalen Rahmenbedingungen Anforderungen gegenüberstehen, die für sich gesehen Gültigkeit aufweisen, aber miteinander unvereinbar sind, liegen strukturelle Antinomien vor. Persönliche Spannungsverhältnisse dagegen entstehen immer dann, wenn sich die an die Lehrpersonen gerichteten Anforderungen nicht mit den Elementen des professionellen Selbstverständnisses vereinbaren lassen (vgl. Kapitel 4.4).

Die Brückenbauer registrieren vorwiegend strukturelle Antinomien zwischen Ansprüchen aus den Bildungsplänen einerseits und aus den Qualifikationsverfahren sowie den Praxisanforderungen anderseits. Persönliche Spannungsverhältnisse beschäftigen sie kaum, weil sie viele potenzielle Spannungsfelder gar nicht als solche betrachten. Vielmehr können sie den meisten Gegebenheiten etwas Positives abgewinnen (bspw. Nutzung der Fachorientierung in den Bildungsplänen als Grundlage, um die Lernenden darauf aufbauend berufspraktisch auszubilden). Die Entfalter nehmen vor allem persönliche Spannungsverhältnisse wahr, die mit ihrem didaktischen Unterrichtsverständnis zusammenhängen. So können die Vorgaben der Schulleitung in einem Widerspruch zum eigenen konstruktivistisch geprägten Unterrichtsverständnis stehen. Eine Antinomie stellen sie zwischen der Fachorientierung in den Schullehrplänen und dem Paradigma der Kompetenzorientierung fest. Die Instruktoren sehen sich mit einer Vielzahl von persönlichen Spannungsverhältnissen konfrontiert. Ihr fachliches Leitbild isoliert sie in Bezug auf andere Schwerpunkte im Unterricht. Ein Bildungsplan, der beispielsweise zunehmend auf überfachliche Kompetenzen fokussiert und berufliche Situationen als Quelle für die Unterrichtsplanung forciert, bringt die Instruktoren in ein Spannungsverhältnis. Auch die zunehmende Heterogenität der Lerngruppen bei gleichzeitig steigenden Anforderungen und knappen Zeitressourcen eröffnet für die Instruktoren angesichts ihrer begrenzten methodischen Herangehensweisen weitere Spannungsfelder.

Bemerkenswert ist, dass sich die Instruktoren über Zeitmangel beklagen, während die Entfalter im gleichen Beruf dazu in der Lage sind, den Lernenden Freiräume zu schaffen. Dieses Beispiel verdeutlicht, dass die gleiche Rahmenbedingung in Abhängigkeit des professionellen Selbstverständnisses der Lehrperson zu wahrgenommenen Spannungsverhältnissen führen kann, aber nicht muss. Im Falle der Instruktoren lässt sich feststellen, dass sie zwar Handlungsstrategien umsetzen, um mit solchen Spannungen umzugehen. Die Strategien scheinen aber aus der Not heraus und ohne Selbstreflexion zu entstehen und bergen die Gefahr einer ewigen Spirale aus sich negativ beeinflussenden Herausforderungen.

Handlungsstrategien

Im Umgang mit den Spannungsverhältnissen und Antinomien setzen die Studienteilnehmer auf unterschiedliche Handlungsstrategien. Bei den Instruktoren äussern sich diese in Massnahmen, die aus pädagogisch-didaktischer Sicht zum Teil als problematisch einzustufen sind. In der Auseinandersetzung mit den spannungsverursachenden Faktoren fällt auf, dass sie ihre eigene Rolle im Spannungsfeld kaum reflektieren und deshalb bei den Lernenden und den Lehr- und Lernmaterialien ansetzen. Auf die Heterogenität der Lerngruppen und die als herausfordernd wahrgenommenen Rahmenbedingungen reagieren sie mit einem Unterricht, der die Lernenden einem starken Leistungsdruck aussetzt, sich an den Fähigkeiten des Durchschnitts orientiert und mit detaillierten Unterlagen auf bevorstehende Prüfungen vorbereitet. Die fehlende Selbstreflexion macht sich auch in der begrenzten Nutzung methodisch-didaktischer Vorgehensweisen bemerkbar, was einem professionellen Umgang mit den Spannungsverhältnissen ebenfalls im Wege steht. Anderseits umgehen die Instruktoren in Bezug auf die Heterogenität der Lernenden mögliche Spannungsfelder, indem aus ihrem Unterrichtsverständnis gar nicht erst der Anspruch für individuellere Lehr- und Lernformen hervorgeht. Wenn sie sich darüber hinaus ausschliesslich auf die theoretischen Grundlagen im Bildungsplan beziehen, umgehen sie durch das persönliche Zurechtlegen des Bildungsauftrags weitere Spannungsverhältnisse. Insgesamt versuchen sie die Spannungsfelder also entweder ganz auszublenden oder zu umgehen.

Die von den Entfaltern und Brückenbauern geäusserten Beispiele, wie sie ihren Unterricht entwickeln, lassen darauf schliessen, dass sie in der Auseinandersetzung mit Antinomien und Spannungsverhältnissen über ihre eigene Rolle, über das Lernen der Lernenden sowie über die Lerninhalte nachdenken (bspw. Fischer, I, Int., Z. 38–41 & 95–97; Suter, E, Int., Z. 59–64). Dieser breite Blickwinkel führt sie zu Handlungsstrategien, die einen professionellen Umgang mit den Spannungsfeldern ermöglichen.

So lösen die Entfalter Spannungen und Antinomien durch Reflexion und mithilfe ihrer pädagogisch-didaktischen Kompetenzen auf. Durch die reflexive Auseinandersetzung mit allen spannungsverursachenden Faktoren erkennen sie die Kernprobleme. Ihr ausgeprägtes pädagogisch-didaktisches Verständnis befähigt sie zu einem kompetenten und flexiblen Umgang mit den herausfordernden Situationen. Dies äussert sich in der Wahrnehmung von Autonomie, welche sie immer dann einsetzen, wenn Vorgaben nicht ihrem professionellen Selbstverständnis entsprechen. Ein ähnliches Bild zeigt sich bei den Brückenbauern. Auch sie weisen reflexive Fähigkeiten auf, die sie im Umgang mit Spannungsverhältnissen und Antinomien nutzen. Darüber hinaus greifen sie auf ihre berufspraktischen, fachlichen und methodisch-didaktischen Kompetenzen zurück und sind in der Lage, sich in Spannungsfeldern autonom zu bewegen und Antinomien angemessen zu begegnen.

5 Anbindung der Ergebnisse an den Forschungsdiskurs

In der vorliegenden Studie wurde untersucht, welches professionelle Selbstverständnis Berufskundelehrpersonen von Automatik-, Elektroinstallations- und Informatiklernenden im Zuge ihrer Laufbahn ausgebildet haben und welche Implikationen sich daraus für ihr professionelles Denken und Handeln identifizieren respektive rekonstruieren lassen. Während die Forschungsfragen bereits im ergebnisorientierten Kapitel 4 beantwortet wurden, fehlt bisher der Bezug zum aktuellen Forschungsstand sowie die Einordnung der Resultate in bestehende Theorien. Daher werden im Kapitel 5 die wichtigsten Ergebnisse der Untersuchung unter Bezug auf die Fragestellung nochmals aufgegriffen und in Anlehnung an den einschlägigen Forschungsdiskurs diskutiert. Die Erkenntnisse aus der vorliegenden Untersuchung werden dabei zunächst mit solchen aus vergleichbaren empirischen Studien und anschliessend mit den in Kapitel 2 bereits aufgegriffenen theoretischen Modellen in Zusammenhang gebracht.

Zunächst werden in Kapitel 5.1 die gebildeten Typen von Berufskundelehrpersonen, die konstituierenden Elemente des jeweiligen typenspezifischen professionellen Selbstverständnisses sowie die aus diesen Elementen hervorgehende Wirkung auf das professionelle Handeln der Lehrpersonen mit den Ergebnissen aus anderen empirischen Untersuchungen verglichen und diskutiert. In Kapitel 5.2 werden die sechs konstituierenden Elemente der in dieser Untersuchung rekonstruierten professionellen Selbstverständnisse erneut aufgegriffen und hinsichtlich des Umgangs der Studienteilnehmer mit den an sie gerichteten externalen Rahmenbedingungen und normativen Anforderungen besprochen. Bezugnehmend auf einzelne Beispiele von dabei auftretenden Spannungsverhältnissen und Antinomien werden in Anlehnung an Helsper (2016) die von den Studienteilnehmern umgesetzten Handlungsstrategien und -routinen ebenfalls mit vergleichbarer empirischer Forschung in Beziehung gesetzt.

Für das professionelle Handeln und den Umgang mit Spannungsfeldern greifen Lehrpersonen auf ihre Handlungskompetenzen zurück, die sie im Verlauf ihrer Berufs- und Bildungsbiografie erworben haben. Verschiedene Kompetenzmodelle fassen die Anforderungen für das professionelle Handeln von Lehrpersonen zusammen. In Kapitel 5.3 werden die oft normativ geprägten Kompetenzmodelle mit den empirischen Erkenntnissen aus der vorliegenden Studie zum professionellen Selbstverständnis unterfüttert. Die Studienergebnisse leisten damit einen berufsbildungsspezifischen Beitrag, der in einer empirisch begründeten Erweiterung der Kompetenzmodelle mündet. Das Professionswissen als ein wichtiger Aspekt des kompetenztheoretischen Modells bedarf in Bezug auf die Besonderheiten der Berufsbildung ebenfalls einer Spezifizierung. Das Kapitel 5.4 greift die mit dem Professionswissen zusammenhängenden

Kompetenzbereiche deshalb in Anlehnung an den berufs-(fach-)didaktischen Diskurs auf und setzt sie in Beziehung mit den Studienergebnissen.

Die vorliegende Untersuchung leistet mit diesem Vorgehen einen Beitrag zum wissenschaftlichen Diskurs im Bereich der pädagogischen Professionalität und der Berufs-(fach-)didaktik und ermöglicht somit einen genaueren Blick auf das professionelle Handeln von Berufskundelehrpersonen.

5.1 Professionelle Selbstverständnisse und konstituierende Elemente

Die Ergebnisse dieser empirischen Studie verweisen darauf, dass die Studienteilnehmer auf Basis ihrer Berufs- und Bildungslaufbahn ein spezifisches professionelles Selbstverständnis ausgebildet haben, das in ihrem Lehralltag handlungsleitend ist. Die rekonstruierten professionellen Selbstverständnisse der Studienteilnehmer setzen sich aus sechs konstituierenden Elementen zusammen: Die *Ziele (1)* definieren, worauf die Studienteilnehmer in der Ausbildung ihrer Lernenden hinarbeiten. Das *persönliche Leitbild (2)* unterteilt sich in eine pädagogische, fachliche oder berufspraktische Ausrichtung und zeigt, an welchen Disziplinen sich die Berufskundelehrer primär orientieren. Das *didaktische Unterrichtsverständnis (3)* bestimmt darüber, ob der Unterricht transmissiv von der Lehrperson ausgehend oder konstruktivistisch in Zusammenarbeit mit den Lernenden umgesetzt wird. Die Ergebnisse zu der *Haltung gegenüber Anspruchsgruppen (4)* illustrieren, wie die Studienteilnehmer den Lernenden, dem Kollegium, der Schulleitung und den Berufsbildenden gegenübertreten. Die *Einstellung zur eigenen Professionalitätsentwicklung (5)* legt offen, worauf die Berufskundelehrpersonen ihren Fokus in der persönlichen Weiterentwicklung legen. Und die *berufs- und bildungsbiografischen Ausprägungen und Erfahrungen (6)* lassen erkennen, wie sich die bisherige Laufbahn der Studienteilnehmer auf ihre jetzige Tätigkeit auswirkt. Gemeinsam bestimmen diese Elemente über die subjektiven Sichtweisen der Studienteilnehmer, die aus ihrem professionellen Selbstverständnis hervorgehen und für die Wahrnehmung, Interpretation und Bewältigung der mit ihrem Berufsauftrag zusammenhängenden Anforderungen verantwortlich sind. Die bei den einzelnen Studienteilnehmern identifizierten vielfältigen Ausprägungen dieser Elemente konnten durch das fallvergleichende und -kontrastierende Verfahren nach Kelle und Kluge (2010) neu sortiert und den drei Typen des *Instruktors*, des *Entfalters* und des *Brückenbauers* zugeordnet werden. Die Typen zeigen auf der von Tiefel (2005) begründeten Sinn-, Struktur- und Handlungsebene spezifische Gemeinsamkeiten. Damit geht die Beschreibung der typenspezifischen Charakteristika, des jeweiligen Umgangs mit normativen Anforderungen und der Unterrichtsroutinen und -gestaltung einher. Deutlich werden die hohe Komplexität des professionellen Selbstverständnisses und seine Einflüsse auf das professionelle Denken und Handeln der Lehrpersonen.

Die Wirkungskraft des professionellen Selbstverständnisses insgesamt sowie die Wechselwirkungen zwischen seinen einzelnen Elementen bestätigen sich auch in anderen Studien. Caspari (2001) untersuchte zum Beispiel das „berufliche Selbstverständnis" von Fremdsprachenlehrpersonen an allgemeinbildenden Schulen. Sie kommt zum Schluss, dass die einzelnen Elemente des beruflichen Selbstverständnisses eine steuernde Wirkung auf das professionelle Handeln der Lehrpersonen entfalten sowie vielfältigen und weit reichenden strukturellen Zusammenhängen unterliegen. Innerhalb der obligatorischen Schulstufen lassen sich zahlreiche weitere Studien heranziehen, die sich mit dem beruflichen oder professionellen Selbstverständnis oder der Identität von Lehrpersonen auseinandersetzten (Kanitz, Bürger, & Wissinger, 2014; Von Bargen, 2014). Häufig beschränken sie sich aber – wie beispielsweise Bosse (2017) – auf eines der sechs in vorliegender Studie rekonstruierten Elemente, und zwar auf das zweite, die persönlichen Leitbilder. Diese Fokussierung lässt sich auch in Forschungsarbeiten feststellen, die Typologien von Lehrpersonen bilden, wobei die Konzentration auf die persönlichen Leitbilder meist dazu führt, dass sich die Typen zwischen den Polen der Pädagogin/des Pädagogen und der Fachperson bewegen (bspw. Lempert, 1962; Bauer, 2006).

Auch in der Berufsbildung zeigt sich, dass das professionelle Selbstverständnis der Lehrpersonen häufig auf persönliche Leitbilder reduziert wird. Bromme und Strässer (1991) befassen sich in ihrer empirischen Studie mit den Wissenstypen und dem professionellen Selbstverständnis von Berufsschullehrpersonen in Deutschland. Das professionelle Selbstverständnis ergibt sich gemäss ihren Studienergebnissen aus der Verortung der Lehrpersonen in den drei Feldern Pädagogik, Berufsfeld und Fach (hier: Mathematik). Was in der vorliegenden Arbeit als persönliches Leitbild und damit „nur" als eines von insgesamt sechs konstituierenden Elementen des professionellen Selbstverständnisses definiert wurde, verstehen die Autoren isoliert als das professionelle Selbstverständnis der Berufsfachschullehrpersonen. Ein wesentlicher Unterschied zwischen der Arbeit von Bromme und Strässer und der vorliegenden Studie zeigt sich zudem in besagter Verortung der Lehrpersonen. Zum einen überschneiden sich die Ausrichtungen der Lehrpersonen in der vorliegenden Studie in allen Fällen, während sich bei Bromme und Strässer (1991, S. 777 f.) zwei der Befragten gänzlich als *„Spezialisten für ein Berufsfeld"* und drei als *„Nur-Pädagogen"* bezeichnen. Zum anderen erscheint die fachliche Dimension in den Ergebnissen der vorliegenden Studie stärker gewichtet als in der Analyse von Bromme und Strässer, in welcher sich die meisten Lehrpersonen als berufsfeldspezialisierte Pädagoginnen und Pädagogen sehen. In Übereinstimmung mit den Befunden der vorliegenden Studie stellt Meyer (2018) in ihrem Beitrag zur Professionalisierung des Berufsbildungspersonals in Deutschland fest, dass Fachbezüge im berufskundlichen Unterricht tendenziell dominieren und die (berufs-)pädagogischen Anteile etwas verdrängen.

Bauer (2006) untersucht in seiner Studie das Selbstverständnis von Elektrolehrern und bezeichnet es als „(berufliches) Selbstverständnis" oder „(berufliches) Selbstkonzept". Wie schon Bromme und Strässer (1991) versteht er das Selbstverständnis als Synonym für das persönliche Leitbild der Lehrperson (Element 2). Aus diesem Blickwinkel heraus unterscheidet er die sechs Typologien *„Fachwissenschaftler, Fachdidaktiker, Berufspädagoge, Berufswissenschaftler, Erzieher und Beamter"*, die sich durch spezifische

„Ausprägungen" auszeichnen (Bauer, 2006, S. 248). Neben dem Selbstverständnis wirken sich weitere Elemente auf das professionelle Handeln der Lehrpersonen aus. So betont Bauer (2006, S. 250), dass *„die Frage, welche Auswirkungen die jeweiligen Selbstverständnisse schliesslich auf das berufspädagogische bzw. didaktische Handeln haben, [...] damit noch nicht beantwortet werden"* kann. Er identifiziert das berufliche Fach- und Aufgabenverständnis als weitere Kategorien einer übergeordneten subjektiv ausgestalteten Theorie, die als Ganzes für das professionelle Handeln der Lehrperson verantwortlich ist.

Zimpelmann (2020a) nimmt diese kategoriale Unterteilung des beruflichen Selbstverständnisses als Idee auf und versucht, das Konzept weiter zu schärfen. Er ordnet dem beruflichen Selbstverständnis Dimensionen zu, die der Wahrnehmung der eigenen Person gelten. Damit umfasst es eigene Interessen und Fähigkeiten, die Selbsteinschätzung über die Wahrnehmung von Aufgaben und über die Qualität dieser Wahrnehmung sowie die Zuschreibung von Selbstwert im Rahmen der Lehrtätigkeit. Das Fachverständnis enthält die Vorstellungen der Lehrperson, die sie von ihrem Fach entwickelt hat. Dabei geht es um die Fragen, was dem Fach aus bezugswissenschaftlicher (und technischer) Perspektive angehört, welche Themen relevant sind und welche Vorstellungen zu inhaltlichen Zusammenhängen und Strukturierungen angebracht sind. Das Aufgabenverständnis beinhaltet primär die Bedeutungszuschreibung über an die Lehrperson herangetragenen Aufgaben (ebd., S. 6 f.). Die von Bauer (2006) erarbeiteten und von Zimpelmann (2020a) weiterentwickelten Dimensionen lassen sich allesamt in den konstituierenden Elementen des professionellen Selbstverständnisses wiederfinden. Besonders hervorzuheben ist die Relevanz des Selbstwerts der Lehrpersonen, da dieser nach Zimpelmann (2020a, S. 10) *„einen wesentlichen Antrieb für Handlungen darstellt und die eigene Wahrnehmung beeinflusst"*. Diese Relevanz bestätigt sich in der vorliegenden Studie. Der Selbstwert der Studienteilnehmer äussert sich vor allem im Zusammenhang mit dem persönlichen Leitbild und den berufsbiografischen Erfahrungen. Die Berufskundelehrer scheinen vor allem in derjenigen Disziplin einen starken Selbstwert aufzuweisen, die sich mit ihrem persönlichen Leitbild deckt. Dementsprechend gestaltet sich auch die Fokussierung auf die damit verbundene Disziplin im Unterricht. Die Ergebnisse der vorliegenden Studie gehen damit konform, denn die Studienteilnehmer sammeln vor allem in jenen Disziplinen bewusst Erfahrungen, die in Beziehung zu ihrem persönlichen Leitbild stehen. Während die Entfalter in den Interviews beispielsweise von pädagogisch-didaktischen Erfahrungen berichten, beziehen sich die Brückenbauer auf berufspraktische Erkenntnisse, die sich auf ihren Unterricht auswirken. Dies wiederum führt dazu, dass ihre Selbstsicherheit in diesen Disziplinen über die Zeit wächst. Die Beispiele illustrieren zum einen die Wechselwirkung zwischen den konstituierenden Elementen des professionellen Selbstverständnisses. Zum anderen bestätigt sich die von Zimpelmann (2020a) prognostizierte Relevanz des Selbstwerts insofern, als dieser die Wahrnehmungen der Studienteilnehmer beeinflusst und spezifische Ausrichtungen im Unterricht begünstigt.

Wie in der vorliegenden Untersuchung ist das professionelle Selbstverständnis der Berufskundelehrpersonen auch in Maltritz' (2016) Arbeit die Kernkategorie, die, verbunden mit den in Abbildung 10 dargestellten Elementen, Erkenntnisse über das professionelle Handeln der Studienteilnehmenden ermöglicht. Konkret untersuchte Mandy Maltritz das professionelle Handeln von Englischlehrpersonen an berufsbildenden Schulen Deutschlands im Spannungsfeld zwischen institutionellen und organisatorischen Rahmenbedingungen einerseits und dem beruflichen Selbstverständnis andererseits. Sie rekonstruierte aus ihren Daten ebenfalls drei Typen von Lehrpersonen, die deren berufliches Selbstverständnis widerspiegeln. Wie in der vorliegenden Studie bildete sie die Typologien nicht nur auf Basis des Leitbildes der Lehrpersonen, sondern auf Grundlage aller Elemente, die sie aus der empirischen Analyse mit dem beruflichen Selbstverständnis verbinden konnte. Daraus resultierten die Typen der *„Gestalterin“*, der *„Vermittlerin“* und der *„verhinderten Innovatorin“* (Maltritz, 2016, S. 201). Die Gestalterin zeichnet sich dadurch aus, dass sie einem Chamäleon ähnlich in diejenige pädagogische Rolle schlüpft, die dem Lernprozess der Lernenden situativ am dienlichsten erscheint. Sie zeigt daher Ähnlichkeiten zum Entfalter, der sich aufgrund seines pädagogischen Sachverständnisses im Unterricht sehr flexibel verhält. Im Vergleich zu der Gestalterin sucht der Entfalter aber weniger die Zusammenarbeit mit seinem Umfeld. Die Vermittlerin ist wie der Instruktor von einem transmissiven Unterrichtsverständnis geprägt. Im Umgang mit den Lernenden lässt sich beim Instruktor, anders als bei der Vermittlerin, jedoch keine Frustration, sondern eine gewisse Gleichgültigkeit beobachten (bspw. Becker, A, Int., Z. 262–266; Huber, A, Int., Z. 59–61). Auch nehmen die Instruktoren ihre eigene Fachkompetenz sehr ernst und sind im Gegensatz zu den Vermittlerinnen dafür bereit, sich entsprechend weiterzuentwickeln. Maltritz' verhinderte Innovatorin schliesslich sieht sich von systemischen Bedingungen und von einem nicht kooperativen Kollegium an der eigenen professionellen Entfaltung gehindert. Solche Tendenzen sind in der vorliegenden Studie nur sehr vereinzelt feststellbar und werden durch die ausgeprägten Autonomiebestrebungen der Berufskundelehrer grösstenteils aus dem Weg geräumt. Die Daten liefern daher keine Argumente für die Konstruktion eines vergleichbaren Typus. Zudem identifizierte Maltritz die Charakteristika des Brückenbauers nicht. Das könnte daran liegen, dass sie sich in ihrer Studie offenkundig stärker auf die pädagogischen und fachspezifischen Gegebenheiten fokussierte und die mit der Berufsbildung einhergehenden Besonderheiten (bspw. duales Bildungssystem) weniger in den Blick nahm. Auch sind die Berufskundelehrpersonen durch ihren Hintergrund und die Berufskunde an sich stärker und direkter mit der Berufspraxis verbunden als die Englischlehrpersonen beziehungsweise der Englischunterricht. Die nachfolgende Tabelle 15 bietet eine vergleichende Gegenüberstellung der in den Studien entwickelten Typen.

Tabelle 15: Vergleichende Betrachtung von Lehrpersonen-Typen

Typen von Englischlehrpersonen (Maltritz, 2016, S. 201 f.)	Typen von Berufskundelehrpersonen
Gestalterin • Rollenflexibilität in Bezug auf Fach und Pädagogik • Wertschätzung und Empathie gegenüber Lernenden • Teamplayerin • lebenslanges Lernen als Berufsethos • handlungsorientierter und differenzierter Unterricht	**Entfalter** • pädagogische Flexibilität • vertrauensvolle Beziehung auf Augenhöhe zu den Lernenden • Einzelkämpfer und ausgeprägte Autonomie • Weiterentwicklung in Pädagogik und Berufspraxis • handlungsorientierter und differenzierter Unterricht
Vermittlerin • Fach- und Wissensvermittlung • distanziertes Verhältnis zu Lernenden und Kollegium • Frustration im Umgang mit „schwierigen“ Lernenden • keine Veranlassung für Professionalisierung • Methodendefizit für Begleitung der Lernenden	**Instruktor** • Fach- und Wissensvermittlung • distanziertes Verhältnis zu Lernenden • Befolgen von Regeln und Vorgaben • Weiterentwicklung in Fach und Berufspraxis • Methodendefizit für Begleitung der Lernenden
verhinderte Innovatorin • eingeschränkte Rollenflexibilität durch systemische Bedingungen • ausgewogenes Verhältnis zu Lernenden • Ratlosigkeit im Umgang mit „schwierigen“ Lernenden • schwieriges Verhältnis zu Kollegium • Relevanz für Weiterentwicklung in Methodik	
	Brückenbauer • hohe Bedeutung von Theorie- und Praxisinhalten • vertrauensvolle Beziehung auf Augenhöhe zu den Lernenden • dienstleistende Beziehung zum Umfeld • Weiterentwicklung in Berufspraxis • praxis- und handlungsorientierter Unterricht

Maltritz (2016) strukturierte die in der Tabelle 15 ausgeführten Merkmale der Typen ebenfalls in Elemente des beruflichen Selbstverständnisses. Wie aus der Abbildung 10 hervorgeht, bildete sie in ihrem Datenauswertungsprozess insgesamt fünf Subkategorien, die das berufliche Selbstverständnis der Lehrpersonen konstituieren. Während die *(berufs-)biografischen Ressourcen* sich ihren Daten zufolge in eindimensionaler Richtung auf das berufliche Selbstverständnis auswirken, stehen die anderen vier Elemente in einem wechselwirkenden Verhältnis zur Kernkategorie. Sie umfassen das *Rollenverständnis*, die *Gestaltung von Beziehungen*, das *Sach- und Fachverständnis* sowie die *eigene Professionalisierung* der Lehrpersonen.

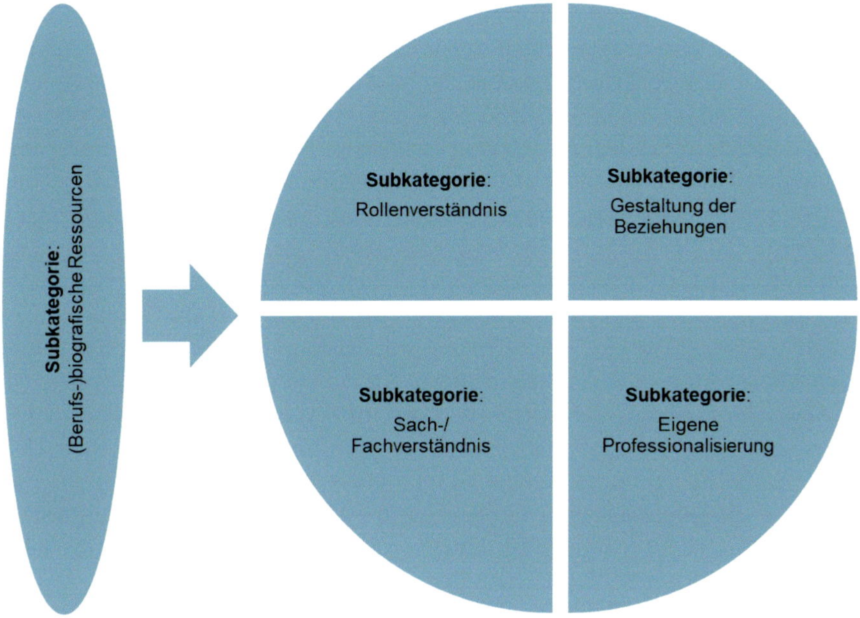

Abbildung 10: Professionelles Selbstverständnis von Englischlehrpersonen (Maltritz, 2016, S. 186)

Die (berufs-)biografischen Ressourcen als Subkategorie beinhalten bei Maltritz die Dimensionen Schlüsselerfahrungen, Schlüsselpersonen, Berufswahlmotive und die subjektive Wahrnehmung des beruflichen Werdegangs. Im Gegensatz zur vorliegenden Studie handelt es sich bei den Dimensionen ausschliesslich um Erfahrungen, die in die Zeit vor dem Wechsel in den Lehrberuf fallen. Dies erklärt die von Maltritz gewählte eindimensionale Wirkungsausrichtung. In der vorliegenden Untersuchung hingegen bilden berufs- und bildungsbiografische Ausprägungen und Erfahrungen ein Element, das in einer wechselwirkenden Beziehung zum professionellen Selbstverständnis der Studienteilnehmer steht. Die Wechselseitigkeit soll zum Ausdruck bringen, dass vergangene Erfahrungen einerseits auf das professionelle Selbstverständnis einwirken können, dieses jedoch zusammen mit den ihm inhärenten Elementen andererseits an den aktuellen und künftigen Erfahrungen beteiligt ist. Die berufs- und bildungsbiografischen Erfahrungen bilden demnach ein Element mit besonderem Status. Durch das laufende Sammeln von Erfahrungen ist es massgeblich an der Professionalisierung der Lehrperson sowie an der Ausbildung und Weiterentwicklung der restlichen konstituierenden Elemente und des professionellen Selbstverständnisses insgesamt beteiligt.

Eine weitere Abweichung zwischen den Subkategorien des beruflichen Selbstverständnisses nach Maltritz (2016) und den konstituierenden Elementen in dieser Studie zeigt sich bei den Zielen der Lehrpersonen. Während diese in der vorliegenden Untersuchung klar aus den Daten hervorgegangen sind, scheinen sie bei Maltritz nicht Gegenstand der Analyse gewesen zu sein. Dies dürfte vornehmlich damit zusammenhängen, dass die von den Lehrpersonen verfolgten Ziele im Unterricht nicht Bestandteil ihres Interviewleitfadens waren. In der vorliegenden Studie hingegen kamen die Ziele der Befragten im Interviewgespräch ausdrücklich zur Sprache. Sie dienten im Rekonstruktions- und Schärfungsprozess der professionellen Selbstverständnisse der Studienteilnehmer als wichtige Quelle. So zeigen die Ziele beispielsweise, dass es Instruktoren nicht nur um die Vermittlung von Fachwissen geht, sondern auch um die vollumfängliche Umsetzung der an sie gerichteten Vorgaben. Maltritz (2016) konnte ihren Daten diese Ergänzung nicht entnehmen und fokussierte daher im sonst vergleichbaren Typus der Vermittlerin vorwiegend auf die Transmission von Fachwissen.

Sowohl bei den Dimensionen des persönlichen Leitbilds als auch bei der Haltung gegenüber Anspruchsgruppen kommt darüber hinaus zum Ausdruck, dass im Unterschied zu Maltritz (2016) die Perspektive der vorliegenden Studie über den Lernort Berufsfachschule hinausgeht und das gesamte System in den Blick genommen wird. Diese Abweichung hängt einerseits wieder mit den Fragen des Interviewleitfadens zusammen. Andererseits erscheint die Relevanz des lernortübergreifenden Blickwinkels im berufskundlichen Unterricht höher als im berufsschulischen Fremdsprachenunterricht, obwohl die Deutsche KMK (Sekretariat der Kultusministerkonferenz, 2007) wie auch das Schweizer SBFI (vgl. BBG, 2002) heute in allen berufsbildenden „Fächern" eine Verbindung zwischen Theorie und Berufspraxis vorsehen.

Die Tabelle 16 führt die einzelnen Elemente des Selbstverständnisses nach Maltritz (2016) und jene aus der vorliegenden Studie vergleichend auf, um die Gemeinsamkeiten und Unterschiede auf einen Blick ersichtlich zu machen.

Tabelle 16: Vergleichende Betrachtung von Komponenten des Selbstverständnisses von Lehrpersonen

berufliches Selbstverständnis von Englischlehrpersonen an berufsbildenden Schulen (Maltritz, 2016, S. 187 f.)	**professionelles Selbstverständnis von Berufskundelehrpersonen von Automatik-, Elektroinstallations- und Informatiklernenden**
fünf Subkategorien	sechs konstituierende Elemente
(berufs-)biografische Ressourcen • Schlüsselerfahrungen • Schlüsselpersonen • Berufswahlmotive • subjektive Erfahrung des beruflichen Werdegangs	**berufs- und bildungsbiografische Ausprägungen und Erfahrungen** • biografische Angaben • Gründe für Berufswechsel • prägende Erfahrungen im Lehrberuf
Sach-/Fachverständnis • Einstellungen gegenüber Fach	**persönliches Leitbild** • Pädagogik • Fach • Berufspraxis
Einstellung zur eigenen Professionalisierung	**Einstellung zur eigenen Professionalitätsentwicklung**
Rollenverständnis • eindimensional • mehrdimensional • verhindert mehrdimensional	**didaktisches Unterrichtsverständnis** • transmissiv • konstruktivistisch

(Fortsetzung Tabelle 16)

berufliches Selbstverständnis von Englischlehrpersonen an berufsbildenden Schulen (Maltritz, 2016, S. 187 f.)	**professionelles Selbstverständnis von Berufskundelehrpersonen von Automatik-, Elektroinstallations- und Informatiklernenden**
Gestaltung der Beziehungen • zu den Lernenden • zum Kollegium	**Haltung gegenüber Anspruchsgruppen** • zu den Lernenden • zum Kollegium • zu der Schulleitung • zu Berufsbildenden
	Ziele

Bei einem direkten Vergleich der Ausprägungen dieser Komponenten lassen sich Übereinstimmungen erkennen. Die von Maltritz (2016) in Bezug auf das berufliche Selbstverständnis herausgearbeitete Bedeutung der Einstellung gegenüber der eigenen Professionalisierung sowie die Relevanz der Beziehungsgestaltung zwischen Lehrperson und Lernenden finden sich in der vorliegenden Untersuchung wieder. Aus Letzterer geht zudem hervor, dass die Haltung gegenüber den Lernenden in einem stark ausgeprägten wechselwirkenden Verhältnis zum didaktischen Unterrichtsverständnis der Lehrpersonen steht. Diese Einflussstärke weist Maltritz (ebd., S. 187) ebenfalls nach: *„In Abhängigkeit von ihrem Rollenverständnis gestalten die Lehrenden auch ihre Beziehung zu den Schülerinnen und Schülern [...] recht unterschiedlich."* Die Professionalisierungsbereitschaft der Lehrpersonen hat allerdings in der vorliegenden Studie einen (noch) höheren Stellenwert. So sehen die Vermittlerinnen bei Maltritz (2016) im Gegensatz zu den Typen der vorliegenden Untersuchung keine Veranlassung für die persönliche Weiterentwicklung oder begründen ein Fernbleiben von Weiterbildungen mit Zeitmangel (ebd.).

Im Hinblick auf den Umgang mit den Lernenden machen die Daten beider Untersuchungen zahlreiche Spannungsverhältnisse sichtbar, die sowohl mit den Rahmenbedingungen und Anforderungen als auch mit dem beruflichen Selbstverständnis der Lehrpersonen zusammenhängen. Im folgenden Kapitel werden zum einen die Auseinandersetzung der Lehrpersonen mit diesen Spannungsfeldern sowie zum anderen die daraus hervorgehenden Handlungsstrategien und Unterrichtsroutinen beleuchtet.

5.2 Aushandeln zwischen normativen Anforderungen und professionellem Selbstverständnis

Im Rahmen dieser Studie wurde unter anderem analysiert, welche externalen Rahmenbedingungen und normativen Anforderungen die Berufskundelehrpersonen in Bezug auf ihr professionelles Handeln wahrnehmen. Darüber hinaus interessierte, wie die Lehrpersonen auf Basis ihres professionellen Selbstverständnisses die für sie als relevant befundenen Anforderungen interpretieren und bewältigen. Auf Grundlage der ermittelten Rahmenbedingungen aus der Vorstudie und der ausgewerteten Interviews konnten mehrere von den Studienteilnehmern wahrgenommene Anforderungen identifizieren werden (vgl. Kapitel 4.2). Sie beziehen sich auf die Vorgaben der *Bildungspläne und der Schule*, auf die *Inhalte und Methoden des Qualifikationsverfahrens*, auf die *Erwartungen des Arbeitsmarkts* sowie auf *systemische Bedingungen* (vgl. Kapitel 4.4, Abbildung 9). Die Auswertung der Daten förderte zutage, dass die Studienteilnehmer die wahrgenommenen Anforderungen in Abhängigkeit von ihrem jeweiligen Selbstverständnis auf ihre persönliche Situation übertragen, sie gewissermassen „übersetzen" und ihnen ein entsprechendes Mass an Bedeutung zugestehen. Sie bewältigen die normativen Anforderungen im Rahmen eines kognitiv stattfindenden Prozesses unter Rückgriff auf ihr Kompetenzprofil und ihr professionelles Selbstverständnis. Im einfachsten Fall stimmt die Anforderung mit den subjektiven Sichtweisen aus dem professionellen Selbstverständnis überein. Gemäss Helsper (2016) stösst eine Lehrperson im Rahmen ihres Berufsauftrags jedoch zwangsweise auf Antinomien, die den mit dem Lehrberuf verbundenen Aufgaben inhärent sind. Auf der persönlichen Ebene entstehen daraus Spannungsverhältnisse, wenn die geltenden Rahmenbedingungen nicht mit dem professionellen Selbstverständnis kompatibel sind.

Maltritz (2016, S. 200) definiert in ihrer Studie Spannungsfelder im Lehrberuf als *„zeitlich stabile und permanent auftretende Kernprobleme des professionellen Handelns"* einer Lehrperson. Ihre Daten verweisen auf mehrere Spannungsverhältnisse, welche sich durch Abweichungen zwischen den Aspekten, die sie als Subkategorien des professionellen Selbstverständnisses identifiziert (vgl. Tabelle 18), und den Rahmenbedingungen ergeben. Zu den Rahmenbedingungen zählt sie fehlende fachliche, methodische oder berufsfelddidaktische Kompetenzen der Lehrpersonen sowie wachsende Klassengrösse, Heterogenität und Zeitmangel. Auf diese Bedingungen trifft eine Lehrperson mit einem (idealisiert dargestellten) professionellen Selbstverständnis, die den Anspruch einer qualitativ hochstehenden Ausbildung hat und einen differenzierten, auf das Individuum abgestimmten Unterricht betreiben will.

Aus der Datenanalyse in der vorliegenden Arbeit gingen persönliche Spannungsverhältnisse und strukturelle Antinomien hervor (Übersicht in Kapitel 4.8, Tabelle 13). Die strukturellen Antinomien betreffen alle Berufskundelehrpersonen gleichermassen, werden jedoch nicht von allen als solche wahrgenommen. Persönliche Spannungsverhältnisse zeigen sich nur dann, wenn die Rahmenbedingung respektive Anforderung nicht mit dem professionellen Selbstverständnis der Lehrperson kompatibel ist. Anders als bei Maltritz stehen die persönlichen Spannungsfelder in der vorliegenden Studie jedoch in direkter Verbindung mit den tatsächlichen Ausprägungen des professionellen Selbstverständnisses und stellen sich deshalb heterogen dar. Je nachdem, wie die konstituierenden Elemente des professionellen Selbstverständnisses ausgeprägt sind, kann eine Anforderung aus den Rahmenbedingungen bei der einen Lehrperson ein Spannungsverhältnis auslösen, während eine andere zwar die strukturelle Antinomie, aber kein persönliches Spannungsfeld wahrnimmt. So bilden die Klassengrösse, Heterogenität und der Zeitmangel auch für die Berufskundelehrer in dieser Studie allgemeingültige Rahmenbedingungen. Sie werden jedoch nur von den

Instruktoren als spannungsverursachend wahrgenommen, während Brückenbauer und Entfalter auf ihre Reflexionsfähigkeiten und Kompetenzen zurückgreifen, um Strategien zu finden und anzuwenden, die einen professionellen Umgang mit allfälligen Spannungsverhältnissen und Antinomien gewährleisten.

Maltritz (2016, S. 252) konnte aus ihren Daten die Strategie des *„Managements"* rekonstruieren. Diese Strategie setzt sowohl Reflexionsfähigkeit als auch eine hohe Flexibilität der Lehrperson voraus – Kompetenzen also, die aus den Ergebnissen dieser Studie den Entfaltern und Brückenbauern zugesprochen werden können. So ermöglichen die reflexiven Fähigkeiten und pädagogisch-didaktischen Kompetenzen der Entfalter ebenfalls ein angemessenes Management respektive Ausbalancieren von Spannungsfeldern. Auch die Brückenbauer wenden Managementstrategien an, wenn sie nach der reflexiven Beurteilung eines Spannungsverhältnisses disziplinverbindende Strategien nutzen, um die Spannungen zugunsten der Lernenden auszubalancieren. Dabei fällt auf, dass die Entfalter und Brückenbauer im Gegensatz zu den Instruktoren alle potenziell spannungsverursachenden Faktoren in ihre Reflexion involvieren und sich damit mit ihrer eigenen Rolle, mit dem Lernen der Lernenden und den Lerngegenständen auseinandersetzen.

Eine zweite von Maltritz (2016, S. 252) identifizierte Strategie im Umgang mit Antinomien und Spannungsverhältnissen bezeichnet die Autorin als *„Auflösungsstrategie"*. Eine Lehrperson folgt dieser Strategie, wenn sie die von den eigenen Werthaltungen und Einstellungen abweichenden Rahmenbedingungen ausblendet und den Unterricht dem eigenen Rollenverständnis entsprechend umsetzt. Diese Strategie kann in der vorliegenden Untersuchung bei den Instruktoren zwar ebenfalls festgestellt werden, wird jedoch nicht als „Auflösung" verstanden. Vielmehr handelt es sich lediglich um ein Umgehen von Spannungsfeldern, weil sich Antinomien gemäss Helsper (2016) nicht auflösen lassen. So ignorieren die Instruktoren die spannungsverursachenden Faktoren aus Selbstschutz tendenziell und versuchen damit, das Spannungsfeld – beispielsweise die Heterogenität der Lerngruppe – zu umgehen. Ergänzend setzen sie auf die Strategie des Sich-Zurechtlegens: Sie interpretieren die an sie gerichteten Anforderungen nach eigenem Ermessen und legen sich potenziell spannungsverursachende Faktoren so zurecht, dass sie keine Probleme verursachen. Beispielsweise interpretieren sie den Bildungsauftrag so, als gälte er ausschliesslich der Förderung von Fachkompetenz.

Die bei den Instruktoren wenig erkennbare Selbstreflexion in der Auseinandersetzung mit Spannungsfeldern wäre in Anlehnung an Helsper (2016) eine wichtige Komponente der pädagogischen Professionalität. So gelingt es den Instruktoren nicht, die Spannungen in ein produktives Verhältnis zu bringen. Vielmehr legen sie sich Lösungsstrategien zurecht, die aus pädagogisch-didaktischer Sicht – insbesondere gemäss Kompetenzansatz – kritisch gesehen werden müssen. Der Studienteilnehmer V. Huber setzt in Bezug auf das Spannungsfeld der Heterogenität der Lernenden beispielsweise auf Frontalunterricht, weil das selbstorganisierte Lernen zu viel Zeit beansprucht (A, Int., Z. 25–28). G. Keller (E, Beob., Z. 38–40) und St. Becker (A, Beob., Z. 26–30) bereiten die Lernenden mit gezielten Hinweisen inhaltlich und methodisch direkt auf die Prüfungen vor, ohne diesen Prozess als Eigenleistung der Jugendlichen vorauszusetzen. R. Hartmann (A, Beob., Z. 13–15 u. 31–33) hält über einen Lautsprecher Vorlesungen und orientiert sich beim Tempo an den Schnellsten. Die Beispiele zeigen, dass die Instruktoren die Heterogenität in der Klasse ausblenden und die eigentlichen Spannungsfelder umgehen. Eine Reflexion über sich selbst und eine Auseinandersetzung mit ihrer eigenen Rolle in der methodisch-didaktischen Umsetzung des Berufsauftrags fehlen.

Wie schon von Schütze (2015) vermutet, kann ein Mangel an Selbstreflexion zu einer fehlerhaften Bearbeitung von Spannungsverhältnissen führen. Wie die Beispiele der Instruktoren zeigen, setzen diese mit ihren Handlungsstrategien oft nicht an den Ursachen an, sondern betreiben vielmehr eine Symptombekämpfung. Zimpelmann (2020a) bestätigt die Bedeutung der Selbstreflexion für den kompetenten Umgang mit Spannungsverhältnissen und Antinomien. Vorgehensweisen, wie sie bei den Instruktoren festgestellt worden sind, führt er aber spannenderweise auf die Verteidigung des positiven Selbstwerts zurück. In den illustrierten Fällen stände den Lehrpersonen grundsätzlich die Möglichkeit offen, sich methodisch-didaktisch weiterzubilden, um der Heterogenität der Lerngruppe mit geeigneten Hilfsmitteln begegnen zu können. Zum einen würde eine solche Weiterentwicklung bedingen, dass eine Lehrperson durch Selbstreflexion eigene Defizite registriert und anerkennt. Zum anderen weist das persönliche Leitbild der Instruktoren keine pädagogische, sondern eine fachliche Ausrichtung auf. Um Frustration zu vermeiden, streben die Lehrpersonen gemäss Zimpelmann (2020a) eine Stabilisierung des Verhältnisses zwischen der Aufgabenwahrnehmung und dem Selbstverständnis an. Wie die genannten Beispiele verdeutlichen, betrachten es die Instruktoren nicht als ihre Aufgabe, mit der Heterogenität ihrer Lerngruppe umzugehen. Sie blenden diesen Umstand deshalb aus und setzen einen Unterricht um, der ihrem professionellen Selbstverständnis entspricht.

Bei den Brückenbauern und Entfaltern scheint die Reflexivität hingegen vorhanden zu sein. Dies äussert sich vor allem in der genannten Fähigkeit, sich mit der eigenen Rolle, dem Lernen der Lernenden und dem Lerngegenstand kritisch auseinanderzusetzen. Ausgehend von diesem Reflexionsprozess benennen und begründen diese Studienteilnehmer bewusste Anpassungen ihres professionellen Handelns. M. Fischer (I, Int., Z. 39–41) verzichtet beispielsweise aufgrund seiner gesammelten Erfahrungen auf die Vermittlung theoretischer Grundlagen. Vielmehr bereitet er diese lerngerecht auf und unterstützt die Lernenden individuell im Lernprozess. Er begründet diese Anpassung zum einen damit, dass die Motivation der Lernenden in der Vergangenheit aufgrund der Theorievermittlung gesunken sei. Zum anderen könnten die Jugendlichen durch selbstorganisiertes Lernen die Theoriekenntnisse ihren individuellen Ressourcen entsprechend angewandt aufbauen. D. Suter (E, Int., Z. 58–63) hat über die Zeit gelernt, dass ein laufender Diagnoseprozess zur Erfassung der Ressourcen der Lernenden zentral ist, damit die Lernenden an ihrem Vorwissen ansetzen können und er sie gezielt unterstützen kann. Aufgrund dessen betreibt er einen Unterricht, der sich flexibel an den Lernenden ausrichtet.

Die Beispiele zum Umgang mit Heterogenität von Lerngruppen verweisen darauf, dass sich die Brückenbauer und Entfalter in der Lage sehen, die wahrgenommenen Spannungsverhältnisse durch eine reflexive Auseinandersetzung in ein produktives Verhältnis zu setzen. In Anlehnung an Helsper (2016) entwickeln sie aus den laufenden Reflexionsprozessen individuelle Handlungsstrategien und Unterrichtsroutinen, die zur Stabilisierung ihrer komplexen Aufgaben beitragen. Die reflektierten Handlungsstrategien und Unterrichtsroutinen bilden aus strukturtheoretischer Perspektive den Kern der pädagogischen Professionalität. Für die Bewältigung des Berufsauftrags greifen die Studienteilnehmer auf weitere Kompetenzen aus ihrem berufs- und bildungsbiografisch erarbeiteten Kompetenzprofil zurück. An dieser Stelle sei nochmals die theoretische Verortung der Studie an den professionstheoretischen Ansätzen erwähnt. Es wird deutlich, dass die Studienteilnehmer in der Anwendung ihrer Handlungsstrategien und Unterrichtsroutinen auf Kompetenzen zurückgreifen, die auch im Diskurs des kompetenztheoretischen, strukturtheoretischen und bildungsbiografischen Ansatzes diskutiert werden. Die Ergebnisse der vorliegenden Studie bestätigen damit die von Nittel (2011) aufgestellte Forderung einer Kombination der verschiedenen Ansätze zur pädagogischen Professionalität. Im Folgenden werden die bestehenden, normativ geprägten Modelle daher gemeinsam betrachtet und mit den empirischen Erkenntnissen dieser Studie in Verbindung gebracht. Darüber hinaus wird überprüft, inwiefern die Modelle um die Ergebnisse zum professionellen Selbstverständnis von Berufskundelehrpersonen und um die Spezifika der Berufsbildung erweitert werden müssen.

5.3 Bedeutung der Ergebnisse aus Perspektive der pädagogischen Professionalität

Die Einführung in die kompetenztheoretische, strukturtheoretische und bildungsbiografische Perspektive in Kapitel 2.3.2 macht die Verwobenheit dieser Ansätze deutlich. Gemeinsam definieren sie die an Lehrpersonen gerichteten Anforderungen, die aus einer normativen Perspektive deren Handlungskompetenz bestimmen. Das rekonstruierte professionelle Selbstverständnis der Berufskundelehrpersonen liefert auf Basis empirischer Daten die subjektive Konstruktion von Wissenselementen, Einstellungen und Überzeugungen, die sich auf die Wahrnehmung, Interpretation und Bewältigung der mit dem Berufsauftrag verbundenen Anforderungen auswirken (Drewes, 1993). Während Kompetenzprofile demnach aus einer Aussensicht Anforderungen an die Lehrpersonen definieren, liefert die vorliegende Studie mit empirischen Daten zum professionellen Selbstverständnis der Studienteilnehmer *„die Innensicht, aus der heraus die Betroffenen handeln“* (Schiersmann, 1990, S. 31). Das professionelle Selbstverständnis der Lehrpersonen erweckt die normativen Kompetenzanforderungen also mit konkreten, subjektiven Ausprägungen gewissermassen zum Leben.

Die Ergebnisse der vorliegenden Studie zeigen, dass sowohl die Komponenten aus der kompetenztheoretischen, strukturtheoretischen als auch aus der berufsbiografischen Perspektive in der Empirie Relevanz aufweisen beziehungsweise am professionellen Handeln der Studienteilnehmer beteiligt sind. Aufgrund dieses Gesichtspunkts lohnt es sich, die empirischen Ergebnisse mit den Komponenten der pädagogischen Professionalität aus Perspektive der erwähnten Ansätze in Bezug zu setzen. Damit soll auch ermittelt werden, worin der Beitrag besteht, den das professionelle Selbstverständnis für die pädagogische Professionalität der Berufskundelehrpersonen leistet. Aus diesen Überlegungen heraus führt die folgende Abbildung 11 die professionstheoretischen Ansätze mit ausgewählten empirischen Ergebnissen der vorliegenden Studie zusammen. Die Ansätze werden um jene Komponenten ergänzt, welchen neben den konstituierenden Elementen des professionellen Selbstverständnisses aus der vorliegenden Untersuchung eine besondere Bedeutung für das professionelle Handeln der Berufskundelehrpersonen beigemessen wird oder die aus empirischer Perspektive in Ergänzung zu den normativ definierten Anforderungen für deren pädagogische Professionalität stehen (in orangefarben eingefärbten Ellipsen dargestellt). Darüber hinaus wurden die von Baumert und Kunter (2006) identifizierten Kompetenzbereiche des Professionswissens um die spezifischen Anforderungen der Berufskunde erweitert und als orangefarben eingerahmte Rechtecke markiert.

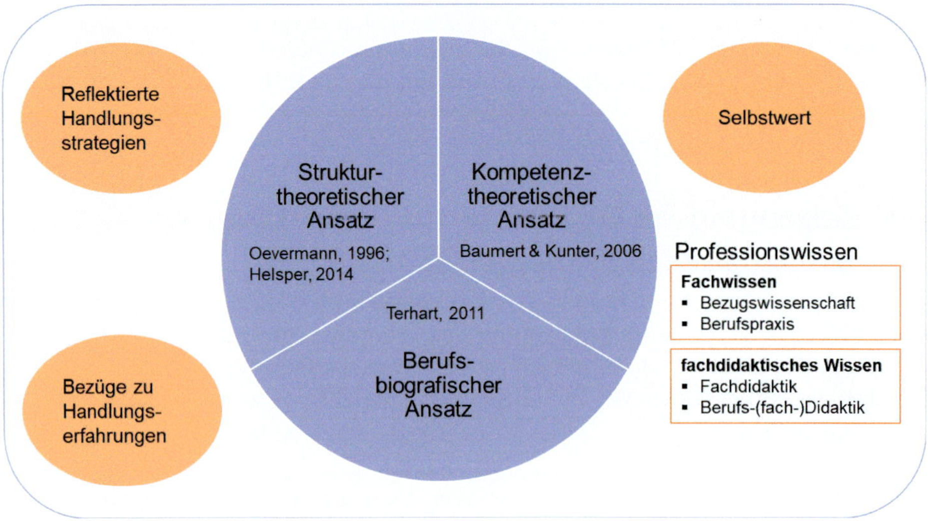

Abbildung 11: Zusammenführung von professionstheoretischen Ansätzen mit empirischen Ergebnissen aus der vorliegenden Studie (eigene Darstellung)

Aus strukturtheoretischer Perspektive bestätigt sich, dass Berufskundelehrpersonen mit Antinomien und Spannungsverhältnissen konfrontiert werden. Bei allen Studienteilnehmern äusserte sich beispielsweise eine strukturelle Antinomie zwischen den divergenten Ansprüchen in den Bildungsplänen und den QV. Einige berichteten zudem von persönlichen Spannungsverhältnissen, die sich aufgrund eines nicht mit den normativen Anforderungen vereinbaren professionellen Selbstverständnisses ergeben. Für die Bewältigung von Antinomien und Spannungsverhältnissen setzen die Lehrpersonen im besten Fall auf reflektierte Handlungsstrategien, die aus pädagogisch-didaktischer Perspektive für Professionalität sprechen. Die Entfalter konstatierten in den Interviews zum Beispiel, dass sie nach dem Einstieg in den Lehrberuf den vorgegebenen Skripts folgend viel Theorie vermittelten (bspw. Fischer, I, Int. Z. 64). Sie stellten dabei fest, dass die Motivation der Lernenden davon Schaden nahm. Durch Selbstreflexion erkannten sie in ihrer Methodik Schwachstellen und wählten selbstbestimmt ein alternatives Vorgehen. Die Fähigkeit zur Selbstreflexion scheint somit den Umgang mit Antinomien und Spannungsverhältnissen zu erleichtern, indem sie die Entwicklung eines professionellen Selbstverständnisses und den Aufbau von (pädagogisch-didaktisch adäquaten) Handlungsstrategien begünstigt. Helsper (2016) bestätigt, dass der Aufbau reflektierter Handlungsstrategien und Unterrichtsroutinen einen wichtigen Bestandteil der persönlichen Professionalisierung darstellt. Cramer et al. (2019) sprechen in diesem Zusammenhang von der *„Meta-Reflexivität"* der Lehrpersonen, welche ein starker Indikator für Professionalität sei, denn sie führe *„auf Grundlage der Durchdringung multipler theoretischer und empirischer Zugänge zu exemplarischen Situationsdeutungen von Schulpraxis"* (ebd., S. 401). Aus diesem Blickwinkel erweist es sich als sinnvoll, situativ adäquate Handlungsstrategien, die im Zuge von Reflexion entstanden sind, als Handlungskompetenz im Lehrberuf anzuerkennen. Entsprechend ist Abbildung 11 ergänzt.

Die Beispiele im Umgang mit Antinomien und Spannungsverhältnissen verdeutlichen auch, dass die Professionalisierung einer Lehrperson laufend und über eine ganze Berufskarriere hinweg geschieht. Damit zeigt sich die grosse Bedeutung von Handlungserfahrungen aus dem berufsbiografischen Ansatz. Alle Studienteilnehmer bezogen sich in den Interviews regelmässig auf berufsbiografische Erfahrungen aus ihrem Unterrichtshandeln, die sie zu spezifischen Handlungsstrategien führten. Im besten Fall geben die Handlungserfahrungen Anlass zur Selbstreflexion und unterstützen die persönliche Professionalisierung. Aus diesem Blickwinkel untermauern die Studienergebnisse die Forderung von Oser et al. (2013), dass Handlungserfahrungen als eine weitere zentrale Komponente des professionellen Handelns betrachtet werden sollten. Fehlt hingegen eine professionelle Auseinandersetzung mit pädagogisch-didaktischen Grundsätzen und eine Reflexion mit dem eigenen, professionellen Handeln, können wiederkehrende Handlungserfahrungen auch dazu beitragen, dass sich inadäquate Handlungsstrategien festigen. So wird in einem Interview beispielsweise davon berichtet, dass selbstgesteuertes Lernen aus Erfahrung viel zu viel Zeit in Anspruch nehme und daher primär Frontalunterricht betrieben werde (Huber, A, Int., Z. 26–28). Die von Schütze (2015) für pädagogische Professionalität als zentral eingestufte Fähigkeit zur Selbstreflexion scheint also insbesondere in Bezug auf gesammelte Handlungserfahrungen von grosser Bedeutung zu sein.

Die aus dem kompetenztheoretischen Ansatz von Baumert und Kunter (2006) definierten Aspekte der professionellen Handlungskompetenz zeigen auch aus empirischer Perspektive eine hohe Relevanz. Sie lassen sich mit den konstituierenden Elementen des professionellen Selbstverständnisses verbinden und konkretisieren. Die auf den Unterricht bezogenen Ziele nach Baumert und Kunter (ebd.) äussern sich im professionellen Selbstverständnis der Studienteilnehmer auf vielfältige Art und Weise. Einige, wie das Sicherstellen des QV-Erfolgs, nehmen für alle einen übergeordneten Stellenwert ein. Andere scheinen stark aus dem persönlichen Leitbild der Berufskundelehrer hervorzugehen. So bildet die Förderung von Fachkompetenzen für die Instruktoren, die ein fachliches Leitbild aufweisen, ein wichtiges Ziel, während für die pädagogisch orientierten Entfalter die individuelle Entwicklung der Jugendlichen im Vordergrund steht.

Baumert und Kunter (2006) verweisen ebenfalls auf die Abhängigkeiten und Beziehungen, die sich zwischen den Aspekten ergeben. Ihren Ausführungen zufolge wirken sich die subjektiven Theorien über das Lehren und Lernen einseitig auf die Zielvorstellungen der Lehrpersonen aus. Aus der vorliegenden Studie geht jedoch hervor, dass sich die Wirkungskraft solcher Beziehungen in der Regel wechselseitig zwischen den konstituierenden Elementen äussert. Ein konstruktivistisches Unterrichtsverständnis als subjektive Theorie über das Lehren und Lernen kann sich beispielsweise auf die von der Lehrperson verfolgten Unterrichtsziele auswirken. So stellt für die Entfalter die individuelle Förderung ein wichtiges Ziel dar. Gleichzeitig können die Zielvorstellungen aber auch das Unterrichtsverständnis beeinflussen, was sich bei den Instruktoren zeigt. Für sie bildet das Bewältigen aller Lehrmaterialien ein wichtiges Ziel und legitimiert den Frontalunterricht. Es bleibt festzuhalten, dass solche Beziehungen keine Kausalitäten darstellen, sondern lediglich mögliche Zusammenhänge zeigen, auf die weitere Faktoren einwirken.

Die subjektiven Theorien und Vorstellungen über das Wissen und den Wissenserwerb ordnen Baumert und Kunter (2006) den epistemologischen Überzeugungen der Lehrpersonen zu. In der vorliegenden Studie geben das persönliche Leitbild und das didaktische Unterrichtsverständnis Hinweise darauf, welche Überzeugungen die Lehrpersonen zu den als relevant befundenen Wissensinhalten und zum Aufbau von Wissen vertreten. Diese zwei konstituierenden Elemente des professionellen Selbstverständnisses sind eng miteinander verwoben und stehen in einer wechselseitigen Beziehung zueinander. Die Brückenbauer mit ihrem berufspraktischen Leitbild greifen tendenziell auf handlungsorientiert geprägte Lehr- und Lernformen zurück. Gleichzeitig spricht ein konstruktivistisches Verständnis dafür, dass die Lernenden im Unterricht aktiv handeln können. Weil der Berufskunde berufliche Situationen inhärent sind, erscheint es logisch, dass diese Lehrpersonen Handlungssituationen aktiv in den Unterricht integrieren.

Überzeugungen der Lehrpersonen umfassen aber gemäss Calderhead (1996) nicht nur die subjektiven Theorien über das Wissen und den Wissenserwerb, sondern gelten auch den Lernenden und ihrem Lernen, dem individuellen professionellen Werdegang der Lehrenden sowie der eigenen Person und Rolle. Diese theoretischen Überlegungen finden sich ebenfalls in den Daten der vorliegenden Studie wieder. So sagt die Haltung der Lehrperson gegenüber Lernenden etwas darüber aus, ob sie diese beispielsweise als grundsätzlich leistungsbereit oder faul einschätzt. Die Einstellung zur eigenen Professionalitätsentwicklung wirkt sich auf den Stellenwert aus, den die Lehrperson ihrem individuellen professionellen Werdegang einräumt. Mit Blick auf die

Überzeugungen der Lehrperson gegenüber der eigenen Person und Rolle bildet aus Perspektive des professionellen Selbstverständnisses zudem der Selbstwert der Studienteilnehmer einen wichtigen Einflussfaktor. Bewegt sich eine Lehrperson selbstsicher in einem Themenbereich, schlägt sich dies tendenziell in der inhaltlichen Gewichtung im Unterricht nieder. Der Selbstwert scheint daher eng mit dem persönlichen Leitbild der Lehrperson verbunden zu sein. Er wirkt sich aber auch auf andere Elemente des professionellen Selbstverständnisses aus. So weisen die Ergebnisse der vorliegenden Studie beispielsweise darauf hin, dass die Entfalter in Bezug auf die Berufspraxis und damit ausserhalb ihres pädagogischen Leitbilds einen hohen Selbstwert aufweisen, was sich wiederum in ihrer auf Pädagogik und Berufspraxis ausgerichteten Einstellung zur Professionalitätsentwicklung manifestiert. Aus empirischer Perspektive scheint der Selbstwert der Lehrpersonen demnach einen wichtigen Einfluss auf das professionelle Denken und Handeln der Lehrpersonen auszuüben, weshalb er als zusätzlicher personenbezogener Aspekt der professionellen Handlungskompetenz vorgeschlagen wird (vgl. Abbildung 11, als orangefarbene Ellipse dargestellt).

Hinter dem Aspekt der Werthaltungen als weiterem Aspekt der Handlungskompetenz verbirgt sich gemäss Oser (1998) die Verpflichtung auf Fürsorge, Gerechtigkeit und Wahrhaftigkeit. Hinweise diesbezüglich finden sich in der Haltung der Studienteilnehmer gegenüber Anspruchsgruppen. Fürsorglich handeln insbesondere jene Berufskundelehrer, die den Lernenden gegenüber nahbar wirken und betonen, gerne mit jungen Menschen zusammenzuarbeiten. Demnach dürfte sich die Werthaltung einer Lehrperson auf das didaktische Unterrichtsverständnis auswirken. Beispielsweise setzt ein konstruktivistisch geprägter Unterricht eine gewisse Nähe zu den Lernenden voraus, damit diese auf Basis ihrer individuellen Ressourcen ihre subjektive Realität erschaffen können.

Unter motivationalen Orientierungen verstehen Baumert und Kunter (2006) den Enthusiasmus oder das Engagement der Lehrperson für den Unterricht und das Fach. Diese Aspekte treten bei mehreren konstituierenden Elementen des Selbstverständnisses zutage. Während die Ziele, das persönliche Leitbild und die Haltung gegenüber Anspruchsgruppen vorwiegend aufzeigen, in welchen Bereichen die Studienteilnehmer Enthusiasmus oder intrinsische Motivation ausstrahlen, gibt die Einstellung zur eigenen Professionalitätsentwicklung Aufschluss über das Engagement der Lehrperson. Darüber hinaus kann ein Zusammenhang zwischen den Ausprägungen der motivationalen Orientierungen und des Professionswissens angenommen werden, weil Motivation gemäss Lipwosky (2011) eine zentrale Voraussetzung für die Bereitschaft der eigenen Weiterentwicklung und damit der Stärkung von Wissensbausteinen darstellt.

Der Aspekt der Selbstregulation umfasst gemäss Baumert und Kunter (2006) die Fähigkeit, verantwortungsvoll mit den eigenen Ressourcen umzugehen. Die von Helsper (2016) geforderten Reflexionsfähigkeiten werden dabei als unterstützende Kraft eingestuft. Die schon zuvor festgestellte Verbindung zwischen dem strukturtheoretischen und berufsbiografischen Ansatz kommt in der Empirie stark zum Vorschein. So lassen sich in Bezug auf das professionelle Selbstverständnis vor allem in den berufs-

und bildungsbiografischen Ausprägungen und Erfahrungen Anhaltspunkte zur Selbstregulation finden. Selbstregulationsfähigkeiten konnten insbesondere dann festgestellt werden, wenn sich die Studienteilnehmer auf Erfahrungen bezogen, die mit Spannungsfeldern behaftet waren. Die Brückenbauer und Entfalter rekurrierten in diesem Zusammenhang wiederholt auf Momente der Selbstreflexion. Sie unterstützte sie in der Entwicklung von Handlungsstrategien, die nunmehr einen professionellen Umgang mit Spannungsfeldern ermöglichen und wesentlich zur Selbstregulation beitragen. Die Instruktoren thematisierten ebenfalls Handlungsstrategien, die der Selbstregulation dienen. Sie wahren beispielsweise Distanz zu den Lernenden, um sich von Problemfällen abzugrenzen, die aus ihrer Perspektive nichts mit dem Berufsauftrag zu tun haben. Darüber hinaus nehmen sie Grenzen der eigenen Weiterentwicklung angesichts der herrschenden Dynamik der Berufsfelder wahr. Dem begegnen sie mit einer Fokussierung auf die theoretischen (nicht veränderlichen) Grundlagen in den Bildungsplänen. Beide Strategien – Ausblenden von Problemfällen und Fokus auf beständige Inhalte – funktionieren zwar vordergründig, lassen aber eine Reflexion über alle spannungsverursachenden Faktoren (sich selbst eingeschlossen) vermissen, die eine nachhaltige Auflösung der Spannungen zulassen würde.

Es lässt sich festhalten: Die für das pädagogische Handeln von Lehrpersonen als wichtig erachteten Aspekte spiegeln sich in den Elementen des professionellen Selbstverständnisses der Studienteilnehmer wider. Die Berufskundelehrer haben offenbar zu jedem Aspekt subjektive Sichtweisen und Strategien ausgebildet, die aus ihrem professionellen Selbstverständnis hervorgehen und sich auf ihr pädagogisches Denken und Handeln auswirken. Auch die Gewichtung des Professionswissens wird von den konstituierenden Elementen des professionellen Selbstverständnisses geprägt. So scheint das persönliche Leitbild wesentlich an der Entscheidung beteiligt zu sein, auf welche Kompetenzbereiche des Fachwissens, des fachdidaktischen Wissens oder des pädagogisch-psychologischen Wissens die Lehrpersonen primär zurückgreifen. In Anlehnung an die Ergebnisse dieser Studie müssen die Kompetenzbereiche im Modell von Baumert und Kunter (2006) jedoch erweitert werden. Ausser auf Fachwissen aus den Bezugswissenschaften beziehen sich manche Studienteilnehmer auf die Wissensbestände aus der Berufspraxis, um der Anforderung einer Verschmelzung von theoretischen Grundlagen mit praxisnahen Situationen Rechnung zu tragen. Aus diesem Grund gehört das fachdidaktische Wissen um die Perspektive der Berufs-(fach-)Didaktik ergänzt. Im folgenden Kapitel wird dieser erweiterte Blickwinkel unter Heranziehung des pädagogisch-didaktischen Forschungsdiskurses erörtert und eingeordnet. Darüber hinaus gilt es zu überprüfen, inwiefern die Ergebnisse dieser empirischen Studie zur Weiterentwicklung bestehender pädagogisch-didaktischer Modelle genutzt werden können.

5.4 Bedeutung und Rückschlüsse für den berufs-(fach-)didaktischen Diskurs

Unterricht findet in einem (über-)komplexen System statt, das auf einer Reihe normativer und subjektiver Anforderungen beruht. Aufgabe der Lehrpersonen ist es, unter Berücksichtigung einer Vielzahl von Einflussfaktoren einen Unterricht zu planen und umzusetzen, von dem die Lernenden in ihrer beruflichen und persönlichen Entwicklung profitieren (vgl. BBG, 2002, Art. 21). Im Zuge der Beschreibung des pädagogischen und berufs-(fach-)didaktischen Zugangs verweist Kapitel 2.2 auf mehrere Studien, die sich dem Unterricht in der Berufsbildung aus einer theoretischen Perspektive annähern. Sie sind deshalb von Bedeutung, weil die Ausbildung im dualen Berufsbildungssystem mit Besonderheiten einhergeht, die sich gerade auf den berufskundlichen Unterricht auswirken. Auf den obligatorischen Schulstufen wird von den Lehrpersonen gefordert, dass sie auf die Lebenswelt der Lernenden als Anknüpfungs- und Lerngebiet Bezug nehmen. In der Berufsbildung ist eine Erweiterung um die Arbeitswelt mit ihren beruflichen Aufgaben, Handlungen, Prozessen und Anforderungen notwendig (Becker, 2018). So sind vor allem die neueren Bildungspläne darauf ausgerichtet, die Berufskundelehrpersonen durch die Integration von berufstypischen Situationen in der Verbindung von Fach- beziehungsweise Bezugswissenschaften und Berufs- beziehungsweise Praxisprozesswissen zu unterstützen. Mehrere Untersuchungen gehen davon aus, dass die Lernenden von einer didaktisch wohlüberlegten Verknüpfungsleistung dieser beiden Disziplinen im Aufbau berufsrelevanter Kompetenzen profitieren (bspw. Straka & Macke, 2003; Tynjälä, 2008). Daraus lässt sich schliessen, dass Erkenntnisse aus Studien zu anderen Schulstufen nicht ohne Weiteres auf die Berufsbildung übertragen werden können.

Während die neueren Bildungspläne berufliche Anforderungen zunehmend lernortspezifisch modellieren, haben methodisch-didaktische Vorgaben bisher kaum eine Rolle gespielt. Bis anhin verfolgten die OdA nicht den Anspruch, sich in die pädagogischen Kompetenzen der Berufskundelehrpersonen einzumischen. Zugleich fiel bei der Dokumentenanalyse im Rahmen vorliegender Studie interessanterweise auf, dass sowohl im Bildungsplan der Automation als auch in jenem der Informatik didaktische Grundsätze hervorgehoben werden. So hat der Aufbau von Handlungskompetenzen bei Automatikerinnen und Automatikern in enger Zusammenarbeit aller Lernorte *„über Aufträge und Projekte [zu erfolgen], die von den Lernenden, ihrem Bildungsstand entsprechend, möglichst selbstständig bearbeitet werden“* (Swissmem Berufsbildung & SWISSMECHANIC Schweiz, 2015, S. 2). Im Informatikberuf weist der Bildungsplan darauf hin, dass für den Aufbau der theoretischen Grundlagen *„ein handlungsorientierter Unterricht [im Fokus steht], der sich an Beispielen der Informatik orientiert“* (ICT, 2013, S. 35). Weiter sollen die Lernenden *„während der gesamten Ausbildung darin unterstützt werden, Theorie und Praxis miteinander in Beziehung zu bringen“* (ICT, 2013, S. 8). Die OdA dürften mit diesen pädagogisch-didaktischen Spezifizierungen in den Bildungsplänen versuchen, die Hürden zwischen Theorie und Praxis für die Lernenden zu reduzieren. Schliesslich stellen mehrere Studien fest, dass der Transfer von theoretischen Grundlagen in die Praxis einfacher gelingt, wenn sie schon in der Schule mit beruflichen Handlungssituationen in Beziehung gebracht werden (Baartman & de Bruijn, 2011; Maag Merki, 2004; Tuomi-Gröhn & Engeström, 2003).

Für die Umsetzung des Berufsauftrags der Berufskundelehrperson sind grundsätzlich Bausteine aus unterschiedlichen Disziplinen erforderlich. Die an die Berufskunde gerichteten Kompetenzziele in den Bildungsplänen beziehen sich einerseits auf fachwissenschaftliche Inhalte. Das Berufsbildungsgesetz definiert es als Aufgabe der Berufskundelehrperson, die Lernenden mit theoretischem Instrumentarium auszurüsten (BBG, 2002, Art. 21). Andererseits werden die fachwissenschaftlichen Inhalte im KoRe- und HK-Modell in berufstypische Situationen eingebunden. Im Triplex-Modell der Elektroinstallation sind Handlungssituationen aus der Berufspraxis aufgeführt. Sie gelten zwar dem Lernort Betrieb, können aber zur Einordnung der fachlichen Lernziele grundsätzlich von den Berufskundelehrpersonen herangezogen werden. Neben fachlichen Bezügen sollten die Berufskundelehrpersonen demnach in der Lage sein, die theoretischen Inhalte durch die Verwendung berufstypischer Situationen mit praxisrelevanten Bezügen zu verbinden. Darüber hinaus gilt in der Berufsbildung das Paradigma der Kompetenzorientierung. Im hinter diesem Ansatz stehenden konstruktivistischen Lehr- und Lernverständnis müssen sich Lernende ihre Realität selbst erschaffen (Raithel, Dollinger & Hörmann, 2005). Berufskundelehrpersonen sind daher gefordert, die Lerninhalte im Einklang mit den individuellen Ressourcen der Lernenden in methodisch-didaktisch adäquate Unterrichtssettings zu integrieren.

Demnach müssen die Berufskundelehrpersonen zur Erfüllung ihres Berufsauftrags auf Fach- und Bezugswissenschaften, auf die berufliche Praxis sowie auf allgemeindidaktische beziehungsweise berufs-(fach-)didaktische Prinzipien zurückgreifen. Diese Komponenten weichen im Wesentlichen nicht von bestehenden Kompetenzmodellen zur Konstitution des Professionswissens von Lehrpersonen ab. Wie bereits im letzten Kapitel erläutert, müssen die von Baumert und Kunter (2006) definierten Kompetenzbereiche des Professionswissens lediglich um die berufsbildungsspezifischen Elemente des Praxiswissens und der Berufs-(fach-)Didaktik erweitert werden, um auch den Anforderungen der Berufsbildung Rechnung zu tragen. Die für den Berufsbildungsbereich vorliegenden Modelle zur Konstitution des Professionswissens berücksichtigen diese Elemente tatsächlich grösstenteils. So ergänzt Arpagaus (2020) in seinem Referenzmodell die Anforderungen des lehrenden Berufs um jene des Ausbildungsberufs. Diese Anforderungen beziehen sich zum einen auf Bezugsdisziplinen, die dem Ausbildungsberuf der Lernenden inhärent sind. Zu den Bezugsdisziplinen zählt er neben den berufsnahen Fachwissenschaften zudem die Berufsdidaktik. Zum anderen verweist er mittels Berufsfeldbezügen auf das Praxiswissen, das die Lehrpersonen zur Ausübung ihres Berufsauftrags brauchen.

Bei einer Betrachtung aus der Perspektive der fachlichen Didaktik in der Berufsbildung – die nicht zuletzt angesichts der zunehmenden wissenschaftlichen Auseinandersetzung von Interesse ist – bleiben die genannten Disziplinen grundsätzlich erhalten. So untersuchten Schubiger und Rosen (2013) die Konstitution der Berufsfelddidaktik und identifizierten die *berufliche Praxis*, die *schulische Praxis*, *Fach- und Bezugswissenschaften* sowie die *Bildungstheorie* als deren Kernkomponenten. Für die Transition der beruflichen Praxis in den schulischen Unterricht lehnen sie sich an das von Robinsohn (1974) begründete Situationsprinzip an und empfehlen, die Lehr- und Lerninhalte aus der Beschreibung und Analyse von relevanten Handlungssituationen zu generieren. In der vorliegenden Studie kommt zum Ausdruck, dass manche Berufskundelehrpersonen neben inhaltlichen Bezügen zur Berufspraxis methodische Adaptionen für das schulische Lernen vornehmen. So stellen die Brückenbauer ihren Lernenden reale Infrastrukturen und Gerätschaften zur Verfügung, damit diese in der Anwendung nicht nur ihr Fach-, sondern auch ihr Prozess- und Methodenwissen vergrössern können. Das von Schubiger und Rosen (2013) erschlossene Element der beruflichen Praxis kann in Anlehnung an die Erkenntnisse dieser Studie somit um die methodische Dimension erweitert werden. Dies entspricht den fachdidaktischen Überlegungen, die sich mit der Aufbereitung von (berufs-(fach-)bezogenen) Inhalten und der Gestaltung von adäquaten Methoden und Medien auseinandersetzen (Reinmann, 2012).

Degen et al. (2019b) entwickelten ebenfalls ein Modell zur Konstitution einer Berufsfelddidaktik. Es beruht auf den Sichtweisen von Studiengangleitenden und Dozierenden, die an einer von vier Schweizer Hochschulen Berufskundelehrpersonen ausbilden. Die Ergebnisse aus der genannten Untersuchung – in welcher der Autor der vorliegenden Studie ebenfalls beteiligt war – bieten eine Aussensicht auf die berufskundliche Didaktik und weisen – ebenso wie die anderen Modelle – eine normative Prägung auf. Die Befragten benannten die *Fachwissenschaften*, das *Situationsprinzip* und die *Allgemeindidaktik* als Kernkomponenten einer Berufsfelddidaktik. Hinzu kommen institutionsspezifische Rahmenbedingungen und Organisationsformen, die sich aus Sicht der Befragten auf die Ausgestaltung der Didaktik auswirken. Das Situationsprinzip wird vorwiegend mittels inhaltlicher Anknüpfungen an berufliche Situationen und die Erfahrungen der Lernenden verfolgt. Zudem zeichnen die insgesamt 17 Befragten ein sehr heterogenes Bild hinsichtlich der Gewichtung der Komponenten einer Berufsfelddidaktik. Einige sehen primär die Fachwissenschaften in der Verantwortung für eine adäquate berufskundliche Didaktik, andere fokussieren auf das Situationsprinzip oder auf die Allgemeindidaktik. Konstituierende Überschneidungen werden vorwiegend zwischen den Fachwissenschaften und dem Situationsprinzip genannt. Eine Berufsfelddidaktik, die alle drei Komponenten integriert, findet in den Befragungen keine Erwähnung.

Aus der vorliegenden empirischen Studie geht ebenfalls hervor, dass im professionellen Selbstverständnis der Berufskundelehrer ein klarer Fokus auf einzelnen Disziplinen liegt. Manche greifen aber in ihrer Unterrichtspraxis auf Elemente aus allen drei Disziplinen zurück. Die Brückenbauer planen ihren Unterricht beispielsweise unter Anwendung des Situationsprinzips, bauen aber durchaus Fachwissenschaftliches ein, das sie fachdidaktisch aufbereiten. Darüber hinaus betreiben sie regelmässige Lernstanderfassungen, um die Wahl von Inhalt und Methoden mit den Ressourcen ihrer Lernenden abzustimmen. Aus dieser Perspektive wird deutlich, dass die Brückenbauer ebenso wie die Entfalter weniger auf allgemeindidaktische, sondern eher auf lehr-/lerntheoretische Prinzipien zurückgreifen. So planen sie die Lehr- und Lernprozesse – wie von Heimann, Otto und Schulz (1965) vorgesehen – auf Basis ihrer Analyse des eigenen Unterrichts und versuchen das Lernen ihrer Lernenden durch adäquate Inhalte, Methoden und Medien zu optimieren. Demnach müsste die lehr-/lerntheoretische Perspektive als weitere Komponente der Berufsfelddidaktik aufgenommen werden.

Die Gestaltung der Beziehung zu den Lernenden hat für die Brückenbauer und Entfalter eine grosse Bedeutung (bspw. Fischer, I, Int. Z. 113–125; Suter, E, Int., Z. 364–365). Ein vertrauensvolles Verhältnis ist der Ausgangspunkt für ihre ganzheitliche Erfassung des Lernenden als Individuum, die ihnen umso dringlicher erscheint, als sie die Lernenden in der Regel nur an einem Halbtag pro Woche sehen. Die Beziehungsgestaltung stellt aus Sicht der empirischen Daten dieser Studie somit ebenfalls eine Komponente der Berufsfelddidaktik dar. Gleiches gilt für die Lernortkooperation mit den Berufsbildenden aus den Betrieben und überbetrieblichen Kursen. Mehrere Studienteilnehmer betonen die Wichtigkeit der Kooperation unter den Berufsbildungsverantwortlichen – sei es, um an die Bedürfnisse aus der Ausbildungspraxis anzuschliessen oder um die Lehr- und Lerninhalte untereinander abzustimmen (vgl. Becker, A, Int., Z. 90–99; Zimmerli, E, Int., Z. 99–104).

Infolge der empirischen Untersuchung erweitert sich die Konstitution einer berufskundlichen Didaktik daher um mehrere Komponenten. Die Abbildung 12 illustriert dies nochmals in kompakter Form.

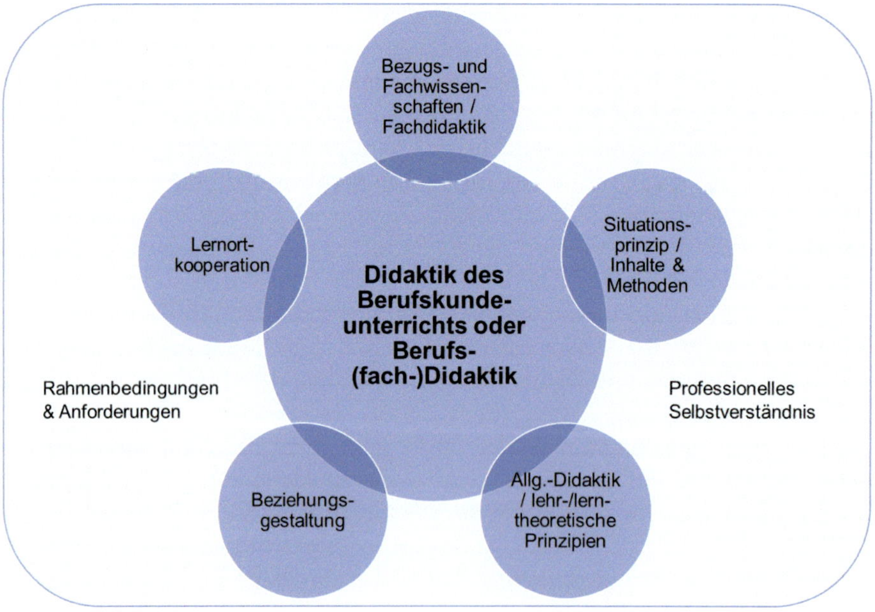

Abbildung 12: Komponenten einer Didaktik des Berufskundeunterrichts (eigene Darstellung)

Aus externalen Rahmenbedingungen wie der Umsetzung des Bildungsplans, der QV-Vorbereitung, den Ansprüchen der Schulleitung und der Berufspraxis sowie den systemischen Bedingungen (bspw. Heterogenität der Lernenden) erwachsen normative Anforderungen an die Berufskundelehrpersonen. Die Ergebnisse dieser Studie illustrieren, dass das professionelle Selbstverständnis auf die Wahrnehmung, Interpretation und Bewältigung dieser Anforderungen eine Wirkung entfaltet, die sich auf die Unterrichtsumsetzung überträgt. Die konstituierenden Elemente des professionellen Selbstverständnisses beeinflussen offenbar auch die Gewichtung der resultierenden Didaktik. Im Folgenden wird die erweiterte Perspektive der „Didaktik des Berufskundeunterrichts" mit den erarbeiteten typenspezifischen Charakteristika und Ausrichtungen in Verbindung gebracht, um die in Abbildung 12 genannten Komponenten mit den empirischen Erkenntnissen zu untermauern.

Instruktoren

Die Instruktoren fokussieren ihrem fachlichen Leitbild entsprechend vorwiegend auf fachwissenschaftliche Inhalte, die sie den theoretischen Grundlagen aus dem Bildungsplan entnehmen. Eine situative Verortung der Theoriegrundlagen in die Berufspraxis wird punktuell instruktional angeboten. Eine Verknüpfung von Theorie und beruflichen Handlungssituationen fehlt aber weitestgehend, was sich mit der wachsenden Distanz der Instruktoren zur Berufspraxis, mit Konservatismus (Huberman, 1991) und der damit verbundenen ablehnenden Haltung gegenüber Veränderungen sowie mit einem transmissiven Unterrichtsverständnis erklären lässt. Sie lehnen sich für die Vermittlung der wissensbasierten, hermetisch abgeriegelten Fachgebilde zwar an allgemeindidaktische Verfahrensweisen an, die gemäss Grunder et al. (2012) aus dem Planen, Gestalten und Auswerten von Unterricht bestehen. In der Gestaltung des Unterrichts setzen sie jedoch auf sehr begrenzte didaktische Herangehensweisen. Sie folgen daher im Wesentlichen einem iterativen, routinierten Verfahren, das aus Wissensvermittlung, instruktional ausgeprägten Übungsphasen und summativen Prüfungen besteht. Eine lehr-/lerntheoretische Didaktik, bei der die Lehrperson ihren Unterricht von den Lernenden ausgehend plant und analysiert, lässt sich kaum feststellen (Rothland, 2021). Passend zu ihrer distanzierten Haltung zu den Lernenden stellen sie in ihrer berufskundlichen Didaktik zudem kaum Bemühungen zur Beziehungsgestaltung an. Zu anderen Lernorten hingegen pflegen sie ein Netzwerk. Aus ihren Haltungen und Zielen des professionellen Selbstverständnisses geht hervor, dass sie dabei vor allem von ihrer Leistungsbereitschaft zugunsten der eigenen Performanz getrieben werden.

Brückenbauer

Für die Brückenbauer mit ihrem berufspraktischen Leitbild spielen situative Bezüge mit beruflichen Handlungssituationen eine Hauptrolle. Sie sind jederzeit bestrebt, fachliche Grundlagen aus den Bezugswissenschaften mit Arbeitsprozesswissen zu verknüpfen und binden dabei, wie von Lehberger (2013) gefordert, das gesamte Ökosystem der Berufspraxis in den Unterricht ein. Sie profitieren von ihrer hybriden Laufbahn und greifen auf berufsbiografische Erfahrungen zurück, die sie aufgrund ihrer langjährigen Karriere in der Industrie und die vergleichsweise kurze Zeit als vollamtliche Lehrpersonen selbstsicher in den Unterricht integrieren können. Sie begrenzen sich nicht nur auf situative Bezüge, sondern stellen den Lernenden reale berufliche

Szenarien zur Verfügung. Die Lernenden erhalten so die Möglichkeit, inhaltliche und methodische Verbindungen zur Berufspraxis herzustellen. Darüber hinaus können sie ihr Fachwissen mit kontextgebundenen, vollständigen Praxishandlungen verschmelzen, was gemäss Hortsch, Persson und Schmidt (2012) einen wesentlichen Beitrag zur beruflichen Kompetenzentwicklung leistet. Passend zu ihrem konstruktivistischen Unterrichtsverständnis kombinieren die Brückenbauer die bildungs- und lehr-/lerntheoretischen Ansätze miteinander: Die Unterrichtsplanung geht zwar in erster Linie vom Lerngegenstand aus, doch schafft die regelmässige Erfassung der Ressourcen ihrer Lernenden eine Basis für allfällige Adaptionen. Zu den Lernenden pflegen die Brückenbauer eine nahbare Beziehung auf Augenhöhe und betonen die Wichtigkeit eines Vertrauensverhältnisses. Entsprechend dem für sie zentralen Ziel der Arbeitsmarkttauglichkeit der Lernenden stehen sie darüber hinaus in engem Kontakt mit den Berufsbildenden und betreiben eine intakte Lernortkooperation.

Entfalter

Während die Instruktoren ihren Unterricht hauptsächlich von den theoretischen Grundlagen und die Brückenbauer von berufspraktischen Anforderungen ausgehend planen, orientieren sich die Entfalter konsequent an den Ressourcen ihrer Lernenden. Sie folgen damit lehr-/lerntheoretischen Prinzipien und dem von Schütte (2018) formulierten Postulat der Subjektausrichtung. Darüber hinaus tragen sie der damit verbundenen Flexibilität hinsichtlich ihrer Unterrichtskonzepte Rechnung. In Übereinstimmung mit ihrem pädagogischen humanistischen Leit- und Menschenbild erschaffen sie einen Lernraum, in welchem die Lernenden innerhalb eines abgesteckten Rahmens ein hohes Mass an Selbstbestimmung geniessen und eine individuelle Begleitung erfahren (analog zu Kriz, 2014). Je nach individuellem Lernprozess können die Lernenden selbstverantwortlich auf fachliche und berufspraktische Inhalte zugreifen und sich eigenaktiv weiterentwickeln, was ganz den Prinzipien der Kompetenzorientierung entspricht und auf das konstruktivistische Unterrichtsverständnis der Entfalter schliessen lässt (Howe et al., 2002). Dabei steht den Lernenden ein differenziertes Lernangebot aus Theorie-, Übungs- oder Anwendungsmaterialien zur Verfügung, das sie selbstständig oder in Teams bearbeiten können. Die Entfalter folgen mit diesem Vorgehen den Grundsätzen der „Self-Determination Theory" von Ryan und Deci (2000). In dieser Theorie gelten Autonomie, Kompetenz und soziale Eingebundenheit als psychologische Grundbedürfnisse, um intrinsische Motivation, Selbstregulierung und Wohlbefinden eines Individuums zu fördern. Dazu gehört eine vertrauensvolle Beziehung, die die nahbaren Entfalter zu den Lernenden pflegen. Mit sonstigen Anspruchsgruppen kooperieren sie zwar, bauen aber hauptsächlich auf ihren eigenen berufsbiografischen Erfahrungen und auf den Erfahrungen der Lernenden auf.

Diese Ausführungen machen die erweiterte Perspektive auf eine berufsfachliche beziehungsweise berufskundliche Didaktik sowohl theoretisch als auch empirisch nachvollziehbar. Auf der theoretischen Ebene bestätigt sich die Relevanz einer Erweiterung der Elemente einer berufskundlichen Didaktik um lehr-/lerntheoretische Prinzipien, die Lernortkooperation, die Beziehungsgestaltung sowie um praxisrelevante Methoden innerhalb des Situationsprinzips. Auf der empirischen Ebene zeigt sich, dass die einzelnen Disziplinen in unterschiedlicher Gewichtung eine wesentliche Rolle in der Planung und Umsetzung des Berufskundeunterrichts spielen. Wie die beispielhafte Darstellung illustriert, greifen die Studienteilnehmer typenabhängig auf die definierten Bestandteile der berufskundlichen Didaktik zurück und gewichten sie je nach professionellem Selbstverständnis unterschiedlich. Dies bestätigt die Bedeutung des professionellen Selbstverständnisses als handlungsleitende Determinante des pädagogischen Handelns.

6 Schlussbetrachtungen

Die folgenden Schlussbetrachtungen skizzieren die wichtigsten Stationen des Forschungsprozesses und die Hauptergebnisse nochmals. In Kapitel 6.1 werden der Ausgangspunkt, die Ziele und die Umsetzung dieser Studie inklusive der wichtigsten Ergebnisse rekapituliert, um sie in Kapitel 6.2 anhand von fünf Postulaten zur Qualitätsentwicklung des Berufskundeunterrichts und der Berufsbildung insgesamt zu reflektieren. Das Kapitel 6.3 widmet sich der methodenkritischen Betrachtung, wobei auch die Limitationen der vorliegenden Untersuchung zur Sprache kommen. Die Arbeit schliesst mit einem Ausblick in Kapitel 6.4.

6.1 Ziele und Umsetzung der Studie: eine Rekapitulation

Das in diese Arbeit einleitende Zitat *„teachers make the difference“* (Hattie, 2009, S. 34) wirft auf mehreren Ebenen Fragen auf und gibt Denkanstösse. Was zeichnet eine gute Lehrperson eigentlich aus? Welche Kompetenzen muss sie zwingend mitbringen? Worin besteht Professionalität und inwiefern kann sie zum Lernerfolg der Lernenden beitragen? Welche Rolle spielen die persönlichen Einstellungen, Überzeugungen und motivationalen Orientierungen der Berufskundelehrperson?

In der vorliegenden Studie ging es nicht darum, das professionelle Handeln von Berufskundelehrpersonen zu bewerten oder deren Professionalität auf den Prüfstand zu stellen. Vielmehr interessierte zu Beginn des Forschungsprozesses, wie Berufskundelehrpersonen in technischen beruflichen Grundbildungen unterrichten und welche Beweggründe sie haben, um eine bestimmte Unterrichtsgestaltung zu wählen. Damit verfolgte die Untersuchung das Ziel, einen explorativen Blick auf den Schweizer Berufskundeunterricht, ein noch weitgehend unerforschtes Gebiet, zu werfen. Das Erkenntnisinteresse entwickelte sich im Verlauf des Forschungsprozesses kontinuierlich weiter und mündete in einer differenzierten Fragestellung, die das professionelle Selbstverständnis von Berufskundelehrpersonen ins Zentrum der Untersuchung rückte. Diese Präzisierung des Forschungsdesiderats erfolgte datenbasiert. Aus den erhobenen Interview- und Beobachtungsdaten ging hervor, dass die Studienteilnehmer zum einen mit zahlreichen externalen Rahmenbedingungen und daraus abgeleiteten normativen Anforderungen konfrontiert sind. Diese Anforderungen können jeweils in sich richtig, aber dennoch widersprüchlich sein. Sich so ergebende strukturelle Antinomien müssen die Lehrpersonen in ihrer alltäglichen beruflichen Tätigkeit meistern. Zum anderen wurde offenkundig, dass die an der Untersuchung beteiligten Berufskundelehrer die an sie gerichteten Anforderungen und damit einhergehend allfälligen Spannungsverhältnisse unterschiedlich wahrnehmen, interpretieren und bewältigen. Es zeigte sich, dass die Studienteilnehmer über ein professionelles Selbstverständnis verfügen, das in diesem Prozess (der Wahrnehmung, Interpretation und Bewältigung von Spannungsverhältnissen) eine wichtige Funktion erfüllt. Aus den empirischen Daten konnten sechs Elemente rekonstruiert werden, die das professionelle Selbstverständnis der Berufskundelehrer in einem wechselwirkenden System konstituieren: Ziele, persönliches Leitbild, didaktisches Unterrichtsverständnis, Haltung gegenüber Anspruchsgruppen, Einstellung zur eigenen Professionalitätsentwicklung sowie berufs- und bildungsbiografische Ausprägungen und Entwicklungen.

Mit Auszügen aus den Interview- und Beobachtungsdaten wurde die Variabilität innerhalb dieser Elemente aufgezeigt und ausführlich beschrieben. Dabei zeigte sich, dass vor allem die berufsbiografischen Erfahrungen der Studienteilnehmer aus ihrer Laufbahn in der Industrie und im Lehrberuf eine grosse Bedeutung für die Ausprägung der anderen konstituierenden Elemente und des professionellen Selbstverständnisses insgesamt haben. Darüber hinaus wurde offenkundig, dass sich die Elemente gegenseitig beeinflussen und am professionellen Denken und Handeln der Berufskundelehrperson beteiligt sind. Gemeinsam stellen sie die subjektiven Sichtweisen der Studienteilnehmer dar, die wiederum mit den an sie gerichteten Anforderungen korrelieren oder divergieren können. Aus Divergenzen können persönliche Spannungsfelder hervorgehen, welche die Berufskundelehrer mit unterschiedlichen Strategien ausbalancieren oder umgehen. Darüber hinaus liessen sich innerhalb der Variabilität der konstituierenden Elemente des professionellen Selbstverständnisses Überschneidungen identifizieren. In einem typenbildenden Verfahren nach Kelle und Kluge (2010) konnten folglich Gemeinsamkeiten zusammengetragen werden. Entstanden sind die Idealtypen des *Instruktors*, des *Entfalters* und des *Brückenbauers*. Die den Typen zugeordneten Studienteilnehmer verkörpern ein spezifisch ausgestaltetes professionelles Selbstverständnis, das sowohl auf der Sinn- und Struktur- als auch auf der Handlungsebene zu unterschiedlichen Herangehensweisen führt. Die drei Typen wurden hinsichtlich ihrer Merkmale, ihrer Handlungsstrategien im Umgang mit Spannungsfeldern und der an sie gerichteten Anforderungen sowie Unterrichtsroutinen und -gestaltungen charakterisiert.

Diese typenbasierte Strukturierung unterstützte die anschliessende Anbindung der Ergebnisse an den aktuellen Forschungsstand und an die einschlägige Theorie. Dabei wurden zunächst die zentralen Erkenntnisse der Untersuchung zur Zusammensetzung und Wirkung des professionellen Selbstverständnisses nochmals aufgegriffen und mit vergleichbaren empirischen Studien in Beziehung gesetzt. Darüber hinaus wurden die Implikationen der Ergebnisse aus dem Blickwinkel der pädagogischen Professionalität mit Kompetenzmodellen verbunden und, wo sinnvoll, um die Perspektive der Berufskunde erweitert. Aus diesem Prozess liessen sich wichtige Erkenntnisse zur gegenwärtigen Situation und für die Weiterentwicklung des Berufskundeunterrichts gewinnen, die im Folgenden anhand von Postulaten reflektiert werden.

6.2 Reflexion der Ergebnisse anhand von Postulaten

Die Auseinandersetzung mit den empirischen Daten dieser Studie führte auf mehreren Ebenen zu Erkenntnissen, welche für die Qualitätsentwicklung des Berufskundeunterrichts und der Berufsbildung als Ganzes von Bedeutung sind. Sie betreffen vor allem die strukturellen Antinomien und persönlichen Spannungsverhältnisse, mit welchen sich die Studienteilnehmer konfrontiert sehen. Im Wissen, dass sich viele Spannungsfelder nicht auflösen lassen, werden im Folgenden Postulate formuliert, die zum einen der Stärkung der Berufskundelehrpersonen für einen produktiveren Umgang mit Spannungsverhältnissen und Antinomien und zum anderen der Abschwächung von spannungsverursachenden Faktoren gelten. Die Postulate richten sich an die Verbundpartner der Berufsbildung sowie an die Aus- und Weiterbildungsinstitutionen von Berufskundelehrpersonen. Die Postulate 1 bis 3 stehen in direkter Verbindung mit dem Forschungsdesiderat der vorliegenden Untersuchung und setzen als konkrete Empfehlungen bei der Berufskundelehrperson und deren Entwicklung an. Die Postulate 4 und 5 sind auf systemischer Ebene zu verorten und als Diskussionsanstoss zu verstehen.

Postulat 1: Das professionelle Selbstverständnis der Berufskundelehrpersonen als wichtige Entwicklungsaufgabe anerkennen

Die Ergebnisse machen deutlich, dass das professionelle Selbstverständnis der Studienteilnehmer für deren professionelles Denken und Handeln eine grosse Rolle spielt. Es beinhaltet die subjektiven Sichtweisen der Lehrpersonen, die für Handlungsorientierung, -planung und -ausführung relevant sind (vgl. Drewes, 1993). Es stellt die für das Handeln verantwortliche Innensicht der Berufskundelehrpersonen dar und übt eine entscheidende Wirkung auf deren Unterrichtspraxis aus (Schiersmann, 1990). So konstatiert auch Zimpelmann (2020a), dass das Selbstverständnis von Lehrpersonen eine handlungsleitende Funktion einnimmt. Gerade im Bereich der Berufskunde erscheint die Entwicklung eines professionellen Selbstverständnisses als Lehrperson, die im Auftrag der individuellen Ausbildung von Lernenden steht, als ein nicht trivialer Prozess. Zumindest deuten die Ergebnisse dieser Studie darauf hin, dass die persönlichen Leitbilder bei manchen Berufskundelehrpersonen wenig bis gar nicht in Verbindung mit den pädagogisch-didaktischen Anforderungen des Lehrberufs stehen. Vielmehr scheinen die Leitbilder vor allem auf den bisherigen berufs- und bildungsbiografischen Erfahrungen zu beruhen. Umso relevanter sind die Erarbeitung und Festigung eines professionellen Selbstverständnisses, das zwar die vorhandenen berufspraktischen und fachlichen Erfahrungen nutzt, aber mit pädagogisch-didaktischen Kompetenzen verbindet. Dies ist als eine wichtige Entwicklungsaufgabe einer Berufskundelehrperson anzuerkennen. Die von Leineweber, Billich Knapp und Košinár (2021) im Rahmen der Ausbildung von Primarlehrpersonen gesetzten Schwerpunktthemen zur Entwicklung des professionellen Selbstverständnisses können auch für die Berufsbildung hilfreich sein. Sie setzen bei der Entwicklung von Handlungskompetenzen für den Lehrberuf sowie beim Aufbau der berufsethischen Überzeugungen, der Strategien für den Umgang mit Unvorhergesehenem und des persönlichen Selbstbilds als Lehrperson an. In Anlehnung an Helsper (2016) muss diese Liste um die Reflexionsfähigkeit erweitert werden. Aufgrund des stabilen Kerns des professionellen Selbstverständnisses erscheint es zielführend, den Entwicklungsprozess zu begleiten und mit den an die Berufskundelehrperson gerichteten Anforderungen abzustimmen.

Postulat 2: Die Aus- und Weiterbildungen von Berufskundelehrpersonen konsequent an den normativen Anforderungen einerseits und an den Menschen als Individuum andererseits ausrichten

Der systemische, pädagogisch-didaktische und personenbezogene Zugang dieser Studie lässt einen Einblick in die unzähligen Rahmenbedingungen und daraus abgeleiteten normativen Anforderungen zu, mit welchen die (Semi-)Profession einer Berufskundelehrperson verbunden ist. Die Rahmenbedingungen und Anforderungen speisen sich unter anderem aus den Gesetzgebungen, aus den Erwartungen der Ausbildungsbetriebe und OdA, aus der Bildungspolitik, der Gesellschaft sowie aus den Fachwissenschaften und der (Berufs-)Pädagogik. Diejenigen Anforderungen an eine Lehrperson, die diese tatsächlich als solche wahrnimmt, ordnet Bauer (2006) dem Aufgaben- und Fachverständnis zu. Diese Anforderungen treffen auf Sichtweisen und Ansprüche, die vom individuellen professionellen Selbstverständnis geprägt sind. Wie die Ergebnisse der vorliegenden Studie illustrieren, können zwischen den Anforderungen und dem professionellen Selbstverständnis Divergenzen bestehen. Eine Beeinflussung des professionellen Selbstverständnisses zur Minimierung solcher Divergenzen dürfte nur mit der Ausbildung neuer Kompetenzen gelingen, die überzeugende Argumente für eine Justierung der eigenen Sichtweisen bereithalten. Damit einhergehend betont Zimpelmann (2020a) die Bedeutung von Reflexionsfähigkeiten, die für das Überdenken eigener Positionen unabdingbar sind. Soll das professionelle Denken und Handeln einer Berufskundelehrperson mit den an sie gerichteten Anforderungen korrelieren, sind also im Rahmen der Ausbildung die Bestandteile des Aufgaben-, Fach- und Selbstverständnisses aufeinander abzustimmen. So wäre es aus Sicht Zimpelmanns (2020a, S. 12) zum Beispiel hilfreich, wenn aus den Aufgaben hervorgehende *„normative Vorgaben wie z. B. bedeutsame Ziele im Rahmen der Lehrtätigkeit [...] mit der Struktur und den Inhalten des Faches nach Möglichkeit übereinstimmen“*. Darüber hinaus sollten die Vorgaben immer mit dem jeweiligen professionellen Selbstverständnis der Lehrpersonen abgeglichen werden. Bei Abweichungen dürfte es sich lohnen, sie innerhalb der Ausbildung zu thematisieren, mögliche Strategien zum Umgang damit aufzuzeigen und zur Selbstreflexion anzuleiten.

Postulat 3: Die Professionalisierung von Berufskundelehrpersonen auf der Ebene des pädagogisch-didaktischen Handelns vorantreiben

Aus den Ergebnissen der vorliegenden Studie geht hervor, dass einige der identifizierten persönlichen Spannungsverhältnisse mit einem stärker ausgeprägten pädagogisch-didaktischen Verständnis und Handlungsrepertoire vermieden werden könnten. So geraten manche Berufskundelehrpersonen angesichts der Heterogenität der Lerngruppe und den vorhandenen Zeitressourcen an ihre Grenzen, was Ideen und Kompetenzen sowie die Bereitschaft zur individuellen Unterstützung betrifft. Darüber hinaus zeigt der Blick in die rekonstruierten Einstellungen zur eigenen Professionalitätsentwicklung, dass die Bereitschaft zur Erarbeitung und Weiterentwicklung der einschlägigen Kompetenzen marginal ausfällt. Die von Oevermann (1996) am Beispiel von Therapieberufen ermittelte Professionalisierungsbedürftigkeit im Bereich des pädagogischen Handelns dürfte somit auch auf den Berufskundelehrberuf zutreffen. Aus Deutschland liegen empirische Studien zu den Handlungskompetenzen von berufsschulischen Lehrpersonen vor (vgl. Euler, 1996; Nickolaus, 2001). Auch sie verweisen darauf, dass die Berufsschullehrpersonen das gelernte pädagogische Wissen nicht in professionelles Handeln überführen können. Der pädagogische Professionalisierungsbedarf erscheint demnach aus wissenschaftlicher Sicht gross, während die Bereitschaft für eine entsprechende Professionalisierung bei vielen Berufskundelehrpersonen kaum vorhanden ist. Gerade bei Berufskundelehrpersonen, die nicht über ein pädagogisches Leitbild verfügen, dürfte eine Perspektivenverschiebung daher eine Herausforderung darstellen. Diese Befürchtung bestätigt sich auch bei einem Blick auf die von Rogers (1995) oder Lipowsky (2011) ermittelten Gelingensbedingungen für die Diffusion (pädagogischer) Neuerungen in das eigene Handeln. Diese Diffusion scheint abhängig von der Kompatibilität mit den eigenen pädagogischen Überzeugungen zu sein. Sowohl Rogers als auch Lipowsky beschreiben jedoch weitere Elemente, die für einen erfolgreichen Adaptionsprozess von Neuerungen eine hohe Relevanz aufweisen. So muss die Lehrperson zunächst von alternativen pädagogischen Handlungsstrategien erfahren. Darüber hinaus ist es offenbar förderlich, wenn die Lehrperson die Strategien als wenig komplex einstuft, sie erproben kann und dabei als qualitätsverbessernd wahrnimmt (Lipowsky, 2011, S. 401). Erweisen sich die neuen Strategien demnach als hilfreich zur Bewältigung der wahrgenommenen Spannungsfelder, steigt die Wahrscheinlichkeit für die Übernahme in das professionelle Handeln. Unter diesem Gesichtspunkt dürfte es sich lohnen, den Aufbau pädagogisch-didaktischer Kompetenzen in der Ausbildung von Berufskundelehrpersonen (die in der Regel berufsbegleitend erfolgt) in enger Abstimmung mit deren individuellen Herausforderungen gezielt zu begleiten. Erfahren die Lehrpersonen in der Erprobung neuer pädagogisch-didaktischer Strategien einen relativen Vorteil, kommt gemäss Rogers (1995) in der Regel eine Übernahme in das eigene Handlungsrepertoire zustande. Mit Blick auf die wachsende Komplexität vieler Ausbildungsberufe, die Bedeutungszunahme von Prozess- und Kompetenzorientierung und, damit einhergehend, die veränderten Kommunikations- und Kooperationsanforderungen erweist es sich als zentral, die in der Aus- und Weiterbildung thematisierten pädagogisch-didaktischen Handlungsstrategien regelmässig auf ihren Bezug zu aktuellen Gegebenheiten zu überprüfen und auf Grundlage der individuellen Bedürfnisse der Lehrpersonen anzubieten (Buschfeld, 2003).

Postulat 4: Fachorientierte Lernziele in den Bildungsplänen durch handlungsorientierte, berufskundliche Kompetenzziele ersetzen

Die vorliegende Studie basiert auf Daten aus drei beruflichen Grundbildungen, die sich an unterschiedlichen Bildungsplanmodellen orientieren. In der Automation gilt das KoRe-, in der Elektroinstallation das Triplex- und in der Informatik das HK-Modell. Obwohl die Bildungspläne auf jeweils eigene Definitionen und Erläuterungen von Lern-, Kompetenz- oder Leistungszielen zurückgreifen, erfüllen die damit verbundenen Lehr- und Lerninhalte den gemeinsamen Zweck, die Lernenden zu kompetenten Nachwuchskräften auszubilden. Die neueren Bildungspläne integrieren die an den drei Lernorten zu erreichenden Kompetenzen mehrheitlich in berufliche Handlungssituationen. Zugleich enthalten aber alle drei Modelle ein Kapitel zu den Berufskenntnissen, welche die Lernenden im Rahmen ihrer Grundbildung aufbauen müssen. Abhängig vom Bildungsplanmodell richten sie sich ausschliesslich oder unter anderem an die Berufskundelehrpersonen. Die Berufskenntnisse definieren auf einem abstrakten Niveau, welche theoretischen Grundlagen (Triplex-Modell), erweiterten Grundkompetenzen (HK-Modell) oder technischen Grundlagen (KoRe-Modell) sich die Lernenden im Rahmen ihrer Ausbildung zu erarbeiten haben, und orientieren sich an der fachspezifischen Terminologie. Die meisten Studienteilnehmer entwickelten daraus ein Skript, das ihnen eine wichtige Orientierung für die Planung und Umsetzung des Unterrichts bietet. Die Skripts folgen den fachlichen Lehr- und Lernzielen und führen gemäss Beobachtungsdaten zu einer linearen Umsetzung des Unterrichts. Die isolierte Auflistung fachlicher Anforderungen im Bildungsplan birgt das Risiko, dass die vom SBFI (2015) mit der Berufskunde beabsichtigte Theorie-Praxis-Verzahnung innerhalb von berufstypischen Handlungssituationen nicht umgesetzt und die Fachorientierung beibehalten wird. So weisen auch die empirischen Daten der vorliegenden Studie darauf hin, dass die nach Fächern geordneten theoretischen Grundlagen zur dominanten Bezugsquelle mancher Studienteilnehmer avancieren und die Absichten der Fachauflösung in manchen Fällen zu einer blossen Utopie werden.

Aus diesem Blickwinkel stellt sich die Frage, ob es sich gegebenenfalls lohnen würde, die Berufskenntnisse als fachliche Dimension den zu erreichenden Handlungskompetenzen zuzuordnen und in berufstypische Situationen zu integrieren, wie dies etwa in den neuen Bildungsplänen des Detailhandels und KV der Fall ist (BDS, 2021; SKKAB, 2021). Hinsichtlich der gewollten Verzahnung zwischen Theorie und Praxis wären damit mehrere Vorteile verbunden: Durch die direkte Verbindung zwischen fachlichen, methodischen, personalen und sozialen Kompetenzdimensionen im Rahmen von Berufssituationen und den Wegfall der fachisolierten Lehr- und Lernziele würde die von manchen Studienteilnehmern geäusserte Argumentationskraft für eine disziplinorientierte Umsetzung des Bildungsplans abgeschwächt. Bildeten berufstypische Situationen darüber hinaus den Ausgangspunkt für die Planung des Berufskundeunterrichts, könnte sich das von vielen Studienteilnehmern geäusserte Dilemma realitätsferner Lehr- und Lernziele verkleinern. Dafür müssten die Lehrpersonen aber in der Lage sein, die Aktualität der Berufssituationen zu verifizieren und gegebenenfalls anzupassen. Die Integration der Kompetenzziele in berufliche Situationen bietet gemäss Rauner (2006) zudem Potenzial, die Hürden für einen prozess- und handlungsorientierten Unterricht zu minimieren. So stellt auch Ott (1993) fest, dass die Integration von Arbeitshandlungen in den Unterricht die Unterteilung in Fächer, Lernschritte und Feinlernziel haltlos mache und die Einführung ganzheitlicher Unterrichtsmethoden nahelege. Fachorientierter Unterricht, der linear aufgebauten Skripts folgt, würde so seiner Daseinsberechtigung beraubt.

Gleichzeitig weisen die Ergebnisse der vorliegenden Studie darauf hin, dass sich mit einem allfälligen Wandel der Vorgaben auch das professionelle Selbstverständnis der Lehrpersonen parallel weiterentwickeln müsste, damit eine adäquate Umsetzung gelingt. Gerade für diejenigen Berufskundelehrpersonen, die über die Jahre eine Distanz zur Berufspraxis entwickeln und über ein fachlich und transmissiv geprägtes Unterrichtsverständnis verfügen, würde die Umstellung auf eine situations- und handlungsorientierte Perspektive wohl eine grosse Herausforderung darstellen. Auch zeigt der aktuelle Diskurs über die Konstitution einer Berufs-(fach-) oder Berufsfeld-Didaktik, dass die Debatte bezüglich der Gewichtung einzelner Disziplinen nicht abgeschlossen ist und eine ausschliessliche Orientierung an Berufssituationen ebenfalls zu kurz greifen könnte. Hier erweist es sich deshalb als sinnvoll, diese Debatte auf Grundlage empirischer Erkenntnisse fortzusetzen, um die Weiterentwicklung des professionellen Selbstverständnisses der Berufskundelehrpersonen im Falle eines Wandels mit stichhaltigen Argumenten und validierten Umsetzungsformen voranzutreiben.

Postulat 5: Kompetenzorientierte Qualifikationsverfahren umsetzen

Die Ergebnisse der vorliegenden Untersuchung zeigen, dass die QV für die Studienteilnehmer eine zentrale Position in der Planung ihres Unterrichts einnehmen. Durch das Heranziehen vergangener QV erkundigen sie sich über wiederkehrende Prüfungsinhalte und ziehen aus der Gewichtung, aus dem Leistungsniveau sowie aus der gewählten Methodik die nötigen Schlussfolgerungen für ihren Unterricht und für die eigenen summativen Prüfungen (bspw. Hartmann, A, Int., Z. 385–388). Diese Informationen dienen den Studienteilnehmern somit für die adäquate Vorbereitung ihrer Lernenden auf die Abschlussprüfungen. Die Relevanz dieses Vorgehens erscheint umso höher, als die Mehrheit der Studienteilnehmer Abweichungen zwischen den Anforderungen der Bildungspläne und des QV feststellt. Diese dürften primär aufgrund von heterogenen Auffassungen und Interpretationen der Kompetenzziele in den Bildungsplänen zustande kommen. Schliesslich haben sich die QV-Inhalte direkt an den Inhalten der Bildungspläne zu orientieren und die Prüfungsentwicklung übernehmen die Berufskundelehrpersonen selbst. Trägt das QV dem Kompetenzansatz Rechnung, dürften Berufskundelehrpersonen mit fachlichem Leitbild und transmissivem Unterrichtsverständnis Spannungsverhältnisse wahrnehmen. Fokussiert das QV hingegen auf die Überprüfung von Fachwissen, werden Lehrpersonen mit einem pädagogischen Leitbild und konstruktivistischen Unterrichtsverständnis Spannungsfelder feststellen.

Im Rahmen der vorliegenden Studie wurde deutlich, dass sich die Lehrpersonen, die dem Typus des Instruktors angehören, auch aufgrund der QV-Ausrichtung primär auf die theoretischen Grundlagen in den Bildungsplänen stützen. Sie unterrichten in den beruflichen Grundbildungen der Automation und Elektroinstallation. Es muss deshalb davon ausgegangen werden, dass die QV in diesen Berufen noch auf Fachwissen fokussieren, obwohl zumindest der KoRe-Bildungsplan im Beruf Automation den Schwerpunkt stark auf praxisnahe Kompetenzen und Ressourcen legt. Solange die QV sich nicht durchgehend an die Anforderungen der Kompetenzorientierung anlehnen, dürfte sich der Unterricht bei diesen Berufskundelehrpersonen (berechtigterweise) nicht ändern.

Daraus lässt sich der Schluss ziehen, dass die inhaltliche und methodische Ausrichtung des QV als Hebel für einen Wandel der Unterrichtspraxis genutzt werden könnte. Die Vorbereitung der Lernenden auf das QV stellt nicht nur ein wichtiges Ziel der Berufskundelehrpersonen dar, sie gehört auch zu ihrem Berufsauftrag. Wären die QV also konsequent kompetenzorientiert umgesetzt, müssten transmissiv agierende Lehrpersonen ihre Unterrichtsgestaltung überdenken, damit sie ihre Lernenden weiterhin adäquat auf die Abschlussprüfungen vorbereiten.

6.3 Methodenkritische Reflexion und Limitationen

Bei der Konzeption des Forschungsdesigns sowie der damit einhergehenden Wahl der Datenquellen, Erhebungsmethoden und Auswertungsverfahren wurden methodische Entscheidungen gefällt, die an dieser Stelle kritisch zu reflektieren sind. Dabei gilt den Limitationen bezüglich Aussagekraft und Reichweite der aus den Ergebnissen dieser Untersuchung abgeleiteten Erkenntnisse ein besonderes Augenmerk. Für die Einschätzung der Qualitätsbeurteilung wissenschaftlicher Studien werden in der Regel Gütekriterien herangezogen. In der qualitativen Forschung gelten Transparenz, Intersubjektivität und Reichweite als wichtige Gütekriterien (Steinke, 2010). Aus dem Kapitel 3 geht eine detaillierte Beschreibung des methodischen Vorgehens in dieser Studie hervor, womit den Gütekriterien der Transparenz und Intersubjektivität Rechnung getragen wird. Für die Erfassung der Reichweite der Ergebnisse ist es sinnvoll, die Wahl der Verfahrensweise in die Beurteilung aufzunehmen. Flick (2010) spricht diesbezüglich von einer Methodenangemessenheit der Gütekriterien, die aufgrund der Vielfalt an Erhebungs- und Auswertungsverfahren in der qualitativen Sozialforschung unabdingbar ist.

In der vorliegenden Studie wurden unter anderem Verfahrensweisen aus der Grounded Theory angewendet. Strübing (2004) verweist auf das iterativ-zyklische Vorgehen, das „theoretical sampling" mit dem Kriterium der theoretischen Sättigung sowie auf die Methode des ständigen Vergleichens als unverzichtbare Elemente für die Qualitätsbeurteilung einer Untersuchung, die mit dieser Methodologie arbeitet. Die von Strübing (2004) genannten Elemente bildeten im Datenerhebungs- und Auswertungsprozess zentrale Orientierungs- und Arbeitsschritte. Nichtsdestotrotz führen mehrere Faktoren zu einer potenziellen Einschränkung hinsichtlich der Reichweite der Studienerkenntnisse. Die Datenerhebung erfolgte nur in der Deutschschweiz, was im Hinblick auf die strukturellen Unterschiede des Berufsbildungssystems in der lateinischen Schweiz eine Verallgemeinerung der Erkenntnisse auf nationaler Ebene ausschliesst. Ein Auswahlkriterium im Prozess des „theoretical sampling" war in dieser Studie das Geschlecht der Berufskundelehrperson. Trotz entsprechender Bemühungen konnten nur Männer in die Stichprobe einbezogen werden, was in Kapitel 3.2.5 mit der Geschlechterverteilung im berufskundlichen technischen Lehrberuf begründet wurde. Dennoch handelt es sich um eine Limitation in Bezug auf das Gütekriterium der Reichweite der Ergebnisse. Damit einhergehend muss auch die Erreichung der theoretischen Sättigung infrage gestellt werden. Es kann nicht ausgeschlossen werden, dass eine Erweiterung der Stichprobe um das weibliche Geschlecht zu zusätzlichen Erkenntnissen geführt hätte.

Ausserdem besteht die Stichprobe nur aus Lehrpersonen, die sich zum Zeitpunkt der Datenerhebung im letzten Drittel des berufsfähigen Alters befanden. Diese aufgrund der erhöhten Erfahrungswerte bewusst getroffene Entscheidung kann sich ebenfalls limitierend auf die Reichweite der Erkenntnisse auswirken. Obwohl die Auswahl der Studienteilnehmenden in Anlehnung an die Logik des „theoretical sampling" über die Schulleitungen erfolgte, beruhte die Teilnahme an der Studie darüber hinaus auf Freiwilligkeit. Es muss davon ausgegangen werden, dass sich nur eine bestimmte Gruppe von Berufskundelehrpersonen als Probanden zur Verfügung stellte. Gerade im Hinblick auf das Erkenntnisinteresse dieser Untersuchung muss auch dieser Umstand kritisch beleuchtet werden. So weisen die Studienergebnisse darauf hin, dass der Selbstwert oder die Einstellung zur eigenen Professionalitätsentwicklung wichtige Elemente des professionellen Selbstverständnisses darstellen. Wenn Lehrpersonen mit wenig Selbstsicherheit und geringer Motivation für die persönliche Weiterentwicklung eher von einer Teilnahme abgesehen haben, könnte es bei der Konstruktion der Typen zu einer potenziellen Verzerrung gekommen sein.

Des Weiteren ergeben sich aus der Unterrichtsbeobachtung Limitationen. So bildet eine einmalige Hospitation von zwei bis vier Lektionen lediglich eine Momentaufnahme des professionellen Handelns einer Berufskundelehrperson. Die Erfassung der Unterrichtspraxis war stark abhängig von den Zielen und Inhalten, die just zu dem Zeitpunkt bearbeitet wurden. Stand bei einer Lehrperson die Einführung in ein neues Thema an, unterschied sich die Methodik von jener in Übungs- oder Anwendungsphasen. Die Interviews konnten diese potenzielle Verzerrungsquelle minimieren. Aus diesem Grund flossen die Interviewdaten jeweils vor den Beobachtungsprotokollen in die Datenauswertung ein.

In Anbetracht der begrenzten Fallauswahl lassen sich weder Allgemeingültigkeit noch Verallgemeinerung der Erkenntnisse für das ganze Feld ableiten. Aufgrund der prekären Datenlage im Bereich des Berufskundeunterrichts und der Berufskundelehrpersonen galt das Ziel dieser explorativen Studie jedoch eher der Generierung einer ersten Grundlage für weitere Forschungsaktivitäten in diesem Bereich. Mit einem abschliessenden Ausblick werden Perspektiven für künftige Forschungsarbeiten in angrenzenden Themengebieten und Ausrichtungen eröffnet.

6.4 Ausblick

Aus der Studie gehen empirisch begründete Erkenntnisse zur Konstitution des professionellen Selbstverständnisses und zu dessen Einfluss auf das professionelle Denken und Handeln von Berufskundelehrpersonen hervor. Damit konnte eine Grundlage für weitere Forschungsarbeiten gelegt werden, die sich mit Berufskundelehrpersonen und deren Unterrichtspraxis befassen. Daher gelten die abschliessenden Überlegungen den Implikationen, die sich aus der vorliegenden Studie für künftige Forschungsaktivitäten ableiten lassen. In Anlehnung an die Reflexion der Ergebnisse und die erläuterten Limitationen der Untersuchung könnten die folgenden Forschungsdesiderate eine sinnvolle Ergänzung oder Erweiterung der aus dieser Studie hervorgehenden Erkenntnisse darstellen.

1. **Vergleichsstudie mit erweiterter Stichprobe**
   Angesichts der Limitationen dieser empirischen Untersuchung kann eine Vergleichsstudie mit einer erweiterten Stichprobe der Erhärtung oder allfälligen Justierung der Erkenntnisse dienen. Eine Ausweitung des Samplings auf die lateinische Schweiz liegt insofern nahe, als sich dort im Vergleich zur Deutschschweiz allgemeinbildende Schulen und vollzeitschulische Berufsausbildungsmodelle viel stärker durchsetzten (Schellenbauer et al., 2010). Larcher Klee und Schmidiger (2021) gehen deshalb davon aus, dass sich die Konzeption und Umsetzung von Fachdidaktiken in der Schweiz sprachregional unterscheidet. Dies wiederum könnte sich potenziell auf mehrere konstituierende Elemente des professionellen Selbstverständnisses der Berufskundelehrpersonen auswirken. Um zu überprüfen, ob die Ergebnisse geschlechtsübergreifend zutreffen, wäre es darüber hinaus wichtig, Frauen in die Stichprobe aufzunehmen. Unter dem Gesichtspunkt, dass es sich bei der Entwicklung des professionellen Selbstverständnisses um einen laufbahnbegleitenden Prozess handelt, wäre es weiter spannend, auch junge Berufskundelehrpersonen in die Stichprobe zu integrieren. Ihre kürzere Distanz zur Berufspraxis und zur pädagogischen Ausbildung könnte ebenfalls Auswirkungen auf das professionelle Selbstverständnis entfalten. Zugunsten einer vergrösserten Reichweite der Erkenntnisse würde sich zudem eine Erweiterung der Studie auf andere Berufsfelder anbieten.
2. **Quantitative Überprüfung und Erhärtung der Wirkungskraft von konstituierenden Elementen des professionellen Selbstverständnisses**
   Eine Erhebung quantitativer Daten könnte möglicherweise die Reichweite der Erkenntnisse der vorliegenden Untersuchung erhöhen, beispielsweise durch die Messung der Wirkungskraft der einzelnen konstituierenden Elemente der unterschiedlichen professionellen Selbstverständnisse von Berufskundelehrpersonen als unabhängige Variable auf den Unterricht. Damit könnte die Einflussstärke der konstituierenden Elemente auf unterschiedliche Faktoren ermittelt werden. Als abhängige Variablen kommen beispielsweise die Zufriedenheit der Lernenden, deren Prüfungserfolg oder die Häufigkeit spezifischer Unterrichtsmethoden infrage. Die daraus hervorgehenden Resultate können der Evaluation und Validie-

rung der Relevanz und Berechtigung der einzelnen konstituierenden Elemente für den Berufskundeunterricht dienen, was sich wiederum als fruchtbar für die potenzielle Nutzung der Ergebnisse für die Aus- und Weiterbildung von Berufskundelehrpersonen erweisen dürfte.

3. **Entwicklungsperspektive des professionellen Selbstverständnisses von Berufskundelehrpersonen**
   Die Ergebnisse der vorliegenden Studie betonen die grosse Bedeutung der Ausprägung des professionellen Selbstverständnisses für die Wahrnehmung, Interpretation und Bewältigung von an die Berufskundelehrpersonen gerichteten Anforderungen. Der Aufbau und die Weiterentwicklung des professionellen Selbstverständnisses sind den Erkenntnissen dieser Studie zufolge eng mit der individuellen Bildungs- und Berufsbiografie, der Ausstattung des Kompetenzprofils und den Reflexionsfähigkeiten der Lehrperson verbunden. Obwohl dem professionellen Selbstverständnis eine gewisse Beständigkeit attestiert wird, unterliegt es potenziellen Veränderungen. Eine Längsschnittstudie könnte die individuelle Entwicklung des professionellen Selbstverständnisses einer Lehrperson und vor allem die Einflussfaktoren für dessen Weiterentwicklung erfassen. Zimpelmann (2020a) geht in diesem Zusammenhang von einem Stabilisierungsbedürfnis der Lehrpersonen zwischen sich verändernden oder nicht als passend erscheinenden Anforderungen und dem professionellen Selbstverständnis aus, um Spannungsverhältnisse zu vermeiden oder diese mit geeigneten Handlungsstrategien bewältigen zu können. Spannend wäre nun zu untersuchen, ob und wie sich das professionelle Selbstverständnis der Berufskundelehrpersonen durch äussere Faktoren beeinflussen lässt. Aus gegebenem Anlass bietet sich eine Studie bei KV- und Detailhandelslehrpersonen in der Schweiz an, denn aufgrund einer Totalrevision der beruflichen Grundbildungen dieses Berufsfelds wird die Fächerstruktur in den Berufsfachschulen durch einen berufskundlichen, situations- und handlungsorientierten Unterricht abgelöst. Dieses Ereignis führt zu stark veränderten Anforderungen und eignet sich deshalb gut, um die Auswirkungen auf das professionelle Selbstverständnis der entsprechenden Lehrpersonen begleitend zu erfassen.

Abschliessend ist festzuhalten, dass mit dem Konstrukt des professionellen Selbstverständnisses einer Lehrperson eine Vielzahl von weiteren strukturellen und sozialen Phänomenen untersucht werden kann. In der vorliegenden Forschungsarbeit wurde das professionelle Selbstverständnis der Studienteilnehmer mit externalen Rahmenbedingungen in Verbindung gebracht, um die individuelle Wahrnehmung, Interpretation und Bewältigung von Antinomien in Bezug auf die Unterrichtspraxis zu rekonstruieren. Als soziales Konstrukt mit seinen konstituierenden Verflechtungen würden sich aus einer Verbindung zu soziologischen oder psychologischen Faktoren zahlreiche zusätzliche Möglichkeiten eröffnen, um die vielfältigen Abhängigkeiten und Einflussfaktoren, welchen das professionelle Selbstverständnis unterliegt, weiter zu erfassen und zu schärfen. In Anbetracht der prekären Datenlage soll an dieser Stelle aber vor allem für eine Weiterführung der Forschungsaktivitäten im Bereich des Berufskundeunterrichts plädiert werden. Die grosse Anzahl an beruflichen Grundbildungen in der Schweiz, die häufigen Veränderungen der Rahmenbedingungen und Vorgaben infolge von Revisionen der Bildungsverordnungen und Bildungspläne, die Abhängigkeit von Wirtschaft, Bildungspolitik und Gesellschaft, der noch immer laufende Paradigmenwechsel zur Kompetenzorientierung oder die derzeit erstarkende wissenschaftliche Debatte zu Berufs-(fach-)Didaktiken machen das Feld der Berufskunde zu einem ausgesprochen attraktiven Forschungsgebiet mit viel Potenzial.

Literaturverzeichnis

Akkerman, S. F., & Bakker, A. (2011). Boundary Crossing and Boundary Objects. *Review of Educational Research, 81*(2), 132–169. https://doi.org/10.3102/0034654311404435

Aprea, C., & Sappa, V. (2014). Kongruenzen und Divergenzen des Lernens in Schule und Betrieb: Die Perspektive von Auszubildenden in der schweizerischen Berufsbildung. *Berufs- und Wirtschaftspädagogik, 26*, 1–17.

Aeb (2023). *Dipl. Berufsfachschullehrer/in in Berufskunde im Hauptberuf. In Kooperation mit der PH Luzern.* Abgerufen am 11.01.2023 von https://www.aeb.ch/shop/berufsbildung/berufsfachschullehrer-in-berufskunde-im-hauptberu/

Arpagaus, J. (2020). Doppeltes Kompetenzprofil von PH-Dozierenden im Bereich der Berufsbildung. *Beiträge zur Lehrerinnen- und Lehrerbildung, 38*(3), 435–447. https://doi.org/10.36950/bzl.38.2020.9271

Atteslander, P. (2010). *Methoden der empirischen Sozialforschung.* Berlin: Erich Schmidt Verlag.

Baartman, L. K. J., & de Bruijn. E. (2011). Integrating knowledge, skills and attitudes: Conceptualising learning processes towards vocational competence. *Educational Research Review, 6*, 125–134. https://doi.org/10.1016/j.edurev.2011.03.001

Bastian, J., & Helsper, W. (2000). Professionalisierung im Lehrberuf – Bilanzierung und Perspektiven. In J. Bastian, W. Helsper, S. Reh, & C. Schelle (Hrsg.), *Professionalisierung im Lehrberuf. Von der Kritik der Lehrerrolle zur pädagogischen Professionalität* (S. 167–192). Opladen: Budrich.

Bauer, K.-O. (2000). Kompetenzprofil Lehrer. In H.-U. Otto, Th. Rauschenbach, & P. Vogel (Hrsg.), *Erziehungswissenschaft: Professionalität und Kompetenz* (S. 49–63). Opladen: Leske & Budrich. https://doi.org/10.1007/978-3-663-08029-9_4

Bauer, K.-O. (2005). *Pädagogische Basiskompetenzen. Theorie und Training.* Weinheim, München: Juventa.

Bauer, K.-O., & Kanders, M. (2000). Unterrichtsentwicklung und professionelles Selbst der Lehrerinnen und Lehrer. In H.-G. Rolff, W. Bos, K. Klemm, H. Pfeiffer, & R. Schulz-Zander (Hrsg.), *Jahrbuch der Schulentwicklung* (S. 297–325). Weinheim: Juventa.

Bauer, K.-O., Bohn, A., Kemna, P. & Logemann, N. (2010). *Pädagogische Qualität messen. Ein Handbuch.* Münster: Waxmann.

Bauer, W. (2006). *Einstellungsmuster und Handlungsprinzipien von Berufsschullehrern. Eine empirische Studie zur Lehrerarbeit im Berufsfeld Elektrotechnik.* Bielefeld: W. Bertelsmann Verlag.

Baumert, J. & Kunter, M. (2006). Stichwort: Professionelle Kompetenz von Lehrkräften. *Zeitschrift für Erziehungswissenschaft, 9*(4), 469–520. https://doi.org/10.1007/s11618-006-0165-2

BBT (2000). *Thesen zur Berufsbildungsforschung und Organisation des Leistungsbereichs: Bericht der Projektgruppe applikations-orientierte Berufsbildungsforschung des BBT: Bundesamt für Berufsbildung und Technologie BBT.* Bern: BBT.

BBT (2005). *Verordnung über die berufliche Grundbildung Informatiker/Informatikerin.* Bern: BBT.

BBT (2007). *Berufsbildungsforschung Schweiz. Das BBT-Förderprogramm.* Bern: BBT.

BDS (2021). *Bildungsplan zur Verordnung des SBFI vom 18. Mai 2021 über die berufliche Grundbildung für Detailhandelsfachfrau / Detailhandelsfachmann mit eidgenössischem Fähigkeitszeugnis (EFZ).* Bern: BDS.

Becker, A, M., Spöttl, G., & Windelband, L. (2019). Berufliche Fachdidaktiken/Berufsdidaktik im Spannungsfeld der Berufspädagogik und der gewerblich-technischen Fachrichtungen. *bwp@ Berufs- und Wirtschaftspädagogik – online, Ausgabe 37,* 1–21.

Becker, A, M., Kuhlmeier, W., Riehle, T., Spöttl, G., & Vollmer, T. (2019). Perspektiven der gewerblichen Lehrerbildung und der beruflichen Didaktiken. In F. Bünning, M. Frenz, K. Jenewein, & L. Windelband (Hrsg.), *Berufliche Orientierung und Lehrkräftebildung als aktuelle Herausforderung an die gewerblich-technischen Wissenschaften und ihre Didaktiken.* Bielefeld: wbv Media.

Becker, M. (2018). Didaktik und Methodik der schulischen Berufsbildung. In R. Arnold, A. Lipsmeier, & M. Rohs (Hrsg.), *Handbuch Berufsbildung* (S. 1–18). Wiesbaden: Springer. https://doi.org/10.1007/978-3-658-19372-0_30-1

Bohnsack, R. (2000). *Rekonstruktive Sozialforschung. Einführung in Methodologie und Praxis qualitativer Forschung.* Opladen: Leske und Budrich. https://doi.org/10.1007/978-3-322-95185-4

Bönsch, M. (2006). *Allgemeine Didaktik. Ein Handbuch zur Wissenschaft vom Unterricht.* Stuttgart: Kohlhammer.

Bosse, M. (2017). *Mathematik fachfremd unterrichten. Zur Professionalität fachbezogener Lehrer-Identität.* Wiesbaden: Springer. https://doi.org/10.1007/978-3-658-15599-5

Brater, M. (2016). Was sind „Kompetenzen" und wieso können sie für Pflegende wichtig sein? *Pflege & Gesellschaft, 21*(3), 197–213.

Breuer, F. (2010). Wissenschaftstheoretische Grundlagen qualitativer Methodik in der Psychologie. In G. Mey, & K. Mruck (Hrsg.), *Handbuch Qualitative Forschung in der Psychologie* (S. 35–49). Wiesbaden: VS Verlag. https://doi.org/10.1007/978-3-531-92052-8_2

Bromme, R. (1992). *Der Lehrer als Experte.* Münster: Waxmann.

Bromme, R., & Strässer, R. (1991). Wissenstypen und professionelles Selbstverständnis. Eine empirische Untersuchung bei Berufsschullehrern. *Zeitschrift für Pädagogik 37*(5), 769–785.

Bromme, R. (2014). *Der Lehrer als Experte: Zur Psychologie des professionellen Wissens.* Münster: Waxmann.

Buchhaas-Birkholz, D. (2009). Die „empirische Wende" in der Bildungspolitik und in der Bildungsforschung. Zum Paradigmenwechsel des BMBF im Bereich der Forschungsförderung. *Erziehungswissenschaft, 20*(39), 27–33. https://doi.org/10.3278/DIE1004W030

BFS (2022). *Statistik der beruflichen Grundbildung. Berufliche Grundbildungen EFZ – Abschlussprüfungen und Lehrverträge nach Ausbildungsfeld und Beruf.* Abgerufen am 8.11.2022 von https://www.bfs.admin.ch/bfs/de/home/statistiken/bildung-wissenschaft/personen-ausbildung/sekundarstufe-II/berufliche-grundbildung-lehrverhaeltnisse.assetdetail.22224794.html

Buschfeld, D. (2003). Draußen vom Lernfeld komm' ich her...? Plädoyer für einen alltäglichen Umgang mit Lernsituationen. *bwp@, 4*, 1–21.

Busian, A., & Pätzold, G. (2002). Berufspädagogische Handlungskompetenz – neue Anforderungen an die Akteure? In H. O. Otto, T. Rauschenbach, & P. Vogel (Hrsg.), *Erziehungswissenschaft: Professionalität und Kompetenz* (S. 223–238). Opladen: Leske und Budrich. https://doi.org/10.1007/978-3-663-08029-9_15

Calderhead, J. (1996). Teachers: Beliefs and knowledge. In D. Berliner (Hrsg.), *Handbook of educational psychology* (S. 709–725). New York: Prentice Hall International.

Charmaz, K. (2014). *Constructing Grounded Theory*. London: SAGE Publications Ltd.

Caspari, D. (2001). Vom Interview zum Strukturbild und darüber hinaus – Zur Erforschung des beruflichen Selbstverständnisses von Fremdsprachenlehrer/innen. In A. Müller-Hartmann, & M. Schocker-v. Ditfurth (Hrsg.), *Qualitative Forschung im Bereich Fremdsprachen lehren und lernen* (S. 238–263). Tübingen: Narr.

Collins, J. C., & Porras, J. I. (1996). *Built to Last: Successful Habits of Visionary Companies*. New York: Harper Business.

Coriand, R. (2015). *Allgemeine Didaktik. Ein erziehungstheoretischer Umriss*. Stuttgart: Kohlhammer. https://doi.org/10.17433/978-3-17-030172-6

Cramer, C., Harant, M., Merk, S., Drahmann, M., & Emmerich, M. (2019). Meta-Reflexivität und Professionalität im Lehrerinnen- und Lehrerberuf. *Zeitschrift für Pädagogik, 65*(3), 401–423.

Czycholl, R. (2009). Handlungsorientierung und Kompetenzentwicklung in der beruflichen Bildung – Umsetzung, Begründung, Evaluation. In B. Bonz (Hrsg.), *Didaktik und Methodik der Berufsbildung. Berufsbildung konkret* (S. 172–194). Baltmannsweiler: Schneider Verlag.

Degen, D. (2018). *Methodisch-didaktische Instrumente für den Aufbau von Handlungskompetenzen in den drei Lernorten der beruflichen Grundbildung zum/zur Informatiker/in EFZ und die Bedeutung der Lernortkooperation*. EHB: Zollikofen.

Degen, D., Arpagaus, J., Martins, R., & Gut, J. (2019a). Handlungskompetenzorientierung – Anforderungen aus methodisch-didaktischer Perspektive und Implikationen für die Berufsfelddidaktik am Beispiel der Informatikausbildung. *bwp@ Spezial, 19*(16), 1–20.

Degen, D., Leumann, S., Keller, A., & Gut, J. (2019b). Konstituierende Elemente der Berufsfelddidaktik – spezifische Charakteristika und Unterschiede. *bwp@ Spezial, 19*(16), 1–24.

Demszky von der Hagen, A., & Voss, G. G. (2010). Beruf und Profession. In F. Böhle, G. G. Voss, & G. Wachtler (Hrsg.), *Handbuch Arbeitssoziologie* (S. 751–804). Wiesbaden: VS Verlag. https://doi.org/10.1007/978-3-531-92247-8_26

Deppermann, A. (2001). *Gespräche analysieren. Eine Einführung*. Opladen: Leske und Budrich. https://doi.org/10.1007/978-3-322-91359-3

Deppermann, A. (2008). *Gespräche analysieren. Eine Einführung*. Wiesbaden: VS Verlag. https://doi.org/10.1007/978-3-531-91973-7

Deppermann, A. (2013). Interview als Text vs. Interview als Interaktion. *Forum Qualitative Sozialforschung, 14*(3), 1–40.

Detka, C. (2005). Zu den Arbeitsschritten der Segmentierung und der Strukturellen Beschreibung in der Analyse autobiographisch-narrativer Interviews. *Zeitschrift für qualitative Bildungs-, Beratungs- und Sozialforschung, 6*(2), 351–364.

Dietrich, F. (2014). *Professionalisierungskrisen im Referendariat. Rekonstruktionen zu Krisen und Krisenbearbeitungen in der zweiten Phase der Lehrerausbildung.* Wiesbaden: Springer VS. https://doi.org/10.1007/978-3-658-03525-9

Dohmen, T. J., Falk, A., Huffman, D., Sunde, U., Schupp, J., & Wagner, G. (2011). Individual Risk Attitudes: Measurement, Determinants, and Behavioral Consequences. *Journal of the European Economic Association, 9*(3), 522–550. https://doi.org/10.1111/j.1542-4774.2011.01015.x

Drewes, R. (1993). *Identität. Der Versuch einer integrativen Neufassung eines psychologischen Konstrukts: eine qualitative Untersuchung mit jungen Erwachsenen.* Münster: Waxmann.

Ebner, C. (2013). *Erfolgreich in den Arbeitsmarkt? Die duale Berufsausbildung im internationalen Vergleich.* Frankfurt: Campus Verlag.

EHB (2023). *Individuell gestaltbar, praxisbezogen, zeitgemäss: Das Ausbildungskonzept EHB.* Abgerufen am 19.01.2023 von https://www.ehb.swiss/neues-ausbildungskonzept

EIT.swiss (2015). *Bildungsplan. Elektroinstallateurin EFZ / Elektroinstallateur EFZ.* EIT.swiss: Zürich.

EIT.swiss (2023). *Die Geschichte von EIT.swiss.* Abgerufen am 18.01.2023 von https://www.eit.swiss/de/verband/geschichte

Ertl-Schmuck, R., & Fichtmüller, I, F. (2009). *Pflegedidaktik als Disziplin. Eine systematische Einführung.* Weinheim: Beltz Verlag.

Esslinger, I. (2002). *Berufsverständnis und Schulentwicklung: Ein Passungsverhältnis? Eine empirische Untersuchung zu schulentwicklungsrelevanten Berufsauffassungen von Lehrerinnen und Lehrern.* Bad Heilbrunn: Klinkhardt.

Euler, D. (1996). Denn sie tun nicht, was sie wissen. *Zeitschrift für Berufs- und Wirtschaftspädagogik, 92*(4), 350–365.

Euler, D., & Hahn, A. (2007). *Wirtschaftsdidaktik.* Bern/Stuttgart/Wien: Haupt Verlag.

Evans J. St. B. T. (2008). Dual-processing accounts of reasoning, judgment and social cognition. *Annual Review of Psychology, 59*, 255–278. https://doi.org/10.1146/annurev.psych.59.103006.093629

Etzioni, A. (1969). *„Preface". The Semi-professions and Their Organization: Teachers, Nurses, Social Workers, Amitai Etzioni, v–xvii.* New York: The Free Press.

Fassnacht, G. (1995). *Systematische Verhaltensbeobachtung. Eine Einführung in die Methodologie und Praxis.* München: Reinhardt.

Filipp, S.-H. (2000). Selbstkonzeptforschung in der Retrospektive und Prospektive. In W. Greve (Hrsg.), *Psychologie des Selbst* (S. 7–14). Weinheim: Psychologie Verlags Union.

Fischer, I. M. (2018). Erschliessung, Bestimmung und Förderung von Fachkompetenzen in der Berufsbildung. In R. Arnold, A. Lipsmeier, & M. Rohs (Hrsg.), *Handbuch Berufsbildung* (S. 1–16). Wiesbaden: Springer. https://doi.org/10.1007/978-3-658-19372-0_21-1

Flick, U. (2004). Triangulation. Eine Einführung. *Forum Qualitative Sozialforschung/Forum: Qualitative Social Research, 7*(3), Art. 26. https://doi.org/10.1007/978-3-322-97512-6

Flick, U. (2010). Gütekriterien qualitativer Forschung. In G. Mey, & K. Mruck (Hrsg.), *Handbuch Qualitative Forschung in der Psychologie* (S. 395–407). Wiesbaden: Springer. https://doi.org/10.1007/978-3-531-92052-8_28

Flick, U. (2011). *Qualitative Sozialforschung. Eine Einführung.* Reinbek bei Hamburg: Rowohlt.

Flick, U. (2016). *Qualitative Sozialforschung. Eine Einführung.* Reinbek bei Hamburg: Rowohlt.

Flick, U., von Kardorff, E., & Steinke, I. (2013). Was ist qualitative Forschung? Einleitung und Überblick. In U. Flick, E. von Kardorff, & I. Steinke (Hrsg.), *Qualitative Forschung. Ein Handbuch* (S. 11–29). Reinbek bei Hamburg: Rowohlt.

Frommberger, D., & Lange, S. (2018). Professionalisierung des berufsschulischen Bildungspersonals – Status Quo und Reformansätze. In R. Arnold, A. Lipsmeier, & M. Rohs, (Hrsg.), *Handbuch Berufsbildung* (S. 1–13). Wiesbaden: Springer. https://doi.org/10.1007/978-3-658-19372-0_40-1

Geertz C. (1987). *Dichte Beschreibung. Beiträge zum Verstehen kultureller Systeme.* Frankfurt a. M.: Suhrkamp.

Glaser, B., & Strauss, A. (1967). *The Discovery of Grounded Theory: Strategies for Qualitative Research.* Mill Valley: Sociology Press. https://doi.org/10.1097/00006199-196807000-00014

Glaser, B., & Strauss, A. (1998). *Grounded Theory: Strategien qualitativer Forschung.* Bern: Huber.

Glaser, B., & Strauss, A. (2010). *Grounded Theory. Strategien qualitativer Forschung.* Göttingen: Huber.

Grammes, T. (2012). Didaktik als Theorie der Transformationen von Wissensformen. *EWE, 23*(3), 346–348.

Gräsel, C. (2006). Das Verhältnis von Erziehungswissenschaft und Bildungsforschung aus der Perspektive der Unterrichtsforschung. In H. Merkens (Hrsg.), *Erziehungswissenschaft und Bildungsforschung* (S. 97–108). Wiesbaden: VS Verlag. https://doi.org/10.1007/978-3-531-90089-6_7

Gräsel, C., & Gniewosz, B. (2015). Überblick Lehr-Lernforschung. In H. Reinders, H. Ditton, C. Gräsel, & B. Gniewosz (Hrsg.), *Empirische Bildungsforschung* (S. 19–24). Wiesbaden: Springer VS. https://doi.org/10.1007/978-3-531-19994-8_1

Greve, W., & Wentura, D. (1997). *Wissenschaftliche Beobachtung. Eine Einführung.* Weinheim: Beltz.

Gruber, H., Mandl, H., & Renkl, A. (2000). Was lernen wir in Schule und Hochschule: Träges Wissen? In H. Mandl, & J. Gerstenmaier (Hrsg.), *Die Kluft zwischen Wissen und Handeln: Empirische und theoretische Lösungsansätze* (S. 139–156). Göttingen: Hogrefe.

Grunder, H.-U., Ruthemann, U., Scherer, S., Singer, P., & Vettiger, H. (2012). *Unterricht. Verstehen – planen – gestalten – auswerten.* Baltmannsweiler: Schneider Verlag Hohengehren.

Hattie, J. (2009). *Visible Learning. A synthesis of over 800 meta-analyses relating to achievement.* London & New York: Routledge.

Hattie, J. (2013). *Lernen sichtbar machen.* Baltmannsweiler: Schneider Verlag Hohengehren.

Hägele, T. (2001). Arbeitsprozessorientierung und berufliche Handlungsfelder. Ein Konzept zur Verbindung beruflicher Anforderungen und der Ziele beruflicher Bildung im Berufsfeld Elektrotechnik/Informatik. In K. Häfeli, M. Wild-Näf, & T. Elsässer (Hrsg.), *Berufsfelddidaktik. Zwischen Fachsystematik und Handlungsorientierung* (S. 73–85). Baltmannsweiler: Schneider Verlag Hohengehren.

Händler-Schuster, D., Zigan, N., Baumann, P., Heinzelmann, A., & Imhof., L. (2016). *Erkennen von Routinehandlungen im Alltag: Erste Erfahrungen in der ERED-Studie.* Winterthur: ZHAW.

Heimann, P., Otto, G., & Schulz, W. (1965). *Unterricht – Analyse und Planung.* Hannover: Schroedel.

Heinzer, S., & Baumgartner, M. (2013). Bottom-up zur Qualität: Eine Quasi-Delphi-Studie zur Generierung von Kompetenzprofilen. In F. Oser, T. Bauder, P. Salzmann, & S. Heinzer (Hrsg.), *Ohne Kompetenz keine Qualität. Entwickeln und Einschätzen von Kompetenzprofilen bei Lehrpersonen und Berufsbildungsverantwortlichen* (S. 66–95). Bad Heilbrunn: Klinkhardt.

Heinzer, S., Oser, F., & Salzmann, P. (2009). Zur Genese von Kompetenzprofilen. *Lehrerbildung auf dem Prüfstand, 2*(1), 28–55.

Heiser, P. (2018). Awareness of Dying. Oder: Die Grounded Theory Methodologie. In P. Heiser (Hrsg.), *Meilensteine der qualitativen Sozialforschung. Eine Einführung entlang klassischer Studien* (S. 205–267). Springer VS, Wiesbaden. https://doi.org/10.1007/978-3-658-18557-2_5

Helfferich, C. (2011). *Die Qualität qualitativer Daten. Manual für die Durchführung qualitativer Interviews.* Wiesbaden: VS Verlag. https://doi.org/10.1007/978-3-531-92076-4

Helsper, W. (2014). Lehrerprofessionalität – der strukturtheoretische Professionsansatz zum Lehrberuf. In E. Terhart, H. Bennewitz, & M. Rothland (Hrsg.), *Handbuch der Forschung zum Lehrberuf* (S. 216–240). Münster: Waxmann.

Helsper, W. (2016). Lehrerprofessionalität – der strukturtheoretische Ansatz. In M. Rothland (Hrsg.), *Beruf Lehrer/Lehrerin. Ein Studienbuch* (S. 103–125). Münster & New York: Waxmann.

Helsper, W., & Klieme, E. (2013). Quantitative und qualitative Unterrichtsforschung – eine Sondierung. *Zeitschrift für Pädagogik, 59,* 283–290.

Helsper, W., & Tippelt, R. (2011). Pädagogische Professionalität. *Zeitschrift für Pädagogik, 57,* 7–8.

Helsper, W., Böhme, J., Kramer, R.-T., & Lingkost, A. (2001). *Schulkultur und Schulmythos. Gymnasien zwischen elitärer Bildung und höherer Volksschule im Transformationsprozess. Rekonstruktionen zur Schulkultur I.* Opladen: Leske und Budrich. https://doi.org/10.1007/978-3-322-96398-7

Henke, W., & Herrgen, M. (2012). Menschwerdung als evolutionsökologischer Prozess. In A. Lang, & P. Marinkovic (Hrsg.), *Bios - Cultus - (Im)mortalitas. Zur Religion und Kultur* (S. 25–59). Rahden: VML.

Herkner, V., & Pahl, J.-P. (2018). Handlungsorientierung in der Berufsbildung. In R. Arnold, A. Lipsmeier, & M. Rohs (Hrsg.), *Handbuch Berufsbildung* (S. 1–15). Wiesbaden: Springer. https://doi.org/10.1007/978-3-658-19372-0_17-1

Hoeckel, K., Field, S., & Norton Grubb, W. (2009). *Learning for Jobs. OECD Studie zur Berufsbildung. Schweiz.* Paris: OECD.

Honer, A. (2011). Interview. In R. Bohnsack, W. Marotzki, & M. Meuser (Hrsg.), *Hauptbegriffe Qualitativer Sozialforschung* (S. 94–99). Opladen: Budrich. https://doi.org/10.1007/978-3-322-99183-6_33

Horn, K.-P. (2016). Profession, Professionalisierung, Professionalität, Professionalismus – Historische und systemische Anmerkungen am Beispiel der deutschen Lehrerausbildung. *Zeitschrift für Pädagogik und Theologie, (68)2*, 153–164. https://doi.org/10.1515/zpt-2016-0017

Hortsch, H., Persson, M., & Schmidt, D. (2012). *Methodenbuch für das berufliche Lehren und Lernen mit ausgewählten bautechnischen Beispielen.* Dresden: Verlag der Wissenschaften.

Howe, F., Heermeyer, R., Heuermann, H., Höpfner, H.-D., & Rauner, F. (2002). *Lern- und Arbeitsaufgaben für eine gestaltungsorientierte Berufsbildung.* Konstanz: Christiani.

Huberman, M. (1991). Der berufliche Lebenszyklus von Lehrern: Ergebnisse einer empirischen Untersuchung. In E. Terhart (Hrsg.), *Unterrichten als Beruf. Neuere amerikanische und englische Arbeiten zur Berufskultur und Berufsbiografie von Lehrerinnen und Lehrern* (S. 249–267). Köln/Wien: Böhlau-Verlag.

ICT-Berufsbildung Schweiz (2013). *Bildungsplan zur Verordnung des SBFI über die berufliche Grundbildung für Informatikerin, Informatiker mit eidgenössischem Fähigkeitszeugnis (EFZ).* Bern: ICT-Berufsbildung Schweiz.

Kanitz, K., Bürger, T., & Wissinger, J. (2014). Identitätsbildung im Zusammenhang des beruflichen Selbstverständnisses von Lehrerinnen und Lernern. In J. N. Napoles (Hrsg.), *Jugend, Schule, Identität. Selbstwerdung und Identitätskonstruktion im Kontext Schule* (S. 727–738). Wiesbaden: Springer. https://doi.org/10.1007/978-3-658-03670-6_40

Kansanen, P., & Meri, M. (1999). *The didactic relation in the teaching-studying-learning process.* Abgerufen am 08. Februar 2023 von https://pdfs.semanticscholar.org/9837/aa206aefd144c677ae50a944337eae1b9bfa.pdf

Kelle, U., & Kluge, S. (2010). *Vom Einzelfall zum Typus. Fallvergleich und Fallkontrastierung in der qualitativen Sozialforschung.* Wiesbaden: Springer. https://doi.org/10.1007/978-3-531-92366-6

Kluge, S. (1999). *Empirisch begründete Typenbildung. Zur Konstruktion von Typen und Typologien in der qualitativen Sozialforschung.* Opladen: Leske und Budrich. https://doi.org/10.1007/978-3-322-97436-5

König, E. (2005). *Systemisch denken und handeln: Personale Systemtheorie in Erwachsenenbildung und Organisationsberatung.* Weinheim: Beltz.

Krohne, H. W., & Hock, M. (2015). *Psychologische Diagnostik. Grundlagen und Anwendungsfelder.* Stuttgart: W. Kohlhammer. https://doi.org/10.17433/978-3-17-025256-1

Kruse, J. (2015). *Qualitative Interviewforschung: Ein integrativer Ansatz.* Weinheim: Beltz Juventa.

Kuckartz, U. (1988). *Computer und verbale Daten. Chancen zur Innovation sozialwissenschaftlicher Forschungstechniken.* Frankfurt am Main: Peter Lang.

Kriz, J. (2014). Systemtheorie und systemisch-humanistische Psychotherapie - eine Herausforderung für unsere Gesellschaft? In E. Meyerhof, T. Bernges, M. Block, M. Niehoff, & C. Schultz (Hrsg.), *Menschenbilder in der Psychologie. Erfahrungen und Inhalte eines selbstorganisierten Seminars* (S. 80–103). Hamburg: Argument-Verlag.

Lamnek, S., & Krell, C. (2016). *Qualitative Sozialforschung.* Weinheim: Beltz.

Larcher Klee, S., & Schmidiger, P. (2021). *Nationale Strategie Fachdidaktik. Schweiz 2021–2028.* Bern: swissuniversities.

Lehberger, J. (2013). *Arbeitsprozesswissen – didaktisches Zentrum für Bildung und Qualifizierung. Ein kritisch-konstruktiver Beitrag zum Lernfeldkonzept.* Münster: LIT Verlag.

Leineweber, S., Billich-Knapp, M., & Košinár, J. (2021). Entwicklungsaufgaben angehender Primarlehrpersonen in Berufspraktischen Studien. *Zeitschrift für Bildungsforschung, 11,* 475–490. https://doi.org/10.1007/s35834-021-00323-5

Lempert, W. (1962). *Der Gewerbelehrer: Eine soziologische Leitstudie.* Erlangen: F. Enke.

Lipowsky, F. (2006). Auf den Lehrer kommt es an. Empirische Evidenzen für Zusammenhänge zwischen Lehrerkompetenzen, Lehrerhandeln, und dem Lernen der Schüler. In C. Allemann-Ghionda, & E. Terhart (Hrsg.), *Kompetenzen und Kompetenzentwicklung von Lehrerinnen und Lehrern* (S. 47–70). Weinheim: Beltz.

Lipowsky, F. (2011). Theoretische Perspektiven und empirische Befunde zur Wirksamkeit von Lehrerfort- und -weiterbildung. In E. Terhart, H. Bennewitz, & M. Rothland (Hrsg.), *Handbuch der Forschung zum Lehrerberuf* (S. 398–417), Münster: Waxmann.

Lorenz, F., & Schwarz, M. P. (2014). Reflexive Professionalität: Strukturen und Dimensionen. In M. P. Schwarz, W. Ferchhoff, & R. Vollbrecht (Hrsg.), *Professionalität: Wissen - Kontext. Sozialwissenschaftliche Analysen und pädagogische Reflexionen zur Struktur bildenden und beratenden Handelns* (S. 411–433). Bad Heilbrunn: Klinkhardt.

Ludescher, F., Bergmeister-Keckeis, B., Kessler, C., & Klien, D. (2007). Gestaltung einer Berufseinstiegsphase für Lehrpersonen im Bereich der Allgemeinbildenden Pflichtschulen und der Berufsschule. *F&E Edition, 10,* 4–20.

Lundgreen, P. (2011). Pädagogische Professionen. Ausbildung und Professionalität in historischer Perspektive. *Zeitschrift für Pädagogik, 57,* 9–39.

Lustenberger, W. (2010). *Das Schweizerische Institut für Berufspädagogik: Vorläufer, Gründung, Aufbau.* Bern: hep Verlag.

Maag Merki, K. (2004). Überfachliche Kompetenzen als Ziele beruflicher Bildung im betrieblichen Alltag. *Zeitschrift für Pädagogik, 50,* 202–222.

Maltritz, M. (2016). *Das berufliche Selbstverständnis als Determinante des professionellen Handelns. Empirische Studie im Englischunterricht an berufsbildenden Schulen.* Bielefeld: W. Bertelsmann Verlag. https://doi.org/10.3278/6004548w

Marotzki, W. (2006). Forschungsmethoden und -methodologie der Erziehungswissenschaftlichen Biographieforschung. In H.-H. Krüger, & W. Marotzki (Hrsg.), *Handbuch erziehungswissenschaftliche Biographieforschung* (S. 111–135). Wiesbaden: VS Verlag. https://doi.org/10.1007/978-3-531-90010-0_7

Marton, F. (2006). Sameness and difference in transfer. *The Journal of the Learning Sciences, 15*(4), 499–535. https://doi.org/10.1207/s15327809jls1504_3

Maturana, H. R., & Varela, F. J. (1987). *Der Baum der Erkenntnis.* Bern: Scherz.

Mayring, P. (2015). *Qualitative Inhaltsanalyse.* Weinheim: Beltz. https://doi.org/10.1007/978-3-531-18939-0_38

Mayring, P. (2016). *Einführung in die qualitative Sozialforschung.* Weinheim: Beltz.

Mayring, P., & Fenzl, T. (2014). Qualitative Inhaltsanalyse. In N. Baur, & J. Blasius (Hrsg.), *Handbuch Methoden der empirischen Sozialforschung* (S. 543–556). Wiesbaden: Springer VS. https://doi.org/10.1007/978-3-531-18939-0_38

Mey, G., & Mruck, K. (2011). Grounded-Theory-Methodologie: Entwicklung, Stand, Perspektiven. In G. Mey, & K. Mruck (Hrsg.), *Grounded Theory Reader* (S. 11–48). Wiesbaden: VS Verlag. https://doi.org/10.1007/978-3-531-93318-4_1

Meyer, R. (2018). Professionalisierung, Professionalität und Professionalisierbarkeit. In R. Arnold, A. Lipsmeier, & M. Rohs (Hrsg.), *Handbuch Berufsbildung* (S. 1–13). Wiesbaden: Springer. https://doi.org/10.1007/978-3-658-19372-0_43-1

Nickolaus, R. (2001) Professionalisierung – ein tragfähiges Konstrukt für die Optimierung beruflicher Bildungsprozesse? In H.-J. Albers, B. Bonz, & R. Nickolaus (Hrsg.), *Impulse zur Professionalisierung pädagogischer Tätigkeiten im Bildungs- und Beschäftigungssystem* (S. 22–41). Baltmannsweiler: Schneider Verlag Hohengehren.

Nittel, D. (2011). Von der Profession zur sozialen Welt pädagogisch Tätiger? Vorarbeiten zu einer komparativ angelegten Empirie pädagogischer Arbeit. *Zeitschrift für Pädagogik, 57*, 40–59.

Novak, P. (2018). *Berufliche Mobilität von Lehrpersonen. Eine empirische Untersuchung zum Berufswechsel von Primarlehrpersonen zu Berufsfachschullehrpersonen für Allgemeinbildung an Schweizer Berufsfachschulen.* Münster: Waxmann.

Oevermann, U. (1996). Theoretische Skizze einer revidierten Theorie professionalisierten Handelns. In A. Combe, & W. Helsper (Hrsg.), *Pädagogische Professionalität. Untersuchungen zum Typus pädagogischen Handelns* (S. 70–182). Frankfurt a. M.: Suhrkamp.

Opel, S. (2015). Was genau muss ich können und wissen? Ein normatives Kompetenzstrukturmodell für die Ausbildung zum/zur Fachinformatiker/-in. In R. Dreher, K. Jenewein, U. Neustock, & U. Schwenger (Hrsg.), *Wandel der technischen Berufsbildung* (S. 207–220). Bielefeld: W. Bertelsmann Verlag.

Oser, F. (1998). *Ethos – die Vermenschlichung des Erfolgs. Zur Psychologie der Berufsmoral von Lehrpersonen.* Wiesbaden: Springer. https://doi.org/10.1007/978-3-322-97398-6

Oser, F., & Oelkers, J. (2001). *Die Wirksamkeit der Lehrerbildungssysteme. Von der Allrounderausbildung zur Ausbildung professioneller Standards.* Chur/Zürich: Rüegger.

Oser, F., Bauer, T., Salzmann, P., & Heinzer, S. (2013). *Ohne Kompetenz keine Qualität. Entwickeln und Einschätzen von Kompetenzprofilen bei Lehrpersonen und Berufsbildungsverantwortlichen.* Bad Heilbrunn: Klinkhardt.

Oswald, H. (2010). Was heisst qualitativ forschen? Warnungen, Fehlerquellen, Möglichkeiten. In B. Friebertshäuser, A. Langer, & A. Prengel (Hrsg.), *Handbuch Qualitative Forschungsmethoden in der Erziehungswissenschaft* (S. 183–201). München: Juventa.

Ott, B. (1993). *Ganzheitliche Berufsbildung im Kontext der technikdidaktischen Diskussion.* (Habilitationsschrift). Karlsruhe.

PHSG (2023). *Diplomstudiengang BKU.* Abgerufen am 11.01.2023 von https://www.phsg.ch/de/studium/sekundarstufe-ii-berufsbildung/zertifikats-und-diplomstudiengaenge-sek-ii-1

PHZH (2022). *4K und digitale Kompetenzen.* Abgerufen am 11.01.2023 von https://phzh.ch/de/Ausbildung/Studiengaenge/sekundarstufe2-berufsbildung/sek2-slider/4K-und-digitale-kompetenzen/

Pahl, J.-P. (2001). Berufsfelder – Basis fachwissenschaftlicher und didaktischer Reflexionen beruflichen Lernens. In K. Häfeli, M. Wild-Näf, & T. Elsässer (Hrsg.), *Berufsfelddidaktik. Zwischen Fachsystematik und Handlungsorientierung* (S. 17–37). Baltmannsweiler: Schneider Verlag Hohengehren.

Pahl, J.-P. (2019). Didaktisierung der Berufsfelder – Eine Aufgabe auch für Berufswissenschaft und Berufsbildungswissenschaft. *bwp@, 37*, 1–20.

Pätzold, G. (2010). Curriculare und didaktische Aspekte der Beruflichen Fachrichtungen für die Lehrerbildung. In J.-P. Pahl, & V. Herkner (Hrsg.), *Handbuch berufliche Fachrichtungen* (S. 279–291). Bielefeld: W. Bertelsmann Verlag.

Peterssen, W. H. (2001). *Lehrbuch Allgemeine Didaktik.* München: Ehrenwirth.

Potter, J., & Hepburn, A. (2012). Eight challenges for interview researchers. In J. F. Gubrium, J. A. Holstein, A. B. Marvast, & K. D. McKinney (Hrsg.), *The Sage handbook of interview research* (S. 555–570). London: Sage. https://doi.org/10.4135/9781452218403.n39

Proske, M., & Rabenstein, K. (2018). *Kompendium Qualitative Unterrichtsforschung. Unterricht beobachten – beschreiben – rekonstruieren.* Bad Heilbrunn: Klinkhardt.

Raithel, J., Dollinger, B., & Hörmann, G. (2005). *Einführung Pädagogik. Begriffe, Strömungen, Klassiker, Fachrichtungen.* Wiesbaden: VS Verlag. https://doi.org/10.1007/978-3-322-93606-6

Rauner, F. (2006). Gestaltung von Arbeit und Technik. In R. Arnold, & A. Lipsmeier (Hrsg.), *Handbuch der Berufsbildung* (S. 55–70). Wiesbaden: VS Verlag. https://doi.org/10.1007/978-3-531-90622-5_4

Rauner, F. (2009). *Steuerung der beruflichen Bildung im internationalen Vergleich.* Gütersloh: Bertelsmann Stiftung.

Riedl, A. (2015). Unterricht im Lernfeldkonzept an beruflichen Schulen – aktuelle Herausforderungen und Realisierung in der gewerblich-technischen Berufsbildung. In J. Seifried, & B. Bonz (Hrsg.), *Berufs- und Wirtschaftspädagogik – Handlungsfelder und Grundprobleme. Berufsbildung konkret* (S. 127–148). Baltmannsweiler: Schneider Verlag Hohengehren.

Reinmann, G. (2012). Interdisziplinäre Vermittlungswissenschaft: Versuch einer Entwicklung aus der Perspektive der Didaktik. *EWE, 23*(3), 323–340.

Renkl, A., & Nückles, M. (2006). Träge Kompetenzen? – Gründe für die Kontextgebundenheit von beruflichen Handlungskompetenzen. *Bildung und Erziehung, 59*(2), 179–192. https://doi.org/10.7788/bue.2006.59.2.179

Rennie, D. L. (2005). Grounded Theory Methodology as Methodical Hermeneutics: Reconciling Realism and Relativism. *ZBBS, 6*(1), 85–104.

Reusser, K. (2008). Empirisch fundierte Didaktik – didaktisch fundierte Unterrichtsforschung. In M. A. Meyer, M. Prenzel, & S. Hellekamps (Hrsg.), *Perspektiven der Didaktik* (S. 219–237). Wiesbaden: VS Verlag. https://doi.org/10.1007/978-3-531-91775-7_15

Reusser, K., & Pauli, C. (2021). Unterrichtsqualität ist immer generisch und fachspezifisch. Ein Kommentar aus kognitions- und lehr-lerntheoretischer Sicht. *Unterrichtswissenschaft, 49*(2), 189–202. https://doi.org/10.1007/s42010-021-00117-8

Robinsohn, S. B. (1974). Der Lehrplan als didaktisches Problem. Bildungsreform als Revision des Curriculum. In H. Röhrs (Hrsg.), *Didaktik* (S. 229–249). Frankfurt am Main: Akademische Verlags-Gesellschaft.

Rogers, E. M. (1995). *Diffusion of Innovations.* New York: Free Press.

Rosenthal, G (2014). *Interpretative Sozialforschung. Eine Einführung.* Weinheim: Beltz Verlag.

Rothland, M. (2021). *Allgemeine Didaktik und empirische Unterrichtsforschung: eine schulpädagogische Forschungsperspektive.* Wiesbaden: Springer. https://doi.org/10.1007/978-3-658-35709-2_4

Ryan, R. M., & Deci, E. L. (2000). Self-determination theory and the facilitation of intrinsic motivation, social development, and well-being. *American Psychologist, 55*(1), 68–78. https://doi.org/10.1037/0003-066X.55.1.68

SBFI (2015). *Rahmenlehrpläne. Berufsbildungsverantwortliche vom 01.02.2011 – Stand 1.1.2015.* Bern: SBFI.

SBFI (2021). *Kostenerhebung der kantonalen Berufsbildung. Rechnungsjahr 2020.* Bern: SBFI.

SBFI (2022). *Berufsbildung in der Schweiz. Fakten und Zahlen 2022.* Bern: SBFI.

SBFI (2023a). Bildungserlasse. Abgerufen am 17.01.2023 von https://www.sbfi.admin.ch/sbfi/de/home/bildung/berufliche-grundbildung/handbuch-prozess-der-berufsent wicklung/3-prozess-der-berufsentwicklung/3-3-schritt-3--bildungserlasse.html# 1523894098

SBFI (2023b). Handlungskompetenzorientierung. Abgerufen am 10.01.2023 von https://www.sbfi.admin.ch/sbfi/de/home/bildung/berufliche-grundbildung/berufsentwick lung/aspekte/handlungskompetenzorientierung.html

Schellenbauer, P., Walser, R., Lepori, D., Hotz-Hart, B., & Gonon, P. (2010). *Die Zukunft der Lehre. Die Berufsbildung in der neuen Wirklichkeit.* Zürich: Avenir Suisse.

Schiersmann, C. (1990). *Wie Lehrende sich selbst verstehen - Aspekte der Rolleninterpretation.* Tübingen: Deutsches Institut für Fernstudien an der Universität Tübingen.

Schmidt, F. (2012). *Implizite Logiken des pädagogischen Blickes. Eine rekonstruktive Studie über Wahrnehmung im Kontext der Wohnungslosenhilfe.* Wiesbaden: Springer. https://doi.org/10.1007/978-3-531-18752-5

Schnell, R., Hill, P. B., & Esser, E. (2011). *Methoden der empirischen Sozialforschung.* München: Oldenbourg.

Schubiger, A., & Rosen, S. (2013). *Berufsfelddidaktik der höheren Berufsbildung. Ein generischer Ansatz zur Entwicklung spezifischer Berufsfelddidaktiken.* Bern: hep Verlag.

Schürch, D. (2001). Eine Didaktik ohne Vaterschaft. In K. Häfeli, M. Wild-Näf, & T. Elsässer (Hrsg.), *Berufsfelddidaktik. Zwischen Fachsystematik und Handlungsorientierung* (S. 39–42). Baltmannsweiler: Schneider Verlag Hohengehren.

Schütte, F. (2006). *Berufliche Fachdidaktik. Theorie und Praxis der Fachdidaktik Metall- und Elektrotechnik. Ein Lehr- und Studienbuch.* Stuttgart: Franz Steiner Verlag. https://doi.org/10.25162/9783515131889

Schütte, F. (2018). Konzepte und Probleme der (Fach-)Didaktiken beruflicher Bildung. In R. Arnold, A. Lipsmeier, & M. Rohs (Hrsg.), *Handbuch Berufsbildung* (S. 1–12). Wiesbaden: Springer. https://doi.org/10.1007/978-3-658-19372-0_31-1

Schütze, F. (2015). Paradoxien professionellen Handelns. In R. Rätz, & B. Völter (Hrsg.), *Wörterbuch rekonstruktive soziale Arbeit* (S. 1–5). Berlin: Opladen. https://doi.org/10.3224/866493835

Schütze, F., Bräu, K., Liermann, H., Prokopp, K., Speth, M., & Wiesemann, J. (1996). Überlegungen zu Paradoxien des professionellen Lehrerhandelns in den Dimensionen der Schulorganisation. In W. Helsper, H.-H. Krüger, & H. Wenzel (Hrsg.), *Schule und Gesellschaft im Umbruch. Theoretische und internationale Perspektiven* (S. 333–377). Weinheim: Deutscher Studien Verlag.

Schweizer Bundeskanzlei (2009). *Geschlechtergerechte Sprache. Leitfaden zum geschlechtergerechten Formulieren im Deutschen.* Bern: Schweizer Eidgenossenschaft.

Schwendimann, B. A., Cattaneo, A. A. P., Dehler Zuffrey, J., Gurtner, J.-L., Bétrancourt, M., & Dillenbourg, P. (2015). The 'Erfahrraum': A pedagogical model for designing educational technologies in dual vocational systems. *Journal of Vocational Education and Training (JVET), 67*(3), 367–396. https://doi.org/10.1080/13636820.2015.1061041

SDBB (2013). *Handbuch betriebliche Grundbildung.* Bern: SDBB.

Seidel, T., & Prenzel, M. (2010). Beobachtungsverfahren: Vom Datenmaterial zur Datenanalyse. In H. Holling, & B. Schmitz (Hrsg.), *Handbuch Statistik, Methoden und Evaluation* (S. 139–152). Göttingen: Hogrefe.

Sekretariat der Kultusministerkonferenz (2007). *Handreichung für die Erarbeitung von Rahmenlehrplänen der Kultusministerkonferenz für den berufsbezogenen Unterricht in der Berufsschule und ihre Abstimmung mit Ausbildungsordnungen des Bundes für anerkannte Ausbildungsberufe.* KMK: Bonn.

SKBF (2018). *Bildungsbericht Schweiz 2018.* Aarau: SKBF.

SKKAB (2021). *Bildungsplan zur Verordnung des SBFI vom 16. August 2021 über die berufliche Grundbildung für Kauffrau/Kaufmann mit eidgenössischem Fähigkeitszeugnis (EFZ).* Bern: SKKAB.

Stein, M. (2013). *Allgemeine Pädagogik.* München: Ernst Reinhardt Verlag. https://doi.org/10.36198/9783838540573

Steinke, I. (2010). Gütekriterien qualitativer Forschung. In U. Flick, E. von Kardorff, & I. Steinke (Hrsg.), *Qualitative Forschung. Ein Handbuch* (S. 319–331). Reinbek: Rowohlt.

Steinmann, S. (2022). *Shared und Mutal Beliefs in der Lehrerinnen- und Lehrerbildung. Untersuchung über die Beliefs von Lehrerausbildenden bezüglich des Lehrens, Lernens und der Rolle der Lehrperson.* Münster: Waxmann. https://doi.org/10.31244/9783830994954

Stigler, J. W., Gonzales, P., Kawanaka, T., Knoll, S., & Serrano, A. (1999). *The TIMSS Videotape Classroom Study: Methods and Findings From an Exploratory Research Project on Eighth-grade Mathematics Instruction in Germany, Japan, and the United States. NCES 1999–074.* Washington DC: U. S. Department of Education, National Center for Education Statistics.

Stocké, V. (2004). Entstehungsbedingungen von Antwortverzerrungen durch soziale Erwünschtheit. Ein Vergleich der Prognosen der Rational-Choice Theorie und des Modells der Frame-Selektion. *Zeitschrift für Soziologie, 33*(4), 303–320. https://doi.org/10.1515/zfsoz-2004-0403

Straka, G. A., & Macke, G. (2003). Handlungskompetenz und Handlungsorientierung als Bildungsauftrag der Berufsschule – Ziel und Weg des Lernens in der Berufsschule? *Berufs- und Wirtschaftspädagogik, 4,* 43–47.

Strauss, A. (1987). *Qualitative analysis for social scientists.* Cambridge: University Press. https://doi.org/10.1017/CBO9780511557842

Strauss, A. (1991). *Grundlagen qualitativer Sozialforschung: Datenanalyse und Theoriebildung in der empirischen soziologischen Forschung.* Stuttgart: UTB.

Strauss, A., & Corbin, J. (1996). *Grounded Theory: Grundlagen qualitativer Sozialforschung.* Weinheim: Beltz.

Strauss, A., & Corbin, J. (1998). *Basics of Qualitative Research: Techniques and Procedures for Developing Grounded Theory.* Thousand Oaks CA: Sage Publications, Inc.

Strübing, J. (2004). *Grounded Theory. Zur sozialtheoretischen und epistemologischen Fundierung des Verfahrens der empirisch begründeten Theoriebildung.* Wiesbaden: VS Verlag. https://doi.org/10.1007/978-3-322-95015-4

Strübing, J. (2013). *Qualitative Sozialforschung. Eine komprimierte Einführung für Studierende.* München: Oldenbourg. https://doi.org/10.1524/9783486717594

Strübing, J. (2014). *Grounded Theory. Zur sozialtheoretischen und epistemologischen Fundierung eines pragmatistischen Forschungsstils.* Wiesbaden: Springer VS. https://doi.org/10.1007/978-3-531-19897-2

Strübing, J. (2018). *Qualitative Sozialforschung. Eine komprimierte Einführung.* München: Oldenbourg. https://doi.org/10.1515/9783110529920

Swissmem Berufsbildung, & SWISSMECHANIC Schweiz (2015). *Bildungsplan zur Verordnung über die berufliche Grundbildung Automatikerin EFZ / Automatiker EFZ.* Swissmem: Winterthur.

Swissmem (2023). Die Geschichte des Verbands. Abgerufen am 18.01.2023 von https://www.swissmem.ch/de/der-verband-der-maschinen-elektro-und-metall-industrie.html

Terhart, E. (2005). Über Traditionen und Innovationen oder: Wie geht es weiter mit der Allgemeinen Didaktik? *Zeitschrift für Pädagogik, 51,* 1–13.

Terhart, E. (2009). *Didaktik. Eine Einführung.* Stuttgart: Reclam.

Terhart, E. (2011). Lehrerberuf und Professionalität. Gewandeltes Begriffsverständnis – neue Herausforderungen. *Zeitschrift Pädagogik, 57*, 202–224.

Tillmann, K.-J. (2010). *Sozialisationstheorien. Eine Einführung in den Zusammenhang von Gesellschaft, Institution und Subjektwerdung*. Hamburg: Rowohlt.

Tiefel, S. (2005). Kodierung nach der Grounded Theory lern- und bildungstheoretisch modifiziert: Kodierungsleitlinien für die Analyse biographischen Lernens. *Zeitschrift für qualitative Bildungs-, Beratungs- und Sozialforschung (ZBBS)*, 6(1), S. 65–84.

Tipplet, R., & Reich-Classen, J. (2010). Lernorte: organisationale und lebensweltbezogene Perspektiven. *REPORT - Zeitschrift für Weiterbildungsforschung, 2*, 11–21. https://doi.org/10.3278/REP1002W011

Tuomi-Gröhn, T., & Engeström, Y. (2003). *Between School and Work. New Perspectives on Transfer and Boundary-crossing*. Oxford: Pergamon-Elsevier Science.

Tutschner, R., & Haasler, S. R. (2012). Meister der Methode - Zum Wandel des Rollenverständnisses von Lehrern und Ausbildern in der beruflichen Bildung. In P. Ulmer, R. Weiß, & A. Zöller (Hrsg.), *Berufliches Bildungspersonal - Forschungsfragen und Qualifizierungskonzepte* (S. 97–116). Bielefeld: W. Bertelsmann Verlag.

Tynjälä, P. (2008). Perspectives into learning at the workplace. *Educational Research Review, 3*, 130–154. https://doi.org/10.1016/j.edurev.2007.12.001

Von Bargen, I. (2014). *Lehrkräfte in einer globalisierten Welt. Eine länderübergreifende Studie zu ihrem beruflichen Selbstverständnis*. Wiesbaden: VS Verlag. https://doi.org/10.1007/978-3-658-06189-0

Weber, M. (1972). *Wirtschaft und Gesellschaft. Grundriss der verstehenden Soziologie*. Tübingen: Mohr.

Weinert, F. E. (2001). *Leistungsmessungen in Schulen*. Weinheim: Beltz.

Wermke, W., & Paulsrud, D. (2019). *Autonomie im Lehrberuf in Deutschland, Finnland und Schweden: Entscheidungen, Kontrolle und Komplexität*. Münster: Waxmann.

Wettstein, E. (2005). *Die Entwicklung der Berufsbildung in der Schweiz*. Aarau: Sauerländer.

Widulle, W. (2009). *Handlungsorientiert Lernen im Studium. Arbeitsbuch für soziale und pädagogische Berufe*. Wiesbaden: VS Verlag. https://doi.org/10.1007/978-3-531-91855-6

Willems, A. S. (2016). Unterrichtsqualität und professionelles Lehrerhandeln. Prozesse und Wirkungen guten Unterrichts aus dem Blickwinkel der empirischen Schul- und Unterrichtsforschung. In R. Porsch (Hrsg.), *Einführung in die Allgemeine Didaktik* (S. 289–337). Münster: Waxmann.

Wildt, J. (2001). Ein hochschuldidaktischer Blick auf Lehren und Lernen in gestuften Studiengängen. In U. Welbers (Hrsg.), *Studienreform mit Bachelor und Master. Gestufte Studiengänge mit Blick des Lehrens und Lernens an Hochschulen. Modelle für die Geistes- und Sozialwissenschaften* (S. 25–42). Neuwied: Luchterhand.

Wilkens, I., & Leber, U. (2003). Partizipation an beruflicher Weiterbildung – Empirische Ergebnisse auf Basis des Sozio-Ökonomischen Panels. *Mitteilungen aus der Arbeitsmarkt- und Berufsforschung 36*(3), S. 329–337.

Witzel, A. (1996). Auswertung problemzentrierter Interviews. Grundlagen und Erfahrungen. In R. Strobl, & A. Böttger (Hrsg.), *Wahre Geschichten? Zur Theorie und Praxis qualitativer Interviews* (S. 49–76). Baden Baden: Nomos.

Wysujack, V. (2021). *Interaktive Handlungsweisen von Lehrpersonen unter anerkennungstheoretischer Perspektive*. Wiesbaden: Springer. https://doi.org/10.1007/978-3-658-31256-5

Zichy, M. (2017). *Menschenbilder: Eine Grundlegung*. Freiburg: Alber. https://doi.org/10.5771/9783495813737

Zimpelmann, E., (2020a). Berufliches Selbst-, Fach- und Aufgabenverständnis von Lehrkräften. Analyseschema für die Untersuchung der Sichtweisen von Lehrkräften. *bwp@, 20*(37), 1–14.

Zimpelmann, E. (2020b). Die Debatte um die Bezugswissenschaften der beruflichen Fachrichtungen – vorgetragene Argumente und deren empirische Fundierung. *bwp@, 20*(37), 1–29.

Zorn, S. K. (2020). *Professionalisierungsprozesse im Praxissemester.* Wiesbaden: Springer. https://doi.org/10.1007/978-3-658-30303-7

Anhang

Die Anhänge dieser Arbeit sind in einem separaten Dokument abgelegt und können unter folgendem DOI abgerufen werden:

https://doi.org./10.3278/9783763975761_Anhang

Autor

Dr. Daniel Degen ist Leiter des Zentrum Berufs- und Erwachsenenbildung der PH Zürich. Ursprünglich absolvierte er eine kaufmännische, berufliche Grundausbildung und arbeitete zunächst im Bankenwesen. Parallel zu seinem späteren Bachelor-Studium in Geographie, Geschichte und Pädagogik stieg er in die Erwachsenenbildung ein. Mit dem Master of Science in Berufsbildung und einer Projektleitungsstelle für Bildungsprojekte im öffentlichen Verkehr spezialisierte er sich auf Stufe Berufs- und Erwachsenenbildung. Als wissenschaftlicher Mitarbeiter und Studiengangleiter an der PH-Luzern forschte er unter anderem im Bereich „Berufs-(feld-)Didaktik" und stieß parallel dazu seine Dissertation zum professionellen Selbstverständnis von Berufskundelehrpersonen an. Seine sonstigen Forschungsschwerpunkte befassen sich mit der Kompetenzorientierung in der Berufsbildung sowie mit dem Transfer von Innovation innerhalb des Berufsbildungssystems.